U0876852

CHINA FINANCIAL POLICY REPORT

中国金融政策报告 2023

主　　编　吴晓灵　陆　磊
执行主编　何海峰　丁志杰

中国金融出版社

责任编辑：张菊香
责任校对：孙　蕊
责任印制：程　颖

图书在版编目（CIP）数据

中国金融政策报告.2023/吴晓灵，陆磊主编；何海峰，丁志杰执行主编.—北京：中国金融出版社，2023.5

ISBN 978-7-5220-2013-6

Ⅰ.①中…　Ⅱ.①吴…②陆…③何…④丁…　Ⅲ.①金融政策—研究报告—中国—2023　Ⅳ.①F832.0

中国国家版本馆CIP数据核字（2023）第085729号

中国金融政策报告.2023
ZHONGGUO JINRONG ZHENGCE BAOGAO.2023

出版
发行　中国金融出版社

社址　北京市丰台区益泽路2号
市场开发部　(010)66024766，63805472，63439533（传真）
网 上 书 店　www.cfph.cn
　　　　　　(010)66024766，63372837（传真）
读者服务部　(010)66070833，62568380
邮编　100071
经销　新华书店
印刷　保利达印务有限公司
尺寸　185毫米×260毫米
印张　26.75
字数　545千
版次　2023年5月第1版
印次　2023年5月第1次印刷
定价　126.00元
ISBN 978-7-5220-2013-6
如出现印装错误本社负责调换　联系电话（010）63263947
编辑部邮箱：jiaocaiyibu@126.com

编　委　会

前　言

《中国金融政策报告2023》由清华大学五道口金融学院与中国社会科学院金融政策研究中心联合组织编写。作为国内第一本金融政策类大型年度报告，在2011年诞生之初，《中国金融政策报告》就确立了“立足中国、沟通世界”的使命与原则。十三年来，我们始终秉承和坚持这一定位，全面、准确地反映了中国金融政策领域年度重大主题和政策动态，努力传递了中国金融发展的真实图景和中国金融政策的全面影响，得到了相关各界的肯定与认可，坚定了我们的信心、责任和担当。

2022年是极为重要的一年。面对风高浪急的国际环境和艰巨繁重的国内改革发展稳定任务，中国高效统筹疫情防控和经济社会发展，国民经济顶住压力持续发展，经济总量再上新台阶。根据国家统计局初步核算，2022年全年国内生产总值达1210207亿元，比上年增长3.0%。全国居民人均可支配收入达36883元，比上年名义增长5.0%，扣除价格因素实际增长2.9%，与经济增长基本同步。从经济上看，中国坚持稳中求进工作总基调，加大宏观调控力度，应对超预期因素冲击，发展质量稳步提升，科技创新成果丰硕，改革开放全面深化，就业物价基本平稳，粮食安全、能源安全和人民生活得到有效保障，保持了经济社会大局稳定。从金融上看，中国加大稳健货币政策实施力度，坚决支持稳住宏观经济大盘，有效防范化解金融风险，着力深化金融改革开放，持续提升金融管理服务水平，持续深化银行业保险业改革开放，全面实行股票发行注册制启动实施，深化外汇领域改革开放服务实体经济发展。2022年，“中国金融政策报告”项目与新华财经联合完成了第四届（2022）“十大金融政策”评选，发布了“全球十大金融政策”“中国十大金融政策”“（中国）区域与地方十大金融政策”榜单，涵盖了海内外对经济金融发展、金融市场完善、金融深化改革等方面具有重要影响与作用的金融政策。

2023年是全面贯彻落实党的二十大精神的开局之年，也是实施“十四五”规划承上启下的关键之年。经济工作与经济政策需要坚持稳中求进工作总基调，完整、准确、全面贯彻新发展理念，加快构建新发展格局，着力推动高质量发展，更好统筹疫情防控和经济社会发展，更好统筹发展和安全，全面深化改革开放，大力提振市场信心，把实施扩大内需战略同深化供给侧结构性改革有机结合起来，突出做好稳增长、稳就业、稳物价工作，有效防范化解重大风险，推动经济运行整体好转，实现质的有效提升和量的合理增长。这对2023年的金融政策提出了新要求——稳健的货币政策要精准有力，加大金融对国内需求和供给体系的支持力度，持续推动金融风险防范化解；银行业保险业要全力支持经济运行整体好转，努力促进金融与房地产正常循环，加快推动中小银行改革化险；切实提高资本市场治理效能，全面推动监管转型，带动整个资本市场生态的系统改善；深化外汇领域改革开放，防范跨境资金流动风险。

《中国金融政策报告2023》延续了一贯的框架结构，包括主题报告和动态报告两大模块。主题报告《助力中国式现代化的中国特色金融之路》认为，建设中国特色现代金融需要全面践行金融工作的政治性和人民性，在现代中央银行制度、金融供给侧结构性改革、高水平制度型的金融对外开放、现代金融监管体系、金融风险的防范化解等方面深入推进。同时，我们还收集了2022年有关金融政策的两篇代表性专题文章——《多重冲击下中国经济金融高质量发展》和《经济韧性与政策张力》。

在“2022年度中国金融政策动态”部分，本报告对货币政策、汇率与国际收支相关政策、银行业市场发展政策、股票市场发展政策、保险市场发展政策、债券市场发展政策、证券投资基金市场发展政策、货币市场发展政策、信托与财富管理市场发展政策、金融衍生产品市场发展政策、商品期货市场发展政策、外汇市场发展政策、黄金市场发展政策、中国人民银行主要监管政策、中国银行业主要监管政策、中国证券业主要监管政策、中国保险业主要监管政策进行了回顾与分析，并作出了相应的政策评价与展望。

此外，本报告继续以专栏形式反映中国金融政策的相关热点。18个专栏既有金融改革发展，也有金融对外开放；既有金融行业市场，也有区域与地方金融；当然，还有金融科技等金融创新。

2018年底和2019年初，《金融政策信息》月刊和《金融政策信息》周报分别面世，以更加全面、及时地反映中国金融政策的最新发展和动态变化。我们将继续坚持“整理政策信息、评论利弊得失、促进法规完善、走向法治国家”的定位与原则，努力推动“中国金融政策报告”项目“立足中国、沟通世界”。

《中国金融政策报告2023》作为集体研究的结果，其作者团队主要由来自金融管理与监管部门、金融业界机构、高校与学术机构等的专业人员构成，但作者的观点并不代表他们所任职单位或机构的观点。报告最后由吴晓灵、陆磊、何海峰、丁志杰对全文进行了修改和定稿。先后参加各部分撰稿的执笔人是：吴晓灵、陆磊、何海峰、丁志杰、马昀、姚一旻、童浩翔、杨超、许坤、杨洋、何晓贝、杨承亮、唐建伟、赵亚蕊、张玉龙、尹博、蔡恒培、孙欣欣、李青云、王勤淮、甘正在、周海波、朱小川、周金飞、蒋健蓉、赵湘怀、郑君怡、刘锋、聂天奇、解学成、鲁楠、刘丽娜、马强、唐宁、史广龙、杜书明、刘勇、王曰涵、张宸、徐谨智、郭荆璞、顾庆康、俞亚莲、余粤、徐克非、崔健、李自然、张超等。丁羽茜、余粤对英文译稿进行了校对。“中国金融政策报告”项目（课题组）实习同学搜集整理了2022年金融政策信息等资料。我们感谢中国金融出版社王海晔主任、张菊香编辑的认真和严谨工作。

我们一如既往地期盼读者的批评和建议。

国泰君安证券首席经济学家
“中国金融政策报告”项目执行负责人
何海峰（代序）
2023年5月7日

2022年度全球十大金融政策

序号	政策名称	发布时间	发布/制定机构
1	美联储激进加息影响全球稳定增长，多国央行加息以期缓解通胀压力	2022年3月起至2022年底	美联储、欧央行、英国央行等
2	俄乌冲突爆发，俄罗斯遭受被排除出SWIFT系统等严重金融制裁	2022年2月24日起至2022年底	美国、俄罗斯、欧盟
3	《区域全面经济伙伴关系协定》生效实施，全球最大自由贸易区正式启航	2022年1月1日	东盟十国及中国、日本、韩国等15个缔约方国家
4	美国出台《芯片与科学法案》《通胀削减法案》，严重影响全球产业链供应链稳定	2022年8月9日、8月16日	美国
5	多国通胀高企，国际机构普遍下调世界经济增速预期	2022年全年	经济合作与发展组织、世界贸易组织、世界银行、国际货币基金组织等
6	欧盟成员国一致批准《数字市场法》	2022年7月18日	欧盟
7	日本1998年以来首次干预外汇市场，2022年末宣布放宽收益率曲线控制区间	2022年9月和12月	日本央行、日本政府
8	G20巴厘岛峰会关注“共同复苏、强劲复苏”主题，中方呼吁加强全球经贸合作	2022年11月15日至16日	二十国集团领导人
9	美日澳韩等13国参与的“印太经济框架”启动	2022年5月23日	美国、日本、澳大利亚、韩国等13国
10	欧洲央行货币政策框架纳入气候因素，全球气候金融风险管理加快推进	2022年7月4日	欧央行

2022年度中国十大金融政策

序号	政策名称	发布时间	发布/制定机构
1	中央经济工作会议对金融工作作出重要部署，强调有效防范化解重大经济金融风险，确保房地产市场平稳发展	2022年12月16日	中央经济工作会议
2	《扩大内需战略规划纲要（2022—2035年）》发布，推进投融资体制改革	2022年12月14日	中共中央、国务院
3	《关于加快建设全国统一大市场的意见》提出加快发展统一的资本市场	2022年4月10日	中共中央、国务院
4	金融系统深入学习宣传贯彻党的二十大精神	2022年10月24日	中国人民银行、国家外汇管理局、中国银行保险监督管理委员会、中国证券监督管理委员会

续表

序号	政策名称	发布时间	发布/制定机构
5	中国人民银行两次降准，引导 LPR 下降，建立存款利率市场化调整机制	2022 年 1 月 20 日、4 月 25 日、5 月 20 日、8 月 22 日、12 月 5 日	中国人民银行
6	金融助力稳住经济大盘，巩固经济恢复发展基础	2022 年 4 月 18 日、5 月 24 日、6 月 29 日、8 月 24 日	国务院、中国人民银行、国家外汇管理局
7	结构性货币政策持续发力	2022 年 4 月 28 日、4 月 30 日、5 月 6 日、5 月 16 日、9 月 27 日	中国人民银行、国家发展和改革委员会、科学技术部、工业和信息化部、国家能源局、交通运输部、财政部、审计署、中国银行保险监督管理委员会
8	《个人养老金实施办法》印发	2022 年 10 月 26 日	人力资源和社会保障部、财政部、国家税务总局、中国银行保险监督管理委员会、中国证券监督管理委员会
9	《中华人民共和国期货和衍生品法》公布实施	2022 年 8 月 1 日	全国人大常委会
10	《“十四五”时期完善金融支持创新体系工作方案》通过，推动金融体系更好适应新时代科技创新需求	2022 年 4 月 19 日	中央全面深化改革委员会

2022 年度（中国）区域与地方十大金融政策

序号	政策名称	发布时间	发布/制定机构
1	《广州南沙深化面向世界的粤港澳全面合作总体方案》发布，支持广州携手港澳打造高水平对外开放门户	2022 年 6 月 6 日	国务院
2	《上海市、南京市、杭州市、合肥市、嘉兴市建设科创金融改革试验区总体方案》印发，开展科创金融改革创新试点	2022 年 11 月 11 日	中国人民银行、国家发展和改革委员会、科学技术部、工业和信息化部、财政部、中国银行保险监督管理委员会、中国证券监督管理委员会、国家外汇管理局
3	多举措落地，内地与香港金融市场互联互通不断扩大深化	2022 年	中国人民银行、中国证券监督管理委员会、香港证券及期货事务监察委员会、香港金融管理局
4	《北京市“十四五”时期金融业发展规划》发布，提出高水平建设国家金融管理中心	2022 年 5 月 18 日	北京市金融服务工作领导小组
5	各地因城施策用足用好政策工具箱，持续加大金融“保交楼稳民生”工作力度	2022 年	各地人民政府办公室等

续表

序号	政策名称	发布时间	发布/制定机构
6	《关于金融支持浙江高质量发展建设共同富裕示范区的意见》发布，推动金融体制机制改革	2022 年 3 月 10 日	中国人民银行、中国银行保险监督管理委员会、中国证券监督管理委员会、国家外汇管理局、浙江省人民政府
7	国际清算银行再次确认香港主要国际金融中心地位	2022 年 10 月 27 日	国际清算银行
8	数字人民币试点 3 年，全国推广至 17 个省市 26 个地区	2022 年	中国人民银行
9	川渝联合发布《成渝共建西部金融中心规划联合实施细则》，加快建设西部金融中心	2022 年 12 月 14 日	重庆市人民政府办公厅、四川省人民政府办公厅
10	上海临港、广东南沙、海南洋浦、浙江宁波等多地发布试点实施细则，推动跨境贸易投资高水平开放试点落地生效	2022 年 1 月	国家外汇管理局上海市分局、国家外汇管理局广东省分局、国家外汇管理局海南省分局等

目　　录

上篇　主题报告与专题文章

主题报告：助力中国式现代化的中国特色金融之路 …… 3
一、建设现代中央银行制度，构建有中国特色的宏观调控体系 …… 3
二、深化金融供给侧结构性改革，促进经济高质量发展 …… 5
三、打造金融高水平制度型对外开放 …… 7
四、完善中国特色的现代金融监管体系 …… 10
五、统筹发展和安全，切实防范化解金融风险 …… 12
六、结论：助力中国式现代化的中国特色金融之路任重道远 …… 15

专题文章一：多重冲击下中国经济金融高质量发展 …… 16
一、当前国内外经济处于不同的周期阶段 …… 16
二、美联储加息对全球的冲击及我国的政策组合 …… 17
三、应对外部冲击风险的措施建议 …… 18
四、总结与展望 …… 19

专题文章二：经济韧性与政策张力 …… 20
一、2021 年持续恢复的国民经济展现了中国韧性 …… 20
二、2022 年压力考验之下，经济政策需要联动协同 …… 21

下篇 2022年度中国金融政策动态

宏观金融政策 …… 27
一、货币政策 …… 27
二、汇率与国际收支相关政策 …… 33

主要金融市场发展政策 …… 42
一、银行业市场发展政策 …… 42
二、股票市场发展政策 …… 53
三、保险市场发展政策 …… 73
四、债券市场发展政策 …… 77
五、证券投资基金市场发展政策 …… 86
六、货币市场发展政策 …… 91
七、信托与财富管理市场发展政策 …… 98
八、金融衍生品市场发展政策 …… 103
九、商品期货市场发展政策 …… 109
十、外汇市场发展政策 …… 116
十一、黄金市场发展政策 …… 119

主要金融监管政策 …… 125
一、中国人民银行主要监管政策 …… 125
二、中国银行业主要监管政策 …… 129
三、中国证券业主要监管政策 …… 140
四、中国保险业主要监管政策 …… 152

专栏目录

专栏 1　在“稳字当头、稳中有进”的总基调下，如何兼顾政策力度和风险防范——2022 年中央经济工作会议精神解读 …… 23

专栏 2　信用定向宽松救行业活经济　结构性货币政策保稳定促发展 …… 31

专栏 3　跨境贸易投资先行先试　开启高水平开放新篇章 …… 40

专栏 4　充分发挥资本市场在扩大内需、优化资源配置中的作用 …… 52

专栏 5　加快建设全国统一大市场　打通制约经济循环关键点 …… 72

专栏 6　多层次多支柱养老保险体系建设里程碑 …… 76

专栏 7　科创金融的新探索——评《上海市、南京市、杭州市、合肥市、嘉兴市建设科创金融改革试验区总体方案》 …… 85

专栏 8　加强金融体系服务科技创新 …… 90

专栏 9　多举措深化内地与香港金融市场互联互通 …… 97

专栏 10　“金融 31 条”发布：支持浙江高质量发展建设共同富裕示范区 …… 102

专栏 11　《期货和衍生品法》的颁布有助于市场长期发展 …… 108

专栏 12　贯彻落实新发展理念　高水平建设国家金融管理中心 …… 115

专栏 13　香港国际金融中心地位稳如磐石 …… 118

专栏 14　数字人民币试点地区逐步扩围，应用场景稳步扩大 …… 124

专栏 15　持续释放 LPR 改革效能　推动让利实体经济 …… 128

专栏 16　因城施策用足用好工具箱，金融政策助力保交楼稳民生 …… 139

专栏 17　共建区域金融中心，助力区域经济协调发展 …… 151

专栏 18　金融科技发展规划引领行业数字化转型，提升服务和监管效能 …… 159

上　篇

主题报告与专题文章

主题报告：

助力中国式现代化的中国特色金融之路①

党的二十大以来，金融系统以习近平新时代中国特色社会主义思想为指导，坚决落实党中央、国务院决策部署，立足中国国情，紧扣时代脉搏，全面践行金融工作的政治性和人民性，不断提升专业性。

面对纷繁复杂的经济发展形势，金融政策立足服务实体经济的基本立场，不断创新健全有中国特色的宏观调控体系，深化金融供给侧结构性改革，实现高水平对外开放，完善现代金融监管，统筹金融风险防控。立足发展与安全两大主线，坚定走中国特色金融发展之路。

一、建设现代中央银行制度，构建有中国特色的宏观调控体系

党的二十大报告提出“建设现代中央银行制度”，为做好中央银行工作指明了方向。2022 年，金融系统全面贯彻习近平新时代中国特色社会主义思想，以加强党中央集中统一领导为引领，坚持金融工作的政治性、人民性和专业性，夯实现代中央银行制度，走中国特色金融发展之路，服务和保障社会主义现代化强国建设。

（一）不断完善货币政策 + 宏观审慎双支柱的调控框架

近年来，面对复杂严峻的国际环境和艰巨繁重的国内改革发展稳定任务，实体经济经历了反复扰动。在此过程中，稳健货币政策保持定力、顶住压力、科学施策，始终坚持稳字当头、以我为主。通过健全现代货币政策框架，疏通货币政策传导，健全宏观调控体系，不折不扣落实党中央对金融工作作出的决策部署。货币政策保持了货币金融条件的合理稳定，在全球高通胀背景下保持了物价形势稳定，支持了宏观经济大盘稳定。

习近平总书记强调，对金融风险要“科学防范，早识别、早预警、早发现、早处置”，强调“下好先手棋、打好主动仗，有效防范化解各类风险挑战”。人民银行从我国经济转型和结构调整的基本国情出发，没有简单效仿国际上主流的“单一目标、单一工具”做法，而是坚持将价格型、数量型工具和宏观审慎管理相结合，实施金融调控。人民银行坚持问题导向，针对我国金融运行特点，创设了差别准备金动态调整机制、宏观审慎评估机制、全口径跨境融资宏观审慎管理等一系列有中国特色的宏观审慎政策工具。

① 作者：吴晓灵、陆磊、何海峰、丁志杰、马昀、姚一旻、童浩翔、杨超、许坤、杨洋。

2022年，面对纷繁复杂的国际国内经济环境，人民银行使用降准、降息、差别化信贷政策以及宏观审慎调节参数等一系列工具，引导金融行业支持实体经济发展，稳定人民币汇率，有力地促进了经济企稳回升（见表1）。

表1 2022年货币政策工具使用情况

时间	内容
1月17日、8月15日	人民银行先后两次将各期限常备借贷便利（SLF）利率均下调10个基点
4月25日、12月5日	人民银行先后两次下调金融机构存款准备金率各0.25个百分点
5月15日	人民银行将金融机构外汇存款准备金率由9%下调至8%
5月15日	人民银行、银保监会印发《关于调整差别化住房信贷政策有关问题的通知》，将首套住房商业性个人住房贷款利率下限调整为不低于相应期限贷款市场报价利率（LPR）减20个基点
8月15日	人民银行将中期借贷便利（MLF）利率由2.85%下调至2.75%，并引导当月5年期以上LPR下调15个基点
9月15日	人民银行将金融机构外汇存款准备金率由8%下调至6%
9月28日	人民银行将远期售汇业务的外汇风险准备金率从0上调至20%
9月29日	人民银行、银保监会印发《关于阶段性调整差别化住房信贷政策的通知》，决定阶段性放宽部分城市首套住房贷款利率下限
9月30日	人民银行印发《关于下调首套个人住房公积金贷款利率的通知》
10月25日	人民银行、外汇局决定将企业和金融机构的跨境融资宏观审慎调节参数从1上调至1.25
12月30日	人民银行、银保监会印发《关于建立新发放首套住房个人住房贷款利率政策动态调整长效机制的通知》，决定新建商品住宅销售价格环比和同比连续3个月均下降的城市，可阶段性维持、下调或取消当地首套住房贷款利率政策下限

资料来源：人民银行网站。

在货币政策不断发力的过程中，以强化宏观审慎管理为主线的金融监管改革也持续推进，我国系统性风险防范能力进一步提高：宏观审慎政策框架顶层设计逐步完善，着力增强宏观审慎政策工具逆周期调节和防传染的功能，开展跨境资本流动宏观审慎管理，持续强化系统重要性金融机构、金融控股公司宏观审慎管理。

（二）探索创新型货币政策工具，支持实体经济和特定领域

2022年以来，我国经济运行总体保持在合理区间，但国内外环境复杂性不确定性加剧，有的超出预期。面对稳增长放在更加突出的位置，统筹稳增长、调结构、推改革的整体需要，人民银行适时灵活运用多种货币政策工具，更好发挥总量和结构双重功能，加大对实体经济的支持。应对2022年经济的特殊需求，人民银行设立科技创新、普惠养老和设备更新改造等专项再贷款，支持重点领域和特殊行业（见表2）。

表 2　　2022 年结构性工具使用情况

时间	名称	额度
4 月 28 日	科技创新再贷款	2000 亿元
4 月 30 日	普惠养老专项再贷款	400 亿元
5 月 6 日	煤炭清洁高效利用专项再贷款	3000 亿元
5 月 16 日	交通物流专项再贷款	1000 亿元
8 月 24 日	政策性开发性金融工具	增加 3000 亿元额度
9 月 27 日	设备更新改造专项再贷款	2000 亿元以上

资料来源：人民银行网站。

近年来，创新型货币政策工具的精准滴灌作用不断被发挥，以聚焦服务普惠金融、绿色低碳、科技创新等重点领域和薄弱环节，适应经济高质量发展的内在需要。工具的创立、运用和退出坚持市场化要求，内嵌市场化激励机制，资金价格适度低于总量工具，通过覆盖部分风险成本，调动了金融机构优化信贷结构的主动性和积极性。工具直达实体，金融机构对具体项目可自主甄别投放，兼顾风险防控，实现稳健经营。2022 年末，人民银行创新型货币政策工具余额约 6.4 万亿元，约占基础货币总量的 1/6。除支农支小再贷款和再贴现之外，大部分工具均为阶段性的，完成目标后将及时退出，实现有进有退。

（三）加强政策工具协调配合，形成共促高质量发展合力

面对稳定经济增长的整体要求，宏观政策更加注重协调配合。在党中央、国务院领导下，货币政策同财政、产业等其他宏观政策协调履职，着眼于宏观大局，统筹方向及松紧搭配，避免各类政策单打独斗、相互冲突等情况，形成政策合力，取得更好的宏观调控效果。

在服务实体经济等方面，货币政策、财政政策、产业政策等配合衔接，丰富了实体经济获得资金支持的渠道，增强了宏观政策的直接效果。2022 年人民银行上缴 1.13 万亿元利润支持留抵退税，支持财政退税减税约 2.5 万亿元，并支持政府债券融资 7.37 万亿元，实现财政政策靠前精准发力。此外，支持政策性开发性银行设立并投放金融工具 7400 亿元，并再增加 3000 亿元以上额度补充项目资本金，加大对基础设施建设和重大措施的支持力度，加力巩固经济恢复发展基础。

二、深化金融供给侧结构性改革，促进经济高质量发展

深化金融供给侧结构性改革是助力经济高质量发展的前提要求。其主要任务是通过进一步调整优化金融体系结构，构建风险投资、银行信贷、债券市场、股票市场等全方位、多层次金融支持服务体系，为实体经济发展提供更高质量、更有效率的金融服务，并守住不发生系统性风险的底线，推动我国金融业实现高质量、可持续发展。

（一）加快建设中国特色现代资本市场

2022 年，在紧扣深化金融供给侧结构性改革的主线下，中国特色现代资本市场建设

继续加快。在党中央、国务院的正确领导下，人民银行、证监会等相关部门，遵循市场客观规律，完善融资结构体系，促进发展股权融资，完善债券市场建设，不断增加直接融资占比。

各类改革创新不断推进。第一，全面实行股票发行注册制，促进资源优化配置。第二，深入推进基础设施领域不动产投资信托基金扩募和试点范围拓宽，抓紧推动保障性租赁住房、民营企业试点项目落地，助力加快形成存量资产和新增投资的良性循环。第三，健全民营企业债券融资支持机制，着力提升民营经济、中小企业发债融资的可得性和便利性。第四，深化债券市场基础设施互联互通，完善市场化法治化债券违约处置机制，加快构建制度健全、竞争有序、透明开放的债券市场体系。第五，进一步完善期货市场品种体系，推动更多实体企业参与期货市场，加强期现联动监管，更好地助力保供稳价大局。

在各类措施支持下，股债融资稳步增长。2022 年，三大交易所上市新股 424 家，叠加再融资共实现 1.47 万亿元股权融资。债券市场共发行各类债券 61.9 万亿元，略高于上年。交易所债券市场大幅增长，发行 5.8 万亿元，占发行总量的比重上升到 9.5%。

设立各类创新工具，支持国家重大项目和特定领域。大力支持政策性银行设立基础设施专项基金、参与“一带一路”建设创新资本类金融债券，提升商业银行资本实力和信贷投放能力。推出小微、“三农”、绿色、双创等专项金融债券，引导金融资源向普惠金融、绿色发展、科技创新等领域倾斜。

（二）不断丰富多层次、多元化的金融机构体系

优化金融机构体系，构建多层次、广覆盖、有差异的金融机构体系是深化金融供给侧结构性改革的关键举措。伴随我国经济的不断发展，不同区域的经济发展模式和核心行业逐步差异化，非金融企业以及居民逐渐多元化，不同地区和不同主体的融资需求也逐步多样化。

推动不同类型的金融机构区别定位、特色发展，可以更好地满足实体经济多层次、多样化的金融需求。民营银行和社区银行稳步发展，中小金融机构数量和业务比重不断增加。2022 年，城商行、农商行、农信社等中小金融机构逐步回归本源，充分利用熟悉本地客户等优势，根据市场需求提供有针对性的金融产品和差异化的服务。

（三）快速建立统一、开放、有序竞争的金融市场体系

建立统一、开放、有序竞争的金融市场体系是深化金融供给侧结构性改革的重要内容。有序的市场体系，是市场经济良性运行的载体。改革开放以来，市场在资源配置中的作用日益增强，尊重市场规律、运用市场手段，是很多企业发展壮大的重要法宝。在这个过程中，我国的市场结构持续优化，发展环境不断改善，对内对外的吸引力也在显著提升。从这个意义上讲，持续规范市场行为，健全市场机制，净化市场环境，为各项事业发展提供了健全良好的平台空间。

建立统一、开放、有序竞争的金融市场体系是建立有序市场体系的重要内容。通过加强金融一体化的协调，可以强化党对金融工作的集中统一领导，能够从规则、体制以

及监管执行等方面加强金融一体化的协调，防止因监管部门条块分割而导致的监管真空，进一步杜绝监管套利，并助力金融稳步推进供给侧结构性改革，使金融更高质量地服务实体经济发展。

（四）科学统筹促进高质量发展的绿色金融体系

建立绿色金融体系是深化金融供给侧结构性改革的创新方向。推动经济社会发展绿色化、低碳化是实现高质量发展的关键环节。绿色金融标准体系是规范绿色金融业务、确保绿色金融商业可持续的重要保障。全国金融标准化技术委员会绿色金融标准工作组自建立以来，按照“国内统一、国际接轨、清晰可执行”的原则，稳步推进绿色金融标准体系建设。截至2023年3月底，已有15项标准进入立项或征求意见环节，涉及环境、社会和治理（ESG）评价、金融机构和金融业务碳核算等重点领域。

同时，稳步推进环境信息披露机制，为绿色金融发展营造了公开透明的市场环境。人民银行牵头建立绿色金融信息管理系统，注重运用金融科技手段开展金融机构和金融业务碳核算工作，有效降低环境信息披露和管理成本。指导绿色金融改革创新试验区相关金融机构分层次、分步骤开展环境信息披露，试验区内200多家金融机构完成环境信息披露报告试编制。

在此基础上，制定和实施激励约束政策，调动金融机构和社会资本广泛参与绿色低碳投资。人民银行将符合条件的绿色贷款和绿色债券纳入货币政策操作合格抵质押品，盘活金融机构绿色金融资产。在全国范围内对银行业金融机构按季度开展绿色金融评价，提升金融机构拓展绿色业务的动力。创设碳减排支持工具和支持煤炭清洁高效利用专项再贷款，用于支持清洁能源等重点减碳领域。

（五）持续推动数字金融、普惠金融的创新和发展

推动数字金融、普惠金融的创新和发展是深化金融供给侧结构性改革的重要目标之一。长期以来，我国的金融服务存在门槛高、普及率低、供过于求等问题，中小微企业和普通民众的融资需求始终未能得到很好的解决。与传统金融相比，数字金融提供了更为便捷的金融业务，降低了金融服务成本，在加速资金流通、服务特定群体和促进经济增长等方面作用显著。

打造数字金融新业态、新应用、新模式，可以加速经济发展方式转变，提高金融服务效率，延伸金融服务半径，拓展金融服务类别，扩大普惠金融的覆盖面和受益面。扶贫再贷款、易地扶贫搬迁专项金融债券等金融扶贫产品体系不断得到创新丰富，持续全面推进乡村振兴。此外，普惠小微企业贷款延期支持工具和信用贷款支持计划等工具，精准帮扶小微市场主体纾困发展，聚焦重点群体，着力提升民生领域金融服务效率。

在前期精准聚焦重点领域和薄弱环节的基础上，数字金融发展可以助推深化金融供给侧结构性改革，大力推进普惠金融高质量发展，不断提高普惠金融的覆盖面和服务能力，切实增强人民群众金融服务的可得性、便利性和可持续性。

三、打造金融高水平制度型对外开放

习近平总书记指出，站在新的历史起点，中国开放的大门只会越开越大。在2022

年复杂严峻的国际环境下，全球化面临挑战与变革，我国坚持在急剧动荡、乱变交织的世界危中寻机、化危为机，将制度型开放向纵深推进。

（一）稳步扩大规则、规制、管理、标准等制度型开放

党的二十大报告提出稳步扩大规则、规制、管理、标准等制度型开放，这为推进制度型高水平开放指明了前进方向、提供了根本遵循。制度型高水平开放将成为联通国内国际两个市场的重要桥梁，是服务新发展格局、推进高质量发展的重要制度保障。

区域经贸合作方面，《区域全面经济伙伴关系协定》（RCEP）于 2022 年 1 月 1 日正式生效，对助推我国高水平制度型开放具有重大意义。金融领域开放合作是 RCEP 协议的一大亮点，有助于推动各成员国金融基础设施互联互通，促进金融业更高水平开放。金融市场方面，继续推进香港与内地金融市场互联互通范围不断扩大。2022 年，内地与香港间利率互换市场互联互通合作启动。“互换通”初期先开通“北向通”，境外投资者可通过内地与香港金融基础设施在交易、清算、结算等方面互换互通的机制安排，直接参与内地银行间金融衍生品市场的利率互换交易，满足境外投资者参与境内金融市场交易过程中不断上升的利率风险、汇率风险及流动性风险管理需求。国际金融合作方面，2022 年中国人民银行与全球主要央行的货币互换合作有序开展，合作范围继续稳步扩大。

（二）深化外汇管理改革

在新发展格局下，需要构建适应高水平对外开放的外汇管理体制，深化外汇领域改革开放，提升跨境贸易和投融资便利化水平，维护外汇市场稳健运行和国家经济金融安全。

一是推动跨境贸易投资便利化政策落地和效果显现。新冠疫情以来，外汇管理改革从支持受困主体纾困、畅通国民经济循环、促进外贸出口发展三个方面加大支持实体经济力度。二是树立“风险中性”理念，防范汇率波动风险。自 2022 年 1 月 1 日起进一步加大中小微企业外汇衍生品交易相关的银行间外汇市场交易手续费优惠力度，从减半收取调整为全额免除。三是开放多元、功能健全、竞争有序的外汇市场进一步巩固。2022 年 12 月，我国将银行间人民币外汇市场交易时间延长至北京时间次日 3：00，同时人民币汇率中间价及浮动幅度、做市商报价等市场管理制度适用时间也相应延长。四是以金融科技赋能外汇管理。近年来，我国建立了跨境金融区块链服务平台，不断丰富跨境金融区块链服务平台的应用场景，积极探索通过大数据、人工智能等技术，加强对跨境资金流动风险的监测和分析。

（三）统筹推进金融服务业开放

金融业本质上是竞争性服务业，开放竞争是金融业自身发展的需要。金融业只有在竞争的环境中增强活力、提升竞争力，才能保持健康发展。

金融服务业对外开放继续稳步推进。2022 年，我国批准一批中外合资、外方独资行业领先的金融机构筹建或开业。如贝莱德基金申请参与合格境内有限合伙人（QDLP）试点获批，成为首家参与 QDLP 试点的外商独资公募基金管理公司。5 月 27 日，人民银

行、证监会和国家外汇管理局联合发布《关于进一步便利境外机构投资者投资中国债券市场有关事宜》，同步推进银行间债券市场和交易所债券市场对外开放进程，进一步便利境外机构投资者投资中国债券市场。

（四）深化人民币汇率形成机制改革

我国外汇市场运行表现出比较强的韧性。近5年来，人民币对美元汇率三度破“7”，又回到“7”以下，双向波动，弹性增强，体现了深化人民币汇率形成机制改革的成果。

我国继续坚持以市场供求为基础、参考一篮子货币进行调节、有管理的浮动汇率制度，坚持市场在人民币汇率形成中起决定性作用，加强预期管理和流动性管理，增强人民币汇率弹性。从市场情况看，2022年人民币汇率在合理均衡水平上保持了基本稳定。2020年以来，在新冠疫情暴发和全球蔓延、世界经济衰退、全球通胀和发达经济体收紧货币政策等多轮重大冲击考验中，人民币汇率有序调整，并在较短时间内恢复均衡。尤其是2022年，国际经济金融形势复杂，主要发达经济体央行快速加息，全球外汇市场波动加剧。美元指数宽幅震荡，一度连创20年新高，而人民币在全球主要货币中表现相对稳健。

表3　　2022年主要货币对美元汇率升贬值情况

亚洲（13）	新加坡元 （0.62%）	港元 （0.03%）	泰铢 （-3.74%）	马来西亚林吉特 （-5.43%）	韩元 （-5.67%）
	人民币 （-7.92%）	印度尼西亚卢比 （-8.22%）	菲律宾比索 （-8.30%）	新台币 （-9.73%）	印度卢比 （-10.04%）
	以色列谢克尔 （-11.83%）	日元 （-12.71%）	土耳其里拉 （-28.14%）		
欧洲（14）	俄罗斯卢布 （7.07%）	瑞士法郎 （-1.20%）	捷克克朗 （-2.93%）	保加利亚列维 （-5.83%）	欧元 （-5.83%）
	丹麦克朗 （-5.83%）	罗马尼亚列伊 （-5.84%）	克罗地亚库纳 （-6.09%）	波兰兹罗提 （-7.52%）	冰岛克朗 （-8.21%）
	挪威克朗 （-10.53%）	英镑 （-10.78%）	瑞典克朗 （-13.21%）	匈牙利福林 （-13.27%）	
北美洲（2）	墨西哥比索 （4.50%）	加拿大元 （-6.13%）			
南美洲（5）	巴西雷亚尔 （5.39%）	秘鲁索尔 （4.52%）	智利比索 （-1.08%）	哥伦比亚比索 （-17.24%）	阿根廷比索 （-41.53%）
非洲（2）	阿尔及利亚第纳尔 （1.16%）	南非兰特 （-6.02%）			
大洋洲（2）	澳大利亚元 （-6.30%）	新西兰元 （-7.06%）			

资料来源：国际清算银行（BIS）。

四、完善中国特色的现代金融监管体系

现代金融监管体系是实现中国式现代化特色金融不可或缺的重要组成部分，对保障金融稳定和国家安全、推进国家治理体系和治理能力现代化、实现经济社会高质量发展具有重要意义。

（一）打造有中国特色的中央和地方金融监管体制

为更好地弥补监管漏洞，地方金融监管体制不断进行改革和完善，形成了以中央监管为主的央地金融监管双层架构体制。在新时代背景下，中国特色的中央和地方金融监管体制建设需要继续推进和完善。

2022 年，人民银行、国家市场监管总局、银保监会、证监会联合发布《金融标准化“十四五”发展规划》。文件指出，新时代推动金融业高质量发展，要以服务实体经济为本，推动金融服务结构和质量转变，同时健全风险全覆盖监管框架，避免形成系统性风险，实现经济和金融之间的良性循环。这要求进一步强化金融标准的基础性制度作用，深化标准在金融业监管中的作用，筑牢金融业健康发展的技术支撑，守住不发生系统性风险的底线。

（二）提高金融监管透明度和法治化水平

2022 年，银保监会印发了《全国银行业保险业法治建设实施方案》。该方案指出，健全法律体系，推进重点领域立法，完善立法工作机制，加强规章、规范性文件管理。准确把握行业改革发展新形势，统筹推进各项立法工作。全力做好银行业监督管理法修改工作；持续推动信托公司条例制定工作，以及商业银行法、保险法、信托法、金融资产管理公司条例修改工作；加快推进金融稳定法立法工作。坚持科学立法、民主立法、依法立法，实现立法质量和效率并重并进，增强法律制度的针对性、及时性、系统性和可操作性。

4 月，人民银行会同有关部门起草《中华人民共和国金融稳定法（草案征求意见稿）》。草案征求意见稿坚持强化金融风险源头管控，将金融活动全面纳入监管。该草案符合我国金融发展实际，切中金融风险防范化解重点，进一步压实了金融机构及其主要股东、实际控制人的主体责任，地方政府的属地责任和金融监管部门的监管责任；强化对违法违规行为的责任追究，以进一步筑牢金融安全网，坚决守住不发生系统性金融风险的底线。

（三）健全宏观审慎、微观审慎、行为监管三支柱

金融监管作为整体，应当始终具备宏观审慎视野，以微观审慎为基础，以行为监管为支撑，实现三者既独立又协同的有机统一。当前，我国宏观审慎、微观审慎和行为监管的三大支柱仍待进一步健全，应通过不断弥补制度缺陷，提升监管能力。健全宏观审慎管理架构和政策工具，完善逆周期调节和系统重要性金融机构监管，注重防范跨市场跨区域跨国境风险传染。提高微观审慎监管能力，健全以资本约束为核心的审慎监管体系，加快完善存款保险制度，努力做到对风险早发现、早预警、早介入、早处置。强化

行为监管，严厉打击侵害金融消费者合法权益的违法违规行为。

（四）构建我国系统重要性金融机构监管框架

系统重要性金融机构是指因规模较大、结构和业务复杂度较高、与其他金融机构关联性较强，在金融体系中提供难以替代的关键服务，一旦发生重大风险事件而无法持续经营，将对金融体系和实体经济产生重大不利影响、可能引发系统性风险的金融机构，包括银行业、保险业、证券业和金融控股公司等不同类型金融机构。因此，必须构建我国系统重要性金融机构监管框架，对系统重要性金融机构进行有效识别、监管和有序处置，更好地维护和促进金融体系稳健运行。

2022 年，中国人民银行同银保监会起草了《系统重要性保险公司评估办法（征求意见稿)》，通过认定系统重要性保险机构来防范系统性风险，有效维护金融体系的稳定运行。该办法详细规定了系统重要性保险公司的评估流程、方法及指标，采用定量评估指标计算参评保险公司得分，并结合其他定量和定性信息作出监管判断，综合评估参评保险公司的系统重要性，国务院金融稳定发展委员会每三年对办法规定的评估流程与方法进行审议，并进行必要调整和完善。

（五）推动金融基础设施、支付清算、征信系统建设

金融基础设施，是指金融资产登记存管系统、清算结算系统（含开展集中清算业务的中央对手方)、交易设施、交易报告库、重要支付系统、基础征信系统。当前，我国金融基础设施运行整体稳健，功能不断完善，已拥有全球第一大银行业、第二大股票市场和第二大债券市场，逐步形成了为货币、证券、基金、期货、外汇等金融市场交易活动提供支持的基础设施体系。在一系列政策文件和措施的保障下，我国金融体制方面的改革取得重大进步，金融体系的市场化水平得到显著提升，金融基础设施框架体系下的支付功能、清算功能、结算功能、交易报告功能、征信功能等已基本成型。

（六）强化监管执法和监管效能

监管机构职能优化不断进行。提高监管质效，推动监管体制改革，使机构设置更加科学、职能更加优化、权责更加协同。全面实行政府权责清单制度，促进依法行政、规范权力运行、推动政府职能转变。把更多监管资源从事前审批转到事中事后监管上来，根据不同机构、行业特点和风险程度确定监管内容、方式和频次，提升监管能力水平，强化监管科学性、精准性、有效性。结合问题导向、风险导向，在现场检查工作中稳步推进“双随机、一公开”。

提升执法效能，坚持依法决策，完善执法程序，提高行政处罚力度，创新行政执法方式。建立健全重大行政决策跟踪反馈制度，依法推进决策后评估工作，将决策后评估结果作为调整重大行政决策的重要依据。严格落实重大行政决策终身责任追究制度和责任倒查机制。加强以案释法，定期发布指导案例。加强多方联动，及时主动向纪检部门、组织部门共享行政处罚信息。

（七）切实维护好金融消费者的合法权益

金融消费者权益保护不仅对保障个人合法权益有重要作用，而且对改进金融机构服

务质量、维护地区金融稳定具有重要意义。这体现在三个方面：其一，金融消费者权益保护工作是维护金融稳定的现实需要。其二，金融消费者权益保护工作是保障居民权利的客观要求。其三，金融消费者权益保护工作是改进金融服务的必然选择。

党的二十大报告指出，我们要实现好、维护好、发展好最广大人民的根本利益，紧紧抓住人民最关心、最直接、最现实的利益问题。就金融监管而言，金融消费者保护是上述精神的直接体现。当前，我国尚未制定专门针对金融消费者权益保护的高层级法律，消费者保护协调与合作机制不够健全，缺乏多元化纠纷解决机制，金融服务可及性与消费者歧视问题、低金融认知投资者的保护问题依然突出。

（八）提升金融监管协调性

金融监管协调是指一个国家或地区的各个金融监管主体为了实现金融监管的整体有效性、降低成本提高效率，通过各种机制努力实现监管工作的和谐一致。

党的十八大以来，我国金融监管体系不断建立和完善，金融监管协调性大幅提升。在国务院金融稳定发展委员会的统一领导下，部门间、央地间监管协同合作明显增强，监管盲区、监管空白和监管套利等问题显著减少，金融机构经营行为更趋理性。作为一项重要的金融供给侧结构性改革，中央和地方金融监管协调机制是建立具有高度适应性、竞争力、普惠性现代金融体系的组成部分，需要在实践中不断探索和健全。

五、统筹发展和安全，切实防范化解金融风险

2022 年中央经济工作会议上，习近平总书记指出“有效防范化解重大经济金融风险”。防范化解金融风险是顺利推进中国式现代化的必然要求。牢牢守住不发生系统性金融风险的底线，切实维护金融稳定，已成为我国金融政策的重中之重。尤其在 2022 年，百年变局和世纪疫情相互叠加，全球利率上升和通胀高企对经济活动造成压力，统筹发展和安全意义更加重大。

（一）妥善处置房地产领域债务风险

2022 年房地产领域风险防范和化解形势严峻。我国房地产市场在经历了约 20 年的高速发展后，部分房企出现高杠杆和过度金融化问题，风险积累程度较高。2021 年下半年以来，房地产市场在长短期因素综合作用下明显回落，房地产市场整体出现信用风险与流动性风险相互强化的不利局面。2022 年，部分地区出现烂尾楼和停贷问题，直接影响民生和社会稳定。

推动房地产企业风险处置，做好金融支持保交楼工作。面对严峻的市场形势，金融政策发出“三支箭”积极稳定市场，即分别在银行信贷、债券融资、股权融资等方面对房地产市场给予支持。2022 年 9 月，人民银行和银保监会发布通知，决定阶段性放宽部分城市首套住房贷款利率下限。2022 年 11 月，人民银行和银保监会联合发布《关于做好当前金融支持房地产市场平稳健康发展工作的通知》，推出 16 条金融举措，促进房地产市场平稳健康发展；中国银行间市场交易商协会继续推进并扩大民营企业债券融资支持工具，支持包括房地产企业在内的民营企业发债融资；证监会表示将积极发挥资本市

场功能，支持实施改善优质房企资产负债表计划，加大权益补充力度。此外，保交楼也是金融稳定房地产市场的关键一环。人民银行适时出台3500亿元保交楼专项借款、2000亿元保交楼贷款支持计划，支持房地产市场稳健运行，积极做好保交楼、保民生、保稳定各项工作。

推动个人住房贷款利率下行，更好满足刚性和改善性住房需求。在改善房地产企业融资环境的同时，从需求端发力稳定房地产市场同样重要。2022年5月，我国将首套住房商业性个人住房贷款利率下限由不低于相应期限LPR，调整为不低于相应期限LPR减20个基点。人民银行、银保监会各派出机构按照“因城施策”的原则，指导各省级市场利率定价自律机制，根据辖区内各城市房地产市场形势变化及城市政府调控要求，自主确定辖区内各城市首套和二套住房商业性个人住房贷款利率加点下限。2022年9月，我国阶段性放宽部分城市首套住房贷款利率下限。

（二）有效防范化解地方政府债务风险

地方政府债务风险突出表现为包括隐性债务在内的广义债务规模较大。尤其是在经济下行压力较大和房地产市场承压的环境下，地方政府财政收支压力加大，2022年地方一般公共预算本级收入同比下降2.1%，地方一般公共预算支出同比增长6.4%；地方政府性基金预算本级收入同比下降21.6%（其中国有土地使用权出让收入同比下降23.3%），同时地方政府性基金预算支出同比下降4.7%。总体来看，我国地方政府债务规模整体较大，局部地区债务率较高、偿债压力较大。

在扎实推进稳经济的同时，积极防范和化解地方政府债务风险。2022年，财政部门为落实疫情要防住、经济要稳住、发展要安全的要求，扎实推进稳经济一揽子政策，并继续从多个方面加强对地方政府债务风险的管理。一是结合各地财力情况、债务风险等，合理测算分地区债务限额，控制高风险地区新增地方政府债务限额规模，避免风险持续累积。二是坚决遏制隐性债务增量，稳妥有序化解隐性债务存量，公开通报隐性债务问责典型案例，发挥问责警示作用。三是推进地方政府债务信息公开，提高地方政府债务透明度。四是统筹好保障城投平台合理融资和隐性债务化解。城投平台已经形成了较大规模的债务存量，在经济下行压力较大的环境下，以标本兼治、疏堵结合的方式避免“风险处置中的风险”。2022年4月人民银行和国家外汇管理局联合发布《关于做好疫情防控和经济社会发展金融服务的通知》，要求在风险可控、依法合规的前提下，按市场化原则保障融资平台公司的合理融资需求，不得盲目抽贷、压贷或停贷，保障在建项目顺利实施。

（三）稳妥化解中小银行、村镇银行等金融机构风险

中小银行、村镇银行等金融机构是我国防范金融风险的重要一环。2022年3月人民银行公布的2021年第四季度金融机构评级结果显示，高风险机构主要集中在城商行、农商行、农信社、农合行、村镇银行等地方性银行以及金融租赁公司、企业集团财务公司、汽车金融公司、消费金融公司等四类非银金融机构身上。从资产质量看，2022年，城市商业银行、农村商业银行不良贷款率显著高于商业银行平均水平，而拨备覆盖率低

于大型银行和股份制银行。受多种因素影响，农村中小银行是我国金融体系中的薄弱环节，管理体制不顺、公司治理不健全、经营机制不适应等深层次问题仍然有待破解。2022 年，河南 4 家村镇银行出现取款难事件，引发广泛关注。

2022 年以来，我国积极稳妥推进中小金融机构风险处置。一是有序推动中小金融机构风险化解和处置。顺利完成恒丰银行等重点金融机构风险处置，哈尔滨银行、甘肃银行财务重组和增资扩股方案顺利实施。推进辽宁省高风险中小银行处置工作，吸收合并省内 2 家高风险城市商业银行、组建辽沈银行。支持河南省、安徽省稳妥处置 5 家村镇银行风险事件。二是 2020—2022 年新增 5500 亿元地方政府专项债券，专项用于补充中小银行资本金。三是推进不良资产认定和处置。2022 年银行业金融机构累计处置不良资产 3.1 万亿元，其中不良贷款处置 2.7 万亿元。

（四）切实防范跨市场、跨机构和跨境风险传染

2022 年，部分国家出现股市下跌、资本外流、汇率大幅度贬值等风险传染和相互强化问题，而我国多措并举有效维护了金融体系稳定。货币政策和宏观审慎政策双支柱调控框架不断完善，在维护宏观经济稳定和国家金融安全方面发挥了重要作用。

在未来的复杂形势下，防范风险传染、牢牢守住不发生系统性金融风险的底线仍然是金融政策重点。一是持续完善宏观审慎政策框架，强化系统性金融风险监测、评估和预警，开展宏观审慎压力测试，进一步丰富和优化宏观审慎政策工具箱，逐步扩大宏观审慎管理覆盖领域，防范金融体系的顺周期波动和风险的跨市场、跨部门传染。二是加强对系统重要性银行的监测分析和风险评估，推动其持续满足附加资本和杠杆率要求，通过恢复处置计划提高风险管理和内控水平。继续研究推动建立系统重要性保险公司、系统重要性证券业机构评估与监管规则，进一步完善监管制度框架。三是把好市场准入关，建立风险预警和监管评级体系，加强监管协作，推动金融控股公司稳健经营。

（五）完善“三反”监管体制机制，从严打击违法违规

“三反”（反洗钱、反恐怖融资、反逃税）工作继续推向纵深。2022 年初，中国人民银行等 11 个部门联合印发了《打击治理洗钱违法犯罪三年行动计划（2022—2024 年）》，决定从 2022 年 1 月至 2024 年 12 月在全国范围内开展打击治理洗钱违法犯罪三年行动，以坚决遏制洗钱及相关犯罪的蔓延势头，推动源头治理、系统治理和综合治理，构建完善国家洗钱风险防控体系，切实维护国家安全、社会稳定、经济发展和人民群众利益。

2022 年 9 月，全国人民代表大会常务委员会审议通过《中华人民共和国反电信网络诈骗法》，助推反洗钱法治工作深化发展。2022 年 10 月，金融行动特别工作组（FATF）审议了中国第四轮反洗钱和反恐怖融资第三次后续评估报告，将中国在《FATF40 项建议》中的建议 7（与扩散相关的定向金融制裁）和建议 24（法人透明度和受益所有权）由“不合规”提升至“部分合规”，并充分肯定中国在建议 6（与恐怖主义和恐怖融资相关的定向金融制裁）方面取得的重大进展。

“三反”监管体制机制是建设中国特色社会主义法治体系和现代金融监管体系的重

要内容，关乎国家安全、金融安全和人民群众的切身利益。应完善法律制度、健全工作机制，进一步完善反洗钱工作部际联席会议制度，统筹“三反”监管工作，强化部门间“三反”工作组织协调机制，制定整体战略、重要政策和措施，推动贯彻落实，指导“三反”领域国际合作，加强监管合作。健全预防措施，建立健全防控风险为本的监管机制，引导反洗钱义务机构有效化解风险；健全监测分析体系，提升监测分析水平；鼓励创新和坚守底线并重，妥善应对伴随新业务和新业态出现的风险。

六、结论：助力中国式现代化的中国特色金融之路任重道远

习近平总书记围绕金融工作作出了一系列重要论述，系统阐明了金融理论和金融实践的根本性、战略性问题，是新时代开创金融工作新局面的科学指南，也是推动中国金融理论创新发展的根本遵循。

金融是社会资源配置和宏观调控的重要工具，是推动经济社会发展的重要力量。中国特色金融之路，是助力中国式现代化的基础之一，是中国特色社会主义发展道路的重要组成部分。

金融是国家重要的核心竞争力，金融安全是国家安全的重要组成部分，金融制度是经济社会发展中重要的基础性制度。

首先，中国特色金融之路需要服务于中国式现代化。金融要为实体经济服务，满足经济社会发展和人民群众需要。因此，未来要继续深化金融供给侧结构性改革，提高金融体系服务实体经济的能力和水平，实现“科技—产业—金融”的高水平循环，推动金融同实体经济均衡发展。

其次，中国特色金融之路需要统筹安全与发展。作为国家安全的重要组成部分，金融安全是经济平稳健康发展的重要基础。通过不断提升金融体系效率与金融治理能力，增强金融国际竞争力，提升金融服务实体经济能力的同时，还需要加强金融基础设施建设，加快构建数据基础制度体系，维护金融系统的安全。同时，需要继续防范化解金融风险，牢牢守住不发生系统性金融风险的底线。

最后，中国特色金融之路需要金融系统久久为功。党的十八大以来，以习近平同志为核心的党中央坚持以人民为中心的金融发展观，作出了“经济金融共生共荣”这一重要理论判断，实施了“深化金融供给侧结构性改革”这一重大战略。党的二十大报告指出，“深化金融体制改革，建设现代中央银行制度，加强和完善现代金融监管，强化金融稳定保障体系，依法将各类金融活动全部纳入监管，守住不发生系统性风险底线”，为下一步金融工作开展指明了方向。未来，金融系统对中国特色金融之路的探索，需要破除“金融精英论”等西方式错误思想，解放思想，开拓创新，敢于担当，在实践中形成一条成熟定型的中国特色金融之路。

专题文章一：

多重冲击下中国经济金融高质量发展[①][②]

一、当前国内外经济处于不同的周期阶段

全球经济总体面临增长动能衰减风险。从世界银行 2022 年 6 月发布的《世界经济展望》可以看出，全球经济可能进入了长期增长疲弱和通胀上升的阶段。国际货币基金组织在 2022 年 10 月发布的《世界经济展望》中同样指出，全球经济活动普遍放缓且比预期更为严重，经济增长率预期将从 2021 年的 6.0% 下降到 2022 年的 3.2% 和 2023 年的 2.7%；通胀处于几十年来的最高水平，全球通胀预计将从 2021 年的 4.7% 上升到 2022 年的 8.8%，2023 年可能下降到 6.5%。具体来看，主要国家正在经历着不同的经济周期。

发达经济体普遍面临通胀压力，通胀幅度和原因各不相同。美国正处于由前期大力度宽松经济政策所形成的高通胀与低失业率组合中。美国的通胀率从 2020 年 7 月开始出现上升，到 2022 年 6 月达到了 9.1% 的历史高位，后逐步小幅回落至 10 月的 7.7%。劳动力市场持续强劲，10 月的失业率是 3.7%。可见，美国经济当前的核心问题是如何收紧货币政策以控制经济过热下的高通胀压力。需要注意的是，也有分析认为疫情冲击给劳动力市场带来了持续性的供给收缩，由于时间序列较短，美国宏观经济的特性还需要持续观察验证。欧洲面临的主要问题则是在长期持续的低增长环境下，又遭遇了乌克兰危机。由于初级产品遭受到供给冲击，2022 年 11 月欧元区通胀率高达 10%，同时货币政策收紧下的经济衰退风险也比较大。日本的情况更为特殊，长期处于收益率曲线控制下的低利率、低物价、较低增长的流动性陷阱状态，通胀形势基本处于物价反弹的状态。因此，日本央行尚在坚持宽松的货币政策。

新兴经济体通胀水平明显分化，部分国家的通胀形势严峻。根据世界银行的数据，2022 年 4 月，新兴经济体通胀率上升至 9.4%，是 2008 年国际金融危机以来的最高水平。同时，国家间由于资源禀赋和经济韧性的差异而呈现明显的分化。一些资源性经济

---

① 作者：陆磊，国家外汇管理局副局长、“中国金融政策报告”项目（课题组）联合总负责人。

② 本文系陆磊副局长在《国际金融》杂志发表的署名文章，部分内容略有调整。

体可以在2022年的能源和粮食价格上涨中获利，另外一些经济韧性较强、宏观经济政策较为合理的金砖国家通胀压力比较小，例如印度、南非和中国的通胀都比较平稳。此外，也有一些新兴经济体由于政治经济稳定性较弱、高度依赖全球供应链而面临恶性通胀风险。例如，斯里兰卡自2022年7月开始连续5个月的通胀超过了60%；土耳其从8月起连续4个月通胀超过了80%；阿根廷2022年3月通胀在50%以上，10月更是升至88%的相对高位。

在通胀和经济下行压力全球蔓延的态势下，我国经济长期向好的基本面没有改变，但当前仍需巩固回稳向上基础。面对风高浪急的国际环境和艰巨繁重的国内改革发展稳定任务，我国通过加大宏观调控力度等组合手段，保持了经济社会大局稳定。当前的主要问题是经济回稳向上基础仍需巩固。生产端的工业增加值增速回落，需求端社会消费品零售和商品房销售相对比较疲弱。投资方面，地产投资持续下行，制造业、基建投资增速放缓。我国没有处理通胀问题的迫切需要，劳动力市场也没有出现紧张局面。从相关数据可以看出，2022年11月CPI同比增速降到了2%以下，PPI同比增速连续两个月负增长，与国外所处的经济周期明显不同。因此，我国面临的主要挑战是产能利用率和要素就业率的提升。我国进一步优化疫情防控措施并持续推动稳经济一揽子政策和接续措施全面落地生效，释放出“稳经济”“促增长”的强烈信号，增强了市场信心。

二、美联储加息对全球的冲击及我国的政策组合

美联储出于稳定国内通胀考虑领先加息。世界银行的研究指出，全球主要央行2022年以50年未见的程度同步加息，这一趋势大概率会延续至2023年。其中尤以美联储的快速加息最为突出，美联储借助低失业率的有利条件，集中精力治理通胀；自2022年3月以来累计加息375个基点，美联储主席鲍威尔在11月议息会议后称美联储正在以历史性的速度提高利率。从美国自身的角度看，美联储加息引发了美债利率大幅上行，压制了利率敏感性较高的各类需求，房地产市场、加密货币交易等都明显降温，这有利于其国内宏观经济稳定。

但是，从全球角度看，美联储加息造成了较大的风险外溢。2022年以来美元指数迅速上行，并于9月突破了110大关，创近20年新高。与此同时，多数非美货币应声而落。值得关注的是，与之前的美元强势周期有所不同，2022年以来发达经济体货币出现了较大幅度的贬值，日元兑美元贬值近15%，英镑贬值近9%，欧元贬值也超过了6%，前期一度跌破了1:1。

新兴经济体的货币贬值情况呈现分化的态势。斯里兰卡卢比贬值幅度超过40%，阿根廷比索贬值达到了38%，土耳其里拉贬值33%，但是俄罗斯卢布、乌拉圭比索、墨西哥比索等少数新兴经济体货币兑美元升值。总的来看，全球约90%的货币兑美元有不同程度的贬值，2/3的货币贬值幅度超过了10%。从根本上看，在非均衡的全球货币体系下，货币政策的本国性和金融市场的全球性间存在着深刻矛盾，强美元既造成了各国通胀压力的异质性，也给非美国经济体造成了融资成本上升和经济增长动力衰减的

冲击。

反观人民币，人民币汇率在合理均衡水平上基本保持稳定，这体现了我国外汇市场的韧性在不断增强。面对国内外经济周期处于不同阶段的挑战，我国加大了宏观政策的统筹协调，以较低的国内利率支持实体经济发展，同时以更加具有弹性的人民币汇率吸收复杂多变的外部市场冲击，即低利率+弹性汇率的政策组合。

从数据上看，2022 年以来，人民币汇率在强势美元下出现了一定的贬值，10 月一度下探到了 7.3。近期，离岸与在岸的人民币汇率都回到了 7 以内，可见低利率+弹性汇率的政策组合发挥了比较好的作用。这也说明从基本面上来看，我国的经济韧性强、潜力足、回旋余地广。随着疫情防控措施的进一步优化，我国经济回稳向好的态势将继续巩固，抵御外部冲击的基础和条件将更加坚实，跨境资金流动和外汇市场有望延续平稳有序的发展格局。

三、应对外部冲击风险的措施建议

面对持续存在的外部冲击风险，我们应从哪些方面来着手应对？从 1994 年人民币汇率形成机制改革以来，我国成功应对了数次重大汇率和跨境资金流动风险冲击。结合历史经验和当前形势，可以总结出三方面的重要着力点。

第一，优化短期政策，注重预期管理。在加速演进的百年未有之大变局下，跨境资金流动更加复杂多变，且市场预期的变化比资金流动更加迅速灵活，是导致货币金融风险不断深化的重要因素。尤其是新兴经济体容易在外汇市场出现单边走势时出现一致性预期，引发市场超调或非理性大幅波动。因此，有必要积极有效管理市场预期，打破风险的自我强化和负向螺旋。此外，也要注重在日常管理中通过完善体制机制增加政策可信度，减少不透明的行政干预，保持政策“不翻烧饼”，实现政策的稳定性、一致性，夯实预期管理的基础。

第二，持续推动中长期改革开放，培育有深度、有弹性的外汇市场。市场的深度和弹性不但反映其自身的恢复能力，也影响政策效力。一直以来，外汇管理部门深化外汇领域改革开放，促进跨境贸易和投融资便利化，稳妥有序推进资本项目高水平开放，培育开放多元、功能健全、竞争有序的外汇市场。有必要持续深化“放管服”改革，进一步激发市场主体活力，提高市场活跃度。尤其要降低企业套保成本，支持各类市场主体更好地管理汇率风险，降低企业在外汇风险管理方面的顺周期性。

第三，着力市场主体建设，确保金融机构的健康性。包括 2008 年国际金融危机在内的诸多历史经验都表明，保持金融机构健康稳健是守住不发生系统性金融风险底线的重要一环。2022 年第二季度央行金融机构评级结果显示，全国高风险金融机构数量较峰值已压降近半，并已逐步建立起适应国内金融形势的压力测试框架。后续金融机构应进一步统筹平衡业务拓展、盈利增长和风险防范，保持稳健合规经营、专注主业，打通金融向实体经济的传导，助力经济高质量发展。

四、总结与展望

2023 年是全面贯彻落实党的二十大精神的开局之年，如何在复杂形势下实现中国经济金融高质量发展是一个重要命题。需求面、供给面的各种冲击在 2023 年也许是常态，但相信随着短期政策不断优化、中长期制度建设持续推进、金融市场主体稳健性与日俱增，我国将更有基础也更有条件稳妥应对各种外部冲击。

专题文章二：

经济韧性与政策张力[①]

2021 年中国经济发展运行的效果如何，是国内国际普遍关注的重要话题。同时，2022 年中国经济金融政策如何定调发力，事关经济大盘与社会大局的平稳健康。

一、2021 年持续恢复的国民经济展现了中国韧性

在新冠疫情暴发并全球蔓延的 2020 年，中国是唯一实现了经济正增长的主要经济体。2021 年，面对复杂严峻的发展环境包括国内疫情的多点散发，我国疫情防控和经济社会发展继续保持全球领先地位，经济社会发展主要目标任务较好完成，“十四五”实现了良好开局。从全年的主要经济指标来看，持续恢复发展的国民经济充分展现了中国韧性。

从经济总量与增长速度上看，中国继续保持在世界主要经济体前列。根据国家统计局的初步核算，2021 年全年国内生产总值为 1143670 亿元，比 2020 年增长 8.1%，2020 年、2021 年两年平均增长 5.1%。按汇率折算，经济总量约为 17.7 万亿美元，增量达到 3 万亿美元，中国仍是世界经济恢复发展的最大贡献国，占世界经济的比重加速提升到 18%。同时，人均 GDP 达到 12551 美元，将可能超过全球人均 GDP 水平，进一步接近高收入经济体标准。

从经济结构与发展质量上看，经济增长的结构力量稳定恢复并呈现亮点，高质量发展取得新成效。粮食产量再创新高，畜牧业生产稳定增长。2021 年全年全国粮食总产量为 68285 万吨，比 2020 年增加 1336 万吨，增长 2.0%，连续 7 年保持在 65000 万吨以上，端牢了中国饭碗。

消费和投资稳定恢复，进出口保持快速增长。消费方面，市场销售规模扩大，基本生活类和升级类商品销售增长较快。2021 年全年社会消费品零售总额为 440823 亿元，比 2020 年增长 12.5%；2020 年、2021 年两年平均增长 3.9%。投资方面，固定资产投资保持增长，制造业和高技术产业投资增势较好。全年全国固定资产投资（不含农户）为 544547 亿元，比 2020 年增长 4.9%；2020 年、2021 年两年平均增长 3.9%。其中，制造业投资、民间投资同比分别增长 13.5% 和 7.0%，高技术产业和社会领域投资分别

---

① 何海峰，国泰君安证券首席经济学家，“中国金融政策报告”项目（课题组）执行负责人。

增长17.1%和10.7%。外贸方面，货物进出口快速增长，贸易结构持续优化。全年货物进出口总额为391009亿元，比2020年增长21.4%。其中，出口额为217348亿元，增长21.2%；进口额为173661亿元，增长21.5%。进出口相抵，贸易顺差为43687亿元。

创新驱动深入推进，产业链供应链韧性持续提升。2021年，创新驱动发展战略深入实施，国家战略科技力量加快壮大，我国的全球创新指数排名提升至第12位。产业结构持续优化，全年规模以上工业增加值同比增长9.6%，其中制造业增加值同比增长9.8%，比2020年提高1.1个百分点，新产业新业态茁壮成长，高技术制造业增加值同比增长18.2%；先进制造业和现代服务业融合发展，全年服务业增加值增长8.2%，占国内生产总值的比重为53.3%，对经济增长贡献率达到54.9%。服务业持续恢复，现代服务业增势良好。分行业看，信息传输、软件和信息技术服务业，住宿和餐饮业，交通运输、仓储和邮政业增加值比2020年分别增长17.2%、14.5%、12.1%，保持恢复性增长态势。

从民生保障与风险防范上看，经济发展进一步奠定了社会和谐稳定的坚实基础。2021年全年全国居民人均可支配收入为35128元，比2020年名义增长9.1%，2020年、2021年两年平均名义增长6.9%；扣除价格因素实际增长8.1%，2020年、2021年两年平均增长5.1%，与经济增长基本同步。就业优先政策继续强化，就业形势总体平稳。城镇新增就业超过1269万人，比2020年增加83万人，全年全国城镇调查失业率平均值为5.1%，比2020年下降0.5个百分点。防范化解重大风险取得积极进展。地方政府隐性债务风险防范化解工作扎实推进。对少数高风险金融机构及时“精准拆弹”。妥善处置个别高负债房地产企业风险。虚拟货币“挖矿”全链条整治工作取得明显成效。反垄断、反不正当竞争、防止资本无序扩张等工作取得重要成效。

从全面深化改革和坚持高水平开放上看，制度更加定型更加成熟。继2020年如期完成全面深化改革目标之后，2021年中国继续推进全面深化改革，中央深化改革委员会部署的50个重点改革任务和其他61个改革任务基本完成，中央和国家机关有关部门还完成105个改革任务，各方面出台216个改革方案，实现了建党百年在各方面制度更加成熟更加定型上取得明显成效的目标。同时，以加入世界贸易组织20周年为新起点，中国继续扩大高水平制度型开放，推出一系列扩大开放新举措，加快建设市场化、法治化、国际化的营商环境，完善外商投资准入前国民待遇加负面清单管理制度，为世界贡献了经济增长动能，吸引了更多跨国公司投资，进一步激发了市场活力。

可以说，2021年全年经济的总量与增长、经济结构与产业结构、创新驱动与发展质量、民生保障与风险防范、深化改革与扩大开放等成绩，既是中国经济的广度与深度、禀赋与制度的特征优势，更充分体现了中国大国开放经济的基本韧性。

二、2022年压力考验之下，经济政策需要联动协同

在疫情持续冲击和复杂因素交织影响下的2021年，中国经济的潜能与韧性充分证明，中国经济长期向好的基本面没有改变，这是信心与底气所在。但是，2021年经济同

比增速的逐季下滑，从18.3%下降到7.9%、4.9%直到4.0%，需要引起我们的足够重视。同时，主要国际组织对于2022年和2023年的世界经济增长预测都不乐观，国际货币基金组织、世界银行、经合组织（OECD）和联合国分别给出了4.4%和3.8%、4.1%和3.2%、4.5%和3.2%、4.0%和3.5%的估计。在全球经济下行背景下，国际货币基金组织、世界银行、OECD三家机构对中国2022年经济增速的预测分别从5.7%、5.4%和5.8%下调到了4.8%、5.1%和5.1%。2022年的中国经济面对需求收缩、供给冲击、预期转弱三重压力，更加需要加强经济政策的高效配合与联动协同，充分发挥综合性、系统性的政策张力，做好短期平稳运行与中长期结构转型的平衡衔接，唯有如此，中国经济才能实现平稳可持续的高质量发展。按照中央经济工作会议的要求，国家经济金融管理部门政策发力靠前，积极推出了利好经济稳定的相关政策。

扩投资方面，国家发展改革委积极扩大有效投资，加大地方专项债支持力度，适当增加中央预算内投资；靠前加强基础设施建设，适度超前开展基础设施投资，支持水利、交通、生态环保、农业农村、市政和新型基础设施建设；扎实推进"十四五"规划102项重大工程项目建设；聚焦"两新一重"和补短板的有效投资。工信部着力提振工业经济，深化产融合作，着力提振制造业投资；开展5G和千兆光网建设，扩大"5G+工业互联网"应用；推进基础和关键领域创新突破，增强产业链供应链韧性。财政部管好用好专项债券资金，拉动有效投资；适度超前开展基础设施投资，发挥政府投资引导带动作用；优化收入分配结构，推动消费持续恢复；深入实施区域重大战略。住建部推动供给侧结构性改革，加大新型城市基础设施建设的推进力度；加快形成推进城镇老旧小区改造的政策机制。交通运输部适度超前开展基础设施投资，全方位服务区域协调发展。水利部高质量推进重大水利工程建设。

促消费方面，国家发展改革委一方面做好保供稳价，另一方面扩大国内需求。着力做好保供稳价方面，针对各类供给冲击，确保市场稳定供应和价格基本稳定。着力扩大需求方面，持续培育消费热点，商务部围绕年度工作重点，加快健全县域商业体系，促进消费升级。文旅部深化旅游资源开发，加快推进旅游业高质量发展，建设一批国家级旅游休闲城市和街区、国家级滑雪旅游度假地、国家康养旅游示范基地；推动自驾游、冰雪旅游、红色旅游、乡村旅游、研学旅游、海洋旅游等业态创新内容、提质升级；实施国家智慧旅游建设工程；加大旅游推介力度。

稳外贸方面，商务部加强跨周期调节，加快落实好稳外贸政策，推进外贸创新发展，保障产业链供应链稳定畅通，帮助外贸企业开拓市场。海关总署积极参与进出口方面税收政策，认真落实减税政策，大力推动规范和降低进出口环节涉企收费，继续优化口岸营商环境，打造高水平对外开放平台，推动制度型开放，以高水平开放促进深层次改革，推动高质量发展。特别是，国务院办公厅2021年12月30日发布了《关于促进内外贸一体化发展的意见》，从完善内外贸一体化制度体系、增强内外贸一体化发展能力、加快内外贸融合发展、完善保障措施四个方面提出了15条工作措施。

中小企业帮扶救助促进方面，相关政策围绕三个领域全面展开。减费降税上，财政部将超过2021年的1万亿元力度，并与工信部一起加强对小微企业的纾困帮扶，实施普惠金融发展示范区奖补政策；国家税务总局开展包括6项专门举措的税收服务“春雨润苗”专项行动。纾困解难上，国家发展改革委与银保监会加强信用信息共享应用，促进中小微企业融资；人民银行做好两项直达实体经济支持工具接续转换；工信部拓宽中小企业直接融资渠道；国家知识产权局扩大知识产权质押融资。升级创新上，科技部推出支持科技型中小企业研发的具体措施，教育部鼓励中小企业更多吸纳高校毕业生，工信部制定具体政策引导中小企业走“专精特新”发展道路。

增强创新“第一动力”方面，相关部委政策从三个领域协调发力。夯实基础研究上，科技部制定实施基础研究“十年规划”，财政部经费管理定向加码。激发创新活力上，国家发展改革委“锻实”创业链、“焊牢”产业链，科技部推实招提升企业创新主体地位，工信部搭建“大平台”扶植“小巨人”。完善创新体系上，科技部加快加强国家战略科技力量建设，商务部寻找科技创新“合作伙伴”，中国人民银行金融服务精准滴灌，证监会引导资金流向“硬科技”。

当然，2022年作为“十四五”关键一年，在世纪疫情交织百年变局的背景下，中国面临的挑战风险明显增多，更加需要人民银行、银保监会、证监会、国家外汇管理局等金融管理部门与财政部、国家发展改革委统筹协调，防范化解金融风险，推进重点领域风险化解，完善监管制度并提升监管能力。

总之，以上扩投资、促消费、稳外贸、帮扶中小企业、增强创新等主要经济政策的靠前推出和协同发力，是支撑2022年中国经济发展的有利因素和坚实条件。我国经济发展韧性强、潜力大、前景广阔、长期向好的特点没有变，我们完全有基础、有条件、有信心、有能力保持经济平稳健康可持续发展。

专栏1

在“稳字当头、稳中有进”的总基调下，如何兼顾政策力度和风险防范[①]

——2022年中央经济工作会议精神解读

2022年初以来，面临美联储大幅加息和国内疫情的反复扰动，外需的出口高增长在10月由正转负，内需的消费复苏也未能如期而至，尤其是房地产销售市场表现低迷。1—12月百强房企销售总额同比下降41.3%，对相关产业的需求恢复造成进一步拖累。12月16日，中央经济工作会议召开，定调2023年经济工作的政策方向。会议在指出当前经济需求收缩、供给冲击、预期转弱的“三重压力”仍然较大的基础上，重申了“稳字当头、稳中求进”的政策总基调。

2022年中央经济工作会议虽然与2021年的总基调相同，但在具体金融政策的表述

① 作者：刘锋，中国银河证券首席经济学家、“中国金融政策报告”项目（课题组）高级研究员；聂天奇，中国银河证券首席经济学家工作室研究员。

上却体现出更为积极的边际变化。在财政政策方面，由“提效、精准、可持续”转向“加力提效”，并同时强调了保障财政的可持续和地方政府债务风险的可控；货币政策方面，由“灵活适度”转向“精准有力”，强调在保持广义货币供应量和社会融资规模增速与名义经济增速基本匹配的基础上，保持人民币稳定在合理均衡水平；房地产政策方面，在坚持房住不炒的基础上，提出要满足行业合理融资需求，推动行业重组并购，有效防范化解优质头部企业风险。

可以看出，与2021年各项政策的总基调相比，2022年中央经济工作会议无论是财政政策还是货币政策都将“加力”和“有力”作为主基调之一，预示2023年我国宏观政策的调控力度将保持一定的政策连贯性并更有针对性，更加精准有效地助力疫情恢复下的实体经济全面走向复苏。但与此同时，我们也注意到会议对房地产与债务风险的关注显著提升，虽然关于“房住不炒”的总方针不变，但更加强调对房企资产负债表的管理和合理融资需求的支持。在宏观杠杆方面虽然仍然强调要保持必要的支出强度，但更加注重对地方债务风险的关注，提出“遏制增量、化解存量”。

2022年中央经济工作会议的总体要求是兼顾“政策有力”和“风险防范”，我们认为其对应的实施方式是“提质增效”和“结构调整”。一是在宏观政策实施上，提升政策实施效能。由于消费场景在疫情期间的受限，居民和企业部门的消费和贷款意愿降低，预期不稳和信心不足，叠加投资拉动的边际效用递减，2021年政策实施的效果有所降低。而当前政策实施的重点应是在保持连续政策力度的基础上，提高货币政策的传导效率和财政政策的乘数效应。二是在债务风险防范上，需优化调整债务结构。我国当前宏观杠杆率总体可控，但债务结构及成本亟待优化。突出表现为中央负债比例较低，地方政府及平台公司负债占比较大且负债成本较高。“遏制增量”重在控制地方政府隐性负债，“化解存量”重在通过债务置换降低地方政府负债成本。三是在房地产政策改革上，重在重塑房企资产负债表。满足行业“合理融资需求”应旨在防止房企过度使用短期资金“加杠杆”，同时通过完善预售资金的制度改革规范房企的融资方式。

下　篇

2022年度中国金融政策动态

宏观金融政策

一、货币政策[①]

2022 年国际局势动荡，俄乌冲突爆发，全球大宗商品价格大幅上涨。主要发达国家的通货膨胀率达到 40 年以来的最高水平，主要央行都进入了史无前例的快速加息周期。新兴市场经济体为应对内部通胀压力和发达经济体货币政策收紧带来的溢出效应，在 2022 年也多次加息。

国内而言，受全年疫情封控和年底疫情暴发的影响，全年经济增长低于年初预期。全年消费增长低迷，物价走势温和，经济增长主要由投资和出口拉动。人民银行在极具挑战的经济困局下，主动发力，在支持实体经济的同时避免大水漫灌，创新多项结构性货币政策工具，发挥了灵活精准的滴灌作用。2022 年全年金融市场利率稳中有降，企业融资成本进一步下降，有效支撑了实体经济的增长。

（一）货币政策的主要内容

1. 公开市场操作

（1）逆回购

2022 年，人民银行两次下调公开市场操作 7 天逆回购利率。2022 年 1 月 17 日，7 天逆回购利率从 2.2% 下降 10 个基点至 2.1%，2022 年 8 月 15 日从 2.1% 下降 10 个基点至 2.0%。全年累计开展 7 天期逆回购操作 7.441 万亿元。

（2）央行票据互换工具（CBS）

2022 年人民银行共开展 12 期 CBS 操作，以每月一次的频率稳定开展。全年累计操作量达 600 亿元，期限均为 3 个月，票面利率均为 2.35%，费率均为 0.10%。CBS 操作对提升银行永续债的二级市场流动性，支持银行特别是中小银行发行永续债补充资本发挥了积极作用。

2. 存款准备金率

2022 年，人民银行两次降低存款准备金率。2022 年 4 月 25 日，人民银行下调金融机构存款准备金率 0.25 个百分点；同时，对没有跨省经营的城商行和存款准备金率高

---

① 作者：何晓贝，北京大学国家发展研究院宏观与绿色金融实验室副主任、“中国金融政策报告”项目（课题组）研究员。

于5%的农商行，再额外多降0.25个百分点。年末，随着防疫政策优化，12月5日人民银行再次下调金融机构存款准备金率0.25个百分点（不含已执行5%存款准备金率的金融机构）。两次降准共释放长期资金约1.03万亿元。

3. 常备借贷便利（SLF）

2022年，人民银行全年两次下调SLF各期限利率，每次下调10个基点。2022年1月17日，人民银行下调SLF利率。其中，隔夜利率从3.05%下调至2.95%，7天利率从3.2%下调至3.1%，1个月利率从3.55%下调至3.45%。2022年8月15日，人民银行再次下调SLF利率。其中，隔夜利率从2.95%下调至2.85%，7天利率从3.10%下调至3.00%，1个月利率从3.45%下调至3.35%。全年累计开展常备借贷便利操作252.62亿元，期末余额为123亿元。

4. 中期借贷便利（MLF）

2022年7月15日，人民银行将MLF 1年期利率从2.85%下调10个基点至2.75%，随后维持不变。全年累计开展MLF操作4.55万亿元。期末余额为4.55万亿元。

5. 抵押补充贷款（PSL）

2022年人民银行运用PSL支持开发性政策性金融机构为基础设施重点领域提供信贷支持。9—11月，人民银行分三次新增PSL 6300亿元，年末余额为31528亿元。全年调增政策性开发性银行信贷额度8000亿元，指导其投放资金7399亿元。

6. 结构性货币政策

（1）加强普惠金融政策力度

2022年1月1日，人民银行采用市场化方式对2020年推出的两项直达工具进行接续转换。首先，人民银行将"普惠小微企业贷款延期支持工具"转换为"普惠小微贷款支持工具"，并将激励资金支持比例由1%提高至2%。此外，2022年11月，人民银行推出普惠小微贷款阶段性减息政策，对相关金融机构于2022年第四季度对普惠小微贷款实施的减息金额给予等额资金激励。其次，人民银行将"普惠小微企业信用贷款支持计划"并入"支农支小再贷款"管理，用可持续的方式支持小微企业。原来用于支持普惠小微信用贷款的4000亿元再贷款额度可以滚动使用。

（2）支持低碳转型发展的政策工具

人民银行继续实施碳减排支持工具和支持煤炭清洁高效利用专项再贷款，支持经济向绿色低碳转型。2022年8月，人民银行将德意志银行（中国）、法国兴业银行（中国）纳入碳减排支持工具金融机构范围，体现了坚持对外开放、对外资金融机构一视同仁的一贯态度。截至2022年末，人民银行通过以上两个工具分别向相关金融机构发放资金3097亿元、811亿元，合计3908亿元。

（3）创设多项结构性政策工具

人民银行于2022年4月创设施行科技创新、普惠养老和交通物流专项再贷款，9月创设设备更新改造专项再贷款。四个专项再贷款的总额度分别为2000亿元、400亿元、1000亿元、2000亿元。自这些工具实施以来，人民银行分别累计发放资金2000亿元、

7 亿元、242 亿元、809 亿元。

7. 货币和信贷市场利率

(1) 货币市场利率

2022 年货币市场利率平稳下降。银行间市场存款类机构 7 天质押回购利率（DR007）四个季度均值分别为 2.10%、1.72%、1.52% 和 1.74%。7 天质押回购利率（R007）四个季度均值分别为 2.29%、1.85%、1.64% 和 2.04%。上海银行间市场同业拆放隔夜利率（Shibor）四个季度均值分别为 1.94%、1.44%、1.21% 和 1.27%。

(2) 贷款市场报价利率（LPR）

受人民银行政策利率的引导，2022 年以来，5 年期以上 LPR 和 1 年期 LPR 分别共下降 35 个基点和 15 个基点。具体而言，2022 年 1 月，5 年期以上 LPR 从 4.65% 下调到 4.60%，1 年期 LPR 从 3.8% 下调到 3.7%；5 月，5 年期 LPR 从 4.60% 下调至 4.45%，而 1 年期 LPR 利率维持不变；8 月，5 年期 LPR 利率从 4.45% 再次下调 15 个基点至 4.30%，1 年期 LPR 从 3.70% 下调 5 个基点至 3.65%。

(3) 贷款加权平均利率

货币政策的放松有效传导到了实体经济，贷款加权平均利率进一步下降。2022 年四个季度的贷款加权平均利率分别为 4.41%、4.34%、4.14% 和 4.14%。年末的贷款加权平均利率与 2021 年同期相比下降 62 个基点，为改革开放以来的最低水平。

8. 助力经济回升的金融政策

人民银行鼓励金融机构对受疫情影响市场主体实施贷款延期还本付息，包括受困人群的存续个人住房贷款，中小微企业和个体工商户、货车司机贷款及受疫情影响的个人住房与消费贷款等。支持汽车集团财务公司、汽车金融公司和金融租赁公司三类非银行金融机构发行货运物流主题金融债券，专门用于向货车车主和相关物流企业提供延期还本付息和新增投放资金的支持。

9. 上缴央行结存利润

2022 年人民银行依法上缴了所有的历史结存利润，并对外公开披露。这一方面体现了货币政策与财政政策的协调联动，另一方面也是提高人民银行财务透明度的重大进展。为全社会提供的新增可用资金规模相当于全面降准近 0.5 个百分点。

(二) 宏观审慎管理

1. 加强维护金融稳定制度机制建设

人民银行和相关部门持续推进金融稳定立法。2022 年 12 月，全国人大常委会对《金融稳定法（草案）》进行第一次审议。当月，中国人民银行副行长刘国强表示《金融稳定法》有望 2023 年出台。《金融稳定法（草案）》明确，国家设立金融稳定保障基金，由统筹协调机制统筹管理，作为处置金融风险的后备资金。中国人民银行再贷款可以用于为金融稳定保障基金提供流动性支持，金融稳定保障基金应当以处置所得、收益和行业收费等偿还。根据人民银行的货币政策执行报告，金融稳定保障基金基础框架初步建立，已有一定资金积累，并且已在两个风险处置案例中得到实际运用。

2. 调整远期售汇外汇风险准备金率

2022 年，在美联储实施急速加息的背景下，人民币兑美元汇率显著下跌。9 月，人民银行为稳定外汇市场预期，加强宏观审慎管理，将远期售汇业务的外汇风险准备金率从 0 上调至 20%。

3. 完善系统重要性金融机构监管框架

主管部门出台系统重要性金融机构监管规定，健全完善监管框架。2022 年 7 月 8 日，人民银行、银保监会联合就《系统重要性保险公司评估办法（征求意见稿）》向社会公开征求意见。9 月 9 日，人民银行、银保监会发布 2022 年我国系统重要性银行名单，认定了 19 家国内系统重要性银行，包括 6 家国有商业银行、9 家股份制商业银行和 4 家城市商业银行。2022 年批准 3 家金融控股公司设立许可，稳妥有序开展准入管理和持续监管。

（三）外汇和金融市场

1. 汇率形成机制

2022 年，美国、欧元区等主要发达国家和许多发展中国家均大幅加息，而中国的政策利率稳中有降。在此背景下，人民币兑美元汇率由年初的 6.3794 下跌到年末的 6.9646。为加强金融机构外汇流动性管理，人民银行于 5 月 15 日和 9 月 15 日两次分别下调外汇存款准备金率 1 个和 2 个百分点，由 9% 下调至 6%，共释放外汇流动性约 270 亿美元。

2. 离岸人民币市场

2022 年，人民银行继续在香港常态化发行央行票据。全年共发行 8 期共计 1200 亿元人民币央行票据。四个季度分别发行 300 亿元、300 亿元、300 亿元和 300 亿元，各自包含 3 个月期、6 个月期和 1 年期三个品种。在港常态化发行人民币央行票据有利于丰富离岸市场中的人民币产品，提升人民币离岸市场活跃度，推动人民币国际化发展。

3. 货币互换协议

2022 年，人民银行先后与 8 个国家和地区的中央银行和金融当局（分别为印度尼西亚银行、阿尔巴尼亚银行、土耳其共和国中央银行、中国香港金融管理局、新加坡金融管理局、欧洲中央银行、中国澳门金融管理局、匈牙利中央银行）签署了双边本币互换协议，并将与香港货币互换安排升级为常备互换安排且扩大了互换规模。

（四）2022 年货币政策执行效果及评价

2022 年是国内经济形势困难、国际政治局势紧张、全球金融市场收紧的一年。面对这种复杂的局势，我国的货币政策主动作为，发力在前，全年金融市场利率平稳下降，企业融资成本进一步下降，主要金融指标继续保持有力增长。2022 年末广义货币（M2）和社会融资规模存量同比分别增长 11.8% 和 9.6%。全年新增人民币贷款 21.31 万亿元，同比多增 1.36 万亿元。人民币贷款加权平均利率在 2022 年末达到 4.14%，与上年同期相比下降 62 个基点，为改革开放 40 多年来的最低水平。在严峻的防疫政策下，为支持经济增长，政府部门和企业部门的负债均有所上升，年末宏观杠杆率为 273.2%，与上年同期相比上升10.4个百分点。

结构性货币政策工具精准导向作用得到有效发挥，信贷结构持续优化。2022年末，企（事）业单位中长期贷款比年初增加11.1万亿元，在全部企业贷款中占比为64.7%。制造业中长期贷款余额同比增长36.7%，比全部贷款增速高25.6个百分点。普惠小微贷款余额同比增长23.8%，比全部贷款增速高12.7个百分点。普惠小微授信户数5652万户，同比增长26.8%。2022年新发放的普惠小微企业贷款加权平均利率为4.9%。2022年末，全国支农再贷款余额为6004亿元，同比增长20.88%；支小再贷款余额为14171亿元，同比增长14.74%；扶贫再贷款余额为1436亿元，同比下降17.94%；本外币涉农贷款余额为49.3万亿元，同比增长14.0%。

（五）2023年货币政策展望

2023年是充满希望和挑战的一年。时隔3年中国重新开放国门，深度融入全球产业链，强化国内外双循环，提升经济潜力。国内疫情防控进入新阶段，消费环境迅速改善，消费潜力逐步释放。新一届领导集体强调创造更好的民营经济发展环境，预期民营经济未来在各个新领域新赛道中均大有可为。

然而，国际局势依然紧张，区域冲突仍在持续。发达国家通胀仍在高位，全球利率上升环境下国际金融市场脆弱性显现。预期2023年主要发达国家的经济增长放缓，甚至可能进入衰退。美国不断强化对中国高科技行业的封锁，对我国中长期的增长潜力造成压力。

展望2023年，我国应注重释放国内经济增长潜力，缓解外部需求放缓和国际市场动荡对我国的影响。货币政策应着力支持扩大内需，同时兼顾短期和长期，不搞大水漫灌，维护物价稳定，推动经济增长回到潜在增速的轨道。继续深化利率市场化改革，优化人民银行政策利率体系，为持续有效实施跨周期调节打下基础。总体而言，尽管面临国内外多种因素的挑战，我国市场规模巨大、经济韧性强的特征决定了长期增长潜力大，加之宏观政策和货币政策支持效果持续显现，预期新的一年中国经济将有力回升。

专栏2

信用定向宽松救行业活经济　结构性货币政策保稳定促发展①

2022年，受制于防疫形势严峻、中美竞争加剧、全球贸易关系紧张等内外部压力，国内市场有效需求不足，经济安全风险隐患蹿升，国家宏观调控难度显著加大。为减负增效、扩大动能并力挽狂澜，在中国人民银行、中国银保监会等监管部门的一致行动以及国家发展改革委、科技部、工业和信息化部、国家能源局、交通运输部、财政部、审计署等政府部门的齐心协力下，结构性货币政策通过精准滴灌、持续发力，在救行业活经济、保稳定促发展等多方面发挥了充分主动、积极有效的作用。

---

① 作者：马强，上海银保监局二级巡视员、“中国金融政策报告”项目（课题组）高级研究员。

2022 年是中国人民银行持续运用结构性货币政策工具非常频繁的一年。4 月 28 日，中国人民银行联合科技部、工业和信息化部印发《关于设立科技创新再贷款的通知》，引导金融机构在自主决策、自担风险的前提下向科技企业发放贷款，促进科技创新，深化供给侧结构性改革。4 月 30 日，中国人民银行联合国家发展改革委印发《关于开展普惠养老专项再贷款试点的通知》，引导金融机构向普惠养老机构提供优惠贷款，降低养老机构融资成本，提升人民金融获得感。5 月 6 日，中国人民银行联合国家发展改革委、国家能源局印发《关于增加 1000 亿元支持煤炭清洁高效利用专项再贷款的通知》，专门用于支持煤炭开发使用和增强煤炭储备能力，切实增强发展动能。5 月 16 日，中国人民银行联合交通运输部印发《关于设立交通物流专项再贷款有关事宜的通知》，引导金融机构对受疫情影响较大的公路货物运输经营企业和货车司机等主体加大金融支持力度，有效缓释交通困难。5 月 24 日，中国人民银行印发《关于推动建立金融服务小微企业敢贷愿贷能贷会贷长效机制的通知》，着力提升金融机构服务小微企业等市场主体的意愿、能力和可持续性，提振弱势群体的进取信心。9 月 27 日，中国人民银行联合国家发展改革委、财政部、审计署、中国银保监会印发《关于设立设备更新改造专项再贷款有关事宜的通知》，引导金融机构在自主决策、自担风险的前提下，向制造业、社会服务领域和中小微企业、个体工商户等设备更新改造提供贷款，着力优化高质量发展条件。

2022 年中国经济发展超出预期，在极其困难的形势下仍然能保持 3.0% 的增速，一个重要原因在于，中国政府采取了正确的宏观金融调控政策，结构性货币政策工具重在通过减负增效活血，破解经济发展中的“疑难杂症”，其搭配组合不仅有创新意义，其实际效果也具有中国特色。毋庸置疑，近年来中国人民银行再贷款工具的运用，不仅得到中期借贷便利（MLF）、常备借贷便利（SLF）、央行票据互换（CBS）等公开市场操作中数量型创新手段交叉运用的配合，而且离不开贷款市场报价利率（LPR）等创新型价格工具的运用支持以及本外币存款准备金等传统工具的运用支持。

事实上，2022 年，中国人民银行在每月一次、全部 12 个月的 LPR 水平管理过程中，贯彻“稳字当头、稳中求进”的方针，LPR 显著保持着动态调整的策略思路。1—4 月的窗口指导水平为，1 年期 LPR 为 3.7%，5 年期以上 LPR 为 4.6%；5—7 月的窗口指导水平为，1 年期 LPR 为 3.7%，5 年期以上 LPR 为 4.45%；8—12 月的窗口指导水平为，1 年期 LPR 为 3.65%，5 年期以上 LPR 为 4.30%。很明显，LPR 的阶段性下调变化，说明中国人民银行不仅重视维护近期金融市场的宏观均衡稳定性，而且重视引导中期经济发展的宏观均衡稳定性。

这也就是本文所强调的，解读中国结构性货币政策工具运用的有效性，不仅要看到其对价格调控手段与数量调控手段的不断创新与交叉运用，特别要强调其对优化产业发展结构的指导作用和纠偏市场运行走势的调整效果，同时也要重视其背后的前瞻预期要求和风险预警能力。从更宽的视野看，结构性货币政策作为最重要的金融政策，在制定与执行中既需要所有相关政府部门与监管部门的鼎力协同，也需要主动配合、积极支持财政政策和社会政策的制定与执行。只有统筹做好能源、交通、水利等基础设施投融资保障，支持城市更新、乡村振兴，推动完善社会领域投融资机制并加快补齐社会领域短板，持续优化结算、融资、保险等进出口贸易金融服务，才能实现中国实体经济的稳定发展、开放发展和可持续发展，才能有效提升高质量发展水平。

二、汇率与国际收支相关政策①

2022年是党的二十大召开之年，也是实施“十四五”规划、全面建设社会主义现代化国家的重要一年。中国人民银行和国家外汇管理局坚持以习近平新时代中国特色社会主义思想为指导，坚决贯彻党中央、国务院决策部署，在国务院金融稳定发展委员会的具体指导下，认真落实“疫情要防住、经济要稳住、发展要安全”的要求，深化外汇领域改革开放服务实体经济发展，有效维护外汇市场平稳运行和国家经济金融安全，为稳住宏观经济大盘提供了有力支持。全年国际收支状况较好，外汇市场韧性显著增强。

（一）2022年人民币汇率及国际收支情况概述

1. 人民币对一篮子货币基本稳定，名义和实际有效汇率均小幅贬值

2022年末，中国外汇交易中心（CFETS）人民币汇率指数报98.67，较上年末贬值3.7%；参考特别提款权（SDR）货币篮子的人民币汇率指数报96.08，较上年末贬值4.3%；参考国际清算银行（BIS）货币篮子的人民币汇率指数报103.67，较上年末贬值2.8%。

根据国际清算银行测算，2022年，人民币名义和实际有效汇率分别贬值2.9%和7.9%。2005年人民币汇率形成机制改革以来至2022年末，人民币名义和实际有效汇率分别升值44.2%和45.6%。

2. 人民币对美元汇率总体呈现宽幅震荡态势

2022年人民币对美元即期汇率承压走贬，年末逐步企稳回升。全年在岸和离岸人民币即期汇率分别收于6.9514元/美元和6.9730元/美元，较上年末分别贬值8.32%和8.75%。全年在岸人民币和离岸人民币对美元即期汇率的最高价和最低价相差均超过1万个基点，日内波动逾千点的景象更是多次上演。2022年人民币对美元汇率中间价最高为6.3014元，最低为7.2555元，242个交易日中114个交易日升值、128个交易日贬值。最大单日升值幅度为1.4%（1008点），最大单日贬值幅度为1.0%（681点）。全年人民币对美元汇率年化波动率为6.4%，较上年增加3.71个百分点，较2020年增加1.94个百分点，为2015年汇改以来最高。

2022年美联储连续7次加息，基准利率提升达425个基点，年中启动缩表并很快达到每月950亿美元，货币政策紧缩速度历史罕见。美元指数最高上涨近20%达到114以上，主要非美货币普遍承压下挫，欧元、日元、英镑等主要国际货币相继创下近二三十年来新低，很多新兴市场出现货币贬值和资本外流。2022年人民币对美元汇率变化主要分为五个阶段（见图1）：（1）汇率小幅波动，总体平稳阶段。1—4月，尽管美联储开

① 作者：杨承亮，中国平安保险（集团）股份有限公司资金部总监、“中国金融政策报告”项目（课题组）研究员。

启加息周期，叠加俄乌冲突爆发推升避险情绪，但我国进出口顺差保持较高水平，客盘结汇持续释放，支撑人民币汇率在6.35水平区间波动。（2）快速贬值6%。4月，受国内疫情多点散发影响，经济复苏动能减弱，而美联储持续加息预期，1年期和10年期中美国债收益率均出现倒挂，人民币汇率从6.4附近较快贬值至6.8。（3）在6.7左右稳定波动阶段。5—8月，美联储超预期加息带动美元指数震荡攀升至近110高位，同时伴随国内疫情形势好转，经济预期逐步向好，人民币汇率表现出较强韧性，整体在6.6至6.8区间内震荡。（4）较快贬值8%。9—11月初美联储快速加息缩表以应对高通胀，叠加主要非美货币持续疲弱，美元指数一度升破114，创近20年新高，中美利差倒挂程度不断走阔，人民币汇率跌破7关口。（5）快速升值5%，年末最后1个月，受美元加息预期弱化及国内疫情防控优化，人民币汇率震荡走升至6.9附近。

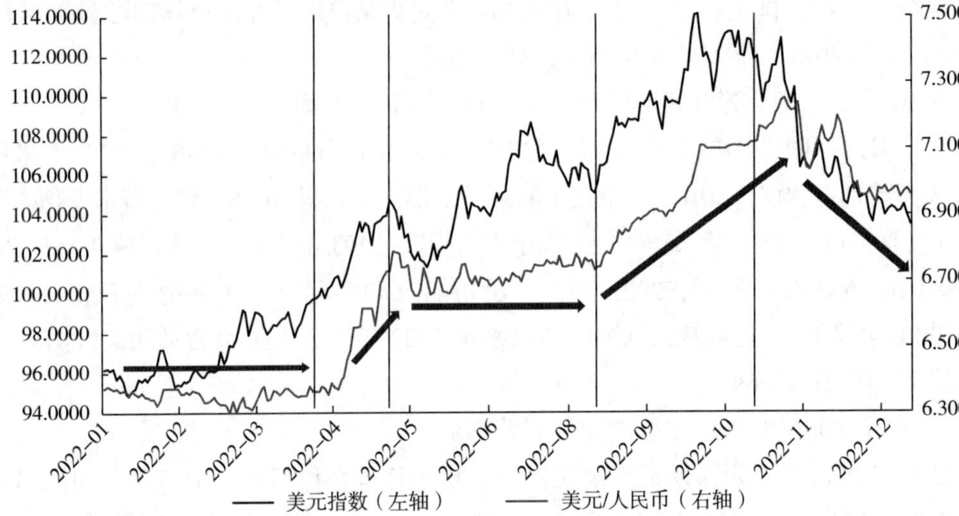

图1 2022年人民币对美元汇率变化

（资料来源：路透）

3. 人民币对其他国际主要货币汇率走势分析

2022年，受主要经济体高通胀、紧货币等因素影响，全球主要货币欧元、日元、英镑等相继创下近20年来新低。2022年末，人民币对欧元、英镑、日元汇率中间价分别为1欧元兑7.4229元人民币、1英镑兑8.3941元人民币、100日元兑5.2358元人民币，分别较2021年末贬值2.7%、升值2.5%和升值5.8%。人民币汇率在全球主要货币中表现相对稳健。2005年人民币汇率形成机制改革以来至2022年末，人民币对欧元汇率累计升值34.9%，对日元汇率累计升值39.5%。

2022年人民币对大多数新兴市场经济体货币略有贬值。其中，人民币对俄罗斯卢布和墨西哥比索的贬值幅度较为显著，分别为11.6%和13.0%；对中东国家货币，例如阿联酋迪拉姆和沙特里亚尔，贬值幅度均达到8.0%以上；对亚洲新兴市场经济体货币，如马来西亚林吉特、韩元、泰铢等，贬值幅度在4.0%上下浮动；人民币对土耳其里拉的升值幅度显著，达到31.3%。

4. 国际收支继续保持较好自主平衡，外债规模结构基本稳定

2022年，我国经常账户顺差4175亿美元，为仅次于2008年的历史最高值，较2021年增长32%，顺差规模与同期国内生产总值（GDP）之比为2.3%，继续处于合理均衡区间，2021年这一比例为1.8%。货物贸易方面，货物贸易顺差6856亿美元，较上年增长22%，货物贸易顺差、进出口规模均创历史新高，体现了我国对外贸易的韧性。服务贸易方面，服务贸易逆差943亿美元，较上年下降6%，其中知识产权使用费逆差收窄11%，电信计算机信息服务、其他商业服务呈现顺差且分别增长66%和23%，反映出我国货物和服务贸易深度融合及数字贸易加快发展，带动高技术服务贸易提档升级；此外，旅行逆差1076亿美元，增长14%，主要是赴境外留学等支出缓慢回升。

非储备性质的资本和金融账户逆差3176亿美元，其中，直接投资顺差323亿美元，较2021年下降1737亿美元，主要受我国疫情多点散发影响；交易引起的储备资产增加1000亿美元，其中外汇储备资产增加982亿美元（剔除估值影响）。2022年末，外汇储备余额为31277亿美元，比2021年末下降1225亿美元，其中美元升值、非美货币储备资产折美元减少，以及债券和股票等资产价格下跌造成的估值影响合计为-2207亿美元。

2022年第三季度中国外债规模总体有所下降，结构保持基本稳定。第二季度以来，受美联储加息、全球通胀高位运行以及疫情等多重因素的影响，截至2022年9月末，全口径（含本外币）外债余额为24815亿美元，从币种结构看，本币外债占比为44%；从期限结构看，中长期外债占比为45%。

5. 人民币跨境收付延续增长态势，在香港发行人民币央行票据常态化

2022年，跨境人民币收付金额合计为42.1万亿元，同比增长15%，在同期本外币跨境收付总额中的占比达49%。其中实收20.5万亿元，实付21.6万亿元，净流出1.1万亿元。经常项目下跨境人民币收付金额合计为10.5万亿元，同比增长32%，其中，货物贸易收付金额为7.9万亿元，服务贸易及其他经常项目下收付金额为2.6万亿元；资本项目下人民币收付金额合计为31.6万亿元，同比增长10%。2022年，货物贸易、直接投资项目下人民币跨境收付金额占同期本外币跨境收付的比重分别为18%和70%，为近年来最高水平。

在环球银行金融电信协会（SWIFT）基于金额统计的全球支付货币排名中，人民币保持全球第五大最活跃货币的位置。2022年初人民币在全球支付中的比重达到了3.2%的历史最高点，排名超越日元至第四，其他月份基本维持历史均值水平。2022年5月，国际货币基金组织（IMF）将人民币在特别提款权中的权重由10.92%上调至12.28%，反映出对人民币可自由使用程度提高的认可。

离岸人民币（CNH）支付市场上，2022年中国香港地区仍为CNH流通的主要地区，但份额有所下降，下半年在71%~74%区间波动，英、美、法等欧美国家的占比也均有所下降。俄乌冲突以来，俄罗斯加速去美元化，在离岸人民币支付中所占的份额显著上

升，7 月成为第三大离岸人民币支付市场。

2022 年，人民银行累计在香港发行 12 期共 1200 亿元人民币央行票据，发行期数和金额与上年相同。在港常态化发行人民币央行票据对促进离岸人民币货币市场和债券市场健康发展，带动境内外市场主体在离岸市场发行人民币债券及开展人民币业务发挥了积极作用。

6. 外汇市场交易活跃度小幅下降，外汇衍生品交易占比明显上升

2022 年，银行间外汇市场人民币直接交易成交较为活跃，流动性平稳，降低了微观经济主体的汇兑成本，促进了双边贸易和投资。全年银行间外汇市场累计成交金额折合 34. 5 万亿美元，受疫情发展等因素影响，日均同比下降 10. 7%。其中，人民币外汇市场、外币对市场和外币利率市场日均成交量同比分别下降 8. 0%、2. 9%和 18. 4%。

衍生品交易占比继续上升。2022 年银行对客户的外汇交易中，即期交易占比继续回落至 73. 7%，为历史新低；远期和期权交易占比分别增长 19. 8%和 4. 1%，外汇和货币掉期交易占比最小，但也从上年的 2. 5%升至 3%，外汇衍生品交易合计占比 26. 3%，为历史新高。

远期购汇履约和对冲比率也有所上升。全年远期结汇和购汇履约占比均值分别较上年上升 0. 9%、5. 1%；远期结汇对冲比率和购汇对冲比率均值分别较上年微降 0. 4%和上升 2. 9%。尤其是 9 月份，随着人民币对美元汇率再次跌破 7，远期购汇履约占比和对冲比率分别升至 26. 4%、22. 7%，前者创历史新高，后者为 2015 年 9 月以来新高，从而有助于减缓人民币贬值带来的影响。

7. 境外货币当局动用货币互换协议下人民币金额明显增加

货币互换对促进双边贸易投资发挥了较好作用。2022 年末，在人民银行与境外货币当局签署的双边本币互换协议下，境外货币当局动用人民币余额 887. 77 亿元，较上年末增加 272. 45 亿元；人民银行动用外币余额折合 5. 51 亿美元，较上年末增加 2. 09 亿元。

（二）2022 年主要汇率及国际收支政策分析

1. 继续推进汇率市场化改革

2022 年，人民币汇率形成的外汇市场基础更加牢固。人民银行已退出常态化干预，人民币汇率由市场供需决定，在发挥价格信号作用的同时，提高了资源配置效率。2022 年 9 月，人民银行下调外汇存款准备金 2 个百分点至 6%，缓解境内美元流动性偏紧对人民币产生的贬值压力，同时宣示央行稳定汇率的坚定决心。同时，为稳定外汇市场预期，人民银行将远期售汇风险准备金上调至 20%。人民银行和国家外汇管理局坚持以市场供求为基础、参考一篮子货币进行调节、有管理的浮动汇率制度，坚定不移深化汇率市场化改革，增强人民币汇率弹性，更好发挥汇率调节宏观经济和国际收支自动稳定器作用。持续推进多层次外汇市场体系建设，进一步提高外汇市场的深度和广度，引导企业和金融机构树立风险中性理念。

2. 促进跨境贸易和投融资便利化水平

一是提升高新技术和专精特新企业的跨境投融资便利化水平。高新技术和专精特新

企业是创新驱动发展的重要力量。2022 年 5 月，为落实稳经济一揽子政策措施，更好地服务实体经济，国家外汇管理局发布《关于支持高新技术和“专精特新”企业开展跨境融资便利化试点的通知》，进一步扩大试点，便利更多高新技术和专精特新企业，在一定额度内自主借用外债，助力企业加快创新发展。此举能够有效提升跨境投融资便利化水平，持续优化营商环境，支持实体经济高质量发展，助力宏观经济大盘稳定。

二是促进中小企业贸易便利化。2022 年 4 月，人民银行和国家外汇管理局印发《关于做好疫情防控和经济社会发展金融服务的通知》，提出加强金融服务、加大支持实体经济力度的 23 项政策举措，其中 6 项措施涉及优化外汇和跨境人民币业务办理，促进外贸出口平稳发展。在提升贸易便利化水平方面，该通知将优质企业贸易外汇收支便利化政策扩大到全国，鼓励银行将更多优质中小企业纳入便利化政策范畴。同时，便利优质企业经常项目资金收付，支持银行优化新型国际贸易结算，有序扩大贸易收支轧差净额结算企业范围，货物贸易特殊退汇免于登记。

3. 切实防控跨境资金流动风险

一是为进一步完善全口径跨境融资宏观审慎管理，增加企业和金融机构跨境资金来源，引导其优化资产负债结构，人民银行与国家外汇管理局于 2022 年 10 月 25 日将企业和金融机构的跨境融资宏观审慎调节参数从 1 上调至 1.25。此外，人民银行和国家外汇管理局于 2022 年 1 月 29 日发布《关于银行业金融机构境外贷款业务有关事宜的通知》，在进一步支持和规范境内银行开展境外贷款业务的同时，将银行境外人民币和外汇贷款业务纳入统一管理，将银行境外贷款相关的跨境资金流动纳入宏观审慎管理政策框架，明确银行境外贷款业务办理和相关跨境资金使用要求，切实做好风险防范。

二是统筹平衡好便利化与防风险，强化外汇管理治理体系和治理能力建设，不断完善外汇市场“宏观审慎 + 微观监管”两位一体管理框架，有效维护外汇市场稳定和国家经济金融安全。

三是科技赋能外汇管理，推进大数据、可视化、人工智能等新技术应用，以技术驱动型监管代替传统监管模式；构建多层次、多维度、全流程的跨境资本流动监测评估体系，统筹推进风险的动态监测、识别和评估。

4. 金融市场双向开放稳步扩大

一是持续完善境外机构投资者投资中国债市的资金管理，进一步扩大金融市场双向开放。2022 年 11 月，人民银行、国家外汇管理局联合发布《境外机构投资者投资中国债券市场资金管理规定》，对境外机构投资者投资中国债券市场所涉及的资金账户、资金收付和汇兑、统计监测等管理规则进行了统一规范，允许境外机构投资者通过结算代理人以外的第三方金融机构办理外汇业务，进一步扩大境外机构投资者外汇套保渠道并取消柜台交易的对手方数量限制，优化汇出入币种匹配管理并鼓励长期投资中国债券市场。持续优化和完善境外投资者投资境内债券市场资金管理相关政策措施，在有效防控风险的前提下，推动债市进一步开放，提升境外投资者投资境内金融市场的便利化水平。

二是“跨境理财通”试点取得显著成效，债券通“南向通”规模不断扩增。国家外汇管理局贯彻落实国务院决策部署，持续推进外汇领域改革开放。粤港澳大湾区“跨境理财通”业务落地已满1年，大湾区投资者表现出极高的热情，内地与港澳投资者积极参与。截至2022年10月19日，粤港澳大湾区内地试点银行累计开立“跨境理财通”业务相关账户50167个，办理资金跨境汇划15.61亿元人民币。2022年是债券通“南向通”开通后的第二年，“南向通”持续加强内地与香港资本市场互联互通，目前已涵盖香港市场的主要债券品种，可为境内投资者提供多元化的资产配置机会。同时，“南向通”在完善债市双向开放、促进跨境资金流动平衡等方面发挥了重要作用，明显提高了中国金融市场的资源配置效率。

三是常态化发放合格境内机构投资者（QDII）投资额度。截至2022年12月16日，我国合格境内机构投资者共有176家，累计批准额度共1597.29亿美元，较上年同期增长1.4%。给予境内机构投资者投资海外市场的机会，不仅满足其国际资产配置、风险全球化分散的需求，而且满足了国内资金布局国际优质资产的需求，尤其是新兴经济体以及全球量化宽松背景下具有上涨预期的资产。

四是开展香港与内地利率互换市场互联互通。2022年7月4日，中国人民银行、香港证监会、香港金融管理局发布联合公告，开展香港与内地利率市场互联互通合作（简称“互换通”），促进内地与香港金融衍生品市场共同发展。“互换通”自公告发布之日起6个月后正式启动。

5. 加强外汇市场监管

在加强风险防控和监管能力建设方面，国家外汇管理局不断完善外汇市场“宏观审慎+微观监管”两位一体管理框架，加强跨境资金流动风险监测预警和逆周期调节，严厉打击外汇领域违法违规活动，维护外汇市场稳定和健康秩序。积极建立试点纠错机制和风险应对预案，加强事中事后监管，提升非现场监管能力，关注大额异常跨境交易，确保试点平稳有序推进，压实各方风险处置的责任，坚决守住不发生系统性金融风险的底线，为跨境资金平稳流动、外汇市场理性交易提供良性健康的市场环境。

（三）下一阶段政策展望

一是要坚持以习近平新时代中国特色社会主义思想为指导，继续全面贯彻落实党的二十大精神和中央经济工作会议精神，坚持稳中求进、守正创新，全面贯彻新发展理念，加快构建新发展格局，按照“六个更好统筹”要求，深化外汇领域改革开放促进高质量发展，防范外部冲击风险守好安全底线，保障外汇储备资产安全、流动和保值增值，为全面建设社会主义现代化国家开好局起好步提供有力支持。

二是深化外汇领域改革开放。稳妥有序推进资本项目高水平开放，完善跨国公司本外币一体化资金池试点。扩大优质企业贸易外汇收支便利化政策覆盖面，支持贸易新业态创新发展和规范发展。优化中小微企业汇率避险服务，探索丰富跨境金融服务平台应用场景。创新优化外汇管理政策，积极服务国家重大区域发展战略。

三是防范跨境资金流动风险。强化外汇形势监测分析，加强宏观审慎管理和预期引导，丰富宏观审慎政策工具箱。完善外汇市场微观监管，加快建立“实质真实、方式多元、尽职免责、安全高效”的真实性管理机制。加强非现场能力建设，严厉打击外汇违法违规活动。

四是完善外汇储备经营管理。推进专业化投资能力建设、科技化运营能力建设、市场化机构治理能力建设，保障外汇储备资产安全、流动和保值增值。

五是夯实外汇管理基础工作。加强外汇管理法治建设，建设高水平国际收支统计体系，深化“数字外管”和“安全外管”建设，提升外汇研究水平。

附表

2022 年主要汇率政策和国际收支政策汇总

日期	政策名称	主要内容
5 月 11 日	国家外汇管理局行政处罚办法	为规范国家外汇管理局及其分支机构行政处罚行为，保障和监督外汇局依法履行职责，保护公民、法人和其他组织的合法权益
5 月 20 日	国家外汇管理局关于进一步促进外汇市场服务实体经济有关措施的通知	为进一步促进外汇市场发展，更好地服务市场主体管理外汇风险
5 月 24 日	商务部　中国人民银行　国家外汇管理局关于支持外经贸企业提升汇率风险管理能力的通知	为进一步支持外经贸企业提升汇率风险管理能力，促进外经贸企业稳健经营
5 月 27 日	关于进一步便利境外机构投资者投资中国债券市场有关事宜	为加强我国债券市场对外开放的系统性、整体性、协同性，遵循市场化、法治化、国际化要求，按照“一套制度规则、一个债券市场”原则，在现行制度框架下，进一步便利境外机构投资者投资中国债券市场，统一资金跨境管理
5 月 30 日	关于支持高新技术和“专精特新”企业开展跨境融资便利化试点的通知	为贯彻落实国务院稳经济一揽子政策措施和《关于做好疫情防控和经济社会发展金融服务的通知》精神，支持实体经济高质量发展，国家外汇管理局决定在部分区域开展高新技术和“专精特新”企业跨境融资便利化试点
7 月 26 日	国家外汇管理局关于印发《通过银行进行国际收支统计申报业务实施细则》的通知	为规范申报主体通过境内银行进行的涉外收付款国际收支统计申报业务
11 月 10 日	关于印发《境外机构投资者投资中国债券市场资金管理规定》的通知	为支持和规范境外机构投资者投资中国债券市场，中国人民银行、国家外汇管理局制定了《境外机构投资者投资中国债券市场资金管理规定》
11 月 11 日	上海市、南京市、杭州市、合肥市、嘉兴市建设科创金融改革试验区总体方案	为深入贯彻习近平总书记关于长三角一体化发展和创新体系建设的重要指示和讲话精神，认真落实党中央、国务院决策部署，按照《长江三角洲区域一体化发展规划纲要》和《国家创新驱动发展战略纲要》要求，推进上海市、南京市、杭州市、合肥市、嘉兴市科创金融改革，加大金融支持创新力度
11 月 23 日	关于境外机构境内发行债券资金管理有关事宜的通知	为规范境外机构境内发行债券资金管理，就境外机构境内发行债券有关事宜发布通知

专栏3

跨境贸易投资先行先试　开启高水平开放新篇章①

制度型开放是中国推进高水平开放和高质量发展的必由之路，是中国推动构建新型国际经济关系和秩序的重大举措。党的二十大报告提出，要“稳步扩大规则、规制、管理、标准等制度型开放”。开展跨境贸易投资高水平开放试点，是新时期“制度型开放”的重要体现。2022年1月28日，为了贯彻《关于在上海自由贸易试验区临港新片区等部分区域开展跨境贸易投资高水平开放试点的通知》文件精神，国家外汇管理局上海市分局发布《中国（上海）自由贸易试验区临港新片区开展跨境贸易投资高水平开放外汇管理改革试点实施细则》，首次试点有12家银行金融机构，包括国有银行、股份制银行、城商行和外资银行。

本次跨境贸易投资高水平开放试点，是临港新片区继“金融30条”后迎来的新一轮国家级金融开放政策，进一步实现金融监管与国际规则的接轨，充分彰显了临港新片区在“双循环”新发展格局中的优势和作用。本次试点实施细则，围绕推进跨境投融资体制改革创新、落实“放管服”改革和提升市场化资源配置效率，共包含经常项目业务4条、资本项目业务9条、事中事后监管与风险防控4条举措，以及《跨境贸易便利化业务操作指引》等7个附件。在临港新片区管委会、上海市人力资源和社会保障局开展的临港新片区制度创新奖评选活动中，“金融支持临港新片区贸易投资高水平开放”项目获得制度创新一等奖。

本次试点实施细则的推出，旨在充分发挥临港新片区先行先试的政策优势，支持境内境外要素有序自由流动，提升跨境贸易和跨境投融资便利化水平，有效激活市场主体活力，提升企业运营效率，带动产业转型升级、融合发展和提质增效，推动高质量发展。试点实施细则推出的意义主要体现在以下几个方面：一是便利经常项下跨境贸易结算，有效提高收付效率；二是拓宽企业跨境投融资渠道，如净资产较小的高新技术企业在500万美元额度内借用外债；三是全面升级跨国公司本外币一体化资金池功能，协助企业提升区域资金集中化和精细化管理能级，增强临港新片区开放型经济聚集功能优势；四是促进贸易投融资便利化，如部分资本项目登记可直接在银行办理、外商投资企业境内再投资免于登记；五是支持企业自主灵活经营，如扩大资本项目收入使用范围、放宽跨境投融资币种匹配要求、提高境外放款规模上限；六是进一步落实对“越诚信的客户越便利、越合规的银行越便利”的外汇管理思路；七是进一步促使银行更加稳健地经营，把握稳字当头、稳中求进的总基调；八是进一步实现金融监管与国际规则的接轨，为临港新片区建设更高水平开放型经济新体制、打造特殊经济功能区注入强劲动能。

一年多来，试点政策已经开花结果，部分政策正加快推广。经国家外汇管理局批

---

① 作者：张超，上海市银行同业公会研究发展专委会主任、上海农商银行董办副主任、“中国金融政策报告”项目（课题组）研究员。

准，2023 年 2 月 17 日，国家外汇管理局上海市分局印发《关于临港新片区部分跨境贸易投资高水平开放试点扩围的通知》，合格境外有限合伙人（QFLP）试点外汇管理新政由临港新片区扩大至上海市全辖，进一步释放便利化政策红利，更好惠及市场需要。上海将进一步深化临港新片区跨境贸易投资高水平开放试点，统筹发展与安全，坚持改革开放和风险防控一体试点、一体推进，积极营造既井然有序又充满活力的试点环境，支持临港新片区建设更高水平开放型经济新体制，为建设中国式现代化贡献力量。

主要金融市场发展政策

一、银行业市场发展政策①

（一）2022年中国银行业市场发展政策主要内容

2022年党的二十大胜利召开，开启了全面建设社会主义现代化国家、向第二个百年奋斗目标进军的新征程。面对复杂多变的国际环境和艰巨繁重的国内改革发展任务，在以习近平同志为核心的党中央的坚强领导下，针对银行业市场发展，国务院及有关部门坚持不断优化金融监管制度，紧紧围绕服务实体经济、防控金融风险、深化金融改革三大中心任务以及乡村振兴等方面，持续出台多项政策和举措。

1. 坚守初心，服务实体经济高质量发展

2022年以来，相关部门深入落实国务院稳经济一揽子政策和接续措施，引导银行业金融机构加大支持力度，持续提升服务实体经济质效。

一是引导银行业金融机构全力服务保障疫情防控工作大局。银保监会于1月15日和4月15日分别印发《关于规范银行服务市场调节价管理的指导意见》和《关于金融支持货运物流保通保畅工作的通知》，支持金融机构加强疫情期间物流保通保畅，规范银行服务市场调节价管理，以保障民生工作。4月18日，人民银行和国家外汇管理局联合印发《关于做好疫情防控和经济社会发展金融服务的通知》，从支持受困主体纾困、畅通国民经济循环、促进外贸出口发展三个方面，提出加强金融服务、加大支持实体经济力度的23条政策举措。

与此同时，国务院及有关部门出台多项举措，引导金融机构加大助企金融支持，助力复工复产。4月20日，国务院出台《关于进一步释放消费潜力促进消费持续恢复的意见》，促进消费持续恢复，保障和改善民生。6月2日，银保监会印发《关于进一步做好受疫情影响困难行业企业等金融服务的通知》，进一步加强对受新冠疫情影响严重行业企业等的金融支持，确保有关金融纾困政策落地。7月21日，人民银行联合文化和旅游部印发《关于金融支持文化和旅游行业恢复发展的通知》，以发挥多方力量，促进文化和旅游行业恢复发展。

---

① 作者：唐建伟，交通银行发展研究部副总经理、“中国金融政策报告”项目（课题组）高级研究员；赵亚蕊，交通银行发展研究部高级研究员、“中国金融政策报告”项目（课题组）研究员。

二是推动银行业金融机构支持重点行业发展。5 月 12 日，工业和信息化部等十一部门联合印发《关于开展“携手行动”促进大中小企业融通创新（2022—2025 年）的通知》，促进中小企业持续健康发展。此外，银保监会、交通运输部、国家外汇管理局等多部门相继印发《关于银行业保险业支持公路交通高质量发展的意见》《关于银行业保险业支持城市建设和治理的指导意见》《关于支持高新技术和“专精特新”企业开展跨境融资便利化试点的通知》《关于进一步推动金融服务制造业高质量发展的通知》，更好支持社会主义现代化城市建设、高新技术和“专精特新”企业以及制造业的发展。9 月20 日，银保监会和人民银行联合印发《关于推动动产和权利融资业务健康发展的指导意见》，进一步提高企业融资可得性，推动银行机构优化动产和权利融资业务，提升服务实体经济质效。

三是促进银行业金融机构支持区域经济发展。2022 年，相关部门持续推动各银行业金融机构强化金融服务，积极支持重点区域发展。3 月 10 日，人民银行等五部门联合印发《关于金融支持浙江高质量发展建设共同富裕示范区的意见》，推动建立与浙江共同富裕示范区建设相适应的金融体制机制，支持浙江打造新时代全面展示中国特色社会主义制度优越性的重要窗口。8 月 19 日，人民银行等六部门联合印发《重庆市建设绿色金融改革创新试验区总体方案》，加快推进重庆市绿色金融改革创新试验区建设。11 月 11 日，人民银行等八部门联合印发《上海市、南京市、杭州市、合肥市、嘉兴市建设科创金融改革试验区总体方案》，选取长三角五市作为改革试点，差异化探索金融有效支持科技创新的体制机制，为全国更多地区科创金融发展实践提供可复制可推广经验。

四是加大金融支持力度，形成支持房地产市场平稳健康发展的长效机制。2022 年，国家部委及金融监管部门出台多项政策，推动银行业金融机构扎实做好金融支持工作，促进房地产市场平稳健康发展。1 月 30 日和 2 月 16 日，银保监会等监管部门相继印发《关于保障性租赁住房有关贷款不纳入房地产贷款集中度管理的通知》和《关于银行保险机构支持保障性租赁住房发展的指导意见》，加大对保障性租赁住房发展的支持力度。5 月 15 日，人民银行和银保监会联合印发《关于调整差别化住房信贷政策有关问题的通知》，全面落实房地产长效机制，支持各地从当地实际出发完善房地产政策，支持刚性和改善性住房需求。11 月 11 日，住建部等三部门联合印发《关于做好当前金融支持房地产市场平稳健康发展工作的通知》，出台十六条措施支持房地产市场平稳健康发展。12 月 30 日，人民银行和银保监会联合印发《关于建立新发放首套住房个人住房贷款利率政策动态调整长效机制的通知》，更好地支持刚性住房需求，形成支持房地产市场平稳健康运行的长效机制。

2. 行稳致远，稳妥有序防范化解金融风险

2022 年，国家部委及金融监管部门守住不发生系统性区域性金融风险的底线，在巩固重大金融风险处置成果的基础上，多措并举，稳妥有效推动风险化解，重点领域风险化解稳妥有序。

一是积极强化信用风险防控和化解。5 月 13 日，银保监会印发了《商业银行预期信

用损失法实施管理办法》，该办法作为银保监会规范商业银行内控管理和风险管理的重要举措，对于夯实商业银行拨备管理基础，提高风险防范化解能力具有重要意义。9月30日，财政部和国家税务总局联合印发《关于银行业金融机构、金融资产管理公司不良债权以物抵债有关税收政策的公告》，支持银行业金融机构处置不良债权，有效防范金融风险。11月12日，银保监会等三部门联合印发《关于商业银行出具保函置换预售监管资金有关工作的通知》，支持优质房地产企业合理使用预售监管资金，防范化解房地产企业流动性风险，促进房地产市场平稳健康发展。12月29日，银保监会印发《关于开展第二批不良贷款转让试点工作的通知》，进一步扩大了试点金融机构范围，加大不良资产处置力度。

二是统筹做好其他金融风险防范工作。1月26日，人民银行等十一部门联合印发了《打击治理洗钱违法犯罪三年行动计划（2022—2024年）》，依法打击治理洗钱违法犯罪活动，进一步健全洗钱违法犯罪风险防控体系。2月18日，银保监会印发《关于防范以“元宇宙”名义进行非法集资的风险提示》，防范非法集资产生的风险。5月24日，商务部联合人民银行、国家外汇管理局联合印发《关于支持外经贸企业提升汇率风险管理能力的通知》，进一步支持外贸企业提升汇率风险管理能力，促进外贸企业稳健发展。11月28日，银保监会印发《关于印发商业银行表外业务风险管理办法的通知》，加强商业银行表外业务风险管理。12月9日，银保监会印发《关于〈银行业金融机构国别风险管理办法（征求意见稿）〉公开征求意见的公告》，进一步完善银行业金融机构国别风险管理，提升银行业安全稳健运行能力。

3. 畅通血脉，全面助力乡村振兴战略

为落实党中央关于金融服务乡村振兴的决策部署，国家部委及金融监管机构狠抓统筹谋划和部署推动，引导银行业金融机构提升农村金融服务能力，将资金“活水”灌溉“三农”沃土。根据中央一号文件工作部署，人民银行和银保监会随后印发了《关于2022年银行业保险业服务全面推进乡村振兴重点工作的通知》，从聚焦服务乡村振兴重点领域、强化农村金融环境建设等方面提出具体工作举措，引导好银行业保险业服务全面推进乡村振兴重点工作。9月30日，农业农村部等八部门联合印发《关于扩大当前农业农村基础设施建设投资的工作方案》，重点完善资金筹集、运营方式、还款来源等投融资机制多个方面，加强农业农村基础设施建设，助力乡村振兴。

与此同时，各部门也出台政策举措支持地方乡村振兴。1月4日，人民银行等六部门发布《关于金融支持北京市全面推进乡村振兴的实施意见》，鼓励银行机构持续加大对乡村振兴领域的信贷支持力度。9月28日，人民银行联合银保监会、国家发展改革委、工业和信息化部、财政部、农业农村部、证监会和乡村振兴局向陕西省人民政府印发《陕西省铜川市普惠金融改革试验区总体方案》，联合银保监会、国家发展改革委、财政部、农业农村部、证监会和乡村振兴局向浙江省人民政府印发《浙江省丽水市普惠金融服务乡村振兴改革试验区总体方案》、向四川省人民政府印发《四川省成都市普惠金融服务乡村振兴改革试验区总体方案》，探索普惠金融服务乡村振兴的有效路径。

4. 精准施策，加大对小微企业的扶持力度

2022 年，国务院及有关部门引导更多金融资源配置到小微企业等经济社会发展的重点领域和薄弱环节，提升金融服务支持实体经济质效。4 月 6 日，银保监会印发《关于 2022 年进一步强化金融支持小微企业发展工作的通知》，持续加大小微企业支持力度，不断改善小微企业金融服务，着力提升服务效能。4 月 7 日，国家发展改革委和银保监会联合印发《关于加强信用信息共享应用推进融资信用服务平台网络建设的通知》，加快构建全国一体化融资信用服务平台网络，加强信用信息共享应用促进中小微企业融资。5 月 9 日，国务院印发《关于印发加力帮扶中小微企业纾困解难若干措施的通知》，进一步采取有力措施帮扶中小微企业纾困解难，实现平稳健康发展。5 月 26 日，人民银行印发《关于推动建立金融服务小微企业敢贷愿贷能贷会贷长效机制的通知》，进一步深化小微企业金融服务供给侧结构性改革，加快建立长效机制，着力提升金融机构服务小微企业的意愿、能力和可持续性。11 月 8 日，人民银行等六部门联合印发《关于进一步加大对小微企业贷款延期还本付息支持力度的通知》，实施中小微企业贷款阶段性延期还本付息政策，进一步加大对小微企业等市场主体的支持力度。

5. 创新赋能，积极推动银行业数字化转型

为深入学习贯彻党的二十大精神和习近平总书记关于发展数字经济的系列指示精神，2022 年金融监管机构出台系列政策，推动银行业机构加快改革转型和高质量发展。1 月 10 日，银保监会印发《关于银行业保险业数字化转型的指导意见》，全面推进银行业和保险业数字化转型，推动金融高质量发展，更好地服务实体经济和满足人民群众需要。

6. 守正创新，引导进一步完善养老金融体系

为贯彻落实党中央、国务院关于发展多层次、多支柱养老保险体系的重要决策部署，国务院及有关部门认真抓好贯彻落实，在研究制定养老金融相关配套制度的同时，多举措规范和促进商业养老金融业务发展。2 月 21 日，银保监会印发《关于扩大养老理财产品试点范围的通知》，进一步推动完善试点，加大养老理财产品供给。4 月 8 日，国务院办公厅印发《关于推动个人养老金发展的意见》，加强个人养老金业务管理，规范个人养老金运作流程。4 月 28 日，银保监会印发《关于规范和促进商业养老金融业务发展的通知》，支持银行保险机构开展个人养老金业务，倡导银行保险机构稳步推进商业养老金融业务发展。7 月 15 日，银保监会和人民银行联合发布《关于开展特定养老储蓄试点工作的通知》，启动特定养老储蓄试点，加快推进商业养老金融业务发展，进一步丰富养老金融产品供给。10 月 26 日，为贯彻落实国务院办公厅《关于推动个人养老金发展的意见》，人力资源和社会保障部等五部门制定《个人养老金实施办法》，加强个人养老金业务管理。11 月 17 日，银保监会发布《关于印发商业银行和理财公司个人养老金业务管理暂行办法的通知》，促进商业银行和理财公司个人养老金业务发展。

7. 与时俱进，持续完善业务制度建设

2022 年，国家部委及金融监管机构紧密围绕最新形势和重点监管工作，持续加强制度建设，健全规范银行业务管理体系，不断夯实工作基础。监管机构持续完善政策规范

体系，加强业务制度建设，依法推进国际业务健康有序发展。1 月 24 日，商务部等六部门联合印发《关于高质量实施〈区域全面经济伙伴关系协定〉（RCEP）的指导意见》，深入贯彻落实党中央、国务院关于实施好《区域全面经济伙伴关系协定》（RCEP）的决策部署，全面落实协定规定的市场开放承诺和规则。1 月 29 日，人民银行和国家外汇管理局联合印发《关于银行业金融机构境外贷款业务有关事宜的通知》，切实发挥跨境业务服务实体经济、促进贸易投资便利化的作用，进一步支持和规范境内银行业金融机构开展境外贷款业务。6 月 16 日，人民银行印发《关于支持外贸新业态跨境人民币结算的通知》，进一步发挥跨境人民币结算业务服务实体经济、促进贸易投资便利化的作用，支持外贸新业态发展。8 月 5 日，银保监会和商务部联合印发《关于开展铁路运输单证金融服务试点更好支持跨境贸易发展的通知》，稳妥推进铁路运输单证相关金融服务试点，助力企业开展跨境贸易。

除此之外，我国立足近年来不同业务的发展实际，坚持问题导向，按照市场化、法治化原则，对很多业务制度进行修订或者完善补充，保障业务与时俱进，稳健发展。随着绿色金融的发展，为贯彻落实党中央、国务院关于推动绿色发展的决策部署，促进银行业保险业发展绿色金融，6 月 1 日，银保监会印发《关于印发银行业保险业绿色金融指引的通知》。为规范信用卡业务经营行为，7 月 7 日，银保监会会同人民银行发布《关于进一步促进信用卡业务规范健康发展的通知》，促进信用卡行业以高质量发展，更好支持科学理性消费。为进一步规范商业银行互联网贷款业务行为，7 月 12 日，银保监会印发《关于加强商业银行互联网贷款业务管理　提升金融服务质效的通知》，促进互联网贷款业务健康发展。8 月 22 日，银保监会制定《理财公司内部控制管理办法》，构筑全面有效的内控管理制度，推动理财公司依法合规经营和持续稳健运行。为规范商业汇票承兑、贴现与再贴现业务，11 月 11 日，人民银行和银保监会联合修订发布了《商业汇票承兑、贴现与再贴现管理办法》，促进票据市场健康发展。为进一步规范金融机构汽车消费金融业务，12 月 29 日，银保监会印发《关于进一步规范汽车金融业务的通知》，维护汽车消费金融市场秩序，有效防范金融风险，促进汽车金融行业高质量发展。12 月 29 日，银保监会起草了《商业银行托管业务监督管理办法（征求意见稿）》，促进商业银行托管业务规范健康发展，加强商业银行托管业务监督管理。

（二）2022 年中国银行业市场发展政策在多方面取得积极成效

1. 银行业经营状况平稳，资产质量持续改善

2022 年，中国经济增速改善性趋势明显，且出台多项引导性政策和举措，为银行业稳健经营和高质量服务实体经济提供了适宜环境。受国内经济运行整体好转等因素影响，银行业市场总体经营状况平稳，资产质量持续改善，金融服务能力持续加强。

一是总资产稳健增长，利润保持增长。2022 年第四季度末，我国银行业金融机构本外币资产总额为 379.4 万亿元，同比增长 10.0%。其中，大型商业银行本外币资产总额为 156.3 万亿元，占比为 41.2%，同比增长 12.9%；股份制商业银行本外币资产总额为 66.5 万亿元，占比为 17.5%，同比增长 6.9%。2022 年全年，商业银行累计实现净利润

2.3万亿元，同比增长5.4%。平均资本利润率为9.33%，较上季度末上升0.01个百分点。平均资产利润率为0.76%，与上季度末持平。

二是风险化解能力增强，资产质量持续改善。2022年，稳经济政策力度明显加大，银行业综合运用多种手段处置不良资产，有效防范和化解金融风险，持续增厚经营发展的风险缓冲垫。2022年第四季度末，商业银行不良贷款余额为3万亿元，较上季度末减少83亿元；商业银行不良贷款率为1.63%，较上季度末下降0.02个百分点，同比下降0.1个百分点，资产质量持续向好。随着潜在风险的进一步释放，不良贷款先行指标关注类贷款继续呈现向好趋势。2022年第四季度末，关注类贷款余额为4.1万亿元，关注类贷款占比为2.25%，同比下降0.06个百分点。

三是拨备保持合理，风险抵补能力整体充足。得益于净利润的稳步增长，银行业金融机构拨备计提力度持续加大。2022年第四季度末，商业银行贷款损失准备余额为6.1万亿元，较上季度末减少79亿元；拨备覆盖率为205.85%，较上季度末上升0.31个百分点，同比增加8.94个百分点；贷款拨备率为3.36%，较上季度末下降0.05个百分点，风险抵御能力继续增强。2022年以来，中国银行业加大资本补充，资本充足率持续提升。第四季度末，商业银行（不含外国银行分行）资本充足率为15.17%，较上季度末上升0.08个百分点。一级资本充足率为12.30%，较上季度末上升0.10个百分点。核心一级资本充足率为10.74%，较上季度末上升0.10个百分点。

2. 银行业市场发展取得多方面明显成效

2022年，面对复杂多变的国际环境和艰巨繁重的国内改革发展任务，监管机构坚持以习近平新时代中国特色社会主义思想为指导，坚决贯彻党中央、国务院的决策部署，主动作为、靠前发力，落实多项政策，银行业市场在防范化解金融风险、支持实体经济以及深化改革开放等多个方面取得明显成效。

一是防范化解金融风险攻坚战取得重要阶段性成果。2022年，监管机构出台多项政策举措，金融杠杆率明显下降，金融资产脱实向虚、盲目扩张势头得到扭转。存量信用风险得到有效缓释，累计处置银行业不良资产约15万亿元，超过此前历年处置额总和。影子银行野蛮生长得到根本遏制，具有“类信贷”特征的高风险影子银行较历史峰值压降近30万亿元。金融违法犯罪行为受到严厉惩治，查办非法集资刑事案件2.2万起，涉案金额达1.5万亿元。抵御外部冲击风险能力明显增强。房地产泡沫化势头得到实质性扭转，持续完善房地产金融管理长效机制，稳妥处置头部房企风险。地方政府隐性债务增量风险快速上升势头得到管控，存量风险化解正在持续推进。部分大中型企业债务风险化解成效明显。同时，中小银行机构改革化险取得重要进展。平台企业金融业务专项整改基本完成。

二是服务实体经济质效进一步提升。2022年，监管机构出台多项政策举措，切实推动银行业机构提升服务实体经济质效。数据显示，全年人民币贷款累计增加21.3万亿元，银行保险机构新增债券投资超过11万亿元。普惠型小微企业贷款稳定投放，普惠型小微企业贷款、涉农贷款分别较年初增长23.6%、13.7%。重点领域金融服务不断优化，制造业贷款余额较年初增长20.8%。覆盖新市民的金融产品超3万个。

三是银行业改革开放持续深化取得新进展。多年来，监管机构全面深化改革，许多领域实现历史性变革、系统性重塑、整体性重构。2022年，银行业市场持续深入推进改革创新，加强党的领导，健全现代金融企业制度，完成公司治理三年行动计划。农信社改革迈出重要步伐，浙江农商联合银行开业，辽宁农信社重整方案启动实施。配合设立金融稳定保障基金，发挥行业保障基金风险处置平台作用。积极发展第三支柱养老保险，稳步推出新型养老金融产品。批准一批中外合资、外方独资行业领先的金融机构筹建或开业。

（三）2023年中国银行业市场发展政策展望与建议

党的二十大报告擘画了新时代新征程的宏伟蓝图，为做好经济金融工作指明了前进方向。2023年是全面贯彻落实党的二十大精神的开局之年，是为全面建设社会主义现代化国家奠定基础的重要一年。一方面，根据党的二十大报告精神，要"推进国有企业、金融企业在完善公司治理中加强党的领导"，要做好各项监管工作，发挥金融政策更好地支持银行业市场发展，要把坚持党中央集中统一领导贯穿于金融监管工作全过程、各方面，持续增强金融监管工作的政治性、人民性，坚定不移走好中国特色金融发展之路。另一方面，党的二十大对深化党和国家机构改革作出重要部署，要依法将各类金融活动全部纳入监管。在中国银保监会基础上组建国家金融监督管理总局，作为国务院直属机构。本次改革使监管体系更加清晰和统一，将有效提升监管效率与监管政策有效性，银行等金融机构面对多头、不同标准监管的现象大为改善，有利于金融机构长期稳定发展。在严格落实金融监管领域改革举措的同时，要做好各项政策的衔接，确保政策连续性、稳定性至关重要。考虑到我国经济韧性强、潜力大、活力足，长期向好的基本面没有改变，为银行业市场发展提供了良好的基础。但也要看到，当前外部环境依然严峻复杂，国内经济恢复的基础尚不牢固。对此既要正视困难，也要保持战略定力。为更好地促进银行业市场发展，建议未来监管政策重点完善以下方面。

一是全力支持经济运行整体好转。监管机构在传达2022年中央经济工作会议精神时，多次提到要以人民导向为着眼点，坚持把保护银行业保险业消费者权益作为核心业务和重要职责，2023年金融政策要更主动把支持恢复和扩大消费摆在优先位置。同时做好对投资的融资保障，支持社会领域加快补短板。不断优化进出口贸易金融服务。此外，银行业提供的金融服务对做好经济工作和农村工作具有重要的支撑作用，未来金融政策应大力支持银行业市场发展普惠金融，全面推进乡村振兴。

二是坚决防范化解金融领域重大风险。党的二十大对金融工作提出了明确的要求，指出要"深化金融体制改革，强化金融稳定保障体系，守住不发生系统性风险底线"。2023年，监管政策重点应当仍是防范化解金融风险。从2022年的金融风险情况来看，未来监管政策应重点防范化解以下三方面风险：加快推动中小银行改革化险，积极稳妥推进城商行、农信社风险化解，稳步推进村镇银行改革重组，鼓励多渠道补充中小银行资本。有效应对信用风险集中反弹，督促银行机构做实资产分类，加大不良资产处置力度，积极配合化解地方政府债务风险。努力促进金融与房地产正常循环，坚持“房住不炒”定位，落实“金融十六条”措施，“因城施策”实施差别化信贷政策，推动房地产业向新发展模式平稳过渡。推动房地产政策落实落地，推进房地产市场平稳运行。

三是强化金融机构治理体系建设。根据党的二十大报告和中央经济工作会议精神，要深化金融体制改革，完善金融机构公司治理是深化金融改革的首要任务。党的十八大以来，我国银行机构始终将强化公司治理作为转变体制机制的重要着力点，2023 年，金融政策应重点强化金融机构治理体系建设。要推动党的领导与公司治理深度融合。做好股东资质穿透审核和股东行为穿透监管。研究构建符合中小机构特点的差异化公司治理监管制度。发挥金融人才库作用，推动选优配强中小银行保险机构领导班子。切实加强投资者保护。

四是不断扩大高水平对外开放。根据党的二十大精神，我国将稳妥推进金融业高水平开放，构建“双循环”新发展格局。2023 年银行业将保持并继续推进高水平对外开放。监管政策应重点支持稳步扩大银行业制度型开放，持续提升金融服务共建“一带一路”水平，积极参与国际金融治理。

附表

2022 年中国银行业市场主要发展政策

发布日期	政策名称	发文单位
1月1日	人民银行实施两项直达工具接续转换　加大对小微企业支持力度	人民银行
1月4日	关于金融支持北京市全面推进乡村振兴的实施意见	人民银行营业管理部、北京市地方金融监督管理局、银保监会北京监管局、证监会北京监管局、北京市财政局、北京市农业农村局
1月10日	关于银行业保险业数字化转型的指导意见	银保监会
1月12日	“十四五”数字经济发展规划	国务院
1月15日	关于规范银行服务市场调节价管理的指导意见	银保监会
1月24日	关于高质量实施《区域全面经济伙伴关系协定》（RCEP）的指导意见	商务部、国家发展改革委、工业和信息化部、人民银行、海关总署、国家市场监管总局
1月26日	打击治理洗钱违法犯罪三年行动计划（2022—2024 年）	人民银行、公安部、国家监察委员会、最高人民法院、最高人民检察院、国家安全部、海关总署、国家税务总局、银保监会、证监会、国家外汇管理局
1月29日	关于银行业金融机构境外贷款业务有关事宜的通知	人民银行、国家外汇管理局
1月30日	关于保障性租赁住房有关贷款不纳入房地产贷款集中度管理的通知	人民银行、银保监会
2月16日	关于银行保险机构支持保障性租赁住房发展的指导意见	银保监会、住房和城乡建设部
2月18日	关于防范以“元宇宙”名义进行非法集资的风险提示	银保监会

续表

发布日期	政策名称	发文单位
2月21日	关于扩大养老理财产品试点范围的通知	银保监会
2月22日	关于做好2022年全面推进乡村振兴重点工作的意见	国务院
3月4日	关于加强新市民金融服务工作的通知	银保监会、人民银行
3月10日	关于金融支持浙江高质量发展建设共同富裕示范区的意见	人民银行、银保监会、证监会、国家外汇管理局、浙江省人民政府
3月30日	关于做好2022年金融支持全面推进乡村振兴重点工作的意见	人民银行
4月2日	关于2022年银行业保险业服务全面推进乡村振兴重点工作的通知	银保监会
4月6日	关于2022年进一步强化金融支持小微企业发展工作的通知	银保监会
4月7日	关于加强信用信息共享应用推进融资信用服务平台网络建设的通知	国家发展改革委、银保监会
4月8日	关于推动个人养老金发展的意见	国务院办公厅
4月15日	关于金融支持货运物流保通保畅工作的通知	银保监会
4月18日	关于做好疫情防控和经济社会发展金融服务的通知	人民银行、国家外汇管理局
4月20日	关于银行业保险业支持公路交通高质量发展的意见	银保监会、交通运输部
4月20日	关于进一步释放消费潜力促进消费持续恢复的意见	国务院办公厅
4月26日	关于全球系统重要性银行发行总损失吸收能力非资本债券有关事项的通知	人民银行、银保监会
4月28日	关于规范和促进商业养老金融业务发展的通知	银保监会
4月29日	中国人民银行、国家发展改革委决定开展普惠养老专项再贷款试点　支持增加普惠养老服务供给	人民银行、国家发展改革委
5月6日	关于银行业保险业支持城市建设和治理的指导意见	银保监会
5月9日	关于印发加力帮扶中小微企业纾困解难若干措施的通知	国务院促进中小企业发展工作领导小组办公室
5月12日	关于开展“携手行动”　促进大中小企业融通创新(2022—2025年)的通知	工业和信息化部、国家发展改革委、科学技术部、财政部、人社部、人民银行、国务院国资委、国家市场监管总局、银保监会、国家知识产权局、全国工商联
5月13日	关于印发商业银行预期信用损失法实施管理办法的通知	银保监会
5月15日	关于调整差别化住房信贷政策有关问题的通知	人民银行、银保监会
5月20日	关于实施住房公积金阶段性支持政策的通知	住建部、财政部、人民银行
5月24日	关于支持外经贸企业提升汇率风险管理能力的通知	商务部、人民银行、国家外汇管理局
5月26日	关于推动建立金融服务小微企业敢贷愿贷能贷会贷长效机制的通知	人民银行
5月30日	关于支持高新技术和“专精特新”企业开展跨境融资便利化试点的通知	国家外汇管理局

续表

发布日期	政策名称	发文单位
6月1日	关于印发银行业保险业绿色金融指引的通知	银保监会
6月2日	关于进一步做好受疫情影响困难行业企业等金融服务的通知	银保监会
6月10日	关于银行业保险业加强新市民金融服务有关情况的通报	银保监会
6月16日	关于支持外贸新业态跨境人民币结算的通知	人民银行
7月4日	关于进一步推动金融服务制造业高质量发展的通知	银保监会
7月7日	关于进一步促进信用卡业务规范健康发展的通知	银保监会、人民银行
7月12日	关于加强商业银行互联网贷款业务管理 提升金融服务质效的通知	银保监会
7月15日	关于开展特定养老储蓄试点工作的通知	银保监会、人民银行
7月21日	关于金融支持文化和旅游行业恢复发展的通知	人民银行、文化和旅游部
8月5日	关于开展铁路运输单证金融服务试点更好支持跨境贸易发展的通知	银保监会、商务部
8月19日	关于印发《重庆市建设绿色金融改革创新试验区总体方案》的通知	人民银行、国家发展改革委、财政部、生态环境部、银保监会、证监会
8月22日	理财公司内部控制管理办法	银保监会
9月20日	关于推动动产和权利融资业务健康发展的指导意见	银保监会、人民银行
9月28日	陕西省铜川市普惠金融改革试验区总体方案	人民银行、银保监会、国家发展改革委、工业和信息化部、财政部、农业农村部、证监会、乡村振兴局
9月28日	浙江省丽水市普惠金融服务乡村振兴改革试验区总体方案、四川省成都市普惠金融服务乡村振兴改革试验区总体方案	人民银行、银保监会、国家发展改革委、财政部、农业农村部、证监会、乡村振兴局
9月29日	关于阶段性调整差别化住房信贷政策的通知	人民银行、银保监会
9月30日	关于扩大当前农业农村基础设施建设投资的工作方案	农业农村部、水利部、国家发展改革委、财政部、自然资源部、商务部、人民银行、银保监会
9月30日	关于银行业金融机构、金融资产管理公司不良债权以物抵债有关税收政策的公告	财政部、国家税务总局
10月26日	关于印发《个人养老金实施办法》的通知	人力资源和社会保障部、财政部、国家税务总局、银保监会、证监会
11月8日	关于进一步加大对小微企业贷款延期还本付息支持力度的通知	人民银行、银保监会、财政部、国家发展改革委、工业和信息化部、国家市场监管总局
11月11日	商业汇票承兑、贴现与再贴现管理办法	人民银行、银保监会
11月11日	关于印发《上海市、南京市、杭州市、合肥市、嘉兴市建设科创金融改革试验区总体方案》的通知	人民银行、国家发展改革委、科技部、工业和信息化部、财政部、银保监会、证监会、国家外汇管理局

续表

发布日期	政策名称	发文单位
11月11日	关于做好当前金融支持房地产市场平稳健康发展工作的通知	人民银行、银保监会
11月11日	上海市、南京市、杭州市、合肥市、嘉兴市建设科创金融改革试验区总体方案	人民银行、国家发展改革委、科技部、工业和信息化部、财政部、银保监会、证监会、国家外汇管理局
11月12日	关于商业银行出具保函置换预售监管资金有关工作的通知	银保监会、住建部、人民银行
11月17日	关于印发商业银行和理财公司个人养老金业务管理暂行办法的通知	银保监会
11月28日	关于印发商业银行表外业务风险管理办法的通知	银保监会
12月9日	关于《银行业金融机构国别风险管理办法（征求意见稿）》公开征求意见的公告	银保监会
12月13日	关于切实贯彻落实疫情防控优化措施　保障基础金融服务畅通有关事项的通知	银保监会
12月29日	关于开展第二批不良贷款转让试点工作的通知	银保监会
12月29日	关于进一步规范汽车金融业务的通知	银保监会
12月29日	关于《商业银行托管业务监督管理办法（征求意见稿）》公开征求意见的通知	银保监会
12月30日	关于建立新发放首套住房个人住房贷款利率政策动态调整长效机制的通知	人民银行、银保监会

专栏4

充分发挥资本市场在扩大内需、优化资源配置中的作用①

2022年12月14日，中共中央、国务院印发了《扩大内需战略规划纲要（2022—2035年）》（以下简称《纲要》）。《纲要》对促进消费体制机制、投融资体制改革、优化营商环境等配套制度提出了具体的改革要求。聚焦投融资体制改革，《纲要》提出增强资本市场对实体经济的融资功能，提高直接融资特别是股权融资比重；扩大债券融资规模，推进债券市场互联互通。这为进一步发挥资本市场在扩大内需和优化资源配置中的重要作用提供了指引。

建设中国特色现代资本市场，服务实体经济是着力点。经过30多年的发展，资本市场对实体经济的适配性已大幅增强。截至2023年2月底，股债融资稳步增长累计达

① 作者：解学成，中国银河证券研究院副院长、“中国金融政策报告”项目（课题组）高级研究员。

到353万亿元。当前A股总市值和交易金额均仅次于美股，位居全球第二，市场韧性和活力也得到加强。我们走出了一条既遵循资本市场一般规律又具有中国特色的发展之路。

我们认为，应充分发挥资本市场在扩大内需、优化资源配置中的作用。之所以说资本市场在扩大内需中能承担重任，一方面，资本市场良性发展带来的巨大财富效应能提升投资者的消费能力，能够提振投资者对未来经济的信心与良好预期，从而通过刺激消费来扩大内需。比如，上市公司通过分红，特别是现金分红回报投资者，增加居民投资收益，也对促消费形成正面作用。2012—2022年，A股上市公司累计现金分红超过10.8万亿元。2022年11月，《推动提高上市公司质量三年行动方案（2022—2025)》发布，上市公司的分红能力和分红意愿将会更强。另一方面，作为直接融资的主要场所，资本市场融资功能的发挥，利于企业扩大投资，进行产业升级，从而拉动投资需求。《纲要》指出，顺应消费升级趋势，提升传统消费，培育新型消费，扩大服务消费，适当增加公共消费，着力满足个性化、多样化、高品质消费需求。资本市场通过其融资功能扶持创新型企业，间接参与产品创新及产业转型，进而促成消费新热点的形成以及消费新业态的塑造，有助于释放消费活力。

为实现扩大内需战略的2035年远景目标，要在全国统一大市场中高效配置资本要素，构建知识、技术、数据等创新要素参与收益分配机制。资本市场是极为重要的组成部分。伴随我国多层次资本市场体系的日趋完善，各板块错位发展、适度竞争，资本市场对科技创新和战略性新兴产业的支持作用日益突出。当前A股上市公司数量突破5000家，其中创业板、科创板和北交所上市公司家数占比近40%，市值占比超过20%。两个板块中信息技术、生物、高端装备制造产业的上市公司数量占比高，整体科研投入强度明显高，实施股权激励公司的占比高。这无疑能够有效地调动科技人才的积极性和创造性，锻长链与补短链提升国民经济高质量发展。当前，我国股权融资和债权融资规模、占比还不高，还需要持续提高直接融资特别是股权融资比重。

二、股票市场发展政策①

（一）2022年股票市场概况

2022年在地缘冲突、疫情防控等内外部因素的综合影响下，中国股票市场波动频繁。全年来看，上证指数显现“W”形行情，全年下跌15.13%，区间内最大回撤达到21.58%。深证成指2022年报收11015.99点，全年跌幅达到25.85%。创业板指全年下跌975点，跌幅达29.37%。科创50指数全年下跌31.35%，跌幅居首位。

截至2022年12月31日，仅有煤炭和综合行业股指录得正收益，2022年涨幅分别为10.95%和10.57%，其余行业均较2021年末收盘价下跌，但行业间也存在一定分化。其中社会服务板块跌幅为2.23%，交通运输板块跌幅为3.41%，美容护理板块跌幅为

① 作者：张玉龙，中信建投证券联席首席策略分析师、“中国金融政策报告”项目（课题组）研究员。

6.74%，商贸零售板块跌幅为7.08%，跌幅相对较小，下跌幅度均小于10%；有10类一级行业跌幅位于10%~20%区间；有14类一级行业跌幅位于20%~30%区间；电子行业跌幅最大，达到36.54%。2022年上半年国际市场最核心的影响因素是俄乌冲突，在此影响下，国际大宗商品价格飙升，上游资源涨幅明显，煤炭板块因此成为最强势的板块。进入下半年后，随着疫情防控措施的优化及政府稳增长政策的出台，国内经济逐渐恢复活力，如计算机、电子、机械设备等板块跌幅均收窄。

从市盈率来看，以2019年以来的估值为参照，2022年主要宽基指数PE估值水平先降后升、再降再升，总体上明显下降，但股指之间表现分化明显。其中，万得全A、沪深300、上证指数等股指的PE估值水平年初最高，处于70%左右的历史分位数水平，5月初至7月初的反弹未能达到年初水平，至12月初则降至20%~40%的历史分位数水平；深证成指波动幅度最大，7月初估值水平攀高至年初水平；而中证1000和科创50指数的PE估值历史分位数长期在40%以下徘徊，总体波动幅度相对较小。

（二）2022年股票市场主要发展政策分析

1. 全面注册制配套改革

全面实行股票发行注册制，是贯彻落实党的二十大精神、全面深化资本市场改革的重大举措。2018年11月5日，习近平总书记宣布在上海证券交易所设立科创板并试点注册制，标志着注册制改革进入启动实施阶段。此后，科创板、创业板、北交所试点注册制相继平稳落地，为全面实行股票发行注册制奠定了基础。全面注册制改革是全市场制度的系统性优化，不仅涉及发行审核制度，也包括上市、交易、再融资等制度。2022年是全面注册制改革筹划实施的关键年份，全年有一系列注册制配套文件相继发布，推动了证券发行制度高质量改革。

（1）2022年1月7日，证监会发布《关于注册制下提高招股说明书信息披露质量的指导意见》（以下简称《指导意见》）。招股说明书是注册制下股票发行阶段信息披露的主要载体，是投资者作出价值判断和投资决策的基本依据，是企业发行上市过程中最核心、最重要的法律文件。在注册制改革试点过程中，招股说明书信息披露质量得到提升，但仍存在可读性不高、投资决策相关性和信息披露针对性有待增强等问题，市场各方反映较多。

从内容上看，《指导意见》主要在三方面进行了修订。

一是督促发行人及中介机构归位尽责，撰写与编制高质量的招股说明书。强调发行人及中介机构应当加强协作配合，认真开展招股说明书撰写工作。在撰写招股说明书时，应当减少合规性信息和冗余信息，紧密结合发行人自身特点进行披露，并注重优化招股说明书语言表述和版式设计。同时，细化保荐人和证券服务机构合理信赖其他中介机构专业意见或者基础工作的标准、程序；明确符合合理信赖条件的，可以依法免除行政法律责任。

二是倡导充分发挥行政监管、自律监管和市场约束机制作用，引导提高招股说明书信息披露质量。要求证监会相关部门和证券交易所通过加强审核引导、完善制度规则等方式，形成工作合力，引导发行人及中介机构提高招股说明书信息披露质量。

三是强化责任追究。依法从严打击信息披露造假行为，牢牢守住信息披露真实、准确、完整的底线。对于虽不构成信息披露造假，但招股说明书存在内容表述不清、逻辑混乱、相互矛盾、同一事实表述不一致且有实质性差异、严重影响投资者理解等情形的，依法采取监管措施或者纪律处分，确保提高招股说明书信息披露质量各项措施落地落实。

出台《指导意见》，通过一系列措施提高招股说明书信息披露质量，让招股说明书成为普通投资者愿意看、看得懂的信息披露文件，帮助中介机构减少重复劳动、归位尽责，是提升各方对注册制改革的获得感，保护中小投资者合法权益，为全面实行股票发行注册制提供更加坚实法治保障的重要举措。

（2）为适应注册制改革和常态化退市的要求，进一步完善上市公司退市后监管工作，证监会发布《关于完善上市公司退市后监管工作的指导意见》（以下简称《指导意见》）。《指导意见》立足于落实《证券法》基本要求，更好保障常态化退市平稳实施，依托现有的代办股份转让系统作为退市板块，按照“顺畅衔接、适度监管、防范风险、形成合力”的原则，对目前实践中存在的堵点、风险点进行优化完善。主要内容包括：一是强化退市程序衔接，畅通交易所退出机制，完善主办券商承接安排，简化确权登记程序，优化退市板块挂牌流程，推动退市公司平稳顺畅进入退市板块；二是优化退市公司持续监管制度，从退市公司实际情况出发，合理设定信息披露和公司治理要求，建立差异化的监管机制，提升监管精准性、适应性；三是健全风险防范机制，加强投资者适当性管理，引导不具备持续经营能力的企业通过市场化途径退出市场，促进风险收敛和逐步出清；四是完善退市公司监管体制，构建职责清晰、协同高效的监管机制，强化各方分工协作和统筹协调，形成有效的监管合力。

（3）2022 年 5 月 31 日，为贯彻落实党中央、国务院关于金融领域正风反腐的相关要求，切实加强对注册制下证券公司、会计师事务所、律师事务所等中介机构（以下统称中介机构）及其从业人员的廉洁从业监管，持续净化资本市场生态，一体推进惩治金融腐败和防控金融风险，证监会联合司法部、财政部共同发布《关于加强注册制下中介机构廉洁从业监管的意见》（以下简称《意见》）。

《意见》共 17 条，主要内容大致可分为三个方面。

第一，坚持系统思维，全面从严要求。《意见》将证券公司、会计师事务所、律师事务所等中介机构及其开展的与证券发行上市相关的业务均纳入规制范围，实现了业务主体和业务类型的全覆盖。《意见》从内部管理入手，对证券公司廉洁从业风险防范的组织领导、内部控制、财务管理、人员管理等提出了全面要求，进一步强化内部机制的监督制衡。

第二，坚持问题导向，有针对性地解决突出问题。针对注册制下廉洁从业的重点风险领域，对证券公司及其从业人员作出了针对性的细化规定，同时明确会计师事务所、律师事务所等中介机构参照执行，主要包括：建立健全科学合理的激励约束和问责机制，杜绝过度激励和短期激励；加强对利益冲突、违规投资、不当入股的审查；对违规交往、非法干预、利益输送、行贿等典型围猎行为予以明确禁止；禁止以不合理低价、不当承诺等不正当竞争方式招揽业务等。

第三，坚持专业思维，分类施策。《意见》结合证券公司、会计师事务所、律师事务所等各主体的业务风险特征提出专门监管要求。对违反廉洁从业有关规定的，主管部门依法采取监管措施，并依据相关规定向纪检监察机构转交违法违纪线索；同时遵循“宽严相济”原则，中介机构或人员主动发现、主动报告、主动处理问题的，可依法从轻或减轻相关责任。

建立健全立体化廉政风险防范机制是注册制改革顺利推进的重要保障。加强中介机构廉洁从业监管，既是进一步压实中介机构“看门人”责任的必然要求，也是全链条防范廉政风险的关键一环。《意见》旨在全面完善相关制度机制，明确规范要求和相关责任，着力解决注册制下的廉洁从业突出风险点，督促中介机构勤勉尽责，廉洁自律，引导形成廉洁从业风险防控的内生动力和常态化机制。

2. 科创板做市商制度改革

做市商制度是一种市场交易制度，由具备一定实力和信誉的法人充当做市商，不断地向投资者提供买卖价格，并按其提供的价格接受投资者的买卖要求，以其自有资金和证券与投资者进行交易，从而为市场提供即时性和流动性，并通过买卖价差实现一定利润。

2022 年 1 月 7 日，证监会在科创板试点做市商制度公开征求意见。科创板做市商机制的推出是持续完善资本市场基础制度、进一步发挥科创板改革“试验田”作用的重要举措。科创板自开市以来，稳步试点注册制，统筹推进发行、上市、信息披露、交易、退市等基础制度改革，各项制度安排经受住了市场检验。引入做市商机制有助于进一步提升科创板股票流动性、增强市场韧性，更好推进板块建设。

2022 年 5 月 12 日，证监会发布《证券公司科创板股票做市交易业务试点规定》，明确科创板做市商制度试点规定，后续将有序推进试点工作；5 月 13 日，上交所就科创板做市交易业务相关规则向市场公开征求意见，明确做市资金和股票来源及相关风控指标。7 月 15 日，上交所发布《上海证券交易所科创板股票做市交易业务实施细则》和配套业务指南，鼓励具备上市证券做市交易业务资格的科创板股票保荐机构或者实际控制该保荐机构的证券公司在持续督导期间为其保荐的科创板股票提供做市服务。具体来看，实施细则共 5 章 28 条，主要内容包括：一是明确做市服务申请与终止。科创板股票做市服务申请采用备案制，取得上市证券做市交易业务资格的证券公司经向上交所备案可为具体的科创板股票提供做市服务。终止方面，做市商申请终止特定科创板股票做市交易业务的，1 年以内不得重新申请对同一科创板股票开展做市交易业务；做市商申请终止全部科创板股票做市交易业务的，1 年以内不得重新申请对任一科创板股票开展做市交易业务。二是明确做市商权利与义务。做市商开展做市交易业务应符合上交所关于做市指标的相关要求。同时，上交所定期对做市商进行评价，对积极履行义务的做市商给予适当减免交易费用等。

科创板股票交易活跃程度不一，引入做市商极为重要，从市场交易的层面来看，做市商的主要价值在于三个方面。

从市场流动性角度来看，做市商可显著提高市场流动性。市场低迷时，投资者情绪受到显著影响，股票流动性水平下降更明显，而流动性不佳也反过来影响机构投资者的投资行为。注册制背景下市场稳步扩容，部分个股流动性水平下降，引入做市商机制有利于提升科创板流动性与活跃度，满足市场交投需求，有利于科创板的长远健康发展，进而提升市场活跃度，为科创企业发展壮大提供更强的融资支持。

从市场价格角度来看，做市商有助于市场价格稳定，增强市场韧性。市场出现波动时，做市商有责任持续报价，防止过度投机。做市商一般具有较好的估值分析和价值判断能力，风险承受度更高，更有利于市场价格保持在合理水平附近，维护市场稳定性。尤其是市场出现大幅波动时，做市商基于做市义务充当了最后报价人的角色，在关键时刻改善报价的连续性，从而向市场发出宝贵的价格参考信息，帮助市场企稳并反弹。同时，股票流动性越低，个别投资者的交易行为会对价格走势影响越大，做市商的加入提高了整体流动性水平，也会降低单一投资者对市场的影响力，有利于市场均衡和稳定。

从股票价格发现机制来看，引入做市商，可改善股票价格发现机制，有助于提升科创板股票定价效率。随着A股市场注册制的稳步推进，上市股票数量快速增长，机构投资者不断发展壮大，投资者结构逐渐得到改善。随着科创板、创业板等放宽涨跌幅限制，一些小盘、冷门股票风险加大，将面临流动性下降、估值水平不合理、价格发生扭曲的局面。做市商在衡量自身风险和收益的基础上，发挥自身的专业定价能力进行报价，有利于促使证券价格向实际价值回归。

3. 深化新三板改革、设立北京证券交易所进一步得到司法保障

习近平总书记在2021年中国国际服务贸易交易会全球服务贸易峰会致辞中宣布：“深化新三板改革，设立北京证券交易所，打造服务创新型中小企业主阵地。”通过各方着力推进改革落实，新三板基础层、创新层及北京证券交易所层层递进的市场格局更加清晰，新三板挂牌公司新兴产业亮点突出、公司质量持续提升、向上发展动力强劲，北京证券交易所运行平稳、上市公司数量已达100家、龙头撬动作用逐步显现。

为保障深化新三板改革、设立北京证券交易所相关工作顺利推进，保护中小企业和投资者合法权益，最高人民法院在广泛调研、充分征求各方意见的基础上，于2022年6月23日发布了《最高人民法院关于为深化新三板改革、设立北京证券交易所提供司法保障的若干意见》（以下简称《保障意见》）。

《保障意见》立足深化新三板改革、设立北京证券交易所的改革实践，围绕新三板挂牌公司、北京证券交易所上市公司的特征，主要从以下四个方面提供相关司法保障。

一是全面把握深化新三板改革、设立北京证券交易所的重要意义和总体安排，深刻认识多层次资本市场层层递进市场结构的司法需求，依法妥善审理相关案件，为中小企业健康发展和多层次资本市场体系建设营造良好的司法环境。

二是依法保障深化新三板改革、设立北京证券交易所重大部署顺利推进，明确法院可参照适用证券监管部门和证券交易场所经法定程序制定的、与法律法规不相抵触的规章、规范性文件和业务规则的相关规定，对北京证券交易所及其上市公司所涉案件集中管辖。

三是以优质司法服务支持中小企业通过资本市场做大做强，结合层层递进的市场结构特征和创新型中小企业的创业期成长特点等准确认定发行人、主办券商等证券中介机构的虚假陈述民事责任，依法准确认定“业绩对赌协议”和“定增保底”性质条款的效力，优化审判执行程序，降低创新型中小企业诉讼成本。

四是依法有效保护投资者合法权益，严厉打击违法犯罪行为，从严惩处假借新三板名义非法集资的行为，切实防止上市公司、挂牌公司通过破产程序损害投资者合法权益，依法规范证券投资咨询机构的相关投资建议服务，进一步健全证券诉讼和纠纷多元化解机制等。

《保障意见》是落实党中央、国务院关于资本市场重大改革决策部署的重要司法举措，有助于充分发挥人民法院审判职能作用，为深化新三板改革、设立北京证券交易所保驾护航，支持中小企业发展壮大，助力资本市场高质量发展。

4. 区域股权市场设立“专精特新”专板

区域性股权市场是主要服务于所在省级行政区域内中小微企业的私募股权市场，是多层次资本市场体系的重要组成部分，是地方人民政府扶持中小微企业政策措施的综合运用平台。

而地方专精特新企业创新能力强、成长性好，是提升产业链竞争力和供应链稳定性的基础力量，是推动经济高质量发展的重要驱动力量。当下中国制造业正在逐步从“三低一弱”走向“三高一强”这一产业升级的时代背景，为“专精特新”中小企业搭建了广阔发展舞台。

党中央、国务院在支持“专精特新”中小企业发展方面作出了一系列重要战略部署，习近平总书记在致2022年全国“专精特新”中小企业发展大会的贺信中要求激发涌现更多“专精特新”中小企业。国务院促进中小企业发展工作领导小组办公室印发的《提升中小企业竞争力若干措施》《为“专精特新”中小企业办实事清单》等文件明确提出，“加强直接融资支持”“在区域性股权市场推广设立‘专精特新’专板”。为深入贯彻党中央、国务院的决策部署，提高区域性股权市场“专精特新”专板（以下简称专板）建设质量，更好地服务中小企业，证监会办公厅、工业和信息化部办公厅联合印发了《关于高质量建设区域性股权市场“专精特新”专板的指导意见》（以下简称《指导意见》）。

《指导意见》旨在推动地方政府高度重视专板建设，加大组织协调、数据共享、政策资源整合和支持力度；推动区域性股权市场建立完善适合“专精特新”中小企业特点的服务和产品体系，通过与其他层次资本市场的有机衔接，使企业更快进入资本市场；同时通过专板建设推动各方转变对区域性股权市场的认识，进一步明确其功能定位，切实从省内经济发展和企业实际出发，按照场外市场逻辑探索发展路径，补齐多层次资本市场的结构性短板。

《指导意见》明确专板建设目标为支持中小企业“专精特新”发展，通过整合各方资源，逐步建立起符合场外市场特点和优质中小企业需求的基础服务体系、综合金融服务体系和上市规范培育体系，促进区域性股权市场功能作用发挥，提升多层次资本市场服务“专精特新”中小企业的能力。《指导意见》主要包括推进高标准建设、推动高质量运行、提供高水平服务、加强市场有机联系、完善市场生态、加强组织保障等内容。

区域性股权市场不仅是中小企业股权转让的平台，而且完全可以是专精特新中小企业发展的基地。同时，通过建设高质量的“专精特新”专板，我国区域性股权市场能够进入专业、规范和高效率的新发展阶段。区域性股权市场往往对于当地的企业具备更多的认知，能够更为有效地整合各方资源，服务各具特色和问题不同的当地“专精特新”企业。同时，区域性股权市场也能够借助其场外市场的优势和逻辑，提供基础服务和综合金融，助其在不受市场干扰的情况下，聚焦“专精特新”，发展核心技术。同时，对“专精特新”企业进行培育和孵化，开展培训和指导，在技术或特色成熟后，申请上市，一飞冲天。

5. 内地与香港股票市场交易互联互通机制优化

沪深港通是指上海证券交易所或深圳证券交易所和香港联合交易所允许三地投资者通过当地证券公司（或经纪商）买卖规定范围内的对方交易所上市的股票，是沪深港股票市场交易互联互通机制。自开通以来，沪港通一直作为沟通内地和香港资本市场的桥梁，将原有资金的局限性拓展开来，将各个市场资金间的阻隔打通，为两地市场注入新的资本活力。内地资金得以进入香港证券市场投资，进而实现资本的全球布局。外资也得以通过沪股通进入内地证券市场，投资稀缺的公司和品种。对于A股而言，这也是中国资本市场对外开放的重要一步。

国家长期以来高度重视沪深港通制度的健康平稳发展，2022年共出台4项相关文件来保持内地与香港股市交易通道的畅通。

（1）2022年5月20日，中国证监会发布修订后的《证券登记结算管理办法》，对近年来沪深港通、沪伦通、存托凭证等资本市场重大改革涉及证券登记结算业务的内容进行适应性调整。

（2）2022年5月27日，中国证监会、香港证监会发布联合公告，宣布原则同意两地交易所将交易型开放式基金（ETF）纳入互联互通，并就《关于交易型开放式基金纳入互联互通相关安排的公告》公开征求意见，主要内容共5条：一是明确内地与香港股票市场交易互联互通机制拓展至交易型开放式基金，二是明确相关制度安排参照股票互联互通，三是明确投资者识别码安排，四是明确证券公司、公募基金管理人相关要求，五是明确业务实施细则相关安排。

事实上，ETF互联互通原本设有至少两个月的市场系统准备期，最终启动时间较原计划大幅提前。6月24日，证监会正式宣布将ETF纳入互联互通机制。紧接着2022年

6月28日，证监会发布《中国证券监督管理委员会 香港证券及期货事务监察委员会联合公告》，指出为促进内地与香港资本市场共同发展，中国证券监督管理委员会、香港证券及期货事务监察委员会决定批准两地交易所正式将符合条件的交易型开放式基金纳入内地与香港股票市场交易互联互通机制（以下简称互联互通）。

有资格纳入互联互通的ETF需满足以下四个条件。首批纳入ETF互联互通的合资格标的共有87只。其一，上市时间满6个月，跟踪标的指数发布时间满1年；其二，内地市场ETF过去6个月日均资产规模不低于15亿元人民币，成分证券以深沪股通标的股票为主；其三，香港市场ETF过去6个月日均资产规模达17亿港元，成分证券以港股通标的股票为主；其四，不属于合成ETF、杠杆及反向产品。其中内地投资者通过南向沪港通和南向深港通，分别可买到4只港股ETF。香港投资者通过北向沪深股通，可买到83只股票ETF。首批4只港股通ETF分别为盈富基金、恒生中国企业、南方恒生科技和安硕恒生科技。而此次获批的沪深股通ETF，覆盖上证50ETF、上证180ETF、创业板ETF、沪深300ETF、生物医药、半导体、新能源、生物科技、芯片、碳中和ETF等代表性行业主题产品。

在ETF纳入互联互通后，内地和香港投资者可以通过当地证券公司或经纪商买卖规定范围内的对方交易所上市的股票和ETF基金份额。

两地ETF互联互通为很多国内投资者参与港股市场提供了一个重要的投资渠道。很多内地投资者对直接投资港股个股仍存顾虑，尤其是对香港市场缺乏了解的内地投资者，可以通过ETF这个透明度高、交易便捷的通道进入港股市场，从而为港股市场带来可观的增量资金。与此同时，两地互联互通ETF的推出也为过去内地投资者无法配置尚未进入港股通的一揽子优质科网股（如阿里9988. HK、京东9618. HK、网易9999. HK等）提供了解决办法。

（3）为进一步完善内地与香港股票市场交易互联互通机制，2022年8月12日，中国证券监督管理委员会、香港证券及期货事务监察委员会发布公告称原则同意沪深港通交易日历优化安排。主要内容包括两点：一是上海证券交易所、深圳证券交易所和香港联合交易所将同时开放目前两地市场因不满足结算安排而关闭的共同交易日。对于新增交易日，中国证券登记结算有限责任公司、香港中央结算有限公司将对两地市场交收安排及沪深港通标的股票涉及的股权登记日设置、公司行为等业务作出相应的调整。二是两地交易所和登记结算机构将制定相应风险管理措施，调整相关业务规则，并获得相关监管批准，积极推进市场机构做好技术系统改造、投资者教育等各项准备工作。

（4）2022年12月19日，中国证监会和香港证监会发布联合公告，宣布原则上同意两地交易所进一步扩大股票互联互通标的范围。

本次公告中涉及的具体调整如下：

沪深股通的标的范围调整为：市值50亿元人民币及以上且符合一定流动性标准等条件的上证A股指数/深证综合指数成分股，以及上海证券交易所/深圳证券交易所上市的A+H股公司的A股。

港股通的标的范围调整为：在现行港股通股票标的基础上，纳入恒生综合指数内符合有关条件的在港主要上市外国公司股票，即属于恒生综合大型股指数、恒生综合中型股指数、市值50亿港元及以上的恒生综合小型股指数成分股的在港主要上市外国公司，根据现行规定纳入港股通；将沪港通下港股通标的范围扩大至与深港通下港股通一致，即沪港通下港股通纳入市值50亿港元及以上的恒生综合小型股指数成分股。

6. 基础设施 REITs 募集制度完善

我国公开募集基础设施证券投资基金（以下简称基础设施 REITs）是指依法向社会投资者公开募集资金形成基金财产，通过基础设施资产支持证券等特殊目的载体持有基础设施项目，由基金管理人等主动管理运营上述基础设施项目，并将产生的绝大部分收益分配给投资者的标准化金融产品。按照规定，我国基础设施 REITs 在证券交易所上市交易。

基础设施资产支持证券是指依据《证券公司及基金管理公司子公司资产证券化业务管理规定》等有关规定，以基础设施项目产生的现金流为偿付来源，以基础设施资产支持专项计划为载体，向投资者发行的代表基础设施财产或财产权益份额的有价证券。基础设施项目主要包括仓储物流，收费公路、机场港口等交通设施，水电气热等市政设施，污染治理、信息网络、产业园区等其他基础设施。

推动基础设施 REITs 健康发展，是“十四五”规划作出的一项重要部署，对于有效盘活存量资产、创新投融资机制、拓宽权益融资渠道、增强资本市场服务实体经济能力等具有十分重要的意义。2021 年 6 月，首批基础设施公募 REITs 在沪深交易所上市，标志着公募 REITs 试点正式启动。目前已有至少 11 只公募 REITs 产品上市，市场运行平稳，流动性和价格发现机制总体较好，符合试点预期。

2022 年 5 月 31 日，证监会发布《证监会指导证券交易所发布基础设施 REITs 扩募指引》，文中强调扩募是 REITs 产品的重要特性，是市场建设不可缺少的重要环节。《新购入基础设施项目（试行）》明确了新购入基础设施项目的条件、程序、信息披露要求和扩募发售相关安排，强调扩募相关要求与首次发售一致，强化内幕信息管理和利益冲突防范，坚持持有人利益优先，严把项目质量关，压实参与机构主体责任。推出 REITs 扩募机制，有利于 REITs 通过增发份额收购资产，开展并购重组活动，进一步促进投融资良性循环。

基础设施 REITs 是国际通行的配置资产，具有流动性较高、收益相对稳定、安全性较强等特点，能有效盘活存量资产，填补当前金融产品空白，拓宽社会资本投资渠道，提升直接融资比重，增强资本市场服务实体经济质效。短期看有利于广泛筹集项目资本金，降低债务风险，是稳投资、补短板的有效政策工具；长期看有利于完善储蓄转化投资机制，降低实体经济杠杆，推动基础设施投融资市场化、规范化健康发展。

7. 个人养老金投资改革

我国养老保险体系主要有三大支柱：第一支柱是基本养老保险，由政府主导；第二支柱是企业年金和职业年金，一般由用人单位及其职工缴纳；第三支柱是个人养老金，同时还包括其他个人商业养老金融业务，由个人或家庭购买。从政策设计上看，第一支柱应更多发挥“保基本”作用，后两者形成补充作用。但在现实生活中，人们对第一支柱的依赖程度偏高，导致养老保险体系明显承压。第三支柱强调由个人储蓄为自己晚年负责，对于破解这一局面具有重要意义。

推动个人养老金发展需要以习近平新时代中国特色社会主义思想为指导，全面贯彻党的十九大和十九届历次全会精神，认真落实党中央、国务院决策部署，坚持以人民为中心的发展思想，完整、准确、全面贯彻新发展理念，加快构建新发展格局，推动发展适合中国国情、政府政策支持、个人自愿参加、市场化运营的个人养老金，与基本养老保险、企业（职业）年金相衔接，实现养老保险补充功能，协调发展其他个人商业养老金融业务，健全多层次、多支柱养老保险体系。

为推进多层次、多支柱养老保险体系建设，促进养老保险制度可持续发展，满足人民群众日益增长的多样化养老保险需要，国务院于 2022 年 4 月 8 日发布《关于推动个人养老金发展的意见》。推动个人养老金发展坚持政府引导、市场运作、有序发展的原则。注重发挥政府引导作用，在多层次、多支柱养老保险体系中统筹布局个人养老金；充分发挥市场作用，营造公开公平公正的竞争环境，调动各方面积极性；严格监督管理，切实防范风险，促进个人养老金健康有序发展。

个人养老金实行个人账户制度，缴费完全由参加人个人承担，实行完全积累。参加人通过个人养老金信息管理服务平台（以下简称信息平台），建立个人养老金账户。个人养老金账户是参加个人养老金制度、享受税收优惠政策的基础。

参加人可以用缴纳的个人养老金在符合规定的金融机构或者其依法合规委托的销售渠道（以下统称金融产品销售机构）购买金融产品，并承担相应的风险。参加人应当指定或者开立本人唯一的个人养老金资金账户，用于个人养老金缴费、归集收益、支付和缴纳个人所得税。个人养老金资金账户可以由参加人在符合规定的商业银行指定或者开立，也可以通过其他符合规定的金融产品销售机构指定。个人养老金资金账户实行封闭运行，其权益归参加人所有，除另有规定外不得提前支取。

参加人变更个人养老金资金账户开户银行时，应当经信息平台核验后，将原个人养老金资金账户内的资金转移至新的个人养老金资金账户并注销原资金账户。

2022 年 11 月 4 日，为贯彻落实《关于推动个人养老金发展的意见》，证监会公布《个人养老金投资公开募集证券投资基金业务管理暂行规定》，用于规范个人养老金投资公开募集证券投资基金业务。

该规定主要内容可以概括为以下三个方面。

一是明确基金管理人、基金销售机构等机构开展个人养老金投资公募基金业务的总体原则和基本要求，以及基金行业平台职责定位。

二是明确个人养老金可以投资的基金产品标准，并对基金管理人的投资管理和风险管理职责作出规定。个人养老金可投资的基金产品标准，试行阶段拟优先纳入最近 4 个季度末规模不低于 5000 万元的养老目标基金，同时还强调关注基金长期业绩，投资风格稳定、投资策略清晰、长期业绩良好、运作合规稳健，要求个人养老金基金业绩评价和考核周期不短于5年。

三是明确基金销售机构的展业条件，并对基金销售机构信息提示、账户服务、宣传推介、适当性管理、投资者教育等职责作出规定。在销售服务环节，强调“不保证本金、不保证收益、追求长期收益等风险收益特征”与“以定期投资等方式引导投资人长期投资”；在投资人领取养老资金时，引导“定期分红、定期支付、定期赎回等，鼓励投资人长期领取行为”。

（三）政策评价与展望

2022年资本市场持续深化改革，在基础制度建设方面，为进一步推进注册制，相关配套文件相继发布，推动证券发行制度高质量改革。此外，年内还推动了科创板做市交易试点落地，证券交易制度不断优化。伴随着注册制落地的临近，A股市场扩容在即，退市制度也在相应完善。在市场体系建设方面，2022年，北京证券交易所实现高质量扩容，为小市值“专精特新”企业开拓上市渠道，多层次市场体系日渐完善。在金融创新方面，2022年推出了诸多衍生品，公募REITs等特色产品发展势头良好。在资本市场开放方面，2022年陆港互联互通取得显著进展，沪伦通扩容至德国、瑞士市场，中国企业纷纷发行全球存托凭证（GDR）募集资金。

展望2023年，中国股票市场政策将科学合理保证IPO和再融资的常态化运行，通过完善金融期货工具，保证股票市场平衡发展。针对新发展格局，重点支持创新经济，完善科创属性评价标准。全面注册制落地在即，助力企业直接融资便利化，压实中介机构责任，以零容忍的态度，打击证券违法活动，保护资本市场的改革成果，提高信息披露要求，强化证监会严监管。坚决打赢防范化解重大金融风险攻坚战持久战。密切关注流动性和杠杆水平，严防跨市场跨区域跨境的交叉性、输入性风险。

附表

2022年中国股票市场主要发展政策一览

日期	政策名称	发文单位
1月1日	【第194号令】《证券期货行政执法当事人承诺制度实施规定》	证监会
1月1日	【第1号公告】《证券期货行政执法当事人承诺金管理办法》	证监会
1月5日	【第2号公告】《上市公司章程指引（2022年修订）》	证监会
1月5日	【第3号公告】《上市公司监管指引第3号——上市公司现金分红（2022年修订）》	证监会
1月5日	【第4号公告】《上市公司股份回购规则》	证监会
1月5日	【第5号公告】《上市公司分拆规则（试行）》	证监会
1月5日	【第6号公告】《〈上市公司重大资产重组管理办法〉第十四条、第四十四条的适用意见——证券期货法律适用意见第12号（2022年修订）》	证监会
1月5日	【第7号公告】《上市公司股票停复牌规则》	证监会
1月5日	【第8号公告】《公开发行证券的公司信息披露内容与格式准则第5号——公司股份变动报告的内容与格式（2022年修订）》	证监会

续表

日期	政策名称	发文单位
1月5日	【第9号公告】《公开发行证券的公司信息披露内容与准则第17号——要约收购报告书（2022年修订）》	证监会
1月5日	【第10号公告】《公开发行证券的公司信息披露内容与格式准则第26号——上市公司重大资产重组（2022年修订）》	证监会
1月5日	【第11号公告】《公开发行证券的公司信息披露编报规则第4号——保险公司信息披露特别规定（2022年修订）》	证监会
1月5日	【第12号公告】《公开发行证券的公司信息披露编报规则第26号——商业银行信息披露特别规定（2022年修订）》	证监会
1月5日	【第13号公告】《上市公司股东大会规则（2022年修订）》	证监会
1月5日	【第14号公告】《上市公司独立董事规则》	证监会
1月5日	【第15号公告】《上市公司监管指引第2号——上市公司募集资金管理和使用的监管要求（2022年修订）》	证监会
1月5日	【第16号公告】《上市公司监管指引第4号——上市公司及其相关方承诺》	证监会
1月5日	【第17号公告】《上市公司监管指引第5号——上市公司内幕信息知情人登记管理制度》	证监会
1月5日	【第18号公告】《〈上市公司重大资产重组管理办法〉第三条有关标的资产存在资金占用问题的适用意见——证券期货法律适用意见第10号》	证监会
1月5日	【第19号公告】《上市公司董事、监事和高级管理人员所持本公司股份及其变动管理规则（2022年修订）》	证监会
1月5日	【第20号公告】《〈上市公司收购管理办法〉第六十二条有关上市公司严重财务困难的适用意见——证券期货法律适用意见第7号（2022年修订）》	证监会
1月5日	【第21号公告】《上市公司现场检查规则》	证监会
1月5日	【第22号公告】《上市公司监管指引第6号——上市公司董事长谈话制度实施办法》	证监会
1月5日	【第23号公告】《上市公司监管指引第7号——上市公司重大资产重组相关股票异常交易监管》	证监会
1月5日	【第24号公告】《关于废止4部证券期货制度文件的决定》	证监会
1月7日	关于发布上海证券交易所科创板上市公司自律监管指引第1号至第3号的通知	上交所
1月7日	关于发布《上海证券交易所上市公司自律监管指引第1号——规范运作》的通知	上交所
1月7日	关于发布《上海证券交易所上市公司自律监管指引第2号——信息披露事务管理》的通知	上交所
1月7日	关于发布《上海证券交易所上市公司自律监管指引第3号——行业信息披露》的通知	上交所
1月7日	关于发布《上海证券交易所上市公司自律监管指引第4号——停复牌》的通知	上交所
1月7日	关于发布《上海证券交易所上市公司自律监管指引第5号——交易与关联交易》的通知	上交所
1月7日	关于发布《上海证券交易所上市公司自律监管指引第6号——重大资产重组》的通知	上交所
1月7日	关于发布《上海证券交易所上市公司自律监管指引第7号——回购股份》的通知	上交所
1月7日	关于发布《上海证券交易所上市公司自律监管指引第8号——股份变动管理》的通知	上交所
1月7日	关于发布《上海证券交易所上市公司自律监管指引第9号——信息披露工作评价》的通知	上交所

续表

日期	政策名称	发文单位
1月7日	关于发布《上海证券交易所上市公司自律监管指引第10号——纪律处分实施标准》的通知	上交所
1月7日	关于发布《上海证券交易所上市公司自律监管指引第11号——持续督导》的通知	上交所
1月7日	关于发布《上海证券交易所上市公司自律监管指引第12号——向特定对象发行可转换公司债券》的通知	上交所
1月7日	关于发布《上海证券交易所股票上市规则（2022年1月修订）》的通知	上交所
1月7日	关于发布《深圳证券交易所上市公司自律监管指引第12号——纪律处分实施标准》的通知	深交所
1月7日	关于发布《深圳证券交易所上市公司自律监管指引第2号——创业板上市公司规范运作》的通知	深交所
1月7日	关于发布《深圳证券交易所上市公司自律监管指引第5号——信息披露事务管理》的通知	深交所
1月7日	关于发布《深圳证券交易所上市公司自律监管指引第1号——主板上市公司规范运作》的通知	深交所
1月7日	关于发布《深圳证券交易所上市公司自律监管指引第6号——停复牌》的通知	深交所
1月7日	关于发布《深圳证券交易所上市公司自律监管指引第13号——保荐业务》的通知	深交所
1月7日	关于发布《深圳证券交易所上市公司自律监管指引第11号——信息披露工作考核》的通知	深交所
1月7日	关于发布《深圳证券交易所上市公司自律监管指引第10号——股份变动管理》的通知	深交所
1月7日	关于发布《深圳证券交易所上市公司自律监管指引第9号——回购股份》的通知	深交所
1月7日	关于发布《深圳证券交易所股票上市规则（2022年修订）》的通知	深交所
1月7日	【第25号公告】《中国证监会关于北京证券交易所上市公司转板的指导意见》	证监会
1月12日	关于发布《上海证券交易所上市公司自律监管指南第3号——信息披露咨询、业绩说明会等服务》的通知	上交所
1月12日	关于发布《深圳证券交易所债券交易业务指南第3号——信用保护凭证》的通知	深交所
1月14日	中国证监会启动货银对付改革	证监会
1月17日	关于发布《上海证券交易所债券发行上市审核业务指南第4号——公司债券和资产支持证券申请文件的签章》的通知	上交所
1月20日	关于发布《银行间债券市场与交易所债券市场互联互通业务暂行办法》的通知	上交所
1月20日	关于发布《银行间债券市场与交易所债券市场互联互通业务暂行办法》的通知	深交所
1月27日	关于发布施行《上海证券交易所债券交易规则》及有关事项的通知	上交所
1月27日	关于发布施行《上海证券交易所债券交易规则适用指引第1号——债券交易参与人管理》的通知	上交所
1月27日	关于发布施行《上海证券交易所债券交易规则适用指引第2号——债券通用质押式回购交易》的通知	上交所
1月27日	关于发布施行《上海证券交易所债券交易规则适用指引第3号——债券做市业务》的通知	上交所

续表

日期	政策名称	发文单位
1月27日	关于发布《深圳证券交易所债券交易业务指引第2号——债券通用质押式回购》的通知	深交所
1月27日	关于发布《深圳证券交易所债券交易业务指引第1号——债券交易参与人管理》的通知	深交所
1月27日	关于发布《深圳证券交易所债券交易业务指引第3号——债券做市》的通知	深交所
1月27日	关于发布《深圳证券交易所债券交易规则》的通知	深交所
1月28日	关于发布《上海证券交易所基金自律监管规则适用指引第3号——基金通平台份额转让》的通知	上交所
1月28日	关于发布《上海证券交易所基金业务指南第3号——基金通平台业务办理》的通知	上交所
1月28日	关于发布《深圳证券交易所证券投资基金业务指引第3号——基金通平台份额转让》的通知	深交所
1月28日	关于发布《深圳证券交易所证券投资基金业务指南第3号——基金通转让业务办理》的通知	深交所
1月28日	【第26号公告】《上市公司监管指引第8号——上市公司资金往来、对外担保的监管要求》	证监会
1月28日	【第27号公告】《关于注册制下提高招股说明书信息披露质量的指导意见》	证监会
2月11日	【第28号公告】《境内外证券交易所互联互通存托凭证业务监管规定》	证监会
2月14日	关于发布《深圳证券交易所公司债券发行上市审核业务指南第1号——募集说明书（参考文本）（2022年修订）》的通知	深交所
2月18日	关于发布《深圳证券交易所自律监管措施和纪律处分实施办法（2022年修订）》的通知	深交所
2月18日	【第195号令】《证券基金经营机构董事、监事、高级管理人员及从业人员监督管理办法》	证监会
3月4日	关于发布《北京证券交易所上市公司向上海证券交易所科创板转板办法（试行）》的通知	上交所
3月4日	关于发布《深圳证券交易所关于北京证券交易所上市公司向创业板转板办法（试行）》的通知	深交所
3月25日	关于发布《上海证券交易所与境外证券交易所互联互通存托凭证上市交易暂行办法》的通知	上交所
3月25日	关于发布《上海证券交易所互联互通存托凭证业务指引第1号——存托凭证跨境转换》的通知	上交所
3月25日	关于发布《上海证券交易所互联互通存托凭证业务指引第2号——中国存托凭证做市》的通知	上交所
3月25日	关于发布《深圳证券交易所与境外证券交易所互联互通存托凭证上市交易暂行办法》的通知	深交所
3月25日	关于发布《深圳证券交易所互联互通存托凭证业务指引第2号——中国存托凭证做市》的通知	深交所
3月25日	关于发布《深圳证券交易所互联互通存托凭证业务指引第1号——存托凭证跨境转换》的通知	深交所

续表

日期	政策名称	发文单位
3月31日	关于发布《上海证券交易所上市公司自律监管指引第13号——破产重整等事项》的通知	上交所
3月31日	关于发布《深圳证券交易所上市公司自律监管指引第14号——破产重整等事项》的通知	深交所
4月8日	【第196号令】《关于修改〈首次公开发行股票并上市管理办法〉的决定》	证监会
4月11日	【第29号公告】《上市公司投资者关系管理工作指引》	证监会
4月12日	【第30号公告】《证券期货业数据模型第4部分：基金公司逻辑模型》等4项金融行业标准	证监会
4月22日	关于发布《上海证券交易所债券市场投资者适当性管理办法（2022年修订）》的通知	上交所
4月22日	关于发布《上海证券交易所公司债券上市规则（2022年修订）》的通知	上交所
4月22日	关于发布《上海证券交易所非公开发行公司债券挂牌规则》的通知	上交所
4月22日	关于发布《上海证券交易所公司债券发行上市审核规则》的通知	上交所
4月22日	关于发布《深圳证券交易所公司债券发行上市审核规则》的通知	深交所
4月22日	关于发布《深圳证券交易所债券市场投资者适当性管理办法（2022年修订）》的通知	深交所
4月22日	关于发布《深圳证券交易所公司债券上市规则（2022年修订）》的通知	深交所
4月22日	关于发布《深圳证券交易所非公开发行公司债券挂牌规则（2022年修订）》的通知	深交所
4月29日	关于发布《上海证券交易所信访工作办法》的通知	上交所
4月29日	关于发布《上海证券交易所市场主体违法违规行为举报处理工作办法（试行）》的通知	上交所
4月29日	关于发布《关于退市公司进入退市板块挂牌转让的实施办法》的通知	上交所
4月29日	关于发布《上海证券交易所互联互通存托凭证业务指南第1号——交易业务》的通知	上交所
4月29日	关于发布《上海证券交易所公司债券发行上市审核规则适用指引第3号——审核重点关注事项（2022年修订）》的通知	上交所
4月29日	关于发布《深圳证券交易所公司债券发行上市审核业务指引第2号——申请文件及其编制要求》的通知	深交所
4月29日	关于发布《深圳证券交易所公司债券发行上市审核业务指引第1号——审核重点关注事项（2022年修订）》的通知	深交所
4月29日	关于发布《关于退市公司进入退市板块挂牌转让的实施办法》的通知	深交所
4月29日	【第31号公告】《关于完善上市公司退市后监管工作的指导意见》	证监会
5月11日	开展民营企业债券融资专项支持计划　毫不动摇支持民营经济健康发展	证监会
5月12日	【第32号公告】《证券公司科创板股票做市交易业务试点规定》	证监会
5月20日	关于发布《上海证券交易所公司债券发行上市审核规则适用指引第4号——科技创新公司债券》的通知	上交所
5月20日	关于发布《深圳证券交易所公司债券创新品种业务指引第6号——科技创新公司债券》的通知	深交所
5月20日	【第197号令】《证券登记结算管理办法》	证监会
5月20日	【第198号令】《公开募集证券投资基金管理人监督管理办法》	证监会

续表

日期	政策名称	发文单位
5月20日	【第33号公告】《关于实施〈公开募集证券投资基金管理人监督管理办法〉有关问题的规定》	证监会
5月27日	中国证券监督管理委员会　香港证券及期货事务监察委员会联合公告	证监会
5月27日	关于发布《上海证券交易所公司债券发行上市审核规则适用指引第6号——知名成熟发行人优化审核》的通知	上交所
5月27日	关于发布《深圳证券交易所公司债券发行上市审核业务指引第3号——优化审核安排》的通知	深交所
5月27日	证监会进一步规范强化投行内控现场检查	证监会
5月27日	【第35号公告】《证券发行上市保荐业务工作底稿指引》	证监会
5月27日	【第36号公告】《保荐人尽职调查工作准则》	证监会
5月31日	关于发布《上海证券交易所公开募集基础设施证券投资基金（REITs）规则适用指引第3号——新购入基础设施项目（试行）》的通知	上交所
5月31日	【第199号令】《关于修改〈中国证监会派出机构监管职责规定〉的决定》	证监会
5月31日	【第37号公告】《关于加强注册制下中介机构廉洁从业监管的意见》	证监会
6月2日	关于发布《上海证券交易所公司债券发行上市审核规则适用指引第5号——审核程序》的通知	上交所
6月2日	关于发布《上海证券交易所公司债券发行上市审核规则适用指引第2号——特定品种公司债券（2022年修订）》的通知	上交所
6月6日	关于发布《上海证券交易所科技创新咨询委员会工作规则（2022年修订）》的通知	上交所
6月10日	关于发布《上海证券交易所科创板发行上市审核规则适用指引第7号——医疗器械企业适用第五套上市标准》的通知	上交所
6月10日	【第200号令】《关于修改〈内地与香港股票市场交易互联互通机制若干规定〉的决定》	证监会
6月23日	关于为深化新三板改革、设立北京证券交易所提供司法保障的若干意见	最高人民法院
6月24日	关于发布《上海证券交易所沪港通业务实施办法（2022年修订）》及有关事项的通知	上交所
6月24日	关于发布《上海证券交易所港股通委托协议必备条款（2022年修订）》和《上海证券交易所港股通交易风险揭示书必备条款（2022年修订）》的通知	上交所
6月24日	关于发布《深圳证券交易所港股通委托协议必备条款（2022年修订）》和《深圳证券交易所港股通交易风险揭示书必备条款（2022年修订）》的通知	深交所
6月24日	关于发布《深圳证券交易所证券交易业务指南第1号——投资者适当性管理（2022年修订）》的通知	深交所
6月24日	关于发布《深圳证券交易所深港通业务实施办法（2022年修订）》及有关事项的通知	深交所
6月24日	【第39号公告】《关于交易型开放式基金纳入互联互通相关安排的公告》	证监会
6月28日	关于发布《上海证券交易所　中国证券登记结算有限责任公司境外机构投资者债券交易及登记结算业务实施细则》的通知	上交所
6月29日	关于发布《深圳证券交易所　中国证券登记结算有限责任公司境外机构投资者债券交易及登记结算业务实施细则》的通知	深交所

续表

日期	政策名称	发文单位
7月1日	关于交易型开放式基金纳入内地与香港股票市场交易互联互通机制后适用税收政策问题的公告	证监会
7月7日	关于发布《深圳证券交易所 中国证券登记结算有限责任公司债券借贷业务办法》的通知	深交所
7月8日	证监会启动私募股权创投基金向投资者实物分配股票试点 支持私募基金加大服务实体经济力度	证监会
7月15日	关于发布《上海证券交易所公开募集基础设施证券投资基金（REITs）规则适用指引第4号——保障性租赁住房（试行）》的通知	上交所
7月15日	关于发布《上海证券交易所信用保护工具交易业务指引（2022年修订）》的通知	上交所
7月15日	关于发布《上海证券交易所科创板股票做市交易业务实施细则》的通知	上交所
7月15日	关于发布《深圳证券交易所公开募集基础设施证券投资基金业务指引第4号——保障性租赁住房（试行）》的通知	深交所
7月15日	关于发布《深圳证券交易所公司债券发行上市审核业务指引第5号——非公开发行公司债券挂牌条件确认程序》的通知	深交所
7月15日	关于发布《深圳证券交易所公司债券发行上市审核业务指引第4号——公开发行公司债券审核程序》的通知	深交所
7月15日	关于发布《深圳证券交易所资产支持证券挂牌条件确认业务指引第1号——确认程序》的通知	深交所
7月18日	证监会批准开展中证1000股指期货和期权交易	证监会
7月21日	关于发布《深圳证券交易所债券交易业务指南第5号——债券借贷业务》的通知	深交所
7月26日	关于发布《上海证券交易所会员管理业务指南第3号——交易网关管理》的通知	上交所
7月27日	【第40号公告】《关于证券违法行为人财产优先用于承担民事赔偿责任有关事项的规定》	证监会
7月29日	关于发布《上海证券交易所可转换公司债券交易实施细则》的通知	上交所
7月29日	关于发布《上海证券交易所上市公司自律监管指引第12号——可转换公司债券》的通知	上交所
7月29日	关于发布《上海证券交易所科创板上市公司自律监管指南第6号——业务操作事项（2022年7月修订）》的通知	上交所
7月29日	关于发布《向不特定对象发行的可转换公司债券投资风险揭示书必备条款（2022年修订）》的通知	深交所
7月29日	关于发布《深圳证券交易所上市公司自律监管指引第15号——可转换公司债券》的通知	深交所
7月29日	关于发布《深圳证券交易所可转换公司债券交易实施细则》的通知	深交所
7月29日	关于发布《深圳证券交易所债券交易业务指南第6号——信用保护合约》的通知	深交所
7月29日	关于发布《深圳证券交易所信用保护工具业务指引（2022年修订）》的通知	深交所
7月29日	【第41号公告】《公开发行证券的公司信息披露编报规则第25号——从事药品及医疗器械业务的公司招股说明书内容与格式指引》	证监会
8月10日	关于发布《上海证券交易所会员管理业务指南第4号——会籍业务网上办理》的通知	上交所

续表

日期	政策名称	发文单位
8月12日	关于发布《上海证券交易所纪律处分和监管措施实施办法（2022年修订）》的通知	上交所
8月12日	关于发布《上海证券交易所复核实施办法（2022年修订）》的通知	上交所
8月12日	关于发布《上海证券交易所自律管理听证实施细则（2022年修订）》的通知	上交所
8月12日	关于发布《上海证券交易所债券自律监管规则适用指引第3号——公司债券和资产支持证券自律监管措施实施标准（试行）》的通知	上交所
8月12日	【第202号令】《关于修改、废止部分证券期货规章的决定》	证监会
8月12日	【第42号公告】《关于废止部分证券期货规范性文件的决定》	证监会
8月12日	【第43号公告】《关于修改、废止部分证券期货规范性文件的决定》	证监会
9月2日	国债发行业务在北京证券交易所顺利启动	证监会
9月2日	证监会启动3只ETF期权品种上市工作	证监会
9月9日	【第44号公告】《关于合格境外机构投资者和人民币合格境外机构投资者境内证券交易登记结算业务的规定》	证监会
9月16日	关于发布《深圳证券交易所公司债券创新品种业务指引第1号——绿色公司债券（2022年修订）》的通知	深交所
10月14日	关于发布《上海证券交易所科创板上市公司股东以向特定机构投资者询价转让和配售方式减持股份实施细则（2022年10月修订）》的通知	上交所
10月21日	关于扩大融资融券标的股票范围的通知	深交所
10月21日	上交所扩大主板融资融券标的股票范围，促进融资融券业务稳健发展	上交所
10月21日	关于发布《上海证券交易所基金业务指南第1号——业务办理（2022年10月修订）》的通知	上交所
10月28日	关于发布《中国证券金融股份有限公司　上海证券交易所　中国证券登记结算有限责任公司科创板做市借券业务细则》的通知	上交所
11月4日	【第46号公告】《个人养老金投资公开募集证券投资基金业务管理暂行规定》	证监会
11月14日	【第47号公告】《证券期货业机构内部接口　证券交易》等7项金融行业标准	证监会
11月15日	关于高质量建设区域性股权市场"专精特新"专板的指导意见	证监会、工业和信息化部
11月18日	关于发布《深圳证券交易所互联互通存托凭证业务指南第1号——全球存托凭证跨境转换（2022年11月修订）》的通知	深交所
11月25日	证监会启动深证100ETF期权上市工作	证监会
11月30日	关于发布《上海证券交易所基金业务指南第2号——上市基金做市业务（2022年第二次修订）》的通知	上交所
12月8日	关于发布《深圳证券交易所证券投资基金业务指引第2号——流动性服务（2022年修订）》的通知	深交所
12月9日	证监会同意中国金融期货交易所开展上证50股指期权交易	证监会
12月16日	关于发布《深圳证券交易所大湾区债券平台跨境债券挂牌业务试点指引》的通知	深交所
12月16日	中国证监会将正式实施货银对付改革	证监会
12月23日	关于发布《上海证券交易所上市审核委员会和并购重组审核委员会管理办法》的通知	上交所

续表

日期	政策名称	发文单位
12 月 23 日	关于发布《深圳证券交易所上市审核委员会和并购重组审核委员会管理办法》的通知	深交所
12 月 30 日	关于发布《上海证券交易所资产支持证券挂牌条件确认规则适用指引第 1 号——申请文件及编制》的通知	上交所
12 月 30 日	关于发布《上海证券交易所资产支持证券挂牌条件确认规则适用指引第 2 号——大类基础资产》的通知	上交所
12 月 30 日	关于发布《上海证券交易所资产支持证券挂牌条件确认规则适用指引第 3 号——分类审核》的通知	上交所
12 月 30 日	关于发布《上海证券交易所资产支持证券挂牌条件确认规则适用指引第 4 号——特定品种资产支持证券》的通知	上交所
12 月 30 日	关于发布《上海证券交易所公司债券发行上市审核规则适用指引第 7 号——审核会》的通知	上交所
12 月 30 日	关于发布《上海证券交易所债券交易规则适用指引第 4 号——债券质押式协议回购风险管理》的通知	上交所
12 月 30 日	关于发布《上海证券交易所科创板企业发行上市申报及推荐暂行规定（2022 年 12 月修订)》的通知	上交所
12 月 30 日	关于发布《深圳证券交易所创业板企业发行上市申报及推荐暂行规定（2022 年修订)》的通知	深交所
12 月 30 日	关于发布《深圳证券交易所债券交易业务指引第 4 号——债券质押式协议回购风险控制》的通知	深交所
12 月 30 日	关于发布《深圳证券交易所股票发行与承销业务指南第 4 号——创业板首发及转板上市业务办理（2022 年修订)》的通知	深交所
12 月 30 日	关于发布《深圳证券交易所证券交易业务指南第 3 号——股票质押式回购交易（2022 年修订)》的通知	深交所
12 月 30 日	关于发布《深圳证券交易所资产支持证券挂牌条件确认业务指引第 3 号——特定品种》的通知	深交所
12 月 30 日	关于发布《深圳证券交易所资产支持证券挂牌条件确认业务指引第 2 号——分类审核》的通知	深交所
12 月 30 日	【第 48 号公告】《关于修改〈科创属性评价指引（试行)〉的决定》	证监会
12 月 31 日	关于发布《深圳证券交易所证券交易业务指南第 4 号——扩位证券简称》的通知	深交所
12 月 31 日	关于发布《深圳证券交易所证券投资基金业务指南第 1 号——相关业务办理（2022 年 12 月修订)》的通知	深交所

专栏5

加快建设全国统一大市场　打通制约经济循环关键点①

2022年4月10日，《中共中央　国务院关于加快建设全国统一大市场的意见》（以下简称《意见》）正式对外公布。《意见》以习近平新时代中国特色社会主义思想为指导，全面贯彻党的十九大和十九届历次全会精神，坚持稳中求进工作总基调，以满足人民日益增长的美好生活需要为根本目的，全面推动我国市场由大到强转变，为建设高标准市场体系、构建高水平社会主义市场经济体制提供坚强支撑。

《意见》采用"立足内需，畅通循环""立破并举，完善制度""有效市场，有为政府""系统协同，稳妥推进"的工作原则，目的是持续推动国内市场高效畅通和规模拓展、加快营造稳定公平透明可预期的营商环境、进一步降低市场交易成本、促进科技创新和产业升级、培育参与国际竞争合作新优势。强调要以高质量供给创造和引领需求，使生产、分配、流通、消费各环节更加畅通，提高市场运行效率。坚持问题导向，着力解决突出矛盾和问题，充分发挥市场在资源配置中的决定性作用，强化竞争政策基础地位，用足用好超大规模市场优势。

《意见》对"统一"作出了明确部署和要求。一是制度统一，包括完善统一的产权保护制度、实行统一的市场准入制度、维护统一的公平竞争制度、健全统一的社会信用制度。二是要素和资源市场统一，包括健全城乡统一的土地和劳动力市场、加快发展统一的资本市场、加快培育统一的技术和数据市场、建设全国统一的能源市场、培育发展全国统一的生态环境市场。三是商品和服务市场的统一，包括健全商品质量体系、完善标准和计量体系、全面提升消费服务质量。四是市场监管统一，包括健全统一市场监管规则、强化统一市场监管执法和监管能力。

加快建立全国统一的市场制度规则，打破地方保护和市场分割，其主要目的在于打通制约经济循环的关键堵点，促进商品要素资源在更大范围内畅通流动。特别是《意见》中关于打造统一的要素和资源市场的工作部署，对城乡人口流动也有积极意义。统一的人力资源市场体系不仅可以提升劳动要素的配置效率，同时还有利于推动人口向城镇集聚。加快建设全国统一大市场对拉动内需、促进消费、有效带动全社会投资非常重要。其中在推进商品和服务市场高水平统一方面，统一的质量体系可以提升消费者对于国货的认可度，让消费者放心购买，同时完善消费者保护体系可以有效解决消费者投诉和纠纷，提升消费者体验，也对消费意愿有推动作用。

① 作者：鲁楠，国泰君安战略发展部研究员、"中国金融政策报告"项目（课题组）研究员。

三、保险市场发展政策[①]

2022 年，保险业总体运行稳健，积极参与医疗、养老等多层次社会保障体系建设，专属商业养老保险试点区域扩大到全国，个人养老金制度正式启动实施，车险综合改革稳步推进，农业保险领域改革深入，金融科技赋能不断强化，服务实体经济质效进一步提升。

（一）2022 年保险市场发展概况

第一，保险市场稳健运行。2022 年，保险业累计实现原保险保费收入 4. 70 万亿元，同比增长 4. 58%。其中，财产险公司实现原保险保费收入 1. 49 万亿元，同比增长 8. 70%；人身险公司实现原保险保费收入 3. 21 万亿元，同比增长 2. 78%。2022 年末，保险公司总资产为 27. 15 万亿元，较年初增长 9. 08%。

第二，服务实体经济能力持续提升。2022 年，保险业充分发挥风险保障作用，提供保险保障金额 13678. 65 万亿元，同比增长 12. 63%，累计赔付支出 1. 55 万亿元，同比下降 0. 79%。其中农业保险为 1. 7 亿户次农户提供风险保障 4. 6 万亿元。截至 2022 年末，保险资金运用余额为 25. 35 万亿元，同比增长 9. 15%。2022 年全年新增保单 554 亿件，同比增长 13. 27%。

第三，保险业风险总体可控。2022 年第四季度末，纳入偿付能力监管审议的 181 家保险公司平均综合偿付能力充足率为 196%，平均核心偿付能力充足率为 128. 4%。财产险公司、人身险公司、再保险公司的平均综合偿付能力充足率分别为 237. 7%、185. 8% 和 300. 1%。偿付能力充足率保持在合理区间，风险总体可控。

（二）2022 年保险市场政策的主要内容

1. 财产险领域

2022 年 2 月 17 日，银保监会印发《农业保险承保理赔管理办法》，对农业保险的承保管理、理赔管理、协办管理、内控管理、监督管理作出规定，促进农业保险规范经营、优化服务、提升效率，推进农业保险高质量发展。

3 月 2 日，银保监会印发《保险公司非寿险业务准备金管理办法实施细则（1—7 号）》，从准备金风险边际和折现、准备金有利进展、分支机构准备金等方面，加强非寿险业务准备金监管。

3 月 4 日，银保监会、人民银行联合发布《关于加强新市民金融服务工作的通知》，要求提高新市民创业就业的保险保障水平，鼓励保险机构开展出租人责任险、承租人责任险等保险业务，推广家庭财产保险；支持保险机构针对新市民养老需求和特点，探索开发商业养老保险产品。6 月 10 日，银保监会印发《关于银行业保险业加强新市民金融服务有关情况的通报》，就银行保险机构因地制宜开展产品和服务创新、加强新市民金融服务等方面取得的成效进行通报，并提出下一步工作要求。

---

① 作者：尹博，中国保险行业协会统计研究部部长。

3月11日，银保监会与上海市人民政府联合发布《中国（上海）自由贸易试验区临港新片区科技保险创新引领区工作方案》，围绕为重点产业提供特色科技保险支持、推动科技保险市场更高水平开放、创新科技保险资金运用方式、保险与科技双向赋能、实施科技保险创新人才工程等具体内容制定相关政策。

6月1日，银保监会印发《银行业保险业绿色金融指引》，要求银行保险机构深入贯彻落实新发展理念，从战略高度推进绿色金融，加大对绿色、低碳、循环经济的支持；明确银行保险机构董事会或理事会承担绿色金融主体责任；强调银行保险机构应当坚持稳中求进，调整完善信贷政策和投资政策；要求银行保险机构加强投融资流程管理。

10月28日，银保监会印发《财产保险灾害事故分级处置办法》，明确财产保险灾害事故等级划分及处置措施，建立财险业应对灾害事故处置工作机制。

2. 人身险领域

2022年2月15日，银保监会印发《关于扩大专属商业养老保险试点范围的通知》，决定自2022年3月1日起，将专属商业养老保险试点区域扩大到全国范围，在原有6家试点保险公司基础上，允许养老保险公司参加专属商业养老保险试点。试点范围扩大后，相关监管要求适用《中国银保监会办公厅关于开展专属商业养老保险试点的通知》规定。

4月21日，国务院办公厅印发《关于推动个人养老金发展的意见》，从总体要求、参加范围、制度模式、缴费水平、税收政策、资金投资与领取、运营与监管等多方面对我国个人养老金制度作出总体安排，推动发展适合中国国情、政府政策支持、个人自愿参加、市场化运营的个人养老金，实现养老保险补充功能。参加城镇职工基本养老保险或者城乡居民基本养老保险的劳动者，可以参加个人养老金制度；个人养老金实行个人账户制度，缴费完全由参加人个人承担，实行完全积累，进行封闭运作，参加人每年缴纳个人养老金的上限为12000元。

4月28日，银保监会印发《关于规范和促进商业养老金融业务发展的通知》，明确商业养老金融的发展理念，规定银行保险机构开展商业养老金融业务的基本标准和原则，强调银行保险机构要充分披露信息，并对银行保险机构开展商业养老金融业务组织实施、管理机制、费用政策等方面提出基本要求。

10月26日，人社部、财政部、国家税务总局、银保监会、证监会联合印发《个人养老金实施办法》，对个人养老金参加流程、资金账户管理、机构与产品管理、信息披露、监督管理等方面作出具体规定。11月17日，人社部、财政部、国家税务总局等三部门公布了个人养老金先行城市（地区）名单，全国31个省（自治区、直辖市）的36个城市启动试点。

11月11日，银保监会印发《人身保险产品信息披露管理办法》，全面规范人身保险产品信息披露行为，明确信息披露主体和披露方式、披露内容和披露时间、信息披露管理等内容。12月30日，银保监会印发《一年期以上人身保险产品信息披露规则》，作为该办法的配套文件，明确要求一年期以上人身保险产品均应制定产品说明书，并应当按照保险产品的设计类型，对产品宣传材料、保障水平、利益演示等内容进行详细披露，充分揭示产品的长期属性和各类风险特征，并明示交费方式、退保损失等产品关键内容。

11月21日，银保监会印发《关于保险公司开展个人养老金业务有关事项的通知》，明确保险公司开展个人养老金业务的基本要求，明确保险公司可向个人养老金制度参加人提供符合要求的年金保险和两全保险以及银保监会认定的其他产品，规范个人养老金业务的资金管理、合同管理、销售管理、客户服务等，明确对保险公司业务经营的监管要求等。

11月24日，银保监会印发《关于开展养老保险公司商业养老金业务试点的通知》，决定自2023年1月1日起开展养老保险公司商业养老金业务试点，试点期限暂定1年。明确4家养老保险公司参与试点，试点区域为北京市等10个省（市）。

3. 保险资金运用领域

2022年1月12日，银保监会印发《关于精简保险资金运用监管报告事项的通知》，主要规定取消、合并报送的监管报告事项，进一步规范保险资金运用监管报告的报送行为。4月24日，银保监会印发《关于保险资金投资有关金融产品的通知》，规范保险资金投资非保险类金融机构发行的金融产品行为，进一步优化保险资产配置结构，提升保险资金服务实体经济质效。5月9日，银保监会印发《保险资金委托投资管理办法》，明确委托投资适用主体和投资范围，压实委托人责任，强化受托人主动管理责任。5月27日，银保监会印发《关于加强保险机构资金运用关联交易监管工作的通知》，加强保险机构资金运用关联交易监管工作，规范保险资金运用关联交易行为。7月28日，银保监会印发《保险资产管理公司管理规定》，新增公司治理专门章节，将风险管理作为专门章节，优化股权结构设计要求，优化经营原则及相关要求，增补监管手段和违规约束。

4. 其他方面

2022年1月10日，银保监会印发《银行保险机构关联交易管理办法》，修订完善关联交易的有关监管规定，强化银行保险机构关联交易管理。同日，银保监会印发《关于银行业保险业数字化转型的指导意见》，从战略规划和组织流程建设、业务经营管理数字化、数据能力建设、科技能力建设、风险防范等五方面对银行保险机构数字化转型给出了方向性指引。3月20日，中共中央办公厅、国务院办公厅印发《关于加强科技伦理治理的意见》，对加强科技伦理治理作出系统部署，从健全科技伦理治理体制、强化科技伦理治理制度保障、强化审查和监察、开展教育和宣传等四方面部署重点任务，该意见也是我国首个国家层面的科技伦理治理指导性文件。5月11日，银保监会印发《关于印发保险业标准化“十四五”规划的通知》，明确“十四五”时期统筹推进保险标准化发展的指导思想、基本原则、发展目标、重点任务和保障措施。11月28日，银保监会印发《银行保险机构公司治理监管评估办法》，修订和改进银行保险机构公司治理监管，重点对评估对象、评估机制、评估指标、评估结果应用等方面进行了完善。12月26日，银保监会制定并发布《银行保险机构消费者权益保护管理办法》，自2023年3月1日起施行，该办法是银保监会在银行业保险业消费者权益保护领域制定的基础性、纲领性文件。

（三）保险市场发展展望

在高质量发展阶段，保险业将坚持以习近平新时代中国特色社会主义思想为指导，认真贯彻落实党的二十大精神，立足新发展阶段，完整、准确、全面贯彻新发展理念，服务新发展格局，助力中国式现代化建设。

1. 聚焦国家战略，提升服务实体经济质效。发挥长期资金优势，聚焦服务乡村振兴、绿色发展和“双碳”目标、科技创新等重大国家战略，全方位、多方面支持实体经济，服务新发展格局，在推动乡村振兴、促进绿色发展等方面发挥行业作用。

2. 强化保险保障，多层次服务民生保障。深度参与多层次社会保障体系建设，优化保险产品供给，更好地满足社会大众日益增长的养老、健康等保障需求。发展普惠金融，积极开发“三农”、新市民、新业态等领域的保险产品和服务，加强小微企业和弱势群体金融服务，促进共同富裕。

3. 优化风险管理，发挥社会治理功能。积极推动保险纳入国家灾害救助和应急管理体系，深入参与灾前预防、资金筹集、灾后补偿、恢复重建的各个链条。

4. 推动合规经营，牢牢守住风险底线。全面加强内控建设，培育合规文化，增强保险机构合规经营内生动力。加强风险监测预警，稳定经营管理。风险化解过程中加强保险消费者权益保护。

专栏6

多层次多支柱养老保险体系建设里程碑①

为贯彻落实《国务院办公厅关于推动个人养老金发展的意见》，2022年10月26日，人力资源和社会保障部、财政部、国家税务总局、银保监会、证监会五部门联合印发了《个人养老金实施办法》（以下简称《实施办法》）。《实施办法》体现了对党中央、国务院关于建立健全养老保险与社会保障体系重要战略的具体贯彻落实，为积极应对人口老龄化挑战提供了制度性、功能性支持。

从2022年起，我国人口已经开始出现负增长，老年人口增长加速。国家统计局数据显示，60岁以上人口达2.8亿人，占全国人口的19.8%，这部分人群都正在面临或即将面临迫切的养老需求。除了基本养老保险、附加企业年金为补充，我国居民对个人养老保障规划的传统思维大多还停留在存款储蓄、房屋不动产上，前者对收益和资产增长的贡献有限，后者流动性有限。普通居民个人在缺乏政策制度或专业机构的正确引导下，无论是把所有养老积蓄都放在储蓄存款里，或是都放在房地产投资上，都无法很好

① 作者：唐宁，宜信公司创始人、CEO，“中国金融政策报告”项目（课题组）高级研究员。

地达到为老年生活未雨绸缪的保障规划效果。更有甚者，近年来出现的一些针对老年人的“理财”“投资”诈骗正是利用了普通老年人对养老保障有急迫需求但同时又缺乏对除了存款储蓄之外的保险保障工具的了解与选择的空子。个人养老金制度则很好地满足了居民个人补充养老保障的需求，为居民个人养老保险保障提供了政策性指导。

个人养老金制度是指政府政策支持、个人自愿参加、市场化运营、实现养老保险补充功能的制度。根据《实施办法》，在中国境内参加城镇职工基本养老保险或者城乡居民基本养老保险的劳动者，均可以参加个人养老金制度。参加个人养老金，可以通过国家社会保险公共服务平台等全国统一线上服务入口或者商业银行办理，之后选择一家符合规定的商业银行开立或者指定本人唯一的养老金资金账户，也可以通过其他符合规定的个人养老金产品销售机构办理。参加人使用个人养老金资金账户资金自主选择购买符合规定的银行理财、储蓄存款、商业养老保险、公募基金等金融产品。这些个人养老金产品应当具备运作安全、成熟稳定、标的规范、侧重长期保值等基本特征。这就为普通居民提供了对养老保障产品选择的指导与保护。

同时，参加人可以通过国家社会保险公共服务平台等全国统一线上服务入口或者商业银行渠道，获取享受税收优惠政策的缴费凭证，以鼓励符合条件的人员参加个人养老金制度并依规领取个人养老金。《实施办法》印发后，人力资源和社会保障部、财政部、国家税务总局、银保监会、证监会等先后制定出台了相关配套政策，为个人养老金制度体系和管理体系的平稳运行提供了配套措施，实现了对我国居民养老保险与社会保障体系从制度到功能的有效支持。

《实施办法》的出台夯实了个人养老保险这一重要支柱，切实推进了多层次、多支柱养老保险体系的建设，是促进我国养老保险制度可持续发展、满足人民群众日益增长的多样化养老保险需要的有效举措。

四、债券市场发展政策①

2022年，中国债券市场继续高质量发展。债券价格指数震荡上行，市场发行规模稳步增长，交易活跃度大幅提升，对外开放成果显著，债券违约大幅下降。债券市场在不断支持实体经济，扩大有效需求的同时，持续推进产品创新和机制健全，加强重点领域支持，促进区域平衡发展。债券市场服务实体经济功能进一步提升。

（一）市场发展概况

一是债券价格指数震荡上行。如图1所示，中债总财富指数年初便小幅上升，在1月下旬达到阶段性高点211.3点，随后震荡下行，于3月下旬达到阶段性低点210.0点，全年小幅上涨，从年初的209.3点上涨至年末的216.3点，全年累计上涨3.4%。中债信用债总指数和上证公司债指数全年走势相似，呈震荡上行。中债信用债总指数从年初的197.1点上涨至年末的202.1点，全年累计上涨2.5%。上证公司债指数从年初的

---

① 作者：童浩翔，中国建设银行金融市场部宏观利率研究员、“中国金融政策报告”项目（课题组）研究员。

219.9 点上涨至年末的 226.7 点，全年累计上涨 3.1%。

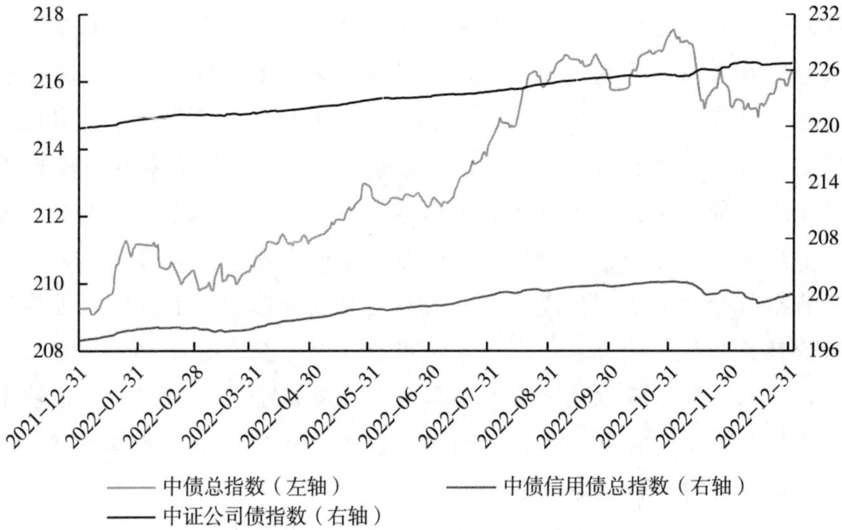

图 1　2022 年债券价格指数

（资料来源：中央国债登记结算有限责任公司、上海证券交易所）

二是债券发行稳步增长。2022 年，中国债券市场共发行各类债券 61.9 万亿元，略高于上年发行量。其中，全国银行间债券市场发行 56 万亿元，同比增长 5.4%，占债券市场发行总量的 90.5%；交易所债券市场发行量为 5.8 万亿元，占债券市场发行总量的 9.5%。发行量前三大券种依次是同业存单、公司信用类债券和金融债，发行量分别为 20.5 万亿元、13.8 万亿元和 9.8 万亿元，分别占总发行量的 33.1%、22.3% 和 15.8%。

三是交易量大幅增长。2022 年，债券市场现券累计成交 309.3 万亿元，同比增长 34.9%。其中，银行间债券市场现券成交 271.2 万亿元，同比增长 27.9%，占全国债券市场现券成交量的 87.7%；交易所债券市场现券累计成交 38.1 万亿元，同比增长 121.5%，占全国债券市场现券交易量的 12.3%。从银行间债券市场现券交易的券种结构看，排名前三的券种是金融债、同业存单和国债，占比分别是 44.1%、20.7% 和 20.2%。

四是境外机构投资者数量继续增长。截至 2022 年末，共有 1071 家境外机构投资者进入银行间债券市场，较上年增加了 55 家。其中，526 家通过直接投资渠道入市，784 家通过“债券通”渠道入市，239 家同时通过两个渠道入市。境外机构持债量为 3.5 万亿元，占银行间市场债券托管量的 2.4%。其中，持有国债 2.3 万亿元，占比为 57.7%，政策性金融债 0.7 万亿元，占比为 22.0%。

五是债券市场违约企业和涉券规模大幅下降。2022 年，共有 18 家企业的债券发生违约，同比减少 19 家；违约金额为 311 亿元，同比减少 71.0%。其中，民营企业债券违约 12 家，违约规模为 271 亿元，同比减少 50.8%；国有企业债券违约 2 家，违约规模为 18 亿元，同比减少 96.3%；其他企业债券违约 4 家，违约规模为 22 亿元，同比减少 56.0%。

（二）出台的主要政策

1. 扩大有效需求方面

（1）支持扩大内需。12 月 14 日，中共中央、国务院印发《扩大内需战略规划纲要（2022—2035 年）》，提出加大制造业投资支持力度，围绕推动制造业高质量发展、建设制造强国，引导各类优质资源要素向制造业集聚。创新完善制造业企业股权、债券融资工具，加大传统制造业优化升级投资力度，扩大先进制造领域投资，提高制造业供给体系质量和效率。扩大债券融资规模，推进债券市场互联互通，鼓励金融机构依法合规提供更多直达实体经济的金融产品和服务。12 月 15 日，国家发展改革委印发《"十四五"扩大内需战略实施方案》，提出加快推进国家城乡融合发展试验区改革，统筹相关资金支持农业农村发展，将农业农村领域符合条件的公益性建设项目纳入地方政府债券支持范围。合理扩大债券融资规模，进一步发展企业债券、公司债券、非金融企业债务融资工具、项目收益债等，推进债券市场互联互通。

（2）扩大有效投资。3 月 21 日，国务院发布《关于落实〈政府工作报告〉重点工作分工的意见》，提出用好政府投资资金，带动扩大有效投资。安排地方政府专项债券 3.65 万亿元，强化绩效导向，坚持"资金、要素跟着项目走"，合理扩大使用范围，支持在建项目后续融资，开工一批具备条件的重大工程、新型基础设施、老旧公用设施改造等建设项目，发挥重大项目牵引和政府投资撬动作用，完善相关支持政策，充分调动民间投资积极性。5 月 24 日，国务院发布《扎实稳住经济一揽子政策措施的通知》，加快地方政府专项债券发行使用并扩大支持范围，在依法合规、风险可控的前提下，要求各部门会同人民银行、银保监会引导商业银行对符合条件的专项债券项目建设主体提供配套融资支持，做好信贷资金和专项债资金的有效衔接。10 月 28 日，国家发展改革委印发《关于进一步完善政策环境　加大力度支持民间投资发展的意见》，提出完善民营企业债券融资支持机制，加大对民营企业发债融资的支持力度，督促金融机构对民营企业债券融资交易费用能免尽免。

（3）加快推进城镇环境基础设施建设。1 月 12 日，国务院办公厅转发国家发展改革委等部门《关于加快推进城镇环境基础设施建设指导意见》，指出将符合条件的城镇环境基础设施项目纳入地方政府专项债券支持范围。在不新增地方政府隐性债务的前提下，支持符合条件的企业通过发行企业债券、资产支持证券募集资金用于项目建设。7 月7 日，住房和城乡建设部与国家发展改革委发布《关于印发"十四五"全国城市基础设施建设规划的通知》，提出加大对城市基础设施在建项目和"十四五"时期重大项目建设的财政资金投入力度，通过中央预算内投资、地方政府债券、企业债券等方式，对符合条件的城市基础设施建设项目给予支持。

（4）巩固经济回升向好趋势。11 月 21 日，工业和信息化部等三部门印发《关于巩固回升向好趋势加力振作工业经济的通知》，指出加大政策扶持力度优化发展环境，综合运用信贷、债券、基金、保险、专项再贷款等各类金融工具，促进集成电路、新能源汽车、生物技术、高端装备、绿色环保等重点产业创新发展。

（5）促进消费持续恢复。4 月 20 日，国务院办公厅印发《关于进一步释放消费潜力促进消费持续恢复的意见》，指出加强财税支持，统筹利用现有财政资金渠道，支持消费相关基础设施和服务保障能力建设，符合条件的项目可纳入地方政府专项债券支持范围，更好地以投资带消费。

（6）助力盘活存量资产。5 月 19 日，国务院发布《关于进一步盘活存量资产扩大有效投资的意见》，通过发行债券等方式，为符合条件的国有资本投资、运营公司盘活存量资产提供中长期资金支持。6 月 19 日，国家发展改革委印发《关于做好盘活存量资产扩大有效投资有关工作的通知》，可按规定通过地方政府专项债券，对使用回收资金建设的投资项目予以支持。

（7）支持市场主体纾困发展。4 月 29 日，国家发展改革委等部门发布《关于做好 2022 年降成本重点工作的通知》，指出完善民营企业债券融资支持机制，全面实行股票发行注册制，促进资本市场平稳健康发展，继续支持市场主体纾困发展，促进经济持续稳定恢复。5 月 24 日，国务院发布《关于印发扎实稳住经济一揽子政策措施的通知》，指出加大对民航等受疫情影响较大行业企业的纾困支持力度。11 月 8 日，人民银行等部门出台《关于进一步加大对小微企业贷款延期还本付息支持力度的通知》，继续支持银行业金融机构发行小微企业金融债券，严格规范募集资金使用管理，继续发挥好普惠小微贷款支持工具作用。

2. 加强重点领域支持方面

（1）服务工业互联网发展。4 月 6 日，工信部印发《工业互联网专项工作组 2022 年工作计划》，提出支持符合条件的企业发行公司信用类债券和资产支持证券融资；深化债券品种创新，充分发挥交易所债券市场服务工业互联网企业发展的重要作用，拓展制造业企业和工业互联网企业债券融资渠道。支持更多“专精特新”“小巨人”企业发行高成长型企业债务融资工具。支持符合条件的工业互联网企业通过银行间债券市场发行债务融资工具。

（2）促进新能源高质量发展。5 月 14 日，国务院办公厅转发国家发展改革委、国家能源局《关于促进新时代新能源高质量发展的实施方案》，提出加强央地联动，利用好现有资金渠道支持新能源发展。研究将新能源领域符合条件的公益性建设项目纳入地方政府债券支持范围，并加大绿色债券、绿色信贷对新能源项目的支持力度。

（3）支持碳达峰碳中和。6 月 23 日，工业和信息化部等六部门联合发布《工业能效提升行动计划》，提出到 2025 年，规模以上工业单位增加值能耗比 2020 年下降 13.5%。积极发展绿色金融，鼓励金融机构在风险可控、商业可持续的前提下，为节能降碳效应显著的重点项目提供高质量的金融服务。拓展绿色债券市场的深度和广度，支持符合条件的企业上市融资和再融资。6 月 24 日，《科技支撑碳达峰碳中和实施方案（2022—2030 年）》发布，指出通过国家科技成果转化引导基金支持碳中和科技成果转移转化，引导贷款、债券、天使投资、创业投资企业等支持低碳技术创新成果转化，培育低碳科技企业。11 月 10 日，科技部等三部门发布《有色金属行业碳达峰实施方案》，提出有序推动绿色金融产品研发，支持发行碳中和债券、可持续发展挂钩债券等金融创新产品，推动绿色低碳项目落地。

（4）推动农业农村发展。4 月 2 日，农业农村部、国家乡村振兴局联合印发《社会资本投资农业农村指引（2022 年）》，指出更好满足全面推进乡村振兴多样化投融资需求，为全面推进乡村振兴、加快农业农村现代化提供有力支撑，支持地方政府发行政府债券用于符合条件的乡村振兴公益性项目，发挥专项债券资金对促进乡村振兴的作用。5 月 23 日，中共中央办公厅、国务院办公厅印发《乡村建设行动实施方案》，允许将符合条件的公益性乡村建设项目纳入地方政府债券支持范围。

（5）建设高标准文化市场体系。8 月 16 日，中共中央办公厅、国务院办公厅印发《“十四五”文化发展规划》，提出加快构建统一开放、高效规范、竞争有序的文化市场，加快推进符合文化产业发展需求和文化企业特点的金融产品与服务创新。进一步扩大文化企业股权融资和债券融资规模，支持文化企业上市融资和再融资。探索文化金融服务中心模式，为文化企业提供综合性金融服务。

（6）加强养老托育服务业纾困扶持。8 月 29 日，国家发展改革委等部门印发《养老托育服务业纾困扶持若干政策措施》，指出中央预算内投资加大对养老托育设施建设的支持力度，将养老托育设施建设项目纳入地方政府专项债券支持范围。支持符合条件的养老企业发行公司信用类债券，拓宽养老企业多元化融资渠道。

3. 支持区域平衡发展方面

（1）支持贵州西部大开发。1 月 18 日，国务院印发《关于支持贵州在新时代西部大开发上闯新路的意见》，指出强化政策支持，使用中央预算内投资、地方政府专项债券积极支持贵州符合条件的基础设施、生态环保、社会民生等领域项目建设。支持发展绿色金融，深入推进贵安新区绿色金融改革创新试验区建设。

（2）支持山东深化新旧动能转换。8 月 25 日，国务院发布《关于支持山东深化新旧动能转换推动绿色低碳高质量发展的意见》，提出发挥重大项目对促进新旧动能转换和绿色低碳高质量发展的牵引带动作用，将符合条件的项目纳入中央预算内投资、地方政府专项债券支持范围。10 月 27 日，财政部发布《关于贯彻落实〈国务院关于支持山东深化新旧动能转换推动绿色低碳高质量发展的意见〉的实施意见》，指导加强地方政府债务管理，强化财政预算约束，实现限额分配与偿债能力相匹配。强化专项债券借用管还全流程管理，推进专项债券项目穿透式监管。

（3）支持北部湾城市群建设。3 月 25 日，国家发展改革委发布《关于印发北部湾城市群建设“十四五”实施方案的通知》，提出拓展融资渠道，将符合条件的公益性建设项目纳入地方政府专项债券支持范围，吸引社会资本投资。探索建立跨区域产业转移、重大基础设施建设、园区合作的成本共担利益共享机制。

（4）推动城乡融合发展。3 月 10 日，国家发展改革委印发《2022 年新型城镇化和城乡融合发展重点任务》，指出推进以县城为重要载体的城镇化建设。统筹运用中央预算内投资、地方政府专项债券、县城新型城镇化建设专项企业债券、开发性政策性及商业性金融机构信贷等资金，在不新增隐性债务前提下支持符合条件项目。支持一批具有良好区位优势和产业基础、资源环境承载能力较强、集聚人口经济条件较好的县城发展。

（5）扎实稳妥推进乡村建设。1 月 4 日，中共中央、国务院印发《关于做好 2022 年全面推进乡村振兴重点工作的意见》，指出加大政策保障和体制机制创新力度，扩大乡村振兴投入，支持地方政府发行政府债券用于符合条件的乡村振兴公益性项目。6 月 8 日，农业农村部印发《落实全国稳住经济大盘电视电话会议精神　进一步做好扩大农业农村有效投资工作实施方案》，指出持续拓宽农业农村投资渠道，推动各地扩大地方政府债券支农规模。积极发挥地方政府债券对扩大农业农村有效投资的重要作用，重点支持高标准农田、农产品仓储保鲜冷链物流设施、现代农业产业园、农村人居环境整治等基础设施建设。加快项目推进建设，确保专项债发行后尽快形成实物工程量。

4. 市场创新方面

（1）探索金融支持绿色低碳转型。1 月 30 日，国家发展改革委、国家能源局发布《关于完善能源绿色低碳转型体制机制和政策措施的意见》，指出建立支撑能源绿色低碳转型的财政金融政策保障机制，将符合条件的重大清洁低碳能源项目纳入地方政府专项债券支持范围。创新适应清洁低碳能源特点的绿色金融产品，鼓励符合条件的企业发行碳中和债等绿色债券，引导金融机构加大对具有显著碳减排效益项目的支持；鼓励发行可持续发展挂钩债券等，支持化石能源企业绿色低碳转型。

（2）推出转型债券。5 月 31 日，中国银行间市场交易商协会在人民银行的指导下，发布《关于开展转型债券相关创新试点的通知》，创新推出转型债券，以丰富绿色金融与转型金融产品序列，应对气候变化目标，积极践行转型发展理念，支持传统行业绿色低碳转型。

（3）规范科技创新公司债券指引。5 月 20 日，上交所发布《关于发布〈上海证券交易所公司债券发行上市审核规则适用指引第 4 号——科技创新公司债券〉的通知》，规范科技创新公司债券发行上市申请及挂牌转让相关业务行为，进一步发挥公司债券服务国家创新驱动发展战略和产业转型升级功能。

（4）首次发布绿色金融领域企业标准。11 月 14 日，中央国债登记结算有限责任公司发布企业标准《中债绿色债券环境效益信息披露指标体系》，以进一步推进绿色债券环境效益信息披露建设，落实绿色发展战略。这是其首次发布绿色金融领域企业标准。

5. 健全债券市场管理机制方面

（1）加强国债到期日管理。3 月 29 日，财政部发布《关于对部分国债券种实施到期日管理有关事宜的通知》，进一步提高国债管理的科学化、规范化水平，对部分国债券种实施到期日管理。

（2）明确政府债券托管管理要求。6 月 7 日，财政部发布《关于明确政府债券托管管理要求的通知》，指出夯实债券市场平稳运行基础，促进政府债券市场安全、稳健发展，保护投资者合法权益，根据《中华人民共和国预算法》、《中华人民共和国国债托管管理暂行办法》、《地方政府债券发行管理办法》等的规定，明确政府债券托管管理有关事宜和规定。

（3）加强债券市场互联互通建设。1 月 20 日，上交所、深交所、全国银行间同业拆借中心、上海清算所、中国债券登记结算有限责任公司联合发布《关于发布〈银行间债券市场与交易所债券市场互联互通业务暂行办法〉的通知》，规范银行间债券市场与交易所债券市场互联互通业务规范有序开展。

（4）明确发行总损失吸收能力非资本债券细节。4 月 29 日，人民银行和银保监会联合发布《关于全球系统重要性银行发行总损失吸收能力非资本债券有关事项的通知》，就全球系统重要性银行发行总损失吸收能力非资本债券有关事项作出规定，以提升我国全球系统重要性银行总损失吸收能力，防范化解系统性金融风险，维护金融稳定，保护投资者合法权益。

（5）规范无固定期限资本债券发行事宜。8 月 10 日，人民银行和银保监会联合发布《关于保险公司发行无固定期限资本债券有关事项的通知》，规范保险公司发行无固定期限资本债券有关事项，完善保险公司资本补充机制，提高保险业风险抵御能力，保护投资者利益。

（6）规范交易行为。7 月 11 日，中国银行间市场交易商协会发布《关于建立银行间债券市场交易行为信息档案有关事宜的通知》，收集市场参与者交易和结算行为相关信息，以进一步提高市场交易效率，丰富市场服务手段，为市场参与者营造良好的债券交易环境。

（7）规范债券借贷行为。1 月 30 日，人民银行发布《银行间债券市场债券借贷业务管理办法》，规范银行间债券市场债券借贷业务，保护市场参与者合法权益，提高市场流动性。

6. 对外开放与国际合作方面

（1）推进共建“一带一路”绿色发展。3 月 16 日，国家发展改革委等部门发布《关于推进共建“一带一路”绿色发展的意见》，指出有序推进绿色金融市场双向开放，鼓励金融机构和相关企业在国际市场开展绿色融资，支持国际金融组织和跨国公司在境内发行绿色债券、开展绿色投资，以践行绿色发展理念、推进生态文明建设的内在要求，积极应对气候变化，维护全球生态安全。

（2）提升境外机构投资者投资便利性。5 月 27 日，人民银行等三部门发布《关于进一步便利境外机构投资者投资中国债券市场有关事宜》，遵循市场化、法治化、国际化要求，按照“一套制度规则、一个债券市场”原则，在现行制度框架下，进一步便利境外机构投资者投资中国债券市场，统一资金跨境管理，以加强我国债券市场对外开放的系统性、整体性、协同性。

（3）加强境外机构投资者规范管理。11 月 10 日，人民银行、国家外汇管理局联合发布《关于印发〈境外机构投资者投资中国债券市场资金管理规定〉的通知》，支持和规范境外机构投资者投资中国债券市场，明确境外机构投资者投资中国债券市场资金管理细则。11 月 23 日，人民银行、国家外汇管理局联合发布《关于境外机构境内发行债券资金管理有关事宜的通知》，规范境外机构境内发行债券资金管理，明确境外机构境内发行债券有关事宜。

（4）推进对外文化贸易发展。7 月 18 日，商务部等 27 部门发布《关于推进对外文化贸易高质量发展的意见》，指出积极支持符合条件的文化贸易企业，通过发行公司债券、企业债券、非金融企业债务融资工具等方式融资。

（三）政策评估

1. 债券市场规模持续增长，有效支持实体经济发展。在贷款利率大幅下降，信贷大幅增长的情况下，债券市场发行量保持平稳。2022 年全国债券市场共发行各类债券 61.9 万亿元，略高于上一年。民营企业全年发行债务融资工具约 5500 亿元，同比增长 20%。其中，房企发行债务融资工具 2928 亿元，同比增长 11%。绿色发展、能源保供、乡村振兴、科技创新等一系列主题债券也吸引大批投资者，有效引导大量资金流入相关领域，支持实体经济转型升级，实现高质量发展。

2. 地方债存量成为债市第一，有效支持基建投资。截至 2022 年末，地方债余额为 34.88 万亿元，占全市场的比重为 24.67%，首次超越金融债，成为债市第一大品种。据国家统计局数据，在地方债发力支持下，2022 年基础设施投资（不含电力、热力、燃气及水生产和供应业）同比增长 9.4%，增速连续 8 个月加快，比上年大幅提高 9.0 个百分点。其中，水利管理业投资增长 13.6%，公共设施管理业投资增长 10.1%，信息传输业投资增长 9.3%，道路运输业投资增长 3.7%，铁路运输业投资增长 1.8%。

3. 交易活跃度大幅提高，有效发挥价格发现作用。2022 年，债券市场现券累计成交 309.3 万亿元，增长 34.9%。跨市场建设逐步完善，交易所债券市场活跃度大幅提高，现券累计成交 38.1 万亿元，同比增长 121.5%，占全国债券市场现券交易量的比重提高至 12.3%。2022 年底，1 年期、3 年期、5 年期、7 年期、10 年期国债收益率分别为 2.10%、2.40%、2.64%、2.82%、2.84%，分别较 2021 年末下行 15 个基点、下行 5 个基点、上行 4 个基点、上行 4 个基点、上行 6 个基点。

4. 市场开放度继续大幅提高，有效支持实体经济。在海外加息的不利环境制约下，2022 年新增 55 家境外法人机构进入银行间债券市场，市场通过债券通完成发行的债务融资工具金额共计 2393 亿元。此外，银行间债券市场支持熊猫债发行 805 亿元。所募集资金 88% 用于我国境内，有效支持我国实体经济发展。

（四）展望

2022 年，党的二十大胜利召开。债券市场以习近平新时代中国特色社会主义思想为指导，全面贯彻落实党的二十大和二十届历次全会精神，弘扬伟大建党精神，坚持稳字当头、稳中求进，围绕发展与安全两大主线，继续服务实体经济，推动中国经济高质量发展。未来，债券市场将继续完整、准确、全面贯彻新发展理念，着力推动高质量发展，主动构建新发展格局，在优化债券市场定价基准、完善债券交易机制、减少不同市场交易壁垒、丰富机构投资者结构和全面深化债券市场改革开放等重点领域继续深入。

专栏 7

科创金融的新探索

——评《上海市、南京市、杭州市、合肥市、嘉兴市建设科创金融改革试验区总体方案》①

习近平总书记在中共二十大报告中强调，要完善科技创新体系，坚持创新在现代化建设中的核心地位，营造有利于科技型中小微企业成长的良好环境，推动创新链、产业链、资金链深度融合。金融作为科技创新与产业创新的纽带和血液，为创新型国家的建设和高质量发展提供重要支撑。2022 年 11 月 11 日，人民银行等部门联合发布了《上海市、南京市、杭州市、合肥市、嘉兴市建设科创金融改革试验区总体方案》。该方案旨在不断完善科创金融机构组织体系、创新科创金融服务产品、拓展金融科技应用场景，利用多层次资本市场体系，加快构建广泛的、多层次的、全覆盖的、可持续的科创金融服务体系。

该方案的出台有利于科技、产业、金融良性循环体系的构建，形成新模式和新业态，创新链、产业链和资金链相互促进，有利于进一步协同推进原始创新、技术创新和产业创新，推动金融供给侧结构性改革，平衡科创金融供需矛盾，打造科技创新和制造业研发生产的新高地。

该方案提出了四项重要措施：

第一，建立“技术收储机制”，不仅解决银行开展相应无形资产抵质押时面临的估值难问题，而且可以大大缓解技术等无形资产的流转难题，从而使得银行在采用这些无形资产作为质押品时能够更加安心。

第二，构建“远期共赢”利率定价机制，为金融机构建立了与科技创新企业发展相适应的融资新模式，有利于提升科创企业融资的可得性。

第三，支持 S 基金发展，促进股权投资和创业投资份额转让，扩大了私募股权基金退出渠道，提高了私募股权基金“投早、投小、投科技”的积极性和信心，从而促进科技成果的产业化和科创企业的发展壮大。

第四，加快金融科技应用场景创新，积极探索区块链技术在供应链金融、贸易金融、交易清算、征信等金融场景的安全应用。支持试验区内区域性股权市场开展区块链应用试点，建立区域性股权市场与中国证券登记结算有限责任公司的账户对接机制，大幅提高股权交易、结算效率。

总之，该方案的出台有利于解决长三角区域内科创企业融资难的问题，促进科技创

---

① 作者：刘勇，中关村互联网金融研究院院长、中关村金融科技产业发展联盟秘书长、“中国金融政策报告”项目（课题组）高级研究员。

新与实体经济的深度融合，推动经济的高质量发展。随着中国科技创新的不断发展，科创企业成为中国经济发展的重要动力，但是科创企业在发展过程中还面临着融资难的问题。因此，建设科创金融改革试验区的总体方案的提出，对推动中国经济高质量发展，加快科技成果的产业化，促进科创企业发展具有重要意义。

五、证券投资基金市场发展政策①

（一）行业发展概况

2022 年，在复杂多变的国内外经济政治环境下，我国金融供给侧结构性改革持续深化，多层次资本市场建设取得重要成就。基金业与经济社会发展和资本市场改革同频共进，规模、质量显著提升，成为投资端推动居民财富增长、助力直接融资体系、服务实体经济发展不可或缺的中坚力量。

中国证券投资基金业协会统计数据显示，截至 2022 年末，基金管理公司及其子公司、证券公司、期货公司、私募基金管理机构资产管理规模合计为 66.74 万亿元。② 其中，公募基金规模为 26.03 万亿元，证券公司及其子公司私募资管业务规模为 6.87 万亿元③，基金管理公司及其子公司私募资管业务规模为 7.12 万亿元，基金公司管理的养老金规模为 4.27 万亿元④，期货公司及其子公司资管规模为 3147 亿元，私募基金规模为 20.28 万亿元，资产支持专项计划存续规模为 1.95 万亿元。

2022 年，公募基金行业稳健发展，结构进一步优化。截至 2022 年末，我国境内共有公募基金管理人 156 家。其中，外商投资基金管理公司 47 家，4 家为外商独资；当年新增公募基金管理人 5 家。公募基金 10576 只，资产净值合计超 26 万亿元，净值规模较上年末增长 1.83%。作为资本市场重要的机构投资者，公募基金为实体经济发展注入了长期稳定资金。截至 2022 年末，公募基金持有 A 股市值合计 5.48 万亿元，占 A 股流通市值的 8.26%；持有债券市值 13.78 万亿元，占债券托管余额的 9.54%。基金公司管理养老金规模为 4.27 万亿元，较上年末增长 7.5%；个人养老公募基金产品共 133 只，规模合计 20 亿元，服务养老资产配置的效能进一步发挥。公募不动产投资信托基金（REITs）产品共 25 只，其中 24 只完成发行，共募集资金 783.61 亿元，在促进盘活存量资产、扩大有效投资方面发挥着日益重要的作用。

证券期货经营机构私募资管业务全力落实资管新规整改任务，存量结构进一步优化，主动管理能力持续提升。截至 2022 年末，私募资管业务规模为 14.24 万亿元，其中，标准化资产占比达到 85%。资金来源结构优化，产品、机构和个人规模占比分别为 55%、38% 和 7%，保险等长期资金和个人资金占比增加。资产证券化产品助力实体经济转型升级。截至 2022 年末，备案累计规模达到 7.90 万亿元，存续规模为 1.95 万亿

① 作者为中国证券投资基金业协会研究部蔡恒培。

② 总规模中剔除了私募基金顾问管理类产品与私募资管计划重复部分。

③ 不含证券公司管理的养老金。

④ 此处养老金包括基金管理公司管理的社保基金、基本养老金、企业年金和职业年金，不包括境外养老金。

元；参与主体、基础资产进一步多元化，覆盖包含制造业在内的18个细分行业，涉及35个地区，涵盖17个大类基础资产，积极支持优质企业创新直接融资渠道，盘活存量资产作用不断显现。

私募基金管理规模稳步增长，为发展直接融资、促进创新资本形成发挥了重要作用。截至2022年末，在中国证券投资基金业协会登记的私募基金管理人有2.37万家，管理私募基金14.5万只，净资产达20.28万亿元。备案的各类私募基金在投项目有13.76万个，在投本金9.12万亿元，同比增加4488亿元，增幅为5.2%。其中，在投中小企业项目8.75万个，在投本金2.69万亿元；在投高新技术企业6.08万个，在投本金2.65万亿元。截至2022年末，私募基金累计投资于境内未上市未挂牌企业股权、新三板企业股权和再融资项目数量达19.49万个，为实体经济形成股权资本金11.39万亿元。科创板上市企业501家，其中有447家在成长过程中获得了私募股权、创投基金的资本支持，获投比例达89.2%。2022年全年，私募基金投向境内未上市未挂牌企业股权的本金新增5421亿元，相当于同期新生社会融资规模增量的1.7%。

（二）行业政策分析

2022年，监管部门坚持政治引领，认真贯彻党中央、国务院决策部署，以迎接党的二十大和深入学习宣传贯彻党的二十大精神为主线，坚持稳中求进工作总基调，持续推动行业提高专业水平、回归本源，以自身的高质量发展服务实体经济高质量发展。

1. 公募REITs稳定健康发展

2022年1月26日，财政部、国家税务总局发布《关于基础设施领域不动产投资信托基金（REITs）试点税收政策的公告》，为我国首次出台REITs相关的税收政策。5月19日，国务院办公厅发布《关于进一步盘活存量资产扩大有效投资的意见》，提出建立健全扩募机制，并将保障性租赁住房纳入试点范围。为落实扩募意见精神，5月31日，上海证券交易所、深圳证券交易所分别发布《上海证券交易所公开募集基础设施证券投资基金（REITs）规则适用指引第3号——新购入基础设施项目（试行）》和《深圳证券交易所公开募集基础设施证券投资基金业务指引第3号——新购入基础设施项目（试行）》，规范扩募发售等行为，扩募有了实质性的进展；7月7日，国家发展改革委办公厅发布《关于做好基础设施领域不动产投资信托基金（REITs）新购入项目申报推荐有关工作的通知》，鼓励已上市的基础设施REITs通过扩募等方式筹集资金购入优质资产。5月24日，证监会办公厅、国家发展改革委办公厅联合发布《关于规范做好保障性租赁住房试点发行基础设施领域不动产投资信托基金（REITs）有关工作的通知》，保障性租赁住房REITs试点工作正式启动；7月15日，上海证券交易所、深圳证券交易所分别发布《上海证券交易所公开募集基础设施证券投资基金（REITs）规则适用指引第4号——保障性租赁住房（试行）》、《深圳证券交易所公开募集基础设施证券投资基金业务指引第4号——保障性租赁住房（试行）》，明确参与机构与基础设施准入要求、回收资金使用与监管、运营管理、信息披露等要求。

2. 推动公募基金高质量发展

2022年4月26日，证监会发布《关于加快推进公募基金行业高质量发展的意见》，从培育专业资产管理机构、专业能力建设、打造行业良好发展生态、提升监管转型效能等方面提出16项具体意见，推动构建公募基金行业新发展格局。5月20日，证监会发布《公开募集证券投资基金管理人监督管理办法》、《关于实施〈公开募集证券投资基金管理人监督管理办法〉有关问题的规定》，从"准入—内控—经营—治理—退出—监管"全链条完善了公募基金管理人监管要求，突出放管结合，加快推进公募基金行业高质量发展。6月10日，中国证券投资基金业协会发布《基金管理公司绩效考核与薪酬管理指引》，对薪酬结构、薪酬支付、绩效考核、薪酬内控管理等方面提出具体要求，推动行业健全长效激励约束机制。6月17日，中国证券投资基金业协会发布《基金管理公司声誉风险管理指引（试行）》，推动完善基金管理公司风险管理制度体系，建立行业声誉约束机制。

3. 公募基金服务个人养老落地

2022年4月8日，国务院办公厅发布《关于推动个人养老金发展的意见》，确立了我国第三支柱养老保险的基础制度框架，标志着我国个人养老金制度正式出台。10月26日，人力资源和社会保障部、财政部、国家税务总局、银保监会、证监会联合印发《个人养老金实施办法》，对个人养老金参加流程、资金账户管理、机构与产品管理、信息披露、监督管理等方面作出具体规定，个人养老金制度进入落地实施阶段。11月4日，证监会发布《个人养老金投资公开募集证券投资基金业务管理暂行规定》，明确了个人养老金投资公募基金业务等具体规定。11月18日，证监会公布首批个人养老金产品和基金销售机构名录，纳入名录的养老目标产品均增设供个人养老金投资的专门份额，并实施管理费、托管费、销售费优惠安排。11月25日，个人养老金制度正式实施，个人养老金投资公募业务同步启动，投资者参与积极性高，社会反响良好，公募基金在养老领域迎来新的发展机遇。

4. 优化私募基金自律管理与服务

2022年1月30日，中国证券投资基金业协会发布《关于加强经营异常机构自律管理相关事项的通知》，明确私募基金管理人经营异常情形和自律管理措施，推动构建私募基金行业优胜劣汰、进退有序的常态化退出机制。6月2日，中国证券投资基金业协会发布《私募投资基金电子合同业务管理办法（试行）》，规范私募基金电子合同业务发展。同日，中国证券投资基金业协会发布《关于私募基金管理人登记备案工作相关事宜的通知》，更新了《私募基金管理人登记申请材料清单》，发布了《私募投资基金备案关注要点》，旨在提高登记备案标准化、透明度和工作效率，提高机构合理预期和合规自觉。6月24日，中国证券投资基金业协会发布《私募基金管理人登记和私募投资基金备案业务办事指南》，内容涵盖私募基金管理人登记、重大事项变更、主动注销登记，私募投资基金备案、基金重大变更、基金清算、基金反向挂钩政策申请等系列办事指南，为私募基金管理人办理登记备案提供更多便利；同时，协会进行私募基金管理人登记和基金备案案例公示，进一步提高工作效率和透明度。

5. 促进证券基金经营机构支持民营企业发展

2022 年 5 月 13 日，为规范证券行业支持民营企业发展资产管理计划运作，中国证券业协会与中国证券投资基金业协会联合发布《证券行业支持民营企业发展资产管理计划规范运作指引》，支持证券公司继续发挥专业优势，缓解民营企业融资难、支持民营企业改革发展。

6. 全面加强基金行业人员管理与服务

2022 年 2 月 18 日，证监会发布《证券基金经营机构董事、监事、高级管理人员及从业人员监督管理办法》，进一步规范证券经营机构人员管理，强化经营机构主体责任。5 月 10 日，中国证券投资基金业协会配套发布《基金从业人员管理规则》和《关于实施〈基金从业人员管理规则〉有关事项的规定》，加强从业人员自律管理，规范从业人员执业行为，对公募、私募、托管及相关服务机构基金从业人员执业行为作出全面规范。

（三）行业发展展望

党的二十大提出，要以中国式现代化全面推进中华民族伟大复兴，明确指出要“健全资本市场功能，提高直接融资比重”，党中央多次强调，要走好中国特色金融发展之路。建设中国特色现代资本市场、提高直接融资比重成为资本市场建设的主基调。伴随我国经济的复苏、中国特色资本市场基础制度的不断完善、资本市场改革的深入和市场运行环境的优化，资产管理行业有坚实的发展基础，也迎来新的发展机遇和挑战。一是全面注册制改革深入推进，推动资本市场生态重构，基金行业需要持续提升专业能力，逐步完善估值定价逻辑和中国特色估值体系，践行价值投资和长期投资。二是提高直接融资比重是必然趋势，资产管理行业应聚焦支持科技创新、促进创新资本形成，进一步畅通“科技—产业—金融”良性循环。三是在绿色发展战略持续升级、双碳目标背景下，上市公司和非上市企业加快低碳转型，基金投资理念和投资逻辑将发生结构性变化，绿色投资、ESG 投资的中国特色将更加鲜明。

附表

2022 年基金行业主要监管政策一览

日期	政策名称	发文单位
1 月 26 日	关于基础设施领域不动产投资信托基金（REITs）试点税收政策的公告	财政部、国家税务总局
1 月 30 日	关于加强经营异常机构自律管理相关事项的通知	中国证券投资基金业协会
2 月 18 日	证券基金经营机构董事、监事、高级管理人员及从业人员监督管理办法	中国证监会
4 月 8 日	关于推动个人养老金发展的意见	国务院办公厅
4 月 26 日	关于加快推进公募基金行业高质量发展的意见	中国证监会
5 月 10 日	基金从业人员管理规则	中国证券投资基金业协会
5 月 10 日	关于实施《基金从业人员管理规则》有关事项的规定	中国证券投资基金业协会

续表

日期	政策名称	发文单位
5月13日	证券行业支持民营企业发展资产管理计划规范运作指引	中国证券业协会、中国证券投资基金业协会
5月19日	关于进一步盘活存量资产扩大有效投资的意见	国务院办公厅
5月20日	公开募集证券投资基金管理人监督管理办法	中国证监会
5月20日	关于实施《公开募集证券投资基金管理人监督管理办法》有关问题的规定	中国证监会
5月24日	关于规范做好保障性租赁住房试点发行基础设施领域不动产投资信托基金（REITs）有关工作的通知	中国证监会办公厅、国家发展改革委办公厅
5月31日	关于发布《上海证券交易所公开募集基础设施证券投资基金（REITs）规则适用指引第3号——新购入基础设施项目（试行）》的通知	上海证券交易所
5月31日	关于发布《深圳证券交易所公开募集基础设施证券投资基金业务指引第3号——新购入基础设施项目（试行）》的通知	深圳证券交易所
6月2日	关于私募基金管理人登记备案工作相关事宜的通知	中国证券投资基金业协会
6月2日	私募投资基金电子合同业务管理办法（试行）	中国证券投资基金业协会
6月10日	基金管理公司绩效考核与薪酬管理指引	中国证券投资基金业协会
6月17日	基金管理公司声誉风险管理指引（试行）	中国证券投资基金业协会
6月24日	关于交易型开放式基金纳入互联互通相关安排的公告	中国证监会
7月7日	关于做好基础设施领域不动产投资信托基金（REITs）新购入项目申报推荐有关工作的通知	国家发展改革委办公厅
7月15日	上海证券交易所公开募集基础设施证券投资基金（REITs）规则适用指引第4号——保障性租赁住房（试行）	上海证券交易所
7月15日	深圳证券交易所公开募集基础设施证券投资基金业务指引第4号——保障性租赁住房（试行）	深圳证券交易所
10月26日	个人养老金实施办法	人力资源和社会保障部、财政部、国家税务总局、银保监会、证监会
11月4日	个人养老金投资公开募集证券投资基金业务管理暂行规定	中国证监会

专栏8

加强金融体系服务科技创新①

2022年4月19日，中央全面深化改革委员会发布《“十四五”时期完善金融支持创新体系工作方案》，提出要聚焦金融服务科技创新的短板弱项，完善金融支持创新体

① 作者：杜书明，银河证券研究院副院长、“中国金融政策报告”项目（课题组）高级研究员。

系，推动金融体系更好地适应新时代科技创新需求。

技术创新是经济增长的重要源泉。金融业的发展必须要紧密围绕科技创新，搭建起科技与产业之间的桥梁，形成“科技—金融—产业”之间的高水平循环。推动科创金融改革是坚持创新引领的重要体现，是全面落实科教兴国、人才强国和创新驱动发展战略的明确要求，是进一步完善国家创新体系、加快建设科技强国的具体部署。该方案的发布充分体现了党中央对完善金融支持创新体系的高度重视和改革决心，有利于进一步凝聚起支持高水平科技自立自强的强大合力。

加强金融体系服务科技创新，要着力于健全新型举国体制，打好关键核心技术攻坚战，着重提高创新链整体效能。要统筹发展和安全，围绕国家战略性需求积极谋篇布局，聚焦“卡脖子”的科技难点、关键技术攻关的重点、科技成果转化的突破点，积极服务战略性新兴产业和“专精特新”等创新型中小企业，为实体经济高质量发展服务。

加强金融体系服务科技创新，要努力构建多层次金融服务体系，优化金融制度和政策服务体系，从直接融资和间接融资两方面加大对科技创新的支持与服务，特别是要充分调动社会资源，发挥各方面的优势和积极性，共同为科技创新提供助力。要主动服务当前经济建设需求，合理运用政策性开发性金融工具，严格实施市场化运作流程，通过政策性开发性银行的规范化管理，确保政府对项目和资金的集中监控，切实增强政府投资的综合效能。要加强科创金融产品创新，有序发展知识产权质押融资、知识产权保险等创新服务，持续扩大科创金融的有效供给。充分运用创新机制科学把握风险，积极运用大数据、人工智能等科技手段强化信用管理，做好科创企业的信息收集、风险识别与监测工作，确保风险防控精准有效。

要着重发展以股权融资为代表的直接融资服务，以全面实施注册制为抓手，发展多层次资本市场体系，主动拥抱科技引领和创新驱动发展战略，根据不同类型、不同生命周期的企业的特点，提供多元化差异化的融资服务。动员各地政府、企业和社会力量共同发展股权投资业务，积极培育各类产业基金和创投基金，为广大科创企业提供更多融资便利，积极促进科技与资本的融合。

要加强金融服务科技创新的体制改革，探索建立符合科技创新特点的风险共担机制和激励约束机制，重点落实好容错纠错和尽职免责机制，充分调动各类金融机构服务科创的积极性和主动性。要做好金融服务科创企业的政策落地工作，政府各有关部门应及时总结正反典型案例，加强相关的政策宣传和社会推广，将金融体系服务科技创新的热潮全面融入科技兴国的时代洪流。

六、货币市场发展政策①

2022年，新冠疫情在全国范围内反复，对实体经济造成冲击。中国人民银行多措并举维稳市场流动性，叠加积极有为的财政政策实施留抵退税、实体经济融资需求偏弱，

① 孙欣欣，国泰君安证券股份有限公司政策研究院研究员、“中国金融政策报告”项目（课题组）研究员。

全年资金面保持宽松，资金价格稳中有降。在三重压力下我国经济在政策的支持下动能逐步修复，但全年信贷需求偏弱，消费需求疲软，居民储蓄量创新高。

2022 年，灵活适度的货币政策发挥总量和结构双重功能，加大对实体经济的支持力度。在此背景下，全年货币市场运行总体平稳，资金价格中枢呈下行态势，波动幅度收窄，市场规模上升，成交量大幅增加。票据市场服务实体经济能力进一步增强，票据市场发展相关政策陆续出台，市场服务实体经济和中小微企业功能进一步深化。

2022 年，全年货币市场流动性充裕，货币市场利率稳中有降，货币市场利率在中国人民银行 7 天逆回购利率下方窄幅波动。具体来看，隔夜、3 个月、1 年期 Shibor 年末分别收于 1.96%、2.42%、2.62%，较上年末分别下降 17 个、8 个、12 个基点；隔夜拆借加权利率（IBO001）年末收于 2.05%，较上年末下降 16 个基点；7 天 Shibor、7 天质押式回购利率（R007）和 7 天银行间市场存款类机构质押回购利率（DR007）年末分别收于 2.22%、2.79% 和 2.36%，较上年末分别下降 5 个、上升 24 个和上升 7 个基点。

从时间轴的维度看，1 月市场资金面在全年中处于趋紧位置。1 月末，R007 较月初上升 20 个基点，2 月市场流动性在春节等因素影响下依然维持趋紧状态。1—3 月，中国人民银行加大月末逆回购操作规模至千亿元及以上，以维稳市场流动性。在此期间，R007 围绕 7 天逆回购政策利率波动，与政策利率利差基本维持在 30 个基点之内。4 月起新冠疫情对国内部分大型城市造成冲击，中国人民银行迅速作出降准等政策放松的决定。由此市场资金面走向宽松，8 月 R007 降至年内低点 1.44%，DR007 降至年内低点 1.30%。

2022 年，为缓解疫情冲击下经济下行风险、保持流动性合理充裕，中国人民银行公开市场操作量增价减维稳流动性，于 4 月和 12 月两次分别降准 25 个基点，1 月和 8 月两次下调 7 天逆回购及 1 年期中期借贷便利（MLF）利率合计 20 个基点，R007 在中国人民银行 7 天逆回购利率下方 40 ~ 50 个基点处窄幅波动。

2022 年，中国人民银行四次超额续作 MLF，全年公开市场操作净投放加大至 10280 亿元，向中央财政上缴结存利润 1.13 万亿元，通过各类再贷款以及政策性开发性金融工具等进行多渠道和多方式流动性投放，维稳资金面，平稳对冲地方政府债放量发行、缴税、跨月跨季跨年等流动性扰动因素。

2022 年，全年货币市场成交总量为 1526.9 万亿元，日均成交 6.1 万亿元，同比增长 31%。其中 8 月货币市场成交量为 170 万亿元，创单月成交历史新高。分市场看，信用拆借成交 146.8 万亿元，日均成交 0.6 万亿元，同比增长 24%；质押式回购成交 1374.6 万亿元，日均成交 5.5 万亿元，同比增长 32%；买断式回购成交 5.5 万亿元，日均成交 220 亿元，同比增长 16%。

2022 年，银行间货币市场累计成交额为 1507.2 万亿元，同比增长 29.1%。其中，信用拆借累计成交 144.96 万亿元，同比增长 22%；质押式回购累计成交 1356.74 万亿元，同比增长 30%；买断式回购累计成交 5.5 万亿元，同比增长 15.6%；从货币市场融资结构看，年末大型商业银行、货币基金、政策性银行净融出余额分别为 2.82 万亿元

（较上年末增加0.75万亿元）、1.08万亿元（较上年末增加0.36万亿元）和0.65万亿元（较上年末减少0.11万亿元），货币基金净融出排名上升一位。证券公司、纯债基金和基金公司专户分列净融入前三位，净融入额分别为1.46万亿元（较上年末增加0.19万亿元）、1.06万亿元（较上年末增加0.13万亿元）和0.59万亿元（较上年末增加0.28万亿元），基金公司专户净融入排名上升一位。货币基金、纯债基金等资管产品成为资金净融出和净融入方向的重要市场参与角色。

从交易期限和结构看，货币市场交易延续短期化特点。全年信用拆借隔夜、7天期限以内成交量占比分别为89.3%、98.1%，基本与上年持平；质押式回购隔夜、7天期限以内成交量占比分别为86.6%、96.8%，分别较上年增加2.2个和0.6个百分点。从交易机构类别看，非银机构隔夜正回购占比显著上行，从2021年的51.1%升至2022年的58.6%，其中，理财、货币基金、基金公司及产品隔夜正回购占比分别较2021年提升2.2个、1.5个、2.9个百分点至6.1%、8.6%、20.3%。

（一）同业拆借市场

1. 市场运行概况

2022年，同业拆借市场运行总体平稳，市场主体继续增加，交易规模稳中有增，4月起，利率中枢在中国人民银行7天逆回购利率下方窄幅波动，如图1所示。2022年，信用拆借成交146.8万亿元，日均成交0.6万亿元，同比增长23.55%。

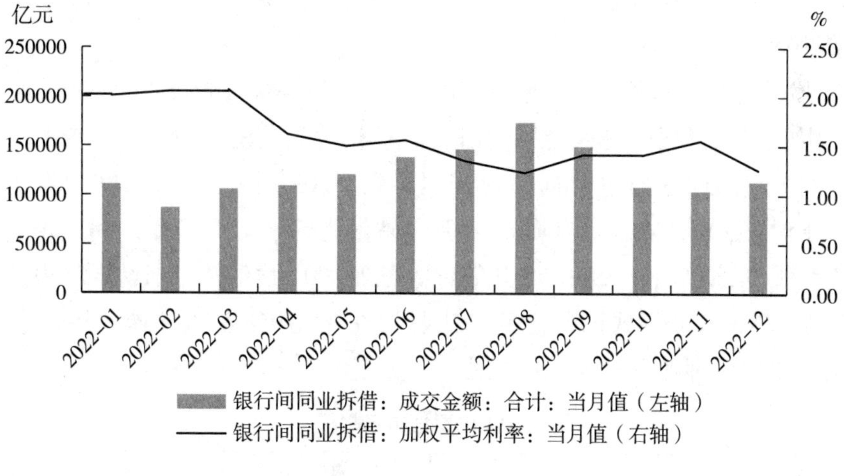

图1　2022年全国银行间同业拆借市场成交情况

（资料来源：中国外汇交易中心）

同业拆借市场利率中枢在中国人民银行7天逆回购利率下方30～40个基点处窄幅波动。2022年末，银行间隔夜、7天同业拆借加权成交利率分别收于2.05%和2.42%，较上年末分别下行16个和6个基点。

2. 展望

2023年，预计同业拆借市场将继续平稳有序运行，在疫情冲击减弱的大背景下，市场利率将围绕人民银行政策利率波动，市场主体规范运行有望得到进一步强化，货币市场调节流动性的市场功能有望进一步增强。

（二）票据市场

2022 年，在新冠疫情散点式暴发、我国宏观经济运行面临三重压力的背景下，票据市场运行总体平稳，各类业务发生量稳步增长，票据利率总体呈现下行态势，在金融服务实体经济、推动产业链供应链循环和优化升级、降低企业融资成本等方面发挥了积极作用。

1. 市场运行情况

2022 年，票据市场业务总量为 167. 32 万亿元，同比增长 12. 87%。其中，承兑金额为 27. 39 万亿元，同比增长 13. 70%；贴现金额为 19. 46 万亿元，同比增长 29. 62%；转贴现金额为 58. 21 万亿元，同比增长 24. 02%；回购金额为 29. 90 万亿元，同比增长 30. 11%。

2022 年，票据承兑总规模上升，银行汇票承兑稳中有升，商业汇票签发增长迅速。2022 年，全市场承兑金额为 27. 40 万亿元，同比增长 13. 7%。日均发生额为 1104 亿元，单张票面金额为 97 万元；累计贴现发生额为 19. 46 万亿元，同比上涨 29. 62%，日均发生额为 785 亿元，单张票面金额为 175 万元；贴现承兑比为 71. 06%，同比上涨 14. 30%。2022 年以来票据电子化进程进一步加快，企业开票量明显增加，为增强金融服务实体经济能力，金融机构加大信贷投放力度，增加票据贴现额度，票据贴现业务明显增长。2022 年承兑发生额、贴现发生额均较 2021 年实现显著增长，且贴现发生额增速较为显著。此外，贴现承兑比较上年同期增长明显，说明一级市场新增票源向银行表内流动速率继续加快。

2022 年，票据市场业务发生量稳步向好，承兑发生额和贴现发生额同比增长显著。票据交易发生额明显提振。在社会有效信贷需求相对疲弱的背景下，票据贴现具有成本优势，银企双方更倾向于通过票据贴现开展融资。2022 年，全市场贴现发生额达 19. 5 万亿元，同比增长 29. 62%。全市场转贴现交易量为 58. 21 万亿元，同比增长 24. 02%，增速较上年增长 17. 61%；全市场回购交易量为 29. 90 万亿元，同比增长 30. 11%，增速较上年增长 15. 13%。质押式回购业务占比月均在 31. 70% 左右，较上年提升约 0. 36 个百分点，显示票据质押融资功能继续增强。

表 1　　2022 年票据市场规模

季度	承兑（万亿元）	同比（%）	贴现（万亿元）	同比（%）	贴现承兑比（%）
第一季度	6. 96	13. 75	4. 78	32. 19	68. 69
第二季度	7. 10	14. 87	5. 43	36. 81	76. 45
第三季度	6. 37	12. 44	4. 39	25. 40	69. 01
第四季度	6. 96	12. 46	4. 86	23. 74	69. 81
合计	27. 39	13. 40	19. 46	29. 62	71. 06

资料来源：上海票据交易所。

2022 年，票据利率震荡下行，票据市场利率中枢下行显著，长短期限价差缩窄，与同业存单收益率持续倒挂，商业汇票付款最长期限 1 年转至半年即将落地。全年来看，票据市场利率第一季度攀升至年内新高，随后不断震荡走低。2022 年疫情散点多发、地缘政治冲突持续、通胀持续走高，美联储开启激进加息步伐，多数发达经济体央行亦跟随加息，全球经济增速超预期放缓，中国经济三重压力犹存，使得票据利率震荡下行，再度探底，上海票交所 1 个月、3 个月期限利率最低到达 0.0001%，6 个月期限利率最低到达 0.001%，9 个月期限利率最低到达 0.08%，1 年期限利率最低到达 0.0166%。

2. 出台的主要政策

2022 年 1 月，为进一步规范商业汇票承兑、贴现与再贴现行为，中国人民银行会同银保监会修订了《商业汇票承兑、贴现与再贴现管理暂行办法》，形成《商业汇票承兑、贴现与再贴现管理办法（征求意见稿)》，并向社会公开征求意见。

2022 年 6 月，上海票据交易所新一代票据业务系统在上海疫情封控解除后的第一时间顺利投产上线。

2022 年 8 月，上海票据交易所组织申报首批投产上线的市场成员实施票据业务系统投产上线工作。23 家商业银行、18 家村镇银行、10 家财务公司等 51 家机构作为首批机构投产新一代票据业务系统全流程业务功能。

2022 年 11 月，《商业汇票承兑、贴现与再贴现管理办法》发布，自 2023 年 1 月 1 日起施行。该办法重新明确相关票据性质与分类，强化信息披露及信用约束机制，并对银行承兑汇票和财务公司承兑汇票的比例限额要求设置 1 年过渡期，将商业汇票最长期限由 1 年调整至 6 个月。

3. 政策效果分析

2022 年是上海票据交易所成立 6 周年。6 年来，我国票据市场实现规范发展，产品创新不断落地、制度建设稳健推进，票据市场新时代已经掀开序幕。6 年来，我国票据市场蓬勃发展，市场规范性持续提升，创新产品序列不断丰富，基础设施建设持续加强，票据市场生态发生翻天覆地改变，实现进一步支持实体经济发展。2016 年上海票据交易所成立，2017 年电票系统转移，2018 年纸电融合顺利完成，2019 年正式上线贴现通，2020 年推出标准化票据，2021 年建成新一代票据业务系统，2022 年更是取得多项成果。

第一，2022 年，票据市场服务实体经济的功能不断提升。首先，市场规模平稳扩大。在我国宏观经济面临内外部复杂严峻形势的背景下，票据市场稳健运行，业务指标稳步增长；与此同时，服务实体经济功能不断深化。票据市场为实体经济提供低成本资金，便利企业间支付、结算、融资需求。

第二，2022 年以来，票据对中小企业服务能力和覆盖面持续加强。一是持续培养中小企业用票习惯，中小企业用票占比不断提升。2022 年，签发票据的中小微企业达 21.3 万家，占全部签票企业的 94.5%，中小微企业签票发生额达 17.8 万亿元，占全部签票发生额的 64.9%。贴现的中小微企业达 32.7 万家，占全部贴现企业的 97.1%，贴现发生额达 14.2 万亿元，占全部贴现发生额的 72.9%。二是持续改善中小企业用票环境。近年来，上海票据交易所针对性地推出票付通、贴现通、供应链票据等创新型产品，推动票据信息披露、主动账户管理等风险管控措施，优化中小企业用票环境，降低中小企业融资成本。2022 年末，金融机构再贴现余额达 5583 亿元。

第三，票据业务积极创新。2022 年以来，票据创新产品不断推出并升级迭代。一是在基础产品领域，国有大行如工行推出票据创新制造业支持项目“工于制成”，实现查询统计、客户画像、增值服务等功能改造，提升业务体验与内部管理效率，上线票据创新产品兴农贴，实现对农户的优惠直达与精准扶持。二是在外延产品领域，2022 年以来，人民银行加强对供应链票据的支持力度，上海、湖南、广东等地人民银行推出供应链票据再贴现业务，加强对产业链供应链的精准滴灌，降低相关企业融资成本；人民银行广东分行等人民银行分支机构纷纷落地碳减排相关票据再贴现业务，助力绿色低碳发展；市场参与主体对供应链票据再贴现以及绿色金融产品创新积极支持，从而进一步推动了票据市场创新发展。

第四，票据利率有效支持实体经济。2022 年，票据利率中枢整体下行，有效支持实体经济恢复。融资利率方面，第三季度末，票据融资加权平均利率降至 1.92%，同比下降 0.73%，低于一般贷款加权平均利率 2.73 个百分点，低于企业贷款加权平均利率 2.08 个百分点，对实体经济支撑明显。二级市场利率方面，2022 年，二级市场利率震荡下行并到达阶段性低点。2022 年 2 月以来，受疫情冲击、信贷需求偏弱等因素影响，票据利率迅速走低，足月票据跌至 0.01%，随后虽有边际反弹，但在 4 月、5 月、7 月末又再次触底，凸显了票据支持实体经济持续增强。

第五，票据市场有效助力金融调控。2022 年以来，票据助力金融调控持续发力。一是票据占比持续提升。2022 年末，商业汇票承兑余额为 19.1 万亿元，同比增长 15.2%；贴现余额为 13.0 万亿元，同比增长 29.1%。2022 年票据融资余额占各项贷款的比例近 6%，占短期贷款的比重达 25.6%，为银行业平衡信贷规模、保证重点领域资金供给发挥了蓄水池功能。从开票户数和融资金额来看，服务中小微企业是票据市场发展的重中之重。二是再贴现政策持续发力。人民银行综合运用再贷款、再贴现等结构性工具保持流动性合理充裕，为稳住宏观经济大盘、保持经济在合理区间运行提供了必要的货币金融环境，积极运用支农支小再贷款、再贴现等工具，引导金融机构加大对国民经济重点领域、薄弱环节和区域协调发展的支持力度。

第六，风险防控能力逐步增强。2022 年，票据市场风控能力显著提升。一是优化票据信息披露机制，实现对银票、商票及财务公司承兑票据的信息披露全覆盖，明确逾期风险控制手段，进一步加强承兑信息披露、信用信息查询等信用约束机制；二是加强市场监测体系建设，建立业务监测平台，及时跟踪分析市场风险苗头，完善风险票据应急处置机制；三是完善商票主动账户管理功能，杜绝以冒用企业名义开立账户并签发虚假商票；四是加强企业身份校验与管控，新一代票据业务系统强化企业身份校验与管控，通过引入企业信息报备、账户主动管理等功能，防范票据市场风险；五是市场参与主体通过制定内部风控和内控制度，加强风险防范和内部控制管理。

第七，票据制度进一步优化。2022 年以来，票据市场制度建设持续发力。一是推动票据市场法制完善。探讨《票据法》修改建议，开展票据法制修订与完善课题研究。二是适时进行风险提示。2022 年以来，上海票据交易所多次就企业用票、票据数据信息安全、民间贴现等内容进行风险提示，与中国互联网金融协会联合发布《关于依法合规使用票据、防范民间贴现风险的倡议》，引导客户通过正规渠道办理票据贴现业务。三是发布票据市场新办法。2022 年 11 月，人民银行和银保监会联合发布《商业汇票承兑、贴现与再贴现管理办法》，对商业汇票内涵及期限重新明晰，明晰风险管理框架及内容，明晰基础设施、电票及供应链票据定位，拓宽了票据发展空间和应用范畴。

第八，基础设施建设取得新突破。2022 年，上海票据交易所持续加强科技投入，市场基础设施建设成效喜人。系统建设方面，上海票据交易所上线新一代票据业务系统，实现票据全生命周期、全功能以及一体化系统设计。各市场参与主体积极响应，升级改造内部票据系统，实现与上海票据交易所新系统的主动对接；市场服务方面，为满足市场对票据资产定价、公允价值计量、风险防控、业绩考核等方面的需求，上海票据交易所研发并上线"票信宝"，为市场主体提供涵盖盘中统计、基准指标、深度分析、风险防控等在内的多元化、精细化的数据信息产品服务。

4. 展望

2023 年是党的二十大召开后的第一年，是全面建设社会主义现代化国家开局起步的关键之年，是新一代票据业务系统全面执行到位的第一年，是《商业银行表外业务风险管理办法》实施的第一年。根据中央经济工作会议要求，2023 年要坚持稳字当头、稳中求进，要更好统筹供给侧结构性改革和扩大内需，更好统筹经济政策和其他政策，更好统筹国内循环和国际循环，更好统筹当前和长远。票据作为供给侧结构性改革的重要抓手，对推动经济高质量发展、促进经济双循环具有十分重要的意义。2023 年，在党的领导下，在二十大精神的引领下，在中国人民银行等主管部门的监管下，在上海票据交易所以及新制度、新系统的支持下，我国票据市场必将呈现出新的变化和活力，市场参与主体将更丰富、票据业务势必将获得可持续的发展。

2023 年，票据市场有望继续实现稳健运行，交易端变革推动票据创新，供应链票据的突破将为商票新发展奠定基础，票据利率或将在当前低位上实现小幅波动甚或反弹，新系统的全面投产为市场统一奠定运作基础。票据法规修改的提速将为票据产品创新提供规范的依据，票据市场风控能力有望获得进一步提升。

专栏 9

多举措深化内地与香港金融市场互联互通①

2022 年，内地与香港在金融领域继续加强务实合作，在投资产品种类、投资交易制度、货币互换安排等各领域有序出台了一系列支持性政策举措，不断提升两地金融市场

① 作者：王曰涵，中央财经大学金融学院助理教授、"中国金融政策报告"项目（课题组）研究员。

互联互通水平。

6月28日，中国证监会、香港证监会发布联合公告，批准两地交易所正式将符合条件的交易所交易基金（ETF）纳入内地与香港股票市场交易互联互通机制，首批ETF在7月4日正式交易。7月4日，中国人民银行、香港证监会、香港金融管理局发布联合公告，开展香港与内地利率互换市场互联互通合作（互换通），标志着内地和香港金融市场的互联互通进一步扩展至金融衍生品市场。同日，中国人民银行与香港金融管理局签署常备互换协议，将双方自2009年起建立的货币互换安排升级为常备互换安排，协议长期有效，互换规模扩大至8000亿元人民币/9400亿港元。8月12日，中国证监会、香港证监会联合公告，就沪深港通交易日历开展优化，优化后沪深港三所的共同交易日均可开通沪深港通交易。12月19日，中国证监会、香港证监会发布联合公告，同意两地交易所进一步扩大股票互联互通标的范围。

对内地而言，这一系列重要合作成果丰富了内地与香港金融市场互联互通投资品种，完善了互联互通制度建设，提升了跨境投资的效率和便利程度，有利于形成内地与香港金融市场相互促进的新发展格局，进一步推动人民币国际化进程。对香港而言，这一系列举措有利于稳定国际市场预期，增强投资者信心，更好促进香港金融市场蓬勃发展，巩固香港的国际金融中心和离岸人民币业务枢纽地位。也有利于香港更好地发挥“超级联系人”及国家重要门户的作用，积极参与粤港澳大湾区高质量建设，融入内地金融改革开放格局以及国家发展大局。

2023年，随着两地全面“通关”，粤港澳大湾区要素流动加速，经济复苏预期强劲，两地金融合作也迎来了新一轮发展机遇。2月17日，中国人民银行、中国银保监会、中国证监会、国家外汇管理局、广东省人民政府联合发布了《关于金融支持前海深港现代服务业合作区全面深化改革开放的意见》。意见围绕民生金融、金融市场互联互通、现代金融产业发展、促进跨境贸易和投融资便利化、加强金融监管合作等方面，提出便利香港居民开立内地银行账户、便利香港专业人士执业、允许证券业金融机构在香港开展直接融资、试点开展私募股权和创业投资份额转让等30条重磅措施。目标是到2025年，建立健全以金融业扩大开放、人民币国际化为重点的政策体系和管理体制，基本实现与香港金融市场高水平互联互通。

可以相信，随着衍生品互换通、沪港通日历优化和标的扩大政策的有序落地实施，香港融入粤港澳大湾区建设和“一带一路”等建设的程度不断加深，内地与香港在绿色金融、金融科技和金融监管领域合作的空间将更加广阔，为我国经济建设提供可靠的“湾区动力”。

七、信托与财富管理市场发展政策①

（一）2022年主要政策内容

2022年，就信托与财富管理市场发展政策而言，是一个相对特殊的年份，从政策预

① 作者：李青云，天津民晟资产管理有限公司总裁、“中国金融政策报告”项目（课题组）高级研究员。

备角度堪称政策大年，但从政策发布角度则是政策小年。受多种因素影响，2022 年正式发布的信托与财富管理市场发展政策数量较少，主要有以下几项。

1.《关于加强新市民金融服务工作的通知》

随着我国城镇化水平的不断发展，做好新市民金融服务工作具有重大意义。为深入贯彻党中央、国务院决策部署，提高新市民金融服务可得性和便利性，切实增强新市民的获得感、幸福感、安全感，2022 年 3 月 4 日，中国银保监会与中国人民银行联合发布《关于加强新市民金融服务工作的通知》（以下简称《新市民通知》），就新市民在创业、就业、住房、医疗、养老、教育等方面的问题作出了针对性部署要求。

信托在上述领域可以直接参与的情况不多，但在特定领域仍然具有作用空间和业务优势。《新市民通知》针对信托业的部署主要体现在住房金融服务领域，要求“引导信托公司发挥自身优势，依法合规支持保障性住房建设运营”。

2.《关于做好当前金融支持房地产市场平稳健康发展工作的通知》

为贯彻落实党中央、国务院决策部署，坚持房子是用来住的、不是用来炒的定位，全面落实房地产长效机制，因城施策支持刚性和改善性住房需求，保持房地产融资合理适度，维护住房消费者合法权益，促进房地产市场平稳健康发展，2022 年 11 月 11 日，中国人民银行与中国银保监会联合发布《关于做好当前金融支持房地产市场平稳健康发展工作的通知》（以下简称《支持通知》）。

其中，关于信托业的主要内容有以下两个方面。

（1）保持房地产融资平稳角度

《支持通知》明确表示：“支持信托贷款等存量融资合理展期。”同时要求：“保持信托等资管产品融资稳定。鼓励信托等资管产品支持房地产合理融资需求。鼓励信托公司等金融机构加快业务转型，在严格落实资管产品监管要求、做好风险防控的基础上，按市场化、法治化原则支持房地产企业和项目的合理融资需求，依法合规为房地产企业项目并购、商业养老地产、租赁住房建设等提供金融支持。”

（2）住房租赁金融支持角度

《支持通知》提出：“稳步推进房地产投资信托基金（REITs）试点。”

3.《关于推进北京全球财富管理中心建设的意见》

为贯彻落实党中央、国务院关于建立中国（北京）自由贸易试验区重大战略决策，推动更高水平金融开放合作，支持北京城市副中心高质量发展，2022 年 5 月 20 日，北京市地方金融监督管理局、中国人民银行营业管理部、中国银保监会北京监管局、中国证监会北京监管局联合发布《关于推进北京全球财富管理中心建设的意见》（以下简称《建设意见》）。

《建设意见》在文中的“主要任务”部分提出了 6 类 20 项具体工作，简述如下：

（1）健全机构体系，打造发展生态

①促进优质合规财富管理机构发展。

②发展财富管理专业服务。

③拓展应用金融科技。

（2）创新产品和服务，打造活跃市场

①丰富财富管理工具。尤其提出，发展慈善信托，支持信托公司提高慈善信托财产投资管理能力，丰富慈善信托形式和工具。

②创新资产管理产品。支持在京信托机构开展科技信托、绿色信托、养老信托、保险金信托等创新业务。

③扩大绿色领域投资。

（3）强化基础设施建设，打造多层次市场体系

①加强金融基础设施建设。支持国家重要金融基础设施在京发展，加大对国家金融基础设施的服务保障力度。

②服务北京证券交易所发展。全面支持北京证券交易所发展，充分发挥服务创新型中小企业主阵地作用，促进形成支持创新型中小企业发展的金融生态体系。

③畅通财富管理投资渠道。充分发挥北京股权交易中心的股权投资和创业投资份额转让平台作用，为二级市场基金（S 基金）、境内外私募基金和合格投资者提供优质投资标的。

（4）提升对外开放水平，打造金融双向开放体系

①支持外资机构拓展发展空间。支持外资金融机构在资产管理、投资管理、养老金管理、风险管理等方面积极引入先进国际经验，参与首都金融改革创新，丰富首都金融产品和服务。

②持续深化开放创新试点。支持合格境外机构投资者（QFII）和人民币合格境外机构投资者（RQFII）开展境内证券投资业务，参与北京证券交易所交易。支持优质机构和企业申请成为合格境内机构投资者（QDII），开展境外证券投资业务。

③推动境内外市场互联互通。深入开展本外币一体化账户试点和本外币一体化业务试点。

（5）优化行业发展环境，打造国际一流营商环境

①鼓励发展财富管理专业教育。

②引进财富管理专业人才。

③引导行业组织规范发展。

④加强国际交流合作。

⑤强化行业监管和投资者保护。

（6）支持城市副中心高质量发展，打造全球财富管理新高地

①支持发展财富管理业务。对标国际一流水准，支持在运河商务区建设全球财富管理中心，提高城市副中心财富管理行业承载能力。

②鼓励行业创新与先行先试。

③提升城市副中心财富管理行业影响力。

（二）2022 年政策效果评估

1. 促进房地产市场平稳发展

2022 年，受三重压力和疫情冲击的叠加影响，我国房地产市场运行面临了一定困难，房地产投资和商品房销售均呈现下滑态势，甚至出现交房困难的情况。同时还应看到，近年房地产融资一直处于相对受限的情况，融资支持力度不足对房地产市场发展也存在一定制约。在这种情况下，为保持房地产融资合理适度，维护住房消费者合法权益，促进房地产市场平稳健康发展，相关部门适时出台了《支持通知》。

众所周知，房地产融资信托在我国信托业务组成中占据重要地位，一直是地产融资的重要渠道。适时出台的《支持通知》对相关政策要求进行了微调，尤其从产品展期和产品发行两个角度做了针对性政策调整，充分体现了对房地产融资合理需求的有力支持。地产信托融资管理的适度放松，对促进房地产市场平稳发展具有十分重要的意义。

2. 配合住房制度深化发展

长期以来，我国住房市场一直处于保障房比例偏低，商品房业态占据主体的情况，显然住房制度有待完善。针对我国住房制度存在的不足，党的二十大报告明确提出，加快建立多主体供给、多渠道保障、租购并举的住房制度。具体从“多渠道保障”“租购并举”的要求来看，大力提升保障房供应和扩大租房业态是当务之急。

2022 年出台的信托发展政策从上述两个方面做了专门要求。《新市民通知》侧重保障房建设，明确要求信托公司“支持保障性住房建设运营”。《支持通知》侧重住房租赁市场发展，在要求信托产品为租赁住房建设等提供金融支持的同时，提出推进房地产投资信托基金试点。上述政策从住房制度建设的薄弱点着力，对住房制度深化发展具有积极意义。

3. 促进财富管理市场完善

随着我国居民财富水平的不断提升，以及年龄结构的不断深化，财富管理需求正面临井喷态势。然而，我国财富管理市场发展起步较晚，无论产品体系还是服务能力，均处于较为初级的状态，亟待加快发展完善。

2022 年发布的《建设意见》，从多角度不同层次对建设全球财富管理中心进行深入规划，提出目标和任务。《建设意见》从机构发展、产品和服务、基础设施建设、对外开放和发展环境等多个角度提出了 20 项工作任务，必将加快北京全球财富管理中心地位的建立，促进我国财富管理市场发展走向深入。

（三）2023 年政策展望

尽管 2022 年是政策发布小年，但却是政策酝酿的大年，将对信托业态产生基础性影响的多项关键政策已进入征求意见阶段，有望在新的一年发布实施。结合市场运行及政策酝酿情况，可对 2023 年发展政策展望如下。

1. 信托业态重塑

在产业结构与人口结构的共同作用下，我国金融体系进入了系统性调整阶段，直接融资比重将不断提高，资产管理规模将持续扩大。一直以来，信托业是以债务融资为主要服务内容，这一模式必然面临深刻调整。与此同时，随着财富管理需求不断走向深化，信托业态必将走出以融资为主的简单模式，逐步走向融资、资产管理、财富规划并重的复合模式。换言之，信托将真正步入“受人之托，代人理财”的本源业态。在这一背景下，相应政策适时出台，将充分形成引领和规范效果。

2. 风险管理常态化

我国人口总量已经开启下降模式，与此对应的传统商品需求必将随同进入长周期下行。在融资信托仍然占据主体的情况下，与传统行业相关的信托产品风险发生概率不容忽视，偶发风险难以避免。因此，信托业务风险防范和管理要求不能放松，更应成为一种常态要求。

3. 进一步鼓励慈善信托

效率与公平，是经济社会运行的两大目标。当前，我国已经进入公平目标重要性不断提升的新阶段，有效促进公平，是各项政策的应有之义。慈善信托是第三次分配的重要工具，具有突出的促进公平效果，应进一步鼓励促进慈善信托加快发展速度。

附表

2022 年度中国信托与财富管理市场发展主要政策

日期	文件名称	发布单位
3 月 4 日	关于加强新市民金融服务工作的通知	中国银保监会、中国人民银行
11 月 11 日	关于做好当前金融支持房地产市场平稳健康发展工作的通知	中国人民银行、中国银保监会
5 月 27 日	关于推进北京全球财富管理中心建设的意见	北京市地方金融监督管理局、中国人民银行营业管理部、中国银保监会北京监管局、中国证监会北京监管局

专栏 10

“金融 31 条”发布：支持浙江高质量发展建设共同富裕示范区①

共同富裕既是共产党人理想信念的现实凝结，也是中国人民长久的共同期盼。十八大以来，党中央把逐步实现全体人民共同富裕摆在更加突出的位置，对共同富裕作出全面擘画、系统设计。习近平总书记提出“以人民为中心”的发展思想，强调“共同富裕是中国特色社会主义的根本原则”，实现共同富裕“不仅是经济问题，而且是关系党的执政基础的重大政治问题”。十九届五中全会把“全体人民共同富裕取得更为明显的实质性进展”确定为 2035 年国民经济和社会发展远景目标之一。二十大报告明确强调“中国式现代化是全体人民共同富裕的现代化……着力促进全体人民共同富裕，坚决防止两极分化”。考虑到促进共同富裕是一项长期艰巨的历史任务，各地区的基础和条件

① 作者：顾庆康，南京财经大学金融学院讲师、“中国金融政策报告”项目（课题组）研究员。

不尽相同，有必要选取一些条件相对较好的地方先行示范，浙江富裕程度高、均衡性强，具备条件。于是，2021 年 5 月 20 日，中共中央、国务院便正式印发《关于支持浙江高质量发展建设共同富裕示范区的意见》，旨在逐步建立先富带后富、扎实推动共同富裕的目标体系、工作体系、政策体系和评估体系，探索破解新时代社会主要矛盾的有效途径，为全国推动共同富裕提供省域范例。

作为“实体经济的血脉”以及联结资金盈亏部门的重要桥梁，金融在推进共同富裕进程中的作用至关重要。一方面，金融可撬动实体经济发展，奠定共同富裕的物质基础，推进效率增长，助力“蛋糕做大做好”；另一方面，可通过结构性支撑重点领域与薄弱环节，缩小社会贫富差距，促进公平分配，助力“蛋糕切好分好”。为推动建立与浙江共同富裕示范区建设相适应的金融体制机制，支持浙江打造新时代全面展示中国特色社会主义制度优越性的重要窗口，2022 年 3 月 10 日，中国人民银行、中国银保监会、中国证监会、国家外汇管理局、浙江省人民政府联合发布《关于金融支持浙江高质量发展建设共同富裕示范区的意见》（以下简称《意见》），成为构建浙江示范区建设“1 + N”配套政策体系中的重要一环。《意见》从九个方面——总体要求；优化金融资源配置，支持经济高质量发展；提升跨境金融服务水平，推动高标准对外开放；创新小微金融服务模式，助力缩小收入差距；深化农村金融改革，助力城乡区域协调发展；提升金融服务水平，促进公共服务均等化；深化绿色金融改革，推动生态文明建设；完善金融风险防控，守牢金融安全底线；保障措施展开，提出了 31 条举措，描绘了金融支持浙江高质量发展建设共同富裕示范区的具体路径。《意见》明确了金融支持浙江高质量发展建设共同富裕示范区的工作要求和重点领域，要求国家金融管理部门加强与浙江的沟通协调，优先将相关改革试点任务赋予浙江，指导支持浙江率先探索实践。这将为浙江建设共同富裕示范区提供有力支持，也将为金融支持共同富裕和服务区域经济发展积累经验、打造样板，发挥示范引领作用。

八、金融衍生品市场发展政策①

（一）相关热点政策效应

1. 场内金融衍生品市场

（1）公布国债期货主做市商、一般做市商和预备做市商名单

2022 年 1 月 25 日，中国金融期货交易所（以下简称中金所）发布《关于公布国债期货主做市商、一般做市商和预备做市商名单的公告》，同意招商证券等 8 家证券公司为国债期货主做市商，国泰君安证券等 4 家证券公司为国债期货一般做市商，平安证券为国债期货预备做市商。随着国债期货市场的稳健发展，国债期货在助力健全反映市场供求关系的国债收益率曲线、服务债券市场在内的资本市场高质量发展等方面的作用日益显现。公布国债期货主做市商、一般做市商和预备做市商名单，有助于进一步提升国

① 作者：王勤淮，中国外汇交易中心研究部总经理、“中国金融政策报告”项目（课题组）高级研究员。

债期货市场运行质量，满足各类中长期资金更好参与国债期货交易需求，促进国债期货做市商梯队建设和精细化管理。

（2）完善股指期权合约交易信息报备

2022年7月18日，中金所发布《关于股指期权合约交易信息报备的通知》。在股指期权某一合约上每秒申报笔数达到10笔以上（含10笔）的客户，应当通过所在期货公司会员向交易所报备相关信息。同一客户通过不同期货公司会员申报交易，其申报笔数合并计算。因即时全部成交或撤销限价指令、即时成交剩余撤销限价指令自动形成的撤单笔数计入申报笔数统计。做市商因做市交易产生的申报笔数不计入统计。完善股指期权合约交易信息报备，有助于规范股指期权合约交易行为，维护市场交易秩序，保护市场参与者的合法权益。

（3）发布《关于套期保值交易管理的通知》

2022年7月18日，中金所发布《关于套期保值交易管理的通知》。非期货公司会员和客户使用套期保值额度进行交易的，应当按照套期保值方案执行。投资计划与资产规模应当在套期保值方案中予以明确。套期保值方案发生变更的，应当及时向交易所报告。发布《关于套期保值交易管理的通知》，有助于充分发挥金融期货风险管理功能，促进市场规范发展，加强套期保值交易行为管理。

（4）发布《关于合格境外机构投资者和人民币合格境外机构投资者参与股指期权交易有关事项的通知》

2022年9月2日，中金所发布《关于合格境外机构投资者和人民币合格境外机构投资者参与股指期权交易有关事项的通知》（以下简称《通知》）。合格境外投资者参与股指期权交易应当遵守法律、行政法规、规章、交易所业务规则等有关规定，参与股指期权交易的目的限于套期保值交易。《通知》的发布，旨在贯彻落实《合格境外机构投资者和人民币合格境外机构投资者境内证券期货投资管理办法》《关于合格境外机构投资者和人民币合格境外机构投资者参与金融衍生品交易的公告》等有关规定。

2. 场外金融衍生品市场

（1）支持银行间外汇市场集团内会员协商交易功能

自2022年3月28日起，中国外汇交易中心（以下简称交易中心）支持集团内会员机构通过协商交易功能开展交易。隶属于同一金融机构集团的银行间人民币外汇市场会员（以下简称集团内会员）之间可通过协商交易功能达成外汇交易。支持集团内会员通过协商交易功能达成人民币外汇即期、远期、掉期、货币掉期和期权交易。其中，人民币外汇即期、远期和掉期交易支持批量上传和协商交易接口。支持银行间外汇市场集团内会员协商交易功能，有助于满足市场需求，提升交易效率。

（2）免除中小微企业外汇衍生品交易相关银行间外汇市场交易手续费

为贯彻落实中国人民银行、国家外汇管理局发布的《关于做好疫情防控和经济社会发展金融服务的通知》（金融23条）中第18条的相关要求，进一步支持实体经济发展，降低企业避险保值成本，经向国家外汇管理局备案，2022年4月27日，交易中心发布通知，进一步加大中小微企业外汇衍生品交易相关的银行间外汇市场交易手续费优惠力度，从减半收取调整为全额免除。适用交易手续费优惠的交易品种包括远期、掉期、货币掉期和期权等人民币外汇衍生品。减免措施自2022年1月1日起实施，暂免期两年。免除中小微企业外汇衍生品交易相关银行间外汇市场交易手续费，有助于持续降低市场成本，发挥好银行间市场支持实体经济发展功能。

（3）银行间外汇市场新增期权品种

为落实《关于进一步促进外汇市场服务实体经济有关措施的通知》，满足外汇市场风险管理需求，经国家外汇管理局同意，交易中心于2022年6月13日起在银行间外汇市场新增期权品种。银行间人民币外汇市场新增普通美式期权及其组合交易、亚式期权；银行间外币对市场新增普通美式期权及其组合交易、亚式期权、欧式障碍期权和欧式数字期权。银行间外汇市场新增期权品种，有助于满足市场主体多元化的交易需求，帮助市场参与者更灵活地管理外汇风险敞口，从而更好地服务实体经济。

（4）外汇交易系统推出代理交易功能

2022年7月25日，交易中心在外汇交易系统推出代理交易功能。该功能适用于银行间外汇市场会员（代理机构）代理境外央行类机构等（被代理机构）开展交易，支持人民币外汇即期、远期和掉期交易。外汇交易系统推出代理交易功能，有助于满足市场需求，提高代理交易便利程度。

（5）新一代本币交易平台质押式回购、信用拆借、衍生品等功能优化上线

2022年9月17日，交易中心银行间市场新一代本币交易平台新增质押式回购质押券替换、质押券价值查询，优化X－Repo点击成交、货币小助手交易辅助工具，新增衍生品自定义要素模块等功能。本次调整有助于进一步完善交易系统功能，提高交易效率、完善市场服务。

（6）发布外币对掉期曲线

交易中心自2022年9月9日起正式发布外币对掉期曲线。外币对掉期曲线是根据外汇交易系统行情数据计算得到的曲线。货币对包括EUR/USD、USD/JPY、USD/HKD、GBP/USD、AUD/USD，关键期限点包括ON、TN、SN、1W、2W、3W、1M、2M、3M、4M、5M、6M、9M、1Y。[①] 发布外币对掉期曲线，有助于满足市场成员对于外汇掉期市场的估值需求，丰富外汇掉期曲线产品序列。

（7）银行间外汇市场交易质量分析服务试运行

交易中心于2022年11月16日起在银行间外汇市场试运行交易质量分析（Transaction Performance Analysis，TPA）服务。TPA服务提供9项指标，支持参与机构对本机构逐笔交易或本机构指定交易员进行多维度分析，具体包括单笔交易变化趋势、择时能力、趋势交易能力、日内相对表现评分、滑价分析、价格引领、做市参与度、做市回价

① ON、TN、SN、1W、2W、3W、1M、2M、3M、4M、5M、6M、9M、1Y分别表示期限为隔夜、次日起息隔夜、次次日起息隔夜、1周、2周、3周、1个月、2个月、3个月、4个月、5个月、6个月、9个月和1年。

时长和综合评价指标。开展银行间外汇市场交易质量分析服务试运行，有助于满足市场需求，提升服务质量。

（8）发布《全国银行间同业拆借中心债券交易流通操作指引》的通知

2022 年 11 月 24 日，交易中心对原《全国银行间同业拆借中心债券交易流通指南》进行修订，补充债券存续期要素变更情形和操作流程，发布《全国银行间同业拆借中心债券交易流通操作指引》。发布《全国银行间同业拆借中心债券交易流通操作指引》，有助于落实中国人民银行相关规定，进一步优化债券交易流通和债券存续期要素变更流程。

（9）发布 CFETS 碳减排工具支持领域精选信用债指数和 CFETS ESG 高等级信用债指数

2022 年 12 月 13 日，交易中心正式发布 CFETS 碳减排工具支持领域精选信用债指数和 CFETS ESG 高等级信用债指数。CFETS 碳减排工具支持领域精选信用债指数样本券由在银行间债券市场上市交易且符合样本筛选条件的债券组成，每月调整一次。指数基准日均为 2021 年 12 月 31 日，基点值为 100。CFETS ESG 高等级信用债指数样本券由在银行间债券市场上市交易且符合样本筛选条件的债券组成，每月调整一次。指数基准日均为 2018 年 12 月 31 日，基点值为 100。发布 CFETS 碳减排工具支持领域精选信用债指数和 CFETS ESG 高等级信用债指数，有助于进一步贯彻落实国家"2030 碳达峰、2060 碳中和"的战略部署，支持经济绿色低碳转型，引导资金流向碳减排工具支持领域，同时有利于践行环境绩效、社会责任和公司治理（ESG）投资理念，助力国家绿色金融创新发展，丰富投资者相关领域业绩比较基准与投资标的。

（二）金融衍生品市场发展展望

一是衍生品市场的可持续发展要始终坚持服务实体经济。无论是国际金融危机教训还是国内衍生品市场发展经验，都无一例外地证明脱离实体经济、囿于金融投机的脱实向虚式金融衍生品市场将是无本之木、难以为继。金融衍生品市场发展的首要原则是发挥其风险分散和管理功能，形成与实体经济的良性互动，促进实体经济新兴产业、栋梁行业的繁荣。

二是多措并举降低避险成本，持续强化企业风险中性理念。避险成本是企业决定是否开展套期保值的重要因素，包括价格成本、时间成本、操作成本等。一方面，衍生品市场要创新多层次交易机制，丰富多元化市场主体，促进价格发现功能提升；另一方面，进一步优化企业套期保值操作流程，提高衍生产品办理流程的时效性、灵活性和便利性，使避险服务触手可及，不再耗时耗力。同时，应多措并举引导企业树立汇率风险中性理念。

三是完善金融基础设施的配套支持。目前衍生品市场的金融基础设施框架已经建立。基础设施提供者应当进一步以市场需求为导向，以服务实体经济为要义畅通衍生品交易、交易后处理等各个环节，完善金融衍生品全生命周期服务，加强市场一线监测分析，持续完善市场风险预警体系，推动衍生品市场健康发展，市场功能不断优化提升。

附表

2022 年金融衍生品市场新出相关政策法规、制度公告

日期	主要内容	颁布机构
1 月 4 日	关于发布《银行间外汇市场尝试做市机构指引》的通知	中国外汇交易中心
1 月 25 日	中金所公布国债期货主做市商、一般做市商和预备做市商名单	中国金融期货交易所
3 月 22 日	关于提前做好完善本币交易系统参考数据接口服务的通知	全国银行间同业拆借中心
3 月 28 日	关于支持银行间外汇市场集团内会员协商交易功能的通知	中国外汇交易中心
4 月 27 日	关于免除中小微企业外汇衍生品交易相关银行间外汇市场交易手续费的通知	中国外汇交易中心
5 月 26 日	关于银行间外汇市场新增期权品种的通知	中国外汇交易中心
7 月 25 日	关于外汇交易系统推出代理交易功能的通知	中国外汇交易中心
7 月 18 日	关于中证 1000 股指期货和股指期权合约上市交易有关事项的通知	中国金融期货交易所
7 月 18 日	关于股指期权合约交易信息报备的通知	中国金融期货交易所
7 月 18 日	关于股指期货、股指期权合约交易限额的通知	中国金融期货交易所
7 月 18 日	关于套期保值交易管理的通知	中国金融期货交易所
7 月 18 日	关于期货、期权品种信息披露标准的通知	中国金融期货交易所
7 月 18 日	关于发布中证 1000 股指期货和股指期权合约及相关业务规则的通知	中国金融期货交易所
7 月 18 日	关于中证 1000 股指期货和股指期权首批上市合约挂盘基准价的通知	中国金融期货交易所
9 月 2 日	关于合格境外机构投资者和人民币合格境外机构投资者参与股指期权交易有关事项的通知	中国金融期货交易所
9 月 8 日	外汇交易中心关于发布外币对掉期曲线的通知	中国外汇交易中心
9 月 16 日	同业拆借中心关于新一代本币交易平台质押式回购、信用拆借、衍生品等功能优化上线的通知	全国银行间同业拆借中心
11 月 11 日	关于银行间外汇市场交易质量分析服务试运行的通知	中国外汇交易中心
11 月 15 日	同业拆借中心关于本币交易平台同业存款功能更新和存单路演 iDeal 功能上线的通知	全国银行间同业拆借中心
11 月 24 日	关于发布《全国银行间同业拆借中心债券交易流通操作指引》的通知	全国银行间同业拆借中心
12 月 8 日	关于发布《全国银行间同业拆借中心本币交易应急服务规则》的通知	全国银行间同业拆借中心
12 月 13 日	关于发布 CFETS 碳减排工具支持领域精选信用债指数和 CFETS ESG 高等级信用债指数的通知	全国银行间同业拆借中心
12 月 14 日	关于上证 50 股指期权合约上市交易有关事项的通知	中国金融期货交易所
12 月 23 日	关于减半收取 2023 年交割和行权（履约）手续费的通知	中国金融期货交易所

资料来源：课题组整理。

专栏 11

《期货和衍生品法》的颁布有助于市场长期发展①

一、立法背景

为了规范期货交易和衍生品交易行为，保障各方合法权益，维护市场秩序和社会公共利益，促进期货市场和衍生品市场服务国民经济，防范化解金融风险，维护国家经济安全，2022 年 4 月 20 日，中国第十三届全国人大常委会第三十四次会议表决通过《中华人民共和国期货和衍生品法》（以下简称《期货和衍生品法》），自 2022 年 8 月 1 日起施行。《期货和衍生品法》的立法工作可以追溯至 20 世纪 90 年代中期，从最初启动至今，历时近 30 年，是中国立法者在银行、证券、信托、保险、基金领域相继完成立法工作后，在金融领域的又一重要立法成果，对期货和衍生品市场法治建设具有里程碑的意义。

二、内容介绍

《期货和衍生品法》主要包括总则、期货交易和衍生品交易、期货结算与交割、期货交易者、期货经营机构、期货交易场所、期货结算机构、期货服务机构、期货业协会、监督管理、跨境交易与监管协作、法律责任和附则共计 13 章 155 个总条款。下文主要对其中需要特别关注的亮点和重要内容进行介绍。

一是借鉴国际经验，统一法律适用。《期货和衍生品法》对期货交易和衍生品交易都进行了定义。该法在重点规范期货市场法律关系的同时，将衍生品交易纳入法律调整范围，兼顾衍生品市场发展的法治需求。在立法过程中，立法者充分吸收二十国集团在全球金融危机后达成的加强衍生品监管的共识，借鉴国际成熟市场经验，在《期货和衍生品法》中规定了单一主协议、终止净额结算、交易报告库等衍生品交易基础制度，解决了之前国际金融领域的实践与中国现行的《民法典》、《企业破产法》相抵触的问题，进一步扫清了阻碍中国衍生品市场发展的制度性障碍。

二是坚持制度创新，规范参与机构。立法者对中国期货市场建立以来的经验进行了总结和提炼，通过《期货和衍生品法》将保证金监控、账户实名制等具有中国特色的期货监管制度在法律层面正式确定下来，同时也承认了在中国期货市场运行良好的交易、结算、交割等做法的合法性。此外，《期货和衍生品法》在品种上市机制、期货公司业务范围、保证金多样化等方面作出了创新性的安排，为未来市场的进一步发展提供了制度空间。《期货和衍生品法》对信息技术服务机构进行备案管理，进一步规范了会计师事务所、律师事务所、资产评估机构、期货保证金存管机构、交割库、信息技术服务机构等期货服务机构的行为，规定期货服务机构应当勤勉尽责、恪尽职守，对专业审计报告、法律意见书等所依据的文件资料内容的真实性、准确性、完整性进行核查和验证。

三是维护金融安全，加强风险防控。防范化解金融风险，维护国家金融安全是期货

① 作者：史广龙，“中国金融政策报告”项目（课题组）研究员。

法的重要立法目标。首先，《期货和衍生品法》规定了期货交易实行账户实名制、程序化交易报告义务以及持仓限额、当日无负债结算、强行平仓等风控制度。其次，《期货和衍生品法》明确了交易结算机构在风险防控中的特殊地位，规定期货结算机构中央对手方的法律地位，为期货交易提供了集中履约保障。最后，《期货和衍生品法》规定期货交易机构履行一线监管职责，要对期货交易进行实时监控和风险监测，出现异常情况的，可以单独或者会同期货结算机构采取紧急措施。

四是构建制度体系，注重投资保护。《期货和衍生品法》设立专章来保护期货交易者，构建了交易者保护的制度体系。具体而言，根据财产状况、金融资产状况、交易知识和经验、专业能力等因素，将期货交易者分为普通交易者和专业交易者。在此基础上，《期货和衍生品法》加强了对普通交易者的保护。普通交易者与期货经营机构发生纠纷的，期货经营机构应当证明其行为符合法律、行政法规以及国务院期货监督管理机构的规定，不存在误导、欺诈等情形。期货经营机构不能证明的，应当承担相应的赔偿责任。自此，确立了举证责任倒置，有利于更好地保护普通交易者，更好地实现期货和衍生品交易的公平、公正、公开目标，对市场的长期健康发展具有重要意义。

五是坚持法治原则，扩大对外开放。基于期货和衍生品交易具有显著国际化的特点，《期货和衍生品法》在坚持法治化原则的基础上，规定专门制度，填补了涉外期货交易法律制度的空白。首先，《期货和衍生品法》规定了长臂管辖条款，如果中国境外的期货交易和衍生品交易及相关活动扰乱了中国境内市场秩序，损害了境内交易者的合法权益，就可以适用《期货和衍生品法》进行管辖。其次，《期货和衍生品法》规定了跨境监管合作的内容，重申了应当遵循国家法律、法规的规定和对等互惠的原则，但不得泄露国家秘密，不得损害国家利益和社会公共利益。最后，《期货和衍生品法》设专章规定了跨境交易。境内交易者从事境外期货交易，应当委托具有境外期货经纪业务资格的境内期货经营机构进行。境外机构自行或者通过境内机构在中国境内从事期货市场营销、推介及招揽活动的，应当经监管部门批准。

三、评述

《期货和衍生品法》的颁布和实施，补齐了我国期货和衍生品领域长期以来一直存在的法治化短板，不仅将我国期货和衍生品市场长期以来不断摸索形成的一些行之有效的制度和做法在法律层面进行了确认，而且在很多制度领域进行了创新，为保护交易者权益、充分发挥期货和衍生品市场功能、更好地服务实体经济提供了强有力的制度保障。

九、商品期货市场发展政策[①]

（一）2022 年商品期货市场概述

1. 期货市场运行平稳，国际竞争力增强

2022 年国内期货市场成交 67.68 亿手和 534.9 万亿元，同比分别下降 9.93% 和

---

① 作者：甘正在，国元期货有限公司副总经理、“中国金融政策报告”项目（课题组）高级研究员。

7.96%，商品期货市场运行平稳，成交量较上年有所回落。全年全球期货市场成交838.48亿手，国内期货市场成交量占全球总成交量的8.07%，较2021年占比12%下降了约4个百分点。其中国内商品期货与期权成交量为66.16亿手，占全球商品期货与期权总成交量91.53亿手的72.3%，较2021年同期69.8%的占比上升2.5个百分点。在农产品、金属和能源三类品种的全球成交量排名中，国内期货期权品种在相应品类全球前20强中分别占16席、14席和5席。

2. 新品种稳步增加，品种体系不断完善

2022年国内期货市场共上市了16个商品期货期权新品种，包括2个期货品种、14个期权品种。其中，上海期货交易所上市了螺纹钢期权和白银期权；郑州商品交易所上市了菜籽油期权和花生期权；大连商品交易所上市了黄大豆1号期权、黄大豆2号期权和豆油期权；广州期货交易所上市了工业硅期货和工业硅期权。截至2022年底，共上市商品期货期权品种数量达到93个，其中期货65个、期权28个。

3. 期货公司资本实力增强，但收入有所下滑

截至2022年底，国内期货公司总资产约1.7万亿元，净资产1841.65亿元，同比分别增长23.06%和14.07%。在资本实力持续增强的同时，期货公司收入有所下滑，经纪业务收入233.75亿元，同比下降25.79%；交易咨询业务收入1.15亿元，同比下降34.66%；资产管理业务收入9.95亿元，同比下降18.04%；风险管理业务收入2413.81亿元，同比下降8.17%。

（二）2022年商品期货市场发展政策主要内容

1. 聚焦服务实体经济和国家战略

2022年1月4日，中央一号文件《中共中央　国务院关于做好2022年全面推进乡村振兴重点工作的意见》明确指出“优化完善‘保险+期货’模式”。这是自2016年以来中央一号文件连续7年提及“保险+期货”，表明该模式在切实保障农户收益、推动乡村产业健康发展、助力乡村振兴等方面得到国家层面的高度认可。1月13日，国家发展改革委印发的《“十四五”现代流通体系建设规划》提出，推出航运指数期货等创新产品，支持化工产品、金属材料等领域期货产品扩面。完善期货监管法律法规，积极探索期现联动。1月21日，中国期货业协会发布《期货行业全面推进乡村振兴助力实现共同富裕倡议书》，聚焦乡村振兴目标，扎实推动共同富裕。3月25日，《中共中央　国务院关于加快建设全国统一大市场的意见》提出，加快推动商品市场数字化改造和智能化升级，鼓励打造综合性商品交易平台。加快推进大宗商品期现货市场建设，不断完善交易规则。建设全国统一的能源市场。在有效保障能源安全供应的前提下，结合实现碳达峰碳中和目标任务，有序推进全国能源市场建设。在统筹规划、优化布局基础上，健全油气期货产品体系，规范油气交易中心建设，优化交易场所、交割库等重点基础设施布局。5月17日，国务院办公厅印发的《关于推动外贸保稳提质的意见》提出，加紧研究推进在上海期货交易所、大连商品交易所上市海运运价、运力期货。5月20日，中国证监会发布《关于进一步发挥资本市场功能　支持受疫情影响严重地区和行业加快

恢复发展的通知》，推出了23条务实举措，其中包括：发挥期货市场作用，发挥期货避险功能，助力受疫情影响严重地区和行业企业风险管理。抓好产业客户培育活动，稳步扩展“期货稳价订单”至沥青、低硫燃料油等能化期货品种。

2. 地方政府积极支持商品交易所发展

1月29日，广东省人民政府发布《关于推进广东自贸试验区贸易投资便利化改革创新的若干措施》，提出15个方面共27项具体措施，在金融创新方面，打造期货产业链，包括高标准建设广州期货交易所和完善期货保税交割监管政策两项措施。高标准建设广州期货交易所包括：强化广州期货交易所与香港交易所、深圳证券交易所的联动合作，吸引国际投资者参与，打造服务高质量发展、粤港澳大湾区和“一带一路”建设的重要平台。进一步丰富商品期货品种，推动研究、上市符合广东自贸试验区发展需求的特色期货品种。完善期货保税交割监管政策包括：支持期货交易所将开展期货保税交割业务的货物品种及指定交割仓库向海关总署备案。支持广东自贸试验区内的保税监管场所开展期货保税交割业务。对参与保税交割的法检商品，入库时集中检验，进出口报关时采信第三方机构质量、重量检验结果分批放行。探索依托广州期货交易所推动期货保税交割业务发展，发展农产品、金属等大宗商品期货保税交割业务。探索开展前海联合交易中心与香港交易所、内地期货交易所等期货现货联动业务试点，支持前海联合交易中心开展天然气大宗商品跨境交易，拓展大宗农产品、绿色低碳商品品种。

7月19日，广东省地方金融监管局印发《关于完善期现货联动市场体系　推动实体经济高质量发展实施方案》，主要围绕发展完善期现货联动的交易市场体系，打造完整期货产业链，推动广东优势产业升级，提升重要大宗商品的价格影响力，促进广东经济高质量发展，从建立健全期货市场基础设施体系、推动大宗商品交易市场发展、大力推动期现货结合业务发展、营造期货市场良好生态环境等四个方面，并从加强组织保障、强化政策保障、加强国际交流合作等方面提出保障措施。

12月2日，广东省发展改革委印发的《广东省“十四五”现代流通体系建设实施方案》提出，依托地方特色优势产业，推动现有大宗商品交易场所转型升级，打造集交易、融资、信息、仓储、物流、质检等服务于一体的大宗商品交易平台。支持广州期货交易所研究推出碳排放权、电力、商品指数期货等创新产品。支持深圳排放权交易所开展海洋碳汇交易试点。完善期现货联动市场体系，培育期现货合营的大宗商品交易商，鼓励符合条件的现货企业申请设立大宗商品交割仓，开展保税交割业务。围绕粮食、钢铁、煤炭等重点品种，支持广州、珠海、湛江建设大宗商品交易中心和产业聚集区。支持华南粮食批发交易中心稳步扩大上市交易品种范围，支持深圳建立农产品离岸现货交易平台。

3月11日，辽宁省人民政府印发的《进一步深化中国（辽宁）自由贸易试验区改革开放方案》提到，依托大连商品交易所，推进航运期货等期货品种研发上市，探索干散货物流指数等衍生品交易。加快引入境外交易者参与期货交易。完善期货保税交割监管政策。支持建立大宗农产品期货保税交割仓库。

4月11日，河南省人民政府印发《关于支持郑州商品交易所优势再造的意见》提出，加强政策支持，强化人才支撑，优化发展环境，把郑州商品交易所打造成为国际一流的衍生品交易所和大宗商品定价中心，集聚金融与产业资源，全面提升服务实体经济能力和效果。7月11日，郑州市人民政府印发的《关于支持期货业高质量发展全面实施“期货+”战略的实施意见》提出，通过实施“期货+”战略，把郑州商品交易所打造成为全球有影响力的期货定价中心、期货价格避险中心和期货机构集聚中心，持续增强赋能区域经济发展效果，全面提升服务实体经济能力和水平。

10月17日，上海市人民政府印发《本市推动外贸保稳提质的实施意见》，鼓励外贸企业合理运用航运衍生产品，管理运价波动风险，支持集装箱运价指数期货上市，探索干散货、油轮等运价指数期货期权产品。支持建设大宗商品现货和期货一体化交割仓库，逐步扩大交割商品品种。

3. 《期货和衍生品法》出台

4月20日，第十三届全国人大常委会第三十四次会议表决通过《中华人民共和国期货和衍生品法》。该法自2022年8月1日起施行。《期货和衍生品法》立足期货市场和衍生品市场的实际情况，重点规范期货市场，兼顾衍生品市场，着眼于充分发挥期货市场和衍生品市场服务国民经济的功能，将经过实践检验成熟可靠的制度上升为法律，巩固改革发展的成果，同时准确把握市场发展的趋势，前瞻性地做一些重大制度改革，为市场创新发展预留充足的制度空间。该法共13章155条，重点围绕期货交易、结算与交割基本制度，期货交易者保护制度，期货经营机构与期货服务机构的监管，期货交易场所和期货结算机构的运行，期货市场监督管理，法律责任等做了规定。《期货和衍生品法》围绕服务实体经济高质量发展的主线，就促进期货市场功能发挥做了制度安排：一是明确规定国家支持期货市场健康发展，发挥市场价格发现、风险管理和资源配置的功能；二是鼓励实体企业利用期货市场从事套期保值等风险管理活动，明确对套期保值实施持仓限额豁免；三是专门规定采取措施推动农产品期货市场和衍生品市场发展，引导国内农产品生产经营；四是建立以市场为导向的品种上市机制，原则规定品种上市基本条件，优化品种上市程序，丰富期货品种，完善产品结构；五是扩展期货公司业务范围，增加了期货做市交易、衍生品交易等业务，为期货公司增强经营能力和风险管理能力、更好地服务实体企业，预留了法律空间。《期货和衍生品法》有效填补了资本市场法治建设的空白，资本市场法治体系的“四梁八柱”基本完成，对期货市场法治建设具有里程碑意义。

4. 广州期货交易所正式运行

12月2日，证监会发布通知，同意广州期货交易所开展工业硅期货和期权交易，这是广州期货交易所揭牌后的首个交易品种，也是国内首个新能源金属品种。12月22日、23日，工业硅期货和期权相继上市交易，标志着我国第四个商品期货交易所正式运行。广州期货交易所自成立以来，立足服务实体经济、服务绿色发展，秉持创新型、市场化、国际化的发展定位，积极稳妥推进业务筹建和产品上市等工作。工业硅主要用于生产多晶硅、有机硅等，属于绿色低碳品种。我国是全球最大的工业硅生产国、消费国和出口国，推出工业硅期货和期权，对于完善工业硅价格形成机制、提升市场主体风险管理能力和助力我国低碳经济发展具有积极意义。

5. 加强期货市场监管助力保供稳价

2022 年，在全球通胀创多年新高、输入性通胀压力明显加大的背景下，有关部门坚决贯彻落实党中央、国务院决策部署，以粮食和能源为重点，有力有效开展重要商品保供稳价工作。1 月 20 日，工信部、国家发展改革委、生态环境部联合发布《关于促进钢铁工业高质量发展的指导意见》提出，严禁新增钢铁产能，有序发展电炉炼钢，提高资源保障能力。完善铁矿石期货市场建设，加强期货市场监管，完善铁矿石合理定价机制。2 月 8 日，郑州商品交易所发布通知，决定自 2 月 11 日结算时起，动力煤期货 2205 合约的交易保证金标准调整为 50%。2 月 24 日，国家发展改革委出台《关于进一步完善煤炭市场价格形成机制的通知》，会同有关方面综合采取供需衔接、储备吞吐、进出口调节、运输协调等措施，促进煤炭价格在合理区间运行。3 月 3 日，大连商品交易所发布通知，自 3 月 8 日交易时起，调整液化石油气、铁矿石、焦煤、焦炭品种部分合约的手续费标准，其中，铁矿石部分合约日内交易手续费标准提高一倍。4 月 29 日，国家发展改革委等四部门印发《关于做好 2022 年降成本重点工作的通知》指出，加强重要原材料和初级产品保供稳价。继续做好能源、重要原材料保供稳价工作，保障民生和企业正常生产经营用电。增强国内资源生产保障能力，加快油气、矿产等资源勘探开发，保障初级产品供给。加强原材料产需对接，推动产业链上下游衔接联动。进一步强化大宗商品市场监管，加强大宗商品价格监测预警。5 月 9 日，国务院促进中小企业发展工作领导小组办公室印发《加力帮扶中小微企业纾困解难若干措施的通知》，要求做好大宗原材料保供稳价，运用储备等多种手段，加强供需调节，促进价格平稳运行。加强大宗商品现货和期货市场监管，严厉打击串通涨价、哄抬价格等违法违规行为，维护市场价格秩序。

（三）2023 年商品期货市场政策展望

1. 完善《期货和衍生品法》配套制度

《期货和衍生品法》的立法工作已经完成，但该法出台后尚有配套规定需要完善。本着“成熟一批、及时修改一批”的原则，证监会对相关制度进行了系统性的专项清理。2022 年 8 月 12 日证监会发布了《关于修改、废止部分证券期货规章的决定》《关于修改、废止部分证券期货规范性文件的决定》，决定对 8 部规章、14 部规范性文件的部分条款予以修改，对 1 部规章、1 部规范性文件予以废止。2023 年，为做好《期货和衍生品法》的贯彻落实工作，证监会正积极开展《期货和衍生品法》配套制度的梳理工作，包括期货公司监督管理办法、期货风险管理公司衍生品交易业务管理办法等均在修订和制定中。

2. 期货新品种扩容加速

2023 年，各家交易所将紧扣国家战略方向和产业发展需要，继续推出各类期货、期权产品，逐渐提高期货产品的覆盖面和已上市期货品种的期权覆盖率，不断完善期货期权品种体系，以适应实体经济的发展。郑州商品交易所将有序推进 PX、瓶片、烧碱、丙烯、鸡肉、BPI 等期货研发上市工作；大连商品交易所以产业风险管理需求和初级产品保供稳价为导向，加快产品创新，将加快再生钢铁原料、集装箱运力等期货品种上市步伐；上海期货交易所将以双碳目标、绿色发展为牵引，构建高质量产品体系，不断完善品种序列，加快上市天然气、成品油、电力等能源品种；广州期货交易所将加大战略储备品种研发，积极探索对外开放新路径，持续推进新品种上市，不断丰富交易所产品体系，努力服务新能源等高科技企业自立自强、服务绿色低碳转型发展。

3. 加快期货市场对外开放

目前我国已有 23 个品种引入境外交易者，QFII 和 RQFII 参与境内期货、期权交易的政策措施已经落地。《期货和衍生品法》为期货市场“走出去、引进来”提供了法律支撑，铜、PTA 等重要品种价格已成为全球现货贸易定价基准，期货市场全面开放格局基本形成。期货市场作为重要的市场化配置资源平台，2023 年将持续扩大制度型对外开放，不断提升重要大宗商品的价格影响力。

附表

2022 年中国商品期货市场主要政策

发布日期	政策名称	发文单位
1 月 13 日	“十四五”现代流通体系建设规划	国家发展改革委
1 月 20 日	关于促进钢铁工业高质量发展的指导意见	工信部、国家发展改革委、生态环境部
1 月 21 日	期货行业全面推进乡村振兴助力实现共同富裕倡议书	中国期货业协会
1 月 29 日	关于推进广东自贸试验区贸易投资便利化改革创新的若干措施	广东省人民政府
2 月 8 日	关于调整动力煤期货 2205 合约交易保证金标准的通知	郑商所
2 月 24 日	关于进一步完善煤炭市场价格形成机制的通知	国家发展改革委
3 月 3 日	关于调整相关品种合约手续费标准的通知	大商所
3 月 11 日	进一步深化中国（辽宁）自由贸易试验区改革开放方案	辽宁省人民政府
3 月 25 日	关于加快建设全国统一大市场的意见	中共中央、国务院
4 月 11 日	关于支持郑州商品交易所优势再造的意见	河南省人民政府
4 月 20 日	中华人民共和国期货和衍生品法	全国人大常委会
4 月 29 日	关于做好 2022 年降成本重点工作的通知	国家发展改革委等四部门
5 月 9 日	加力帮扶中小微企业纾困解难若干措施的通知	国务院促进中小企业发展工作领导小组办公室
5 月 17 日	关于推动外贸保稳提质的意见	国务院
5 月 20 日	关于进一步发挥资本市场功能　支持受疫情影响严重地区和行业加快恢复发展的通知	证监会
8 月 12 日	关于修改、废止部分证券期货规章的决定 关于修改、废止部分证券期货规范性文件的决定	证监会
10 月 17 日	本市推动外贸保稳提质的实施意见	上海市人民政府
12 月 2 日	广东省“十四五”现代流通体系建设实施方案	广东省发展改革委

专栏 12

贯彻落实新发展理念　高水平建设国家金融管理中心[①]

2022 年 5 月，北京市金融服务工作领导小组发布《北京市“十四五”时期金融业发展规划》（以下简称《规划》），明确了“十四五”时期北京金融业发展的总体思路、发展目标、功能布局、主要任务和保障措施，全面部署首都金融业高质量发展。

《规划》由北京市地方金融监督管理局组织编制，提出十个方面共 55 项主要任务措施：一是强化大国首都金融功能，高水平建设国家金融管理中心；二是优化首都金融组织体系，打造具有全球竞争力的现代金融业态；三是服务新三板改革，完善多层次金融市场体系；四是发挥“金融＋科技＋数据”叠加优势，构建金融科技创新中心；五是加强普惠金融服务民生，促进城乡居民共同富裕；六是深化金融供给侧结构性改革，建设精准高效的金融生态服务体系；七是加快绿色金融改革，建设绿色金融中心；八是推进金融领域“两区”建设，打造金融业双向开放新高地；九是完善金融监管体系，构建金融安全首善之区；十是提升首都金融软实力，营造国际一流金融营商环境。以上各项任务规划基期为 2020 年，实施时间为 2021 年至 2025 年，并展望 2035 年。

《规划》回顾了“十三五”时期首都金融业在管理机制和市场体系建设等方面的成绩，并结合当前新形势新任务新要求，提出到“十四五”期末，北京国家金融管理中心能级显著提升，金融服务保障首都高质量发展作用更加凸显，金融双向开放高水平推进，金融改革创新动能持续增强，金融治理体系和治理能力显著提高的目标。《规划》预计，2025 年北京市金融业增加值将达到 1 万亿元左右；境内外上市公司数量将达到 1000 家左右；金融机构不良率持续低于全国平均水平。

《规划》强化了北京作为国家金融管理中心的战略定位，突出首都服务国家金融决策和金融业态管理的职能。制度建设上，坚持金融改革开放的基调不变，着力完善多层次金融市场体系，推进各类持牌机构的创新发展，积极开展跨境金融交流合作。执行层面，落实高质量发展的要求，主张增强普惠金融服务，深化金融供给侧结构性改革，推动绿色金融改革。面对新形势下的新机遇，提出发挥“金融＋科技＋数据”的叠加优势，发展现代化数字金融体系，以科技助力金融基础设施建设。

《规划》展望 2035 年，届时北京将形成国际一流的金融营商环境，金融机构组织体系更加完善；金融科技水平不断提升；绿色金融助力碳达峰、碳中和，成为推动金融业高质量发展的新动能、新引擎；金融业对北京建设国际一流的和谐宜居之都、推动京津冀协同发展起到充分支撑作用；国家金融管理中心综合竞争力显著增强，与大国首都地位相匹配的现代金融业全面发展，成为全球金融中心城市网络中具有重要地位、在全球金融治理中发挥重要作用的中心节点。

---

① 作者：张宸，中国信达资产管理股份有限公司宏观经济与金融风险首席研究员、“中国金融政策报告”项目（课题组）研究员；徐谨智，南开大学金融学院金融学专业硕士生。

“十四五”时期是我国开启全面建设社会主义现代化国家新征程，向第二个百年奋斗目标进军的首个五年。首都金融业作为北京经济的第一大支柱产业，肩负着提升国家金融核心竞争力、维护国家金融安全、推动国家金融改革开放的重要历史使命。总的来看，《规划》明确了“十四五”时期北京金融业高质量发展的思路、布局和重心，为进一步做好首都金融工作提供了重要遵循。

十、外汇市场发展政策

（一）政策效果

2022 年 5 月 11 日，国家外汇管理局发布《国家外汇管理局行政处罚办法》，规范国家外汇管理局及其分支机构行政处罚行为，保障和监督国家外汇管理局依法履行职责，保护公民、法人和其他组织的合法权益。

5 月 12 日，国家外汇管理局发布《关于进一步促进外汇市场服务实体经济有关措施的通知》，指出金融机构应持续加强服务实体经济汇率风险管理的能力建设，要丰富对客户外汇市场产品，支持中国外汇交易中心和银行间市场清算所股份有限公司提升外汇市场服务水平，扩大合作办理人民币对外汇衍生品业务范围，支持银行自身外汇风险管理。

5 月 24 日，商务部、中国人民银行、国家外汇管理局发布《关于支持外经贸企业提升汇率风险管理能力的通知》，进一步支持外经贸企业提升汇率风险管理能力，促进外经贸企业稳健经营。

5 月 27 日，人民银行、证监会、国家外汇管理局发布《关于进一步便利境外机构投资者投资中国债券市场有关事宜》，进一步便利境外机构投资者依法合规投资中国债券市场。

5 月 30 日，国家外汇管理局发布《关于支持高新技术和“专精特新”企业开展跨境融资便利化试点的通知》，贯彻落实国务院稳经济一揽子政策措施和《中国人民银行 国家外汇管理局关于做好疫情防控和经济社会发展金融服务的通知》精神，支持实体经济高质量发展。

7 月 1 日，国家外汇管理局企业汇率风险管理服务小组发布《企业汇率风险管理指引》，提升实体经济防范汇率风险的意识和能力，帮助企业全面认识、科学管理汇率风险。

7 月 26 日，国家外汇管理局印发《关于印发〈通过银行进行国际收支统计申报业务实施细则〉的通知》，规范通过境内银行进行的国际收支统计申报业务。

10 月 25 日，为进一步完善全口径跨境融资宏观审慎管理，增加企业和金融机构跨境资金来源，引导其优化资产负债结构，人民银行、国家外汇管理局决定将企业和金融机构的跨境融资宏观审慎调节参数从 1 上调至 1.25。

11 月 10 日，中国人民银行、国家外汇管理局印发《关于印发〈境外机构投资者投资中国债券市场资金管理规定〉的通知》，支持和规范境外机构投资者投资中国债券市场。

11 月 11 日，中国人民银行、国家发展改革委、科技部、工业和信息化部、财政部、银保监会、证监会、国家外汇管理局印发《关于印发〈上海市、南京市、杭州市、合肥市、嘉兴市建设科创金融改革试验区总体方案〉的通知》，推进上海市、南京市、杭州市、合肥市、嘉兴市科创金融改革，加大金融支持创新力度。

11月23日，中国人民银行、国家外汇管理局发布《关于境外机构境内发行债券资金管理有关事宜的通知》，规范境外机构境内发行债券资金管理。

（二）外汇市场发展展望

2023年，外汇管理工作要坚持以习近平新时代中国特色社会主义思想为指导，全面贯彻落实党的二十大精神和中央经济工作会议精神，坚持和加强党中央对金融工作的集中统一领导，坚持稳中求进、守正创新，全面贯彻新发展理念，加快构建新发展格局，按照“六个更好统筹”要求，深化外汇领域改革开放促进高质量发展，防范外部冲击风险守好安全底线，保障外汇储备资产安全、流动和保值增值，为全面建设社会主义现代化国家开好局起好步提供有力支持。

2023年外汇管理的重点工作包括五个方面。一是持之以恒推进全面从严治党。深刻领悟“两个确立”的决定性意义，坚决贯彻落实党中央决策部署，持续巩固深化中央巡视整改成效，锲而不舍落实中央八项规定精神，持续深化纠治“四风”。加强基层党组织建设，打造一支忠诚、干净、担当、专业的干部队伍。二是深化外汇领域改革开放。稳妥有序推进资本项目高水平开放，完善跨国公司本外币一体化资金池试点。扩大优质企业贸易外汇收支便利化政策覆盖面，支持贸易新业态创新发展和规范发展。优化中小微企业汇率避险服务，探索丰富跨境金融服务平台应用场景。创新优化外汇管理政策，积极服务国家重大区域发展战略。三是防范跨境资金流动风险。强化外汇形势监测分析，加强宏观审慎管理和预期引导，丰富宏观审慎政策工具箱。完善外汇市场微观监管，加快建立“实质真实、方式多元、尽职免责、安全高效”的真实性管理机制。加强非现场能力建设，严厉打击外汇违法违规活动。四是完善外汇储备经营管理。推进专业化投资能力建设、科技化运营能力建设、市场化机构治理能力建设，保障外汇储备资产安全、流动和保值增值。五是夯实外汇管理基础工作。加强外汇管理法治建设，建设高水平国际收支统计体系，深化“数字外管”和“安全外管”建设，提升外汇研究水平。

附表

2022年中国外汇市场主要政策

发布日期	发文单位	政策文件名称
5月11日	国家外汇管理局	国家外汇管理局行政处罚办法
5月12日	国家外汇管理局	关于进一步促进外汇市场服务实体经济有关措施的通知
5月24日	商务部、中国人民银行、国家外汇管理局	关于支持外经贸企业提升汇率风险管理能力的通知
5月27日	中国人民银行、证监会、国家外汇管理局	关于进一步便利境外机构投资者投资中国债券市场有关事宜
5月30日	国家外汇管理局	关于支持高新技术和“专精特新”企业开展跨境融资便利化试点的通知
7月1日	国家外汇管理局 企业汇率风险管理服务小组	企业汇率风险管理指引

续表

发布日期	发文单位	政策文件名称
7月26日	国家外汇管理局	关于印发《通过银行进行国际收支统计申报业务实施细则》的通知
10月25日	中国人民银行、国家外汇管理局	人民银行、外汇局上调跨境融资宏观审慎调节参数
11月10日	中国人民银行、国家外汇管理局	关于印发《境外机构投资者投资中国债券市场资金管理规定》的通知
11月11日	中国人民银行、国家发展改革委、科技部、工业和信息化部、财政部、银保监会、证监会、国家外汇管理局	上海市、南京市、杭州市、合肥市、嘉兴市建设科创金融改革试验区总体方案
11月23日	中国人民银行、国家外汇管理局	关于境外机构境内发行债券资金管理有关事宜的通知

专栏13

香港国际金融中心地位稳如磐石①

数年来，尽管经历了多轮金融和经济周期波动的挑战，在国家的政策支持下，香港国际金融中心的地位一直稳如磐石。

国际清算银行于2022年4月进行最新一次的三年一度外汇及衍生工具市场成交额调查，结果再度确认了香港作为全球外汇交易中心的地位。尽管当时香港正处于新一轮新冠疫情暴发期，但香港当月外汇衍生品成交额和外汇交易额仍分别位列全球第三和第四，与2019年持平。目前，香港仍是绝大部分境外金融机构在亚洲地区总部的首选地，全球排名前100的银行中超过七成落地香港开展业务；2021年香港资产管理行业规模达到35.55万亿港元，其中非香港投资者的资金占比过半，私人财富管理业务规模达到10.58万亿港元，香港是亚洲最大的国际基金管理中心。

同时，香港也是全球最大的离岸人民币交易市场，是全球离岸人民币的清算中心和资金中心。截至2023年1月底，香港离岸人民币存款约8300亿元，占全球离岸人民币的60%以上，七成的离岸人民币支付结算在香港完成。香港金融管理局一直以来都是人民银行最大的本币互换对手方，2022年和中国人民银行签订常备互换协议，将互换规模从5000亿元增加至8000亿元，为香港离岸人民币交易提供了充足的流动性保障。香港财资市场公会推出的人民币香港银行同业拆息利率也已成为离岸人民币市场的基准定价利率之一。此外，中国人民银行也开始在香港常态化发行央行票据，为形成完善的离岸人民币收益率曲线提供定价依据。香港作为连接中国境内外金融市场的桥头堡，为推进人民币国际化进程发挥了重要作用。

近年来，随着金融高水平对外开放政策的不断推进，香港也在中国资本账户的双向

① 作者：俞亚莲，中国银行江苏省分行私人银行部副总经理、“中国金融政策报告”项目（课题组）研究员。

开放中扮演着重要角色。目前境内企业在香港上市公司的数量中占比超过一半，市值占比超过港股总市值的七成，全球离岸人民币债券在香港发行的比例超过80%，香港为境内高质量企业在海外融资提供了积极的支持。沪股通、港股通、债券南向通、北向通、跨境理财通等互联互通机制的平稳运行一方面为境外长期资金参与境内金融市场提供了稳定的渠道，另一方面又拓展了境内投资者进行全球金融资产配置的空间。互联互通机制有效促进了资本双向流动，为中国的金融市场同国际金融市场接轨作出了重要贡献。

香港国际金融中心地位的稳固符合国家对外开放政策需要，“十四五”规划也明确提出要继续支持香港提升国际金融中心地位，强化其作为全球离岸人民币的枢纽职能。未来，香港将继续发挥中国金融市场对外开放过程中防火墙、试验场的作用，积极推进境内外资本市场协同发展，大力发展离岸人民币业务，为中国形成高水平多层次的对外开放格局、推进人民币国际化进程奉献力量。

十一、黄金市场发展政策[①]

2022 年，在俄乌冲突和美联储持续加息的影响下，黄金作为典型的避险资产成为资产配置的焦点。中国黄金市场在此背景下坚持完善交易体系，不断提高对外开放水平，提高对境外投资者的包容性，加快黄金市场发展的国际化进程。

（一）黄金市场发展概况

2022 年初，国际现货黄金价格以 1828.61 美元/盎司[②]开盘，随着俄乌冲突的爆发，在避险情绪和通胀预期的双重因素推动下，国际现货金价在 3 月 8 日涨至年内高点 2070.42 美元/盎司。3 月开始，美联储为了抑制不断走高的通胀数据而开始逐步加息，在紧缩预期之下，金价也开启了新一轮下跌，于 9 月 28 日最低下探至 1614 美元/盎司。10 月，美联储加速加息预期依然较强，伦敦金呈现先强后弱走势，继续维持弱势行情。11 月初，随着美国 10 月非农数据释放就业市场走弱信号，10 月 CPI 降幅超预期，通胀见顶回落趋势逐渐明确，美联储加息放缓预期大幅升温，美元指数和美债收益率持续下降，黄金一路上涨突破 1800 美元/盎司关口。年末，国际现货黄金价格收于 1822.79 美元/盎司，比 2021 年末下跌 6.45 美元/盎司，跌幅为 0.35%。

上海黄金交易所（以下简称上金所）黄金 AU9999 合约年初开盘价 373 元/克，全年最高价 418 元/克，最低价 275.05 元/克，振幅为 51.97%，年末收盘价 410.49 元/克，同比上涨 9.8%。

2022 年，上金所全部黄金品种累计成交额为 15.18 万亿元（双边），同比增长 16.04%，成交量 3.88 万吨（双边），同比增长 11.31%。上海期货交易所（以下简称上期所）全部黄金品种累计成交额为 30.72 万亿元（双边），同比下降 10.14%，成交量为 8.63 万吨（双边），同比下降 11.09%。

---

① 作者：周海波，国泰君安证券股份有限公司政策研究院政策研究员、“中国金融政策报告”项目（课题组）研究员。

② 1 盎司 = 28.350 克。

（二）2022年黄金市场主要发展政策分析

1. 持续对外开放，完善我国对外贸易体系

2022年1月13日，国家发展改革委发布《“十四五”现代流通体系建设规划》。这是现代流通领域第一份五年规划，对现代流通体系建设进行战略性布局、系统性谋划，提出一系列可操作、可落地的重点任务，对畅通经济循环具有开创性意义。该规划指出，要培育资源整合能力强、经营网络覆盖广的跨国大型贸易商，提高进口大宗商品大规模集中采购水平，提升集采对国内发展的带动力和国际价格影响力。推出航运指数期货等创新产品，支持化工产品、金属材料等领域期货产品扩面。完善期货监管法律法规，积极探索期现联动。加大商品期货对外开放力度，探索结算价授权等多元化开放路径，吸引境外实体企业和投资机构积极参与。资源市场化配置能力的提升，将进一步健全和完善中国黄金市场交易平台，推动黄金市场的高速流通，吸引更多境外投资者参与到我国黄金市场中来，提升我国黄金市场的影响力。

5月17日，国务院办公厅印发《关于推动外贸保稳提质的意见》。意见提出保障外贸领域生产流通稳定，加大外贸企业财税金融支持力度，进一步帮助外贸企业抓订单、拓市场，稳定外贸产业链供应链等四方面13项政策措施。意见中提到要增强海运物流服务稳外贸功能。加紧研究推进在上海期货交易所、大连商品交易所上市海运运价、运力期货。该意见的颁发，将推进上海期货交易所和大连商品交易所的国际化进程，保障中国的黄金商品交易和黄金期货交易。

除了完善基础设施，地方政府也在努力构建区域性的国际化贸易平台，利用地方金融特点来助力贸易发展，完善我国黄金交易体系。5月20日，北京市地方金融监督管理局会同人民银行营业管理部、银保监会北京监管局、证监会北京监管局联合发布了《关于推进北京全球财富管理中心建设的意见》，加快推动全球财富管理中心建设，推进更高水平金融开放合作，助力首都金融业高质量发展。该意见提出，要支持外资机构拓展发展空间。支持外资金融机构在资产管理、投资管理、养老金管理、风险管理等方面积极引入先进国际经验，参与首都金融改革创新，丰富首都金融产品和服务。支持外资保险资产管理公司从事保险资金境外投资受托管理业务。支持外资机构获得更多业务资质，深度参与国内金融市场，开展股票、债券、外汇、基金、黄金市场和银行间市场交易。允许更多的参与者加入到中国黄金市场的交易中来，有利于提升我国在世界黄金市场定价中的话语权。

为探索黄金市场国际合作新模式，疏通黄金产业链国内外市场流通环节，我国黄金市场不断完善各类基础设施，以业务创新提升中国黄金实体企业跨境市场服务能力。

2. 丰富产品类型，完善我国黄金市场基础设施

2022年2月7日，上期所通过了新的《上海期货交易所交易细则（修订版）》，对场内交易席位和远程交易席位的使用作出了更详细的规定。随后在7月22日，上期所修订了《上海期货交易所黄金期货交割实施细则（试行）》，对黄金期货交割的入库和出库阶段作出了更为详细的规定，更好地确保期货交易的有序进行。

3 月，平安上海金交易型开放式证券投资基金（基金代码 159832）、大成上海金交易型开放式证券投资基金（基金代码 159833）和南方上海金交易型开放式证券投资基金（基金代码 159834）成立，并同时开放黄金现货实盘合约申购赎回。9 月 15 日，为有效完善黄金基础设施功能，精准服务市场主体，切实履行合格中央对手职责，上金所就将于 9 月 22 日上市的履约担保型询价业务发布《上海黄金交易所履约担保型询价业务细则》，履约担保型询价业务的挂牌合约为 CAu99.99，对应交割品种为 Au99.99。具有参与履约担保型询价业务交易意向的市场机构自营席位可以根据询价业务相关制度规定，申请参与履约担保型询价业务。

11 月 16 日，为促进黄金市场平稳发展，切实发挥租借业务服务黄金产业链实体企业功能，维护业务参与各方合法权益，上金所制定了《上海黄金交易所实物租借业务细则》，于 2022 年 12 月 19 日开始试运行，2023 年 1 月 9 日正式实施，以保障业务顺利过渡。此项业务可以成为拓宽产业企业融资渠道、降低融资成本和丰富企业风险管理的工具。

上金所和上期所作为我国重要的金融基础设施，将继续统筹做好疫情防控和运行保障工作，确保市场平稳运行和内部有序运营，持续为社会提供稳定和有序的黄金交易定价、清算结算、交割储运及风险管理等金融服务，更好地支持实体经济发展。

3. 健全风险防控体系，保障黄金市场有序运行

2022 年 3 月 9 日，上金所发布公告，鉴于黄金、白银价格大幅波动，上金所次日起提高延期合约交易保证金比例和涨跌停板。6 月 27 日，上金所印发《上海黄金交易所会员反洗钱和反恐怖融资工作实施办法（2022 年修订版）》，对上金所会员单位及其分支机构的反洗钱工作作出相关规定，强调上金所要加强客户身份识别工作，保障客户资金来源的合法性。该办法还强调要及时识别可疑交易，建立可疑交易监测标准；会员单位要妥善保管好客户身份资料与交易记录；上金所也要对会员单位做好反洗钱培训与宣传，提升整体黄金市场的反洗钱意识；上金所会员单位应将反洗钱工作开展情况纳入公司的稽核审计、检查或评估范围。同日，上金所还印发了《上海黄金交易所会员反洗钱、反恐怖融资、反逃税自律指引（2022 年修订版）》，倡导会员单位树立反洗钱合规意识，积极配合交易所的会员身份识别工作。

上金所牢固树立总体国家安全观，强化底线思维，按照中国人民银行监管要求，规范国际高水平监管标准，把防范各类风险摆在突出位置，坚决维护经济金融稳定大局。一方面，上金所持续完善综合风险管理体系，运用风险量化分析提高风险控制体系信息化水平，加强市场交易和资金使用监测，防止系统性风险的发生。另一方面，上金所构建全面的风险管理框架，充分发挥了风险控制管理体系的作用，严格管理交易结算风险。

4. 减费让利，降低投资者交易成本

2022 年 6 月 27 日，为支持会员单位抗击疫情，服务实体产业发展，上金所研究决定免收非金融机构会员一年年会费和席位使用费。9 月 22 日，为降低国际板询价市场交

易成本，完善市场全期限产品结构，促进市场均衡发展，提高市场流动性，上金所决定自2022年10月1日至12月31日调整国际会员参与国际板2个月以内（不含）实物交割询价掉期iPAu99.99、iPAu99.95及iPAu100g合约交易手续费率。

2022年12月22日，上金所发布公告《关于继续免收2023年国际会员及国际客户仓储费、出入库费等费用的公告》。为鼓励国际会员及国际客户参与国际板交易交割，降低国际会员及国际客户的成本，交易所决定继续免收国际会员及国际客户仓储费、出入库费、实物搬运费及其他服务费用。而后在12月23日，上金所发布公告《关于2023年相关品种交易手续费率的通知》。为降低投资者交易成本，把服务产业、服务市场、服务会员的宗旨落到实处，确保市场可持续健康发展，上金所下调上海金、熊猫金币等品种的交易手续费，减费让利促进我国实体企业发展。

黄金市场的降费措施实施后，实体企业参与黄金品种的交易成本、交割成本和保证金资金使用成本进一步降低，有利于提升实体企业利用黄金市场开展风险管理的效率，对推动构建高质量市场生态具有重要意义，充分展现了黄金市场积极服务实体经济的根本宗旨。

（三）政策评价与展望

回顾2022年黄金市场的相关政策，可以总结出以下三个特点。

一是服务人民币国际化战略，提升中国黄金市场对外开放水平。2014年，在上海自贸区启动的黄金国际板，面向境外投资者开放中国黄金市场。随着全球投资者的广泛参与，国际板市场交易规模不断提升，从2014年的450多亿元增长到2021年的3.07万亿元，国际会员数量也持续增加，从最初的40家扩充到2022年的101家。国际板为离岸人民币提供了交易投资市场，拓展了人民币回流渠道，实现了离岸和在岸人民币在专有账户体系内的有效融合，提升了人民币资产的多样性和吸引力，助力强化了人民币的储备和投资功能。2022年中央和地方推出的各类对外开放政策以不同的方式提升了中国的对外开放水平，吸引境内境外投资者，提升中国黄金市场在国际上的影响力和话语权。

二是坚持走创新发展道路，更好助力经济社会发展。中国的黄金市场已经拥有多元化的交易产品体系、具有国际影响力的黄金定价基准和黄金市场标准。2022年中国黄金市场的相关政策做出了多项产品创新，丰富和完善了市场交易的相关规定，将提高中国黄金市场软实力作为重要内容，积极推动黄金市场从单一的金融要素市场向实现跨市场融合发展，促进中国金融市场体系的完善和金融市场效率的提升，为黄金市场稳健发展提供保障。

三是坚持把防范风险放在突出位置，加强黄金市场风险防控。中国的黄金市场以上金所和上期所作为重要代表，把防范风险放在突出位置，坚决保障黄金市场稳健运行、维护经济金融稳定大局，牢牢守住不发生系统性风险的底线。通过提升风控系统信息化水平、加强监控市场交易和资金使用等措施，逐步建立起全面风险管理体系，不断提升风险的监控、评估和处置能力，为服务我国黄金市场持续健康发展和金融市场稳定提供了有效保障。

展望2023年，随着美联储加息步伐放缓，美国经济衰退担忧加剧，美元指数和美债收益率高位回落，后续美联储货币政策对黄金价格压力将逐步减弱并转向支撑，叠加全球央行系统性增持黄金储备趋势愈加明显，2023年黄金价格可能会呈现前低后高走势。中国黄金市场会继续推进市场化、国际化发展战略，一是丰富中国黄金品种，提高黄金现货配置效率，以金融产品更好地服务实体经济；二是加大黄金国际板开放力度，创新拓展国际板应用场景，助力人民币国际化，持续深化服务"一带一路"倡议，共建可持续的黄金产业全球生态圈；三是继续完善中国黄金标准体系，提升中国黄金标准的国际影响力和话语权。

附表

2022年中国黄金市场主要发展政策一览

日期	政策名称	发文单位
1月13日	"十四五"现代流通体系建设规划	国家发展改革委
2月7日	上海期货交易所交易细则（修订版）	上期所
3月9日	关于继续加强延期合约市场风险控制工作的通知	上金所
3月11日	关于南方上海金交易型开放式证券投资基金开放黄金现货实盘合约申购赎回的通知	上金所
3月15日	关于平安上海金交易型开放式证券投资基金开放黄金现货实盘合约申购赎回的通知	上金所
3月24日	关于大成上海金交易型开放式证券投资基金开放黄金现货实盘合约申购赎回的通知	上金所
5月17日	关于推动外贸保稳提质的意见	国务院
5月20日	关于推进北京全球财富管理中心建设的意见	北京市地方金融监督管理局、人民银行营业管理部、银保监会北京监管局、证监会北京监管局
6月27日	关于免收非金融机构会员2022年度年会费和席位使用费的通知	上金所
6月27日	上海黄金交易所会员反洗钱和反恐怖融资工作实施办法（2022年修订版）	上金所
6月27日	上海黄金交易所会员反洗钱、反恐怖融资、反逃税自律指引（2022年修订版）	上金所
7月22日	上海期货交易所黄金期货交割实施细则（试行）	上期所
9月15日	上海黄金交易所履约担保型询价业务细则	上金所
9月15日	上海黄金交易所履约担保型询价即期、远期、掉期合约附则	上金所
9月22日	关于调整国际会员参与国际板2个月以内（不含）询价掉期交易手续费率的通知	上金所
9月23日	上海黄金交易所会员履约操作须知	上金所
11月16日	上海黄金交易所实物租借业务细则	上金所
12月22日	关于继续免收2023年国际会员及国际客户仓储费、出入库费等费用的公告	上金所
12月23日	关于2023年相关品种交易手续费率的通知	上金所

专栏 14

数字人民币试点地区逐步扩围，应用场景稳步扩大①

2022 年，数字人民币试点城市不断扩围、各类应用场景加速落地，数字人民币逐渐融入人民生活。

年内数字人民币试点城市两度扩围。先是在 2022 年 3 月 31 日，人民银行召开数字人民币研发试点工作座谈会，要求稳妥推进数字人民币研发试点，有序扩大试点范围，在原有试点地区基础上增加天津市、重庆市、广东省广州市、福建省福州市和厦门市、浙江省承办亚运会的 6 个城市作为试点地区，北京市和河北省张家口市在 2022 年北京冬奥会、冬残奥会场景试点结束后转为试点地区。随后在 12 月，开展试点最早的深圳、苏州、雄安新区、成都四地，试点范围扩大到全省（广东省、江苏省、河北省、四川省），此外山东省济南市、广西壮族自治区南宁市和防城港市、云南省昆明市和西双版纳傣族自治州也成为试点地区。经过两次扩围，数字人民币试点地区由原先“10 + 1”延伸至全国 17 个省市的 26 个地区。

与此同时，数字人民币应用场景也进一步丰富，目前已在批发零售、餐饮文旅、教育医疗、公共服务等领域形成一大批涵盖线上线下、可复制可推广的应用模式。根据人民银行披露的数据，截至 2022 年 8 月 31 日，数字人民币在 15 个省（市）的试点地区累计交易 3.6 亿笔，金额达 1000.4 亿元，支持数字人民币的商户门店数量超过 560 万个。各家商业银行和科技公司纷纷抢滩试点应用场景，为客户提供更多个性化选择和更便捷的体验。此外，在全国各试点地区，派发数字人民币消费券或红包已成为疫情以来刺激消费、重振经济的主要抓手之一，据不完全统计，2022 年各试点地区政府围绕促进消费、抗击疫情、低碳出行等主题累计开展了近 30 次数字人民币消费红包活动，各商业机构还开展了多次市场化推广活动，有力促进了社会消费回补与潜力释放。跨境应用方面，2022 年 9 月，由国际清算银行、香港金融管理局、泰国中央银行、中国人民银行数字货币研究所和阿联酋中央银行联合建设的多边央行数字货币桥完成了基于四种央行数字货币的首次真实交易试点测试，来自四地的 20 家商业银行基于货币桥平台为其客户完成跨境汇款和外币兑换业务共计 164 笔，总额折合人民币超过 1.5 亿元，数字人民币具备了跨境使用的技术条件。随着试点的逐步深入，数字人民币的应用场景稳步扩大，自 2022 年 12 月起，金融统计数据将数字人民币数据纳入流通中货币即 M0 统计口径。

更多地区加入试点有助于在更大范围对数字人民币的可行性和可靠性进行验证，随着数字人民币应用场景的增加，相关技术、产品、模式创新不断涌现。数字人民币上下游产业正在产生集聚效应，催生了一批新模式新业态，更好地服务地方经济社会发展。

① 作者：余粤，中国工商银行金融市场部交易经理、“中国金融政策报告”项目（课题组）研究员。

主要金融监管政策

一、中国人民银行主要监管政策①

（一）2022 年中国人民银行主要监管政策梳理

一是稳经济大盘重点领域得到有力金融支持。出台金融支持疫情防控和经济社会发展 23 条措施。支持基础设施重点领域信贷投放和补充投资资本金。提高普惠小微贷款支持工具激励资金支持比例。并行实施碳减排支持工具和支持煤炭清洁高效利用专项再贷款。创设科技创新、设备更新改造、交通物流、普惠养老专项再贷款。全面推进金融服务乡村振兴和制造强国战略。全力维护房地产市场稳健运行。

二是金融工作统筹协调进一步加强。更好履行国务院金融稳定发展委员会（以下简称国务院金融委）办公室职责，全力做好金融委重大议题设定和议定事项督促落实。加强监督问责，向部分省（市）、银行、监管部门等提示风险。推动地方成立省级领导牵头的金融风险化解委员会。

三是防范化解金融风险取得新成果。支持风险较大地区中小银行风险处置取得进展。善始善终做好大型平台企业金融业务整改。设立金融稳定保障基金。

四是宏观审慎政策框架和治理机制进一步健全。持续完善系统性风险监测、评估和预警。发布 2022 年系统重要性银行名单。批准设立 3 家金融控股公司。

五是金融改革开放进一步深化。推动完善金融机构环境信息披露和碳核算标准体系，组织开展气候风险压力测试。人民币国际化水平持续提升。外汇重点领域改革持续深化。

六是金融国际合作深入推进。加入国际清算银行（BIS）人民币流动性安排。推动人民币在特别提款权（SDR）货币篮子中的权重升至 12.28%。

七是金融服务和金融管理水平不断提升。金融立法、金融业综合统计取得显著进展。支付监管、金融科技、货币金银服务管理增强。数字人民币试点稳妥运行。国库、征信体系建设、反洗钱、金融消费权益保护、金融研究、参事工作等取得新成效。

（二）2022 年中国人民银行主要监管政策评价

2022 年以来，面对国际经济金融形势复杂多变、国内疫情反复冲击、经济出现新的下行压力等严峻挑战，中国人民银行以习近平新时代中国特色社会主义思想为指导，认

① 执笔人朱小川，上海市法学会金融法研究会。内容来源于中国人民银行网站，不代表任何单位意见。

真贯彻落实党中央、国务院决策部署，在国务院金融委统筹指挥下，主动作为、应变克难，加大稳健货币政策实施力度，坚决支持稳住宏观经济大盘，有效防范化解金融风险，着力深化金融改革开放，持续提升金融管理服务水平，各方面工作取得了极为不易的新成效。

（三）2023 年中国人民银行监管政策展望

2023 年，中国人民银行系统将以习近平新时代中国特色社会主义思想为指导，全面贯彻落实党的二十大和中央经济工作会议精神，认真履行国务院金融委办公室职责，建设现代中央银行制度，大力提振市场信心，突出做好稳增长、稳就业、稳物价工作，推动经济运行整体好转，实现质的有效提升和量的合理增长，有效防范化解重大金融风险，持续深化金融改革开放，为全面建设社会主义现代化国家开好局起好步提供有力的金融支持。

一是加大金融对国内需求和供给体系的支持力度。支持恢复和扩大消费、重点基础设施和重大项目建设。坚持对各类所有制企业一视同仁，引导金融机构进一步解决好民营小微企业融资问题。落实金融 16 条措施，支持房地产市场平稳健康发展。

二是持续推动金融风险防范化解。进一步发挥国务院金融委办公室牵头抓总作用。健全金融稳定保障基金管理制度。

三是持续完善宏观审慎管理体系。优化宏观审慎压力测试机制。强化系统重要性银行监管。加强金融控股公司监管。

四是持续深化国际金融合作和对外开放。做好二十国集团可持续金融牵头工作。稳步扩大规则、规制、管理、标准等制度型开放。有序推进人民币国际化。

五是持续深化金融改革。继续完善金融基础设施统筹监管框架。加强平台企业金融业务常态化监管。继续深化外汇领域改革开放。

六是全面提升金融服务和管理水平。持续推进金融立法。扎实做好金融统计和研究工作。不断提升支付监管质效。深化金融科技应用与管理。强化人民币现金管理。有序推进数字人民币试点。持续提升国库业务信息化水平。全面加强征信体系建设。扎实开展反洗钱监管。强化金融消费权益保护。

附表

2022 年中国人民银行主要监管政策

发布日期	政策名称	发文单位
1 月 19 日	金融机构客户尽职调查和客户身份资料及交易记录保存管理办法	中国人民银行、银保监会、证监会
1 月 24 日	商务部等 6 部门关于高质量实施《区域全面经济伙伴关系协定》（RCEP）的指导意见	商务部、国家发展改革委、工业和信息化部、中国人民银行、海关总署、国家市场监管总局
1 月 26 日	打击治理洗钱违法犯罪三年行动计划（2022—2024 年）	中国人民银行、公安部、国家监察委员会、最高人民法院、最高人民检察院、国家安全部、海关总署、国家税务总局、银保监会、证监会、国家外汇管理局

续表

发布日期	政策名称	发文单位
1月30日	关于保障性租赁住房有关贷款不纳入房地产贷款集中度管理的通知	中国人民银行、银保监会
1月30日	银行间债券市场债券借贷业务管理办法	中国人民银行
2月8日	金融标准化“十四五”发展规划	中国人民银行、国家市场监管总局、银保监会、证监会
3月4日	关于加强新市民金融服务工作的通知	中国银保监会、中国人民银行
3月10日	关于金融支持浙江高质量发展建设共同富裕示范区的意见	中国人民银行、银保监会、证监会、国家外汇管理局、浙江省人民政府
3月30日	关于做好2022年金融支持全面推进乡村振兴重点工作的意见	中国人民银行
4月18日	关于做好疫情防控和经济社会发展金融服务的通知	中国人民银行、国家外汇管理局
4月26日	关于全球系统重要性银行发行总损失吸收能力非资本债券有关事项的通知	中国人民银行、中国银保监会
5月12日	关于开展“携手行动”促进大中小企业融通创新(2022—2025年)的通知	工业和信息化部、国家发展和改革委员会、科学技术部、财政部、人力资源和社会保障部、中国人民银行、国务院国有资产监督管理委员会、国家市场监督管理总局、中国银保监会、国家知识产权局、中华全国工商业联合会
5月15日	关于调整差别化住房信贷政策有关问题的通知	中国人民银行、中国银保监会
5月20日	关于实施住房公积金阶段性支持政策的通知	住房和城乡建设部、财政部、中国人民银行
5月24日	关于支持外经贸企业提升汇率风险管理能力的通知	商务部、中国人民银行、国家外汇管理局
5月26日	关于推动建立金融服务小微企业敢贷愿贷能贷会贷长效机制的通知	中国人民银行
5月27日	关于进一步便利境外机构投资者投资中国债券市场有关事宜	中国人民银行、中国证监会、国家外汇管理局
5月31日	关于印发《民族贸易和民族特需商品生产贷款贴息管理办法》的通知	财政部、国家民委、中国人民银行
6月16日	关于支持外贸新业态跨境人民币结算的通知	中国人民银行
7月21日	关于金融支持文化和旅游行业恢复发展的通知	中国人民银行、文化和旅游部
8月10日	关于保险公司发行无固定期限资本债券有关事项的通知	中国人民银行、中国银保监会
8月19日	关于印发《重庆市建设绿色金融改革创新试验区总体方案》的通知	中国人民银行、国家发展改革委、财政部、生态环境部、银保监会、证监会
9月20日	关于推动动产和权利融资业务健康发展的指导意见	中国银保监会、中国人民银行
9月28日	陕西省铜川市普惠金融改革试验区总体方案	中国人民银行、银保监会、国家发展改革委、工业和信息化部、财政部、农业农村部、证监会和乡村振兴局

续表

发布日期	政策名称	发文单位
9月28日	浙江省丽水市普惠金融服务乡村振兴改革试验区总体方案	中国人民银行、银保监会、国家发展改革委、财政部、农业农村部、证监会和乡村振兴局
9月28日	四川省成都市普惠金融服务乡村振兴改革试验区总体方案	中国人民银行、银保监会、国家发展改革委、财政部、农业农村部、证监会和乡村振兴局
11月8日	关于进一步加大对小微企业贷款延期还本付息支持力度的通知	中国人民银行、银保监会、财政部、国家发展改革委、工业和信息化部、国家市场监管总局
11月10日	关于印发《境外机构投资者投资中国债券市场资金管理规定》的通知	中国人民银行、国家外汇管理局
11月11日	商业汇票承兑、贴现与再贴现管理办法	中国人民银行、中国银保监会
11月11日	关于印发《上海市、南京市、杭州市、合肥市、嘉兴市建设科创金融改革试验区总体方案》的通知	中国人民银行、国家发展改革委、科技部、工业和信息化部、财政部、银保监会、证监会、国家外汇管理局
11月12日	关于商业银行出具保函置换预售监管资金有关工作的通知	中国银保监会办公厅、住房和城乡建设部办公厅、中国人民银行办公厅
11月14日	国家发展改革委等部门关于加强县级地区生活垃圾焚烧处理设施建设的指导意见	国家发展改革委、住房和城乡建设部、生态环境部、财政部、中国人民银行
11月23日	关于做好当前金融支持房地产市场平稳健康发展工作的通知	中国人民银行、中国银保监会

资料来源：中国人民银行网站等。发布日期以文件落款时间为准；如没有落款日期，则以官网发布的日期为准。

专栏 15

持续释放 LPR 改革效能　推动让利实体经济①

随着利率市场化改革的持续推进，市场化的利率形成和传导机制逐步健全。人民银行通过货币政策工具调节银行体系流动性，每月月中开展 MLF 操作、适时调整金融机构存款准备金率，向市场释放政策利率调控信号，引导市场基准利率以政策利率为中枢运行，并通过银行体系传导至存款利率与贷款利率，形成“政策利率（MLF 利率）→准备金政策→市场基准利率（LPR 与国债利率）→存款利率与贷款利率”的利率传导机制。在推动贷款和存款利率市场化方面，LPR 的调控机制、形成机制、传导机制逐渐完善，LPR 在商业银行内外部定价基准作用不断增强，成为贷款利率定价的主要参考基准，贷款利率的市场化程度明显提升。同时，存款利率市场化调整机制的建立，打通了银行根据市场利率变化合理调整存款利率的渠道，有利于稳定银行负债成本。存贷款利率市场化的协同，推动利率传导机制进一步畅通。

① 作者：刘丽娜，中国邮政储蓄银行资产负债管理部总经理、“中国金融政策报告”项目（课题组）高级研究员。

在此机制下，2022 年人民银行采取降准降息等系列政策调节资金供求和资源配置。4 月 25 日和 12 月 5 日两次下调金融机构存款准备金率 0.25 个百分点（不含已执行 5% 存款准备金率的金融机构）。全年公开市场操作和中期借贷便利中标利率均下行 0.2 个百分点，引导 LPR 下行，1 月 20 日、5 月 20 日、8 月 22 日三次下调 LPR，1 年期和 5 年期以上 LPR 分别下调 0.15 个和 0.35 个百分点。4 月，人民银行指导利率自律机制建立存款利率市场化调整机制，督促银行参考以 10 年期国债收益率为代表的债券市场利率和以 1 年期 LPR 为代表的贷款市场利率，合理调整存款利率水平。

从政策效果看，引导实体经济融资成本下降成效显著。一是两次降准释放资金约 1.03 万亿元[①]，增加了金融机构长期稳定的资金来源，节约商业银行资金成本约 116 亿元，为引导 LPR 下降、增强金融服务实体经济能力提供了空间。二是降息发挥了 LPR 方向性和指导性作用，推动降低企业融资成本和个人消费信贷成本。企业贷款利率由 2018 年高点的 5.60% 降至 2022 年 12 月的 3.97%，个人住房贷款利率从 5.75% 降至 4.26%[②]，企业融资和居民消费信贷成本显著降低，持续激发实体经济融资需求。三是工行、农行、中行、建行、交行、邮储银行等国有银行和大部分股份制银行均已于 4 月下旬下调了其 1 年期以上期限定期存款和大额存单利率，部分地方法人机构也相应作出下调。4 月最后一周（4 月 25 日至 5 月 1 日），全国金融机构新发生存款加权平均利率为 2.37%，较前一周下降 10 个基点。[③] 9 月，主要银行主动根据市场利率变化下调了存款挂牌利率和内部定价授权上限，其他银行跟进调整，其中很多银行是自 2015 年 10 月以来首次调整了存款挂牌利率，这是银行加强资产负债管理、稳定负债成本的主动行为，存款利率市场化迈出了重要一步。

二、中国银行业主要监管政策[④]

（一）2022 年中国银行业监管政策主要内容

1. 提升金融服务质效，全力支持实体经济发展

（1）为恢复和扩大消费营造良好金融环境

2022 年，银行业监管部门不断完善新市民金融服务，加大对重点领域消费的金融支持，激发重点消费领域活力。3 月 4 日，银保监会和人民银行联合发布《关于加强新市民金融服务工作的通知》，加强对重点区域和行业的金融支持，优化住房金融服务和基础金融服务，落实新市民培训及子女教育相关政策，提高健康保险服务水平，加大新市民养老保障力度，提高新市民金融服务可得性和便利性。5 月 6 日，银保监会发布《关

---

① 降准释放资金数据来源：《2022 年第四季度中国货币政策执行报告》，http：//www. pbc. gov. cn/zhengcehuobisi/125207/125227/125957/4584071/4804390/index. html。

② 企业贷款和个人住房贷款利率数据来源：《2022 年第四季度中国货币政策执行报告》，http：//www. pbc. gov. cn/zhengcehuobisi/125207/125227/125957/4584071/4804390/index. html。

③ 新发生存款利率数据来源：《2022 年第一季度中国货币政策执行报告》，http：//www. pbc. gov. cn/zhengcehuobisi/125207/125227/125957/4584071/4547221/index. html。

④ 作者：周金飞，浦发银行战略发展与执行部高级分析师。

于银行业保险业支持城市建设和治理的指导意见》，从支持城市功能完善和生态修复，助力城市绿色化、智慧化发展，服务实体经济，立足城市比较优势，服务小微企业、特色产业、新市民、城乡融合及科技创新等方面，把金融资源更高效地配置到城市发展的重点领域和薄弱环节，增强城市发展动能。6 月 10 日，银保监会发布《关于银行业保险业加强新市民金融服务有关情况的通报》，鼓励银行机构根据地方实际优化产品和服务，发挥信息技术、数据和渠道优势，通过合理减免费用、降低贷款利率等方式，推动降低新市民金融服务成本，不断提升新市民金融服务水平。

（2）着力保障重点领域信贷资金需求

2022 年，银行业监管部门推动政策性开发性金融工具有效落地，引导银行机构同步跟进配套资金，支持重点领域发展。交通运输方面，4 月 15 日，银保监会发布《关于金融支持货运物流保通保畅工作的通知》，从思想认识、加大资金支持、帮扶重点群体、提升服务效率、创新担保方式、加强保险保障、确保资金安全、强化督促落实等八个方面，对银行机构支持货运物流保通保畅工作提出具体要求，促进金融业务稳健发展。同日，银保监会联合交通运输部发布《关于银行业保险业支持公路交通高质量发展的意见》，聚焦公路交通发展的市场化融资支持，优化公路交通投融资环境，提高公路建设融资的市场化和可持续性。绿色金融方面，6 月 1 日，银保监会发布《关于印发银行业保险业绿色金融指引的通知》，要求银行机构深入贯彻落实新发展理念，从战略高度推进绿色金融，加大对绿色、低碳、循环经济的支持，防范环境、社会和治理风险，提升自身的环境、社会和治理表现，促进经济社会发展全面绿色转型。制造业方面，7 月 4 日，银保监会发布《关于进一步推动金融服务制造业高质量发展的通知》，强调银行机构要围绕先进制造业、战略性新兴产业、传统产业转型升级等重点领域，加大金融支持力度，创新金融产品和服务，聚焦制造业发展的薄弱环节，用好用足现有金融扶持政策，积极向制造业企业合理让利。

（3）强化民营小微企业等薄弱环节金融服务

2022 年，银保监会扎实推进助企纾困金融政策，引导银行机构加大对民营企业等薄弱环节的支持力度。乡村振兴方面，4 月 2 日，银保监会发布《关于 2022 年银行业保险业服务全面推进乡村振兴重点工作的通知》，围绕金融服务全面推进乡村振兴，从确保涉农金融投入稳定增长、优化涉农金融供给体制机制、聚焦服务乡村振兴重点领域、强化农村金融环境建设等方面提出具体工作举措，不断提高净服务质效。中小微企业方面，4 月 6 日，银保监会发布《关于 2022 年进一步强化金融支持小微企业发展工作的通知》，从持续改进小微企业金融供给、强化对重点领域和薄弱环节小微企业的金融支持、做实服务小微企业的专业机制、推动加强信用信息共享应用以促进小微企业融资等方面，持续改进小微企业金融供给。5 月 12 日，财政部、人民银行等十一个部门联合发布《关于开展“携手行动”促进大中小企业融通创新（2022—2025 年）的通知》，促进大中小企业的创新链、产业链、供应链、数据链、资金链、服务链以及人才链全面融通，着力构建大中小企业相互依存、相互促进的企业发展生态。困难行业方面，6 月 2 日，银保监会出台《关于进一步做好受疫情影响困难行业企业等金融服务的通知》，主要从加大信贷支持力度、做好接续融资安排、适当提高不良贷款容忍度、持续提升服务效率、创新信贷服务模式、完善考核激励机制等多个方面，对进一步做好受疫情影响暂时遇困行业企业等的金融服务提出了工作要求。

（4）全力支持房地产市场平稳发展

2022 年，银行业监管部门坚持“房子是用来住的，不是用来炒的”定位，指导银行机构稳定房地产领域信贷投放，积极推动“保交楼、稳民生”工作。2 月 16 日，银保监会及住房和城乡建设部联合发布《关于银行保险机构支持保障性租赁住房发展的指导意见》，要求对保障性租赁住房融资需求提供针对性金融产品和服务，建立完善支持保障性租赁住房发展的内部机制，在坚守风险底线的基础上加大对保障性租赁住房建设运营的支持力度。5 月 15 日，银保监会联合人民银行发布《关于调整差别化住房信贷政策有关问题的通知》，全面落实房地产长效机制，支持各地从当地实际出发完善房地产政策，促进房地产市场平稳健康发展。11 月 12 日，银保监会、住房和城乡建设部及人民银行联合印发《关于商业银行出具保函置换预售监管资金有关工作的通知》，提出商业银行可按市场化、法治化原则，在充分评估房地产企业信用风险、财务状况、声誉风险等的基础上进行自主决策，与优质房地产企业开展保函置换预售监管资金业务，促进房地产市场平稳健康发展。

2. 强化金融消费者合法权益保护，引导银行机构规范稳健经营

（1）强化金融消费者合法权益保护

2022 年，银行业监管部门坚持把保护银行业消费者权益作为核心业务和重要职责，着力完善制度机制，积极开展消费者教育和风险提示。1 月 15 日，银保监会发布《关于规范银行服务市场调节价管理的指导意见》，提出明确压实机构主体责任，规范定价要求与校准机制，强化对服务外包机构与合作方的管理，鼓励金融机构惠企利民以及五条监管红线等方面的要求，改善人民群众金融消费体验。2 月 18 日，银保监会处置非法集资部际联席会议办公室发布《关于防范以“元宇宙”名义进行非法集资的风险提示》，对编造虚假元宇宙投资项目、打着元宇宙区块链游戏旗号诈骗、恶意炒作元宇宙房地产圈钱以及变相从事元宇宙虚拟币非法牟利等方面进行风险提示。12 月 26 日，银保监会发布《银行保险机构消费者权益保护管理办法》，明确银行机构承担保护消费者合法权益的主体责任，要求银行机构建立完善消费者权益保护审查、消费者适当性管理、合作机构管控、内部考核等工作机制，构筑全方位的消费者权益保护工作体系，并规范银行机构经营行为，保护消费者知情权、自主选择权等八项基本权利。

（2）引导银行业务规范健康发展

2022 年，银行业监管部门持续引导银行机构稳健开展各项业务，规范银行机构业务经营行为。1 月 10 日，银保监会发布《银行保险机构关联交易管理办法》，主要内容包括在监管标准一致性基础上实现差异化监管，加强对表外、资管、同业等重点领域关联交易管理，明确总体原则及管理责任，丰富监管措施，不断提升我国银行机构关联交易

管理水平。7 月 7 日，银保监会和人民银行联合发布《关于进一步促进信用卡业务规范健康发展的通知》，主要从强化信用卡业务经营管理、严格规范发卡营销行为、严格授信管理和风险管控、严格管控资金流向、全面加强信用卡分期业务规范管理、严格合作机构管理、加强消费者合法权益保护、加强信用卡业务监督管理八个方面，促进信用卡行业以高质量发展更好支持科学理性消费。7 月 12 日，银保监会发布《关于加强商业银行互联网贷款业务管理　提升金融服务质效的通知》，从履行贷款管理主体责任、强化信息数据管理、完善贷款资金管理、规范合作业务管理、加强消费者权益保护等方面，进一步细化明确了商业银行贷款管理和自主风控要求，进一步规范商业银行互联网贷款业务经营行为。11 月 11 日，银保监会和人民银行联合修订发布《商业汇票承兑、贴现与再贴现管理办法》，从明确相关票据性质与分类、强调真实交易关系、强化信息披露及信用约束机制、加强风险控制等方面对商业汇票承兑、贴现与再贴现管理制度进行了修订完善，规范商业汇票承兑、贴现与再贴现业务，促进票据市场健康发展。12 月 29 日，银保监会发布《关于〈商业银行托管业务监督管理办法（征求意见稿）〉公开征求意见的通知》，对商业银行托管业务的相关概念和基本原则、商业银行开展托管业务应持续符合的基本要求、托管业务范围和托管职责等进行了明确，提出了托管业务管理要求，并就监管措施、监管处罚、数据报送和自律管理等进行安排。

3. 持续深化银行业改革，推动银行业高质量发展

（1）引导银行等金融机构稳步开展养老金融业务

2022 年，银行业监管部门积极支持和鼓励银行等金融机构依法合规开展养老金融业务，向客户提供养老财务规划、资金管理、风险保障等服务。1 月 30 日，银保监会发布《关于贝莱德建信理财有限责任公司开展养老理财产品试点的通知》，明确了贝莱德建信参与养老理财产品试点的地域、期限和规模，以及试点阶段的业务规范和监管要求，以确保试点产品安全稳健运行。2 月 21 日，银保监会发布《关于扩大养老理财产品试点范围的通知》，进一步推动完善试点，加大养老理财产品供给，将养老理财产品试点范围扩展为“十地十机构”，并对理财公司的业务、理财产品方案以及监管要求进行了规范，为人民群众提供更高质量、更便捷的商业养老金融服务。4 月 28 日，银保监会发布《关于规范和促进商业养老金融业务发展的通知》，主要内容包括支持和鼓励银行机构发展商业养老金融相关业务，对银行机构开展商业养老金融业务的基本标准和原则，以及组织实施、管理机制、费用政策等方面提出了基本要求，以满足人民群众日益增长的养老保障需求。7 月 15 日，银保监会和人民银行联合发布《关于开展特定养老储蓄试点工作的通知》，明确由工行、农行、中行、建行四家大型银行在合肥、广州、成都、西安和青岛五个城市开展特定养老储蓄试点，并要求试点银行做好产品设计、内部控制、风险管理和消费者保护等工作，保障特定养老储蓄业务稳健运行。11 月 17 日，银保监会发布《关于印发商业银行和理财公司个人养老金业务管理暂行办法的通知》，明确了个人养老金业务的相关定义、行业平台功能和监管主体等，对个人养老金资金账户、个人养老金产品等提出具体要求，并规定了个人养老金理财产品类型，以及理财公司等参与机

构应满足的要求。

（2）鼓励银行进行金融创新和转型发展

2022 年，银行业监管部门加快推进银行业数字化转型，鼓励银行机构创新金融业务助力经济发展。转型发展方面，1 月 10 日，银保监会发布《关于银行业保险业数字化转型的指导意见》，围绕业务经营管理数字化转型、数据能力建设、科技能力建设等方面，全面推进银行业数字化转型，推动金融高质量发展。4 月 7 日，国家发展改革委和银保监会联合发布《关于加强信用信息共享应用推进融资信用服务平台网络建设的通知》，从建立健全融资信用服务平台网络、加快推进涉企信用信息归集共享、着力提升融资信用服务平台质量、切实加强信息安全和主体权益保护等方面，加快构建全国一体化融资信用服务平台网络。金融创新方面，8 月 5 日，银保监会和商务部联合发布《关于开展铁路运输单证金融服务试点更好支持跨境贸易发展的通知》，从加强银行服务、推进科技应用、确保有效控货、加强风险防控、健全管理机制、深化各方协同等方面，稳妥推进铁路运输单证相关金融服务试点，进一步推动跨境贸易发展。

4. 建立健全银行业规章制度，提高金融监管有效性

（1）建立健全银行业相关规章制度

2022 年，银行业监管部门不断完善银行业相关规章制度，夯实银行业高质量发展的制度保障。5 月 19 日，银保监会发布《关于〈银行保险监管统计管理办法（征求意见稿）〉公开征求意见的公告》，重点就归口管理要求、数据质量责任、数据安全保护、对接数据治理要求、重视数据价值实现等方面的内容予以规范，提升监管统计质效。7 月 29 日，银保监会出台《关于〈企业集团财务公司管理办法（征求意见稿）〉公开征求意见的公告》，重点在市场准入、业务范围、监管指标和公司治理等方面，提出调整准入标准和扩大对外开放、优化业务范围和实施分级监管、增设监管指标和加强风险管控、加强公司治理和股东股权监管，推动行业高质量发展。8 月 22 日，银保监会发布《理财公司内部控制管理办法》，要求理财公司建立全面、制衡、匹配和审慎的内控管理机制与组织架构，强化理财业务账户管理，完善投资决策分级授权机制，健全交易全流程管理制度，实行重要岗位关键人员全方位管理，加强关联交易管理与风险隔离，保护投资者合法权益。9 月 2 日，银保监会公布《关于修改部分行政许可规章的决定》，主要修改事项包括缩减银行高管人员任职资格审批范围，优化相关任职资格条件，优化银行发行债券审批的范围和机制，以及依据中外一致原则修改部分条款等，进一步优化了银行业市场准入工作程序。11 月 17 日，银保监会等四部门联合发布《关于规范“银行”字样使用有关事项的通知》，对“银行”字样使用的主体范围、名称含义、整改规范、宣传教育、参照适用情形等作出了明确规定，进一步规范了“银行”字样使用。

（2）完善银行业资本及风险管理办法

2022 年，银行业监管部门持续规范银行业资本及风险管理，提高银行业风险防范化解能力，促进银行业稳健运行。4 月 26 日，人民银行和银保监会联合发布《关于全球系统重要性银行发行总损失吸收能力非资本债券有关事项的通知》，明确了总损失吸收能

力非资本债券的定义、性质、监管范畴及对发行人的合规要求，以提升我国全球系统性重要银行总损失吸收能力。5 月 13 日，银保监会发布《关于印发商业银行预期信用损失法实施管理办法的通知》，明确了预期信用损失法实施治理机制，夯实了预期信用损失法实施基础，规范了预期信用损失法实施过程，加强了预期信用损失法监管，以提高商业银行风险防范化解能力。6 月 17 日，银保监会发布《关于印发金融资产投资公司资本管理办法（试行）的通知》，主要从资本监管要求、风险加权资产的计量方法、并表资本监管范围、资本管理要求和监管部门职责五个方面，进一步加强金融资产投资公司监管，推动其持续稳健经营。11 月 28 日，银保监会发布《关于印发商业银行表外业务风险管理办法的通知》，扩展了表外业务定义范围，增加了新兴表外业务类型，构建了全面、统一的表外业务管理和风险控制体系，理顺了各类表外业务的风险本质、法律关系和对应管理要求，并强调商业银行按照管理全覆盖、分类管理和风险为本的原则建立健全表外业务风险管理体系，加强表外业务风险管理。12 月 9 日，银保监会发布《关于〈银行业金融机构国别风险管理办法（征求意见稿）〉公开征求意见的公告》，对国别风险敞口计量口径明确统一标准，并完善国别风险准备计提范围和比例，对银行业金融机构国别风险管理职责划分、国别风险转移相关限定性要求、国际组织或机构国别风险等级认定等内容以及文字进行了修改完善。

（3）持续优化银行业监管方式

2022 年，银行业监管部门制定或修订多项监管制度办法，持续优化监管方式，不断提高依法监管能力和水平。3 月 28 日，银保监会发布《关于印发银行业保险业法治建设实施方案的通知》，从增强法治观念、优化监管职能、健全法律体系、提升执法效能、化解矛盾纠纷、强化权力监督、完善推进保障机制等方面，切实解决银行业法治领域突出问题。5 月 26 日，银保监会、中央纪委国家监委驻中国银保监会纪检监察组联合发布《关于印发深入推进银保监会系统清廉金融文化建设指导意见（试行）的通知》，从全面培育系统清廉金融文化生态、树牢清廉监管文化理念、推动银行机构廉洁从业以及深化清廉金融文化宣传与研究等方面开展重点工作，为推动银行业高质量发展提供思想保证和精神动力。11 月 11 日，银保监会发布《关于〈中华人民共和国银行业监督管理法（修订草案征求意见稿）〉公开征求意见的通知》，主要修改内容包括：加强股东监管、增加对银行业第三方机构的监管授权、增加域外适用条款；完善监管强制措施、建立早期干预机制、完善接管和市场退出机制；完善审慎监管规则、加大监管力度、提高违法成本。11 月 17 日，银保监会发布《银行保险机构公司治理监管评估办法》，提出原则上银行机构每年至少开展一次评估，但对评估结果为 B 级（良好）及以上的机构，可适当降低评估频率，并进一步丰富党的领导、股东股权、关联交易、董事监事高管人员的提名和履职等方面的关键指标，优化指标权重、精简指标数量，完善公司治理风险预警体系。11 月 30 日，银保监会发布《外国银行分行综合监管评级办法（试行）》，从总体上对外国银行分行监管评级工作进行规范，对外国银行分行评级的基本定义、适用范围、主要原则、评级要素、基本程序、评级结果运用等作出了原则性规定，加强分类监管，促进外国银行分行稳健运营。

（二）2022 年中国银行业监管政策效果

1. 银行机构加大信贷支持力度，金融服务实体经济质效持续提升

2022 年，银行业监管部门按照“疫情要防住、经济要稳住、发展要安全”的要求，深入落实国务院稳经济一揽子政策和接续措施，引导银行机构加大支持力度，持续提升服务实体经济质效。全年人民币贷款累计增加 21.3 万亿元，银行保险机构新增债券投资超过 11 万亿元。同时，银行业监管部门不断强化对国民经济重点领域和薄弱环节的支持，制造业贷款余额较年初增长 20.8%，高技术产业贷款余额增长 26.5%，战略性新兴产业贷款余额增长 46.6%，绿色信贷余额增长 35.7%，普惠型小微企业贷款余额增长 23.6%，涉农贷款余额增长 13.7%。

2. 风险处置工作有序推进，防范化解金融风险攻坚战取得重要阶段性成果

2022 年，银行业监管部门着力防范化解重点领域风险，着力推进不良贷款处置，促进房地产市场平稳发展。全年金融杠杆率明显下降，金融资产脱实向虚、盲目扩张势头得到扭转。存量信用风险得到有效缓释，累计处置银行业不良资产约 15 万亿元，超过此前历年处置额总和。影子银行野蛮生长得到根本遏制，具有“类信贷”特征的高风险影子银行较历史峰值压降近 30 万亿元。房地产金融管理长效机制持续完善，头部房企风险得到稳妥处置，房地产泡沫化势头得到实质性扭转。部分大中型企业债务风险化解成效明显，中小银行机构改革化险取得重要进展。

3. 银行业改革持续深化，高水平对外开放持续推进

2022 年，银行业监管部门健全现代金融企业制度，完成公司治理三年行动计划，农信社改革迈出重要步伐，浙江农商联合银行开业，辽宁农信社重整方案启动实施，配合设立金融稳定保障基金，发挥行业保障基金风险处置平台作用，稳步推出新型养老金融产品。同时，坚定不移推进高水平对外开放，坚持“引进来”和“走出去”并举，稳步扩大规则、规制、管理、标准等制度型开放，提升金融服务共建“一带一路”水平，积极引入经营稳健、资质优良、专业特色的外资金融机构，批准一批中外合资、外方独资行业领先的金融机构筹建或开业。

4. 依法监管能力和水平稳步提升，正风肃纪反腐稳步推进

2022 年，银行业监管部门全面落实依法治国的要求，切实提高依法监管能力，共制定或修订 35 项监管制度办法，把更多监管资源从事前审批转到事中事后监管，简政放权力度进一步加大，市场准入规则进一步完善。行政执法力度持续加强，全年处罚银行保险机构 4620 家次，处罚责任人员 7561 人次，罚没 28.99 亿元，开展银行领域涉企违规收费专项整治行动，清退费用 5.75 亿元，切实发挥处罚的惩戒作用。同时，坚定不移推进正风肃纪反腐，保持惩治腐败高压态势，严肃查处严重违纪违法案件，持之以恒加强作风建设，发挥巡视利剑作用，实现会党委巡视全覆盖。

（三）2023 年中国银行业监管政策展望

2023 年是全面贯彻落实党的二十大精神的开局之年，做好银行业监管工作意义重

大。银行业监管部门将坚持稳中求进工作总基调，完整、准确、全面贯彻新发展理念，加快构建新发展格局，持续提升金融服务实体经济质效，突出做好稳增长、稳就业、稳物价工作，有效防范化解重大金融风险，深入推进银行业改革开放，助力全面建设社会主义现代化国家开好局起好步。

1. 支持经济运行整体好转，促进金融与房地产正常循环

2023 年，银行业监管部门将全力支持经济运行整体好转，把支持恢复和扩大消费摆在优先位置，做好对投资的融资保障，支持社会领域加快补短板，不断优化进出口贸易金融服务，大力发展普惠金融，全面推进乡村振兴。同时，银行业监管部门还将努力促进金融与房地产正常循环，坚持“房住不炒”定位，落实“金融十六条”措施，“因城施策”实施差别化信贷政策，推动房地产业向新发展模式平稳过渡。

2. 推动中小银行改革化险，应对信用风险集中反弹

2023 年，银行业监管部门将加快推动中小银行改革化险，积极稳妥推进城商行、农信社风险化解，稳步推进村镇银行改革重组，鼓励多渠道补充中小银行资本。同时，银行业监管部门还将有效应对信用风险集中反弹，督促银行机构做实资产分类，加大不良资产处置力度，积极配合化解地方政府债务风险。

3. 推动金融机构聚焦主业转型发展，不断扩大金融高水平对外开放

2023 年，银行业监管部门将积极推动信托等金融机构聚焦主业转型发展，引导信托公司发展本源业务，持续拆解“类信贷”影子银行，加快推进金融资产管理公司改革。同时，银行业监管部门还将不断扩大金融高水平对外开放，稳步扩大银行业制度型开放，持续提升金融服务共建“一带一路”水平，积极参与国际金融治理。

4. 强化金融机构治理体系建设，持续提升监管有效性

2023 年，根据《党和国家机构改革方案》，将在中国银保监会基础上组建国家金融监督管理总局，强化机构监管、行为监管、功能监管、穿透式监管、持续监管，统筹负责金融消费者权益保护，并深化地方金融监管体制改革，建立以中央金融管理部门地方派出机构为主的地方金融监管体制，统筹优化中央金融管理部门地方派出机构设置和力量配备。同时，银行业监管部门将继续强化金融机构治理体系建设，推动党的领导与公司治理深度融合，做好股东资质穿透审核和股东行为穿透监管，研究构建符合中小机构特点的差异化公司治理监管制度，发挥金融人才库作用，推动选优配强中小银行机构领导班子，切实加强投资者保护。此外，银行业监管部门还将持续提升监管有效性，健全金融法治，完善全流程全链条审慎监管，提升监管数字化智能化水平，依法将各类金融活动全部纳入监管。

附表

2022 年中国银行业主要监管政策

时间	政策名称	发文单位
1 月 10 日	银行保险机构关联交易管理办法	中国银保监会
1 月 10 日	关于银行业保险业数字化转型的指导意见	中国银保监会
1 月 15 日	关于规范银行服务市场调节价管理的指导意见	中国银保监会
1 月 30 日	关于贝莱德建信理财有限责任公司开展养老理财产品试点的通知	中国银保监会
2 月 16 日	关于银行保险机构支持保障性租赁住房发展的指导意见	中国银保监会、住房和城乡建设部
2 月 18 日	关于防范以“元宇宙”名义进行非法集资的风险提示	中国银保监会处置非法集资部际联席会议办公室
2 月 21 日	关于扩大养老理财产品试点范围的通知	中国银保监会
3 月 4 日	关于加强新市民金融服务工作的通知	中国银保监会、中国人民银行
3 月 28 日	关于印发银行业保险业法治建设实施方案的通知	中国银保监会
4 月 2 日	关于 2022 年银行业保险业服务全面推进乡村振兴重点工作的通知	中国银保监会
4 月 6 日	关于 2022 年进一步强化金融支持小微企业发展工作的通知	中国银保监会
4 月 7 日	关于加强信用信息共享应用推进融资信用服务平台网络建设的通知	国家发展改革委、中国银保监会
4 月 15 日	关于金融支持货运物流保通保畅工作的通知	中国银保监会
4 月 15 日	关于银行业保险业支持公路交通高质量发展的意见	中国银保监会、交通运输部
4 月 26 日	关于全球系统重要性银行发行总损失吸收能力非资本债券有关事项的通知	中国人民银行、中国银保监会
4 月 28 日	关于规范和促进商业养老金融业务发展的通知	中国银保监会
5 月 6 日	关于银行业保险业支持城市建设和治理的指导意见	中国银保监会
5 月 12 日	关于开展“携手行动”促进大中小企业融通创新(2022—2025 年)的通知	工业和信息化部、国家发展和改革委员会、科学技术部、财政部、人力资源和社会保障部、中国人民银行、国务院国有资产监督管理委员会、国家市场监督管理总局、中国银保监会、国家知识产权局、中华全国工商业联合会
5 月 13 日	关于印发商业银行预期信用损失法实施管理办法的通知	中国银保监会
5 月 15 日	关于调整差别化住房信贷政策有关问题的通知	中国人民银行、中国银保监会
5 月 19 日	关于《银行保险监管统计管理办法（征求意见稿）》公开征求意见的公告	中国银保监会
5 月 26 日	关于印发深入推进银保监会系统清廉金融文化建设指导意见（试行）的通知	中国银保监会、中央纪委国家监委驻中国银保监会纪检监察组
6 月 1 日	关于印发银行业保险业绿色金融指引的通知	中国银保监会

续表

时间	政策名称	发文单位
6月2日	关于进一步做好受疫情影响困难行业企业等金融服务的通知	中国银保监会
6月10日	关于银行业保险业加强新市民金融服务有关情况的通报	中国银保监会
6月17日	关于印发金融资产投资公司资本管理办法（试行）的通知	中国银保监会
7月4日	关于进一步推动金融服务制造业高质量发展的通知	中国银保监会
7月7日	关于进一步促进信用卡业务规范健康发展的通知	中国银保监会、中国人民银行
7月12日	关于加强商业银行互联网贷款业务管理　提升金融服务质效的通知	中国银保监会
7月15日	关于开展特定养老储蓄试点工作的通知	中国银保监会、中国人民银行
7月29日	关于《企业集团财务公司管理办法（征求意见稿)》公开征求意见的公告	中国银保监会
8月5日	关于开展铁路运输单证金融服务试点更好支持跨境贸易发展的通知	中国银保监会、商务部
8月22日	理财公司内部控制管理办法	中国银保监会
9月2日	关于修改部分行政许可规章的决定	中国银保监会
11月11日	关于《中华人民共和国银行业监督管理法（修订草案征求意见稿)》公开征求意见的通知	中国银保监会
11月11日	商业汇票承兑、贴现与再贴现管理办法	中国银保监会、中国人民银行
11月12日	关于商业银行出具保函置换预售监管资金有关工作的通知	中国银保监会、住房和城乡建设部、中国人民银行
11月17日	关于印发商业银行和理财公司个人养老金业务管理暂行办法的通知	中国银保监会
11月17日	银行保险机构公司治理监管评估办法	中国银保监会
11月17日	关于规范“银行”字样使用有关事项的通知	中国银保监会、国家互联网信息办公室、工业和信息化部、国家市场监管总局
11月28日	商业银行表外业务风险管理办法	中国银保监会
11月30日	外国银行分行综合监管评级办法（试行）	中国银保监会
12月9日	关于《银行业金融机构国别风险管理办法（征求意见稿)》公开征求意见的公告	中国银保监会
12月26日	银行保险机构消费者权益保护管理办法	中国银保监会
12月29日	关于《商业银行托管业务监督管理办法（征求意见稿)》公开征求意见的通知	中国银保监会

专栏16

因城施策用足用好工具箱，金融政策助力保交楼稳民生①

2022年7月28日，中共中央政治局会议部署稳定房地产市场工作，要求坚持“房住不炒”，因城施策用足用好工具箱，支持刚性和改善性住房需求，保交楼、稳民生。各地政府秉承政治局会议精神，纷纷出台措施，落实责任，其中金融领域相关政策也起到了防范风险、守住底线，促进房地产市场稳定发展的作用。

房地产市场规模大、产业链长、影响面广，对金融市场和金融机构的稳健性都有着深远的影响，多个地方政府以纾困基金作为抓手，缓解优质企业遇到的暂时性的流动性风险、个别项目延期交付等问题。8月初，郑州首先落地了全国首个地方纾困基金。《郑州市房地产纾困基金设立运作方案》显示，该纾困基金由当地政府牵头设立，规模为100亿元，湖北、南宁、绍兴等地也设立数十亿元不等的纾困基金，聚焦助企纾困，加大对域内不良资产的收购、处置力度，服务“保交楼、保民生、保稳定”。

2022年全年，房地产行业共实现非银类融资8457亿元，同比下降51%，民营房地产企业融资规模下降幅度更是达到了66%；各融资渠道总额同比均出现下降，其中海外债、信托降幅超八成，信用债成为融资的主要来源。为应对房地产企业，特别是优质民营企业融资困难的局面，8月下旬起，住建部、财政部、人民银行等有关部门联合出台措施，完善政策工具箱，通过政策性银行专项借款方式支持已售逾期难交付住宅项目建设交付。

9月，郑州安置房建设和问题楼盘攻坚化解工作领导小组办公室印发《关于对拟使用保交楼专项借款项目开展全面审计的通知》，至9月12日专项借款申报项目共计95个，9月17日郑州第一批保交楼专项借款50亿元下达。至11月河南对问题楼盘和保交楼项目已批复262亿元配套融资。2023年河南省内专项借款支持保交楼项目的工作仍在继续，其中洛阳27个保交楼项目均成立了“保交楼”工作指挥部，并在全省率先出台了《洛阳市保交楼专项借款资金管理办法》《洛阳市保交楼项目融资实施方案》等多个文件，建立四级拨款审核制度，确保国家专项借款全部用于“保交楼”后续工程建设。按计划至2023年3月底，洛阳将交付“保交楼”12591套，并于7月底完成15500套“保交楼”交付任务。另一方面，自中共中央政治局会议部署工作以来，郑州、西安等地方政府也开展工作，帮助房地产企业自救动员。9月16日，西安市住建部组织召开部分延期项目交房动员会。9月、10月西安市共计11个项目计划陆续交付5800余套，11月11日，西安市住建局负责人通报了“保交楼”工作近况，已有30个项目完工或部分完工交付32000余套，延期项目交房工作取得超预期的阶段性成效。

房地产企业的自救和外加救助、稳定工作，还包括对参建企业、材料供应企业合理

① 作者：郭荆璞，国联证券研究所执行总经理、“中国金融政策报告”项目（课题组）研究员。

融资需求的支持。湖南省人民政府出台的“稳增长20条”明确，支持房地产项目和参建企业、材料供应企业合理融资需求；落实房地产开发贷款、信托贷款等存量融资展期政策，帮助企业缓解短期偿债压力；用足用好保交楼专项借款和保交楼贷款支持计划等政策工具，鼓励金融机构加大配套融资支持力度。

稳定房地产市场对于全方位守住安全底线至关重要，中共中央政治局会议对发展房地产市场的要求是在谈及全方位守住安全底线时提出的。房地产市场的稳定不仅关乎众多房地产企业和上下游产业链的未来发展，还关系到广大购房者的安居乐业。稳定房地产市场是守住不发生系统性金融风险底线十分重要的一环，各地在2022年至今出台的金融政策有效支持了保交房、稳民生工作的稳步推进和压实，促进房地产市场的平稳健康发展。

三、中国证券业主要监管政策①

（一）2022年证券业监管政策主要内容

1. 以全面注册制推进资本市场的深化改革

（1）扎实推进注册制各项改革，推动形成良好的市场生态

2021年12月，中央经济工作会议部署资本市场改革任务时，就明确提出“全面实行股票发行注册制”。2022年初，证监会系统工作会议强调，2022年将以全面实行股票发行注册制为主线，深入推进资本市场改革。2022年政府工作报告明确提出“全面实行股票发行注册制，促进资本市场平稳健康发展”。2022年，围绕注册制改革，监管机构出台系列政策，推动形成有利于全面实行注册制的良好市场生态。

落实以信息披露为核心的注册制改革要求。招股说明书是注册制下股票发行阶段信息披露的主要载体，是投资者作出价值判断和投资决策的基本依据，是企业发行上市过程中最核心、最重要的法律文件。在注册制改革试点过程中，招股说明书信息披露质量得到提升，但仍存在可读性不高、投资决策相关性和信息披露针对性有待增强等问题。1月28日，证监会发布《关于注册制下提高招股说明书信息披露质量的指导意见》，提出具体措施：一是督促发行人及中介机构归位尽责，高质量撰写与编制招股说明书；二是充分发挥行政监管、自律监管和市场约束机制作用，引导提高招股说明书信息披露质量；三是强化责任追究，确保提高招股说明书信息披露质量各项措施落地落实。该政策通过一系列措施提高招股说明书信息披露质量，让招股说明书成为普通投资者愿意看、看得懂的信息披露文件，帮助中介机构减少重复劳动、归位尽责，是提升各方对注册制改革的获得感、保护中小投资者合法权益、为全面实行股票发行注册制提供更加坚实法治保障的重要举措。

加强对注册制下中介机构及其从业人员从事证券发行上市相关业务活动的廉洁从业

---

① 作者：蒋健蓉，上海申银万国证券研究所有限公司副所长、首席战略研究员，申万宏源证券有限公司战略客户总部总经理，“中国金融政策报告”项目（课题组）高级研究员。

监管。股票发行注册制改革是全面深化资本市场改革的“牛鼻子”工程，把握好实行注册制与强化廉洁风险防范的关系，是决定注册制改革成败的关键因素之一。随着注册制改革的推进和市场的快速发展，证券公司、会计师事务所、律师事务所等中介机构的作用日益凸显，业务量大幅增长，廉洁从业风险也相应加大。5 月 31 日，证监会发布《关于加强注册制下中介机构廉洁从业监管的意见》，将证券公司、会计师事务所、律师事务所等中介机构及其开展的与证券发行上市相关的业务均纳入规制范围，实现了业务主体和业务类型的全覆盖，从内部管理入手，对证券公司廉洁从业风险防范的组织领导、内部控制、财务管理、人员管理等提出了全面要求，进一步强化内部机制的监督制衡。该政策进一步加强对各类中介机构的廉洁从业监管，一体推进惩治金融腐败和防控金融风险，针对主要风险点提出规范要求，督促其勤勉尽责，廉洁自律，消除廉洁从业风险隐患，持续净化资本市场生态，为注册制改革提供有力保障。

深化公司债券注册制改革。为贯彻落实《证券法》关于公开发行公司债券注册制的安排，进一步促进交易所公司债券市场健康发展，4 月 22 日，沪深交易所同步发布《公司债券发行上市审核规则》《公司债券上市规则（2022 年修订）》《非公开发行公司债券挂牌规则（2022 年修订）》《债券市场投资者适当性管理办法（2022 年修订）》《公司债券发行上市审核规则适用指引——审核重点关注事项（2022 年修订）》，完善了债券市场发行上市审核、发行承销、上市挂牌、交易运行、投资者保护等业务条线全覆盖的规则体系。《公司债券发行上市审核规则》，将公开发行公司债券审核相关规定从原公司债券上市规则中拆分出来，形成独立的发行上市审核基本业务规则，全面规范申请与受理、审核内容、审核程序、中止与终止事项、自律管理等审核业务环节，构建以发行上市审核规则为核心、以审核重点关注事项等业务指引为主干、以募集说明书编制参考等业务办理指南为补充的简明清晰的规则体系。11 月 8 日，证监会发布《关于深化公司债券注册制改革的指导意见（征求意见稿）》，提出优化公司债券审核注册机制、压实发行人和中介机构责任、强化存续期管理、依法打击债券违法违规行为等四方面 12 条措施，在借鉴股票发行注册制改革“三原则”的同时，重点突出了债券市场的特点，强化以偿债能力为重点的信息披露要求，按照实质重于形式的原则，以简明易懂的语言披露可能影响发行人偿债能力的重要信息。

（2）科创板做市业务落地，证券交易制度不断优化

科创板股票做市交易业务正式启动，为资本市场其他板块的交易制度改革进行探索。科创板引入做市商机制是持续完善资本市场基础制度、推进科创板建设的重要举措之一，通过试点方式在科创板引入做市商机制有利于积累经验，稳步推进。5 月 13 日，证监会发布《证券公司科创板股票做市交易业务试点规定》，主要包括做市商准入条件与程序、内部管控、风险监测监控、监管执法等方面的内容，该规定规范科创板股票做市业务，完善科创板交易制度，提升科创板股票流动性、增强市场韧性。7 月 15 日，上交所发布《上海证券交易所科创板股票做市交易业务实施细则》和《上海证券交易所证券交易业务指南第 8 号——科创板股票做市》，主要内容包括明确做市服务申请与终

止、做市商权利与义务和做市商监督管理等，对科创板做市交易业务作出更加具体细化的交易和监管安排。目前，科创板做市商已扩容至14家，包括申万宏源证券、华泰证券、中国银河、中信建投、东方证券、财通证券、国信证券、国金证券、中信证券、国泰君安、招商证券、东吴证券、兴业证券、浙商证券。做市商的引入不仅能提高股票的流动性、降低股票价格的波动性，还能为其他板块引入做市商制度打下基础。

北交所在竞价交易的基础上引入做市商实行混合交易制度，有助于缩小市场买卖价差，降低投资者交易成本，提升市场流动性和市场稳定性。为建立更好适应中小企业创新发展的制度体系，进一步完善二级市场交易功能，北交所借鉴境内外成熟市场经验，引入做市商制度。11月18日，北交所起草《北京证券交易所股票做市交易业务细则(征求意见稿)》和《北京证券交易所股票做市交易业务指引（征求意见稿)》，并于2023年1月19日正式发布这两项政策，对证券公司开展北交所股票做市交易业务的流程、权利义务和监督管理等方面予以规定，明确做市服务申请与终止、做市商权利与义务、做市商监督管理要求。北交所做市采用在单一证券交易中实施竞价与做市并行的混合交易制度，相关做市交易模式在国际证券市场中有着丰富的实践经验。北交所在竞价交易的基础上引入做市商实行混合交易制度，有助于增加市场订单深度，提升市场稳定性，缩小市场买卖价差，降低投资者交易成本，引入增量资金，提升市场流动性，服务市场高质量扩容。2023年2月20日，北交所正式启动股票做市交易业务，首批共有国金证券、中信证券、安信证券、东吴证券、银河证券、国泰君安、兴业证券、中信建投、申万宏源、国信证券、财通证券、华泰证券、招商证券13家券商参与做市交易，涉及做市标的股票有36只。

规范债券交易行为，沪深交易所逐步形成“1+3”新债券交易规则体系。1月27日，沪深交易所分别正式发布了《债券交易规则》及债券交易参与人管理、债券通用质押式回购、债券做市三项配套指引，进一步深化债券交易制度改革，提升二级市场流动性，规范债券交易行为，促进交易所债券市场持续健康发展。《债券交易规则》从交易所交易规则中独立，形成沪深债券交易的基础性制度规定，也是制定具体业务细则的原则性指导依据，优化规则表述、优化债券交易机制、健全债券交易参与人制度、建立做市商机制。上交所正式建立起了相对独立和完善的债券交易系统和交易规则体系；深交所初步构建起“规则—指引—指南”层次清晰的债券交易制度架构，进一步明确债券交易机制各项优化安排，并配套完成债券市场技术系统改造。

（3）退市制度建设不断完善，退市效率大幅提升

2022年是退市新规实施的第二年，常态化退市机制不断建立健全。为适应注册制改革和常态化退市的要求，进一步加强退市公司监管，形成“有进有出，能进能出”的良好生态，促进资本市场健康稳定发展，4月29日，证监会发布《关于完善上市公司退市后监管工作的指导意见》，强化退市程序衔接、优化退市公司持续监管制度、健全风险防范机制、完善退市公司监管体制，对实践中存在的堵点、风险点进行优化完善，推动形成一套适合退市公司特点、符合退市板块功能定位的制度安排。这是健全上市公司退

市机制的重要内容，在保障退市制度平稳实施、保护投资者基本权利、防范市场风险等方面发挥着重要作用。随着注册制改革的深入推进、常态化退市机制的进一步完善，退市情形更加健全，退市效率大幅提升，退市公司数量呈现出快速增加的态势。2022 年有 42 家公司被强制退市，创下 A 股年度退市量的历史新高，其中，有 40 家公司触及财务类强制退市指标，占比超九成，另有 1 家公司触及重大违法类强制退市指标，1 家公司触及交易类强制退市指标。

破产重整也是上市公司多元化退出的重要渠道之一。《国务院关于进一步提高上市公司质量的意见》提出，畅通主动退市、并购重组、破产重整等上市公司多元化退出渠道。近年来，上市公司破产重整等事项增多，部分案例受到市场广泛关注。3 月 31 日，沪深交易所分别发布了《上市公司自律监管指引——破产重整等事项》，重点规范上市公司以及控股股东等相关方的重整、和解及破产清算事项，保障破产事项秩序，实现制度效果。具体规范方面，重点强化信息披露要求，确保破产事项全流程透明，有助于中小投资者和市场各方及时获取信息；明确权益调整和引入重整投资人的有关要求，为出资人组会议表决提供便利，充分保护中小投资者利益；发挥中介机构作用，要求财务顾问以及律师事务所等对相关定价、除权、有关会议程序等发表意见，提高合规性和透明度；另外，也对内幕交易防范、停复牌管理、破产事项的实施等提出了要求。《上市公司自律监管指引——破产重整等事项》坚持市场化、法治化方向，立足于规范破产重整等事项信息披露，完善上市公司风险化解和退出机制，保护投资者利益，维护规范透明的市场环境，推动构建有进有出的市场生态。

2. 推进多层次市场改革，加强各市场衔接

（1）北交所转板规则完善，推进向科创板和创业板的畅通发展

畅通转板机制，形成错位发展、功能互补、有机联系的多层次市场体系，对提高直接融资比重、支持优质中小企业成长具有重要意义。基于企业发展的不同阶段对融资、规模的不同需求，允许企业在不同板块之间转板，不仅对企业有利，也对各交易所的错位发展形成平行竞争关系。1 月 7 日，证监会发布《关于北京证券交易所上市公司转板的指导意见》，加强多层次资本市场的有机联系，更好发挥各市场的功能，激发市场活力，为不同发展阶段的企业提供差异化、便利化服务。本次修订主要包括四个方面：一是调整制定依据，删除《国务院关于全国中小企业股份转让系统有关问题的决定》；二是名称修订，将“全国股转公司”“精选层公司”分别修改为“北交所”“北交所上市公司”，将“转板上市”修改为“转板”；三是明确上市时间计算，北交所上市公司申请转板，应当已在北交所上市满 1 年，其在原精选层挂牌时间和北交所上市时间可合并计算；四是股份限售安排，明确北交所上市公司转板后的股份限售期，原则上可以扣除在原精选层和北交所已经限售的时间。

规范北京证券交易所上市公司转板至科创板和创业板的审核及上市安排等事宜。3 月4 日，沪深交易所分别发布《北京证券交易所上市公司向上海证券交易所科创板转板办法（试行)》和《深圳证券交易所关于北京证券交易所上市公司向创业板转板办法

（试行）》，规定在北交所连续上市1年以上的企业在符合股本总额、股东人数、公众持股比例、成交量、市值等基本条件的情况下可以转板至科创板和创业板。转板公司申请转板至科创板上市的，应当在北交所连续上市1年以上，转板公司在北交所上市前，已在全国中小企业股份转让系统原精选层挂牌的，原精选层挂牌时间与北交所上市时间合并计算。转板公司申请转板至创业板上市的，应当已在北交所连续上市1年以上；提交转板申请时已在北交所连续上市2年以上的，保荐人持续督导期间为公司在创业板上市当年剩余时间及其后一个完整会计年度。计算北交所上市年限时，原精选层挂牌时间和北交所上市时间合并计算。转板公司股票在创业板上市首日的开盘参考价调整为其在向本所申报转板前最后一个有成交交易日的收盘价。同日，北交所发布《北京证券交易所上市公司持续监管指引第7号——转板》，规范北京证券交易所上市公司转板相关信息披露、股票停复牌、终止上市等行为。

（2）债券市场互联互通稳步推进，债券市场一体化发展加速

银行间与交易所市场的互联互通有望改善债券市场发行、交易割裂的现状。我国债券市场割裂的问题由来已久，其弊端日益凸显，近年来监管持续推动债市统一，相继发布众多改革措施有序推进。1月20日，沪深交易所和全国银行间同业拆借中心、银行间市场清算所股份有限公司、中国证券登记结算有限责任公司联合发布《银行间债券市场与交易所债券市场互联互通业务暂行办法》，通过创设"通交易所"和"通银行间"机制，给予投资者通过两个市场相关基础设施机构连接来买卖两个市场交易流通债券的便利，政策内容涵盖原则规定、通用规则、具体安排、监测监管等，明确了机制总体安排和业务要点，并为下位规则提供了制定依据和制度空间，规范银行间债券市场与交易所债券市场互联互通业务开展。

3. 丰富产品体系，提升服务实体经济能力

（1）公募REITs制度逐渐完善，推动实体经济资本化、证券化

自2020年《关于推进基础设施领域不动产投资信托基金（REITs）试点相关工作的通知》发布以来，证监会深入推进公募REITs试点，进一步促进投融资良性循环。推动基础设施REITs健康发展，是"十四五"规划作出的一项重要部署，对于有效盘活存量资产、创新投融资机制、拓宽权益融资渠道、增强资本市场服务实体经济能力等具有十分重要的意义。3月18日，证监会发布《深入推进公募REITs试点　进一步促进投融资良性循环》，研究制定基础设施REITs扩募规则，推动保障性租赁住房REITs试点工作。5月31日，沪深交易所分别发布《公开募集基础设施证券投资基金（REITs）规则适用指引——新购入基础设施项目（试行）》，进一步深入推进公开募集基础设施证券投资基金（REITs）试点，规范基础设施REITs新购入基础设施项目及扩募发售等行为，促进基础设施REITs市场长期健康发展，保护投资者合法权益。7月15日，沪深交易所分别发布《公开募集基础设施证券投资基金（REITs）规则适用指引——保障性租赁住房（试行）》，贯彻落实党中央、国务院关于加快发展保障性租赁住房，进一步盘活存量资产、扩大有效投资的决策部署，规范做好保障性租赁住房试点发行基础设施领域不动产

投资信托基金有关工作。截至2022年底，我国共有25只基础设施公募REITs获批注册，资产类型已较为多元，包含园区基础设施、生态环保、能源基础设施、交通基础设施、仓储物流、保障性租赁住房等，另有多只产品正在上市过程中，基础资产将扩大到新能源、水利、新基建等领域。

（2）丰富ETF品种，健全资本市场风险管理体系

新增ETF期权品种，进一步完善了场内衍生品工具体系，丰富投资者的投资工具和对冲手段。自2015年ETF期权试点启动之后，ETF期权目前品种扩大至6只，期权标的范围也大为扩充。2022年，上交所新增中证500ETF期权，深交所新增中证500ETF期权、创业板ETF期权和深证100ETF期权。其中，创业板ETF期权是创业板首只场内标准化衍生品，也是首个面向创新成长类股票的风险管理工具，与现有ETF期权差异化定位、互补性强，有利于进一步丰富多层次资本市场产品体系，健全完善市场稳定机制，促进ETF市场发展，吸引更多中长期资金入市，更好满足市场多元化的风险管理需求。

（3）中国特色债券品种不断发展，支持经济向高质量发展转型

特色债券支持特定领域发展，拓宽企业和项目直接融资渠道，推动债券市场高质量发展。2022年，沪深交易所分别发布科技创新公司债券、特定品种公司债券、绿色公司债券发行上市审核规则适用指引，进一步发挥公司债券服务国家创新驱动发展战略、碳达峰及碳中和战略，推动实体经济产业转型升级，深化对疫情防控、低碳转型领域融资支持。

4. 全面推进制度型开放，提升国际竞争力

（1）沪深港通机制不断深化，推进境内外市场的互联互通

进一步完善沪深港通机制。沪深港通机制开通以来整体运行平稳，在扩大资本市场双向开放，引入境外长期资金，增加内地居民境外投资渠道方面发挥了积极作用。6月10日，证监会发布《关于修改〈内地与香港股票市场交易互联互通机制若干规定〉的决定》，统筹金融开放和安全，依法加强对跨境证券活动的监管，保护内地投资者合法权益，稳定市场预期，维护沪深港通平稳运行，规范内地投资者返程交易行为，对所谓"假外资"从严监管。6月24日，证监会发布《关于交易型开放式基金纳入互联互通相关安排的公告》，进一步深化内地与香港股票市场交易互联互通机制，促进两地资本市场共同发展。同日，沪深交易所分别发布《上海证券交易所沪港通业务实施办法（2022年修订）》《深圳证券交易所深港通业务实施办法（2022年修订）》，进一步优化互联互通机制，丰富投资标的，规范交易行为。12月19日，中国证监会、香港证监会联合公告称，原则同意两地交易所进一步扩大股票互联互通标的范围。

深化境内证券交易所与境外证券交易所互联互通。自《关于上海证券交易所与伦敦证券交易所互联互通存托凭证业务的监管规定（试行）》发布以来，已有4家上交所上市公司完成全球存托凭证发行并在伦敦证券交易所上市，募集资金共计58.4亿美元，对拓宽双向融资渠道、服务实体经济稳定健康发展发挥了重要作用。2月11日，证监会

发布《境内外证券交易所互联互通存托凭证业务监管规定》，重点围绕拓展适用范围、增加 CDR 融资安排、优化持续监管等方面进行修改完善。3 月 25 日，沪深交易所发布《与境外证券交易所互联互通存托凭证上市交易暂行办法》，规范境内证券交易所与境外证券交易所互联互通存托凭证上市、交易、跨境转换和信息披露等行为，进一步推进资本市场制度型开放，维护市场秩序，保护投资者合法权益，深化境内外市场互联互通。

（2）提升外资投资便利性，提高境内资本市场对外资的吸引力

便利和规范境外机构投资者投资境内市场的行为。2022 年 6 月，沪深交易所分别发布《中国证券登记结算有限责任公司境外机构投资者债券交易及登记结算业务实施细则》，提高债券市场对外开放水平，进一步便利和规范获准进入银行间债券市场的境外机构投资者直接投资交易所债券市场的行为。9 月 9 日，证监会发布《关于合格境外机构投资者和人民币合格境外机构投资者境内证券交易登记结算业务的规定》，进一步做好合格境外机构投资者和人民币合格境外机构投资者证券交易、登记结算业务工作，明确合格境外投资者及其委托的托管人和证券公司三者在交易、登记和结算业务中各自的责任和义务。

债券市场高水平对外开放统筹推进。5 月 27 日，人民银行、证监会、国家外汇管理局发布了联合公告《关于进一步便利境外机构投资者投资中国债券市场有关事宜》，统筹同步推进银行间和交易所债券市场对外开放，明确提出“获准进入银行间债券市场的境外机构投资者可以直接或通过互联互通方式投资交易所债券市场”，并对境外机构投资者投资中国债市的入市程序进一步简化。

（3）稳步推动期货市场对外开放，加快开放型品种布局

期货市场对外开放不断深入。9 月 2 日，上海期货交易所及其子公司上期能源、郑商所、大商所、中金所同时发布公告，明确合格境外机构投资者（QFII）与人民币合格境外机构投资者（RQFII）可以参与投资交易的期货期权品种，其中包括黄金、白银、低硫燃料油、甲醇、白糖、豆粕、豆油等商品期货以及铜、铝、锌、甲醇、白糖等股指期权共 41 个。12 月 26 日，大连商品交易所的黄大豆 1 号、黄大豆 2 号、豆粕、豆油期货和期权正式引入境外交易者参与交易，这是境内期货交易所首次在全品种链条同步引入境外交易者。

5. 围绕上市公司高质量发展完善相关制度

为深入贯彻国务院金融稳定发展委员会“建制度、不干预、零容忍”的工作要求，结合监管实践需要，证监会组织开展上市公司监管法规体系整合工作，推进完善基础性制度，形成体例科学、层次分明、规范合理且协调一致的上市公司监管法规体系。

公司章程方面，证监会发布的《上市公司章程指引（2022 年修订）》，修订主要解决三方面问题：一是将实践中已经普遍认同的做法归纳总结，提升形成规则，如关于党建工作的原则性要求；二是吸纳散落别处的规则内容，吸纳《关于加强社会公众股股东权益保护的若干规定》等规则的相关内容；三是按照《证券法》等上位法新规定调整相关表述。

现金分红方面，证监会发布的《上市公司监管指引第3号——上市公司现金分红(2022年修订)》引入现金分红比例计算规则的内容，增加“现金分红在本次利润分配中所占比例为现金股利除以现金股利与股票股利之和”的规定，引入涉及上市公司再融资方案中利润分配政策的披露要求。

股份回购方面，根据《公司法》对股份回购进行的专项修改，证监会发布的《上市公司股份回购规则》对回购条件、方式、实施期限，回购程序和信息披露等重要方面，以及“以集中竞价交易方式回购股份”和“以要约方式回购股份”提出具体要求。

分拆规则方面，证监会发布的《上市公司分拆规则（试行)》整合了《上市公司分拆所属子公司境内上市试点若干规定》和《关于规范境内上市公司所属企业到境外上市有关问题的通知》，围绕分拆条件、分拆的实施程序和信息披露、中介机构核查把关等方面作出具体规定，规范上市公司分拆所属子公司在境内外独立上市行为。

停复牌方面，证监会发布的《上市公司股票停复牌规则》落实上位法要求，明确上市公司不得滥用停牌或复牌损害投资者合法权益，删除上市公司停复牌申请被交易所拒绝时的披露要求，促进上市公司规范治理、提升质量，确保上市公司股票停复牌信息披露及时、公平，维护市场交易秩序，保护广大中小投资者合法权益，促进资本市场持续稳定健康发展。

股东大会方面，证监会发布的《上市公司股东大会规则（2022年修订)》落实修订后的《证券法》增加股东违规买入股份对应表决权行使限制的要求，吸纳《关于加强社会公众股股东权益保护的若干规定》的相关内容，规范上市公司行为，保证股东大会依法行使职权。

独立董事方面，证监会发布的《上市公司独立董事规则》在《独立董事指导意见》为主要内容的基础上，吸纳《关于加强社会公众股股东权益保护的若干规定》中涉及独立董事的相关规定，充分发挥独立董事在上市公司治理中的作用，促进上市公司独立董事尽责履职。

现场检查方面，证监会发布的《上市公司现场检查规则》完善现场检查定义、精简现场检查方式种类、明确交易所现场检查制度、完善部分检查工作要求，加强对上市公司及相关各方的监督管理，保护投资者合法权益，维护证券市场秩序。

6. 持续加大法律供给，完善市场法制建设

《期货和衍生品法》正式实施，我国期货市场在服务实体中稳健发展。2021年《期货和衍生品法（草案二次审议稿)》发布，将“期货法”正式更名为“期货和衍生品法”，赋予衍生品法律地位，进一步认可衍生品在服务实体经济中的作用，拓宽信用交易市场的范围。2022年8月1日，《中华人民共和国期货和衍生品法》正式实施。该法共13章155条，重点围绕期货交易、结算与交割基本制度、期货交易者保护制度、期货经营机构与期货服务机构的监管、期货交易场所和期货结算机构的运行、期货市场监督管理、法律责任等方面作出了规定。《期货和衍生品法》立足市场实际情况，重点规范期货市场，兼顾衍生品市场，明确规定国家支持期货市场健康发展，发挥市场价格发

现、风险管理和资源配置的功能，鼓励实体企业利用期货市场从事套期保值等风险管理活动。

（二）2022年证券业监管政策效果

1. A股首发募资额再创新高，科创板和创业板成为IPO发行上市的主力军

2022年，A股市场新增上市公司424家（观典防务、泰祥股份、翰博高新为转板上市，龙源电力为吸收合并上市，这4家企业不纳入统计），首发募资额为5869亿元，分别较2021年同比下降19%和增长8%。其中，主板新增70家（占比16.51%），首发募资额为1387亿元（占比23.64%）；创业板新增148家（占比34.91%），首发募资额为1796亿元（占比30.61%）；科创板新增123家（占比29.01%），首发募资额为2520亿元（占比42.94%），北交所新增83家（占比19.57%），首发募资额为165亿元（占比2.81%）。注册制下（科创板、创业板、北交所）上市公司合计354家，在年内上市新股中占比83.49%，募资金额合计4481亿元，占比76.36%。

2. 股票市场容量不断扩大，A股上市公司总数突破5000家

截至2022年末，上市公司总数达到5067家，总市值85万亿元，分别较2021年末增长8.15%和下降12.06%。其中，创业板、科创板、北交所分别为1232家、501家、162家，总市值分别为11.30万亿元、6.13万亿元和2110亿元。

3. 债券市场规模稳定增长

2022年，债券市场共发行各类债券61.9万亿元，同比基本持平。其中银行间债券市场发行债券56.0万亿元，同比增长5.4%，交易所市场发行5.8万亿元。2022年，国债发行9.6万亿元，地方政府债券发行7.4万亿元，金融债券发行9.8万亿元，公司信用类债券发行13.8万亿元，信贷资产支持证券发行3345.4亿元，同业存单发行20.5万亿元。截至2022年12月末，债券市场托管余额为144.8万亿元，同比增长11.3万亿元，其中银行间债券市场托管余额为125.3万亿元，交易所市场托管余额为19.5万亿元。商业银行柜台债券托管余额为416.1亿元。

4. 期货市场运行平稳，成交量较上年有所回落，整体延续着自2020年以来的较大规模体量

2022年，国内期货市场成交67.68亿手（单边，下同）和534.9万亿元，同比分别下降9.93%和7.96%。其中国内商品期货与期权成交量为66.16亿手，占全球商品期货与期权总成交量91.53亿手的72.3%，较2021年同期69.8%的占比上升2.5%。

5. 资本市场严监管氛围进一步巩固，市场生态进一步净化

2022年，证监会稽查部门严厉打击各类证券期货违法行为，全年办理案件603件，其中重大案件136件，向公安机关移送涉嫌犯罪案件和通报线索123件，案件查实率达90%。在内幕交易方面，案件多发势头得到遏制，全年办理内幕交易案件170件，同比下降15%。在操纵市场方面，案发总量下降，全年办理操纵市场案件78件，同比下降30%。在财务造假方面，违法案件仍有发生，违规手法隐蔽复杂，全年办理信息披露违法案件203件，其中，涉及财务造假94件，占比为46%。

（三）2023 年证券业监管政策展望

党的二十大明确提出要健全资本市场功能，提高直接融资比重。2022 年末的中央经济工作会议指出，2023 年要扎实推进中国式现代化，坚持稳中求进工作总基调，全面深化改革开放。2023 年资本市场改革也将稳字当头、稳中求进，在防范化解重大金融风险的基础上全力支持扩大内需、构建现代产业体系、推进经济高水平对外开放，资本市场改革将重点推进五方面改革。

1. 全面注册制改革落地，推动市场大变革

资本市场迎来全面注册制时代，以融资端改革为切入口逐步推进资本市场投资端改革，形成投融资功能良性循环的生态。2019 年以来，我国资本市场先后经历新设科创板试点注册制、创业板注册制改革、新设北交所试点注册制三个阶段。2023 年主板开始实施注册制，进入全面实施注册制阶段。

首先，注册制改革推动融资端功能完善。注册制以来社会融资结构得到改善，直接融资比重均有所提升；融资主体呈多元化态势，中小企业和新兴行业企业、未盈利和低盈利企业、生命早期企业获得二级市场股权融资也更加便利；市场对实体企业科创化、绿色化的融资服务功能大幅提升。

其次，融资端改革推动市场产品变革。注册制推动资本市场基础资产大扩容，从增量和存量角度大幅提升了基础资产质量，资管产品、金融衍生品市场大发展，匹配长期投资和价值投资的金融产品、混合型产品、特色产品增加。

最后，基础资产和市场生态变化推动资本市场投资端改革。一是金融产品的丰富提振居民参与资本市场投资的热情，支持居民闲散资金更多向资本市场投资转化；二是金融产品变革推动金融服务变革，居民逐渐通过专业投资机构来参与资本市场投资；三是注册制伴随着中长期产品的扩充，资本市场的财富效应有所增强，投资者获得长期稳定收益的途径增加。

2. 提高直接融资比重，健全市场融资功能

北交所将持续高质量扩容。经历了一年多的发展，北交所进一步高质量发展已经形成一定基础。2023 年随着北交所与新三板市场、区域股权市场间的衔接进一步畅通，其进一步扩容值得期待。新三板深化改革以来板块的吸引力有所增强，企业通过登陆新三板来实现北交所上市的热情高涨，区域股权市场设立“专精特新”专板更是将直接推动一批符合条件的企业加速向北交所靠拢。在企业数量不断扩容的同时，企业类型预计也将多元化发展，生命科学等科技企业或将加速嫁接北交所。

市场融资功能预计将进一步提升。在注册制全面落地带来的增量效应以外，存量资本市场的融资功能将进一步提升，其抓手将是新一轮提升上市公司质量行动，特别是国有企业将加大利用资本市场，通过资本市场创造、产生价值，提升在资本市场的融资能力。一方面，专业机构和投资者将提高对国有企业的关注度，金融咨询服务机构将积极帮助国有上市公司提升公司治理水平，证券公司将增加对国有上市公司调研的频次和深度，加大对相关企业的研究覆盖力度，公募基金等机构投资者将加大相关产品创新力

度，市场相关指数及金融衍生品或将迎来扩容；另一方面，国有上市公司将更加注重信息披露和价值营销，做好投资者关系和维护，着力提升估值水平，同时将更加积极利用资本市场进行资本运作，提升内在价值。

3. 深化投资生态改革，改善提升投资功能

个人养老金加快推进试点，为资本市场提供稳定的长期资金。2022 年个人养老金试点落地，2023 年基于该试点资本市场或将发生多个变化。一是养老相关产品预计将扩容。公募基金和银行理财等资管主体预计将推出更多个人养老金产品及其他养老保障主题的产品。二是居民预计将增配资本市场。在房住不炒政策导向以及房地产预期下行背景下，更多居民将增配资本市场，充分享受个人养老金投资资本市场的税收优惠，养老产品税收优惠试点的力度、区域等或将逐步加码。三是养老保险结构将逐步优化。随着个人养老金试点的落地，我国养老三大支柱结构或将优化，第三支柱或将迎来加速发展。

投资顾问业务模式深入探索，投顾试点或将扩展至私募基金领域。2019 年以来公募投顾试点不断深化，不仅业务规模不断提升，客户收益情况、持有期和复投率等指标均代表业务进展较为顺利。不少机构通过公募投顾业务完善了针对个人投资者的财富管理服务体系，销售渠道、投顾考核、研究服务等综合能力不断提升。同时，参与试点的机构普遍反映当前公募投顾试点仍存在配置型客户不足、投资策略较为有限、服务模式未完全摆脱母基金（FoF）等问题。2023 年投资顾问业务预计将进一步向财富管理本源转型，投顾试点的资产配置范围或将扩充至私募基金。

4. 加大金融产品供给，提升市场交易功能

基础金融产品、特色金融产品、跨境金融产品有望加速发展。基础金融产品方面，场内金融衍生品或将进一步扩容，权益类衍生品的基础资产覆盖范围或将延展至科创 50 指数、深成指 100 等其他宽基指数，在覆盖大盘宽基指数的基础上或将探索提高对中小盘宽基指数的覆盖，利率类衍生品或将增加利率互换期权和利率上下限期权品种，信用类衍生品或将在近年来新创设的信用违约互换（CDS）指数的基础上进一步发展。特色金融产品方面，2023 年或将针对乡村振兴、科技创新、专精特新、绿色金融等热点主题推出定制化金融产品，为核心产业链、供应链企业和上下游企业提供融合性金融服务方案，同时给予市场投资者更多的资产配置方案。跨境产品方面，近年来跨境资本市场结构化创新产品的推出成功打通了境外低成本资金使用途径，推进了境外资金对境内资本市场的投资，2023 年金融行业预计将加大研发跨境结构化产品，促进境内外资金联通，加强合作实现全球化资产配置。

通过交易机制改革提升资本市场交易功能。一方面，市场多空力量发展将更为均衡，融券交易的便利性将提升。2022 年末融券余额仅为融资融券余额的 6.2%，全年融券交易不足 A 股总体交易的 1%，反观融资交易达到 A 股总体交易的约 7%。2023 年随着融券交易的便利性提升，融券交易在市场交易中的占比有望提升，为市场多元交易提供丰富的工具。另一方面，做市商交易机制有望在更多的市场推广。科创板做市商制度

为寻找适合中国特色资本市场体系的做市商制度做了探索，探索符合我国上市公司结构、投资者结构和交易结构的做市商制度，为其他市场交易制度改革提供经验，同时为其他市场培育更多合格的做市商。2023 年区域股权市场 S 基金交易做市交易改革预计将迎来突破发展。

5. 加强对外开放与合作，提高市场吸引力

加强与“一带一路”沿线等国家的经贸合作，打通近邻循环。当前全球处在百年未有之大变局阶段，对外开放将继续以近邻循环为基础。2022 年末我国与沙特等阿拉伯国家签署一揽子经贸合作协议，2023 年预计资本市场将加速推进与以阿拉伯国家为代表的“一带一路”沿线国家的双向开放。上海作为资本市场对外开放的桥头堡，预计在做大做强外资金融机构、推进亚太地区金融专业人员职业资格的互认等方面取得突破进展。

提升我国资本市场的包容性和吸引力。过去我国资本市场对外开放存在对海外优质资产吸引力弱等问题，例如红筹企业回归较少，全球存托凭证（GDR）目前仅有单向发行。随着 2023 年注册制全面落地，我国资本市场的包容性和资产质量均有望进一步提升。第一，随着中概股境外融资受阻，红筹企业回归门槛或降低，通过取消盈利标准并适当降低资产标准来鼓励更多成长期的中小红筹企业回归科创板、创业板、北交所。第二，在当前 10 余家企业在英国、瑞士发行 GDR 的基础上，与欧洲更多国家实现互联互通，推出更多优惠政策鼓励我国企业赴境外发行 GDR，同时吸引英国、瑞士、德国等市场企业赴我国发行 CDR。第三，通过提升上市公司质量和资本市场政策改革的预期来提升我国市场的吸引力，提振外资对我国资本市场的信心，持续吸引境外资金配置中国资产。

专栏 17

共建区域金融中心，助力区域经济协调发展[①]

2022 年 12 月 14 日，重庆市人民政府办公厅、四川省人民政府办公厅联合印发《成渝共建西部金融中心规划联合实施细则》（以下简称《联合实施细则》），《联合实施细则》是从成渝地区的发展实际出发，为贯彻落实《成渝地区双城经济圈建设规划纲要》、《成渝共建西部金融中心规划》（以下简称《规划》）的配套措施，是推动成渝共建西部金融中心的指导性文件，遵循的总体原则是：统筹规划、一体推进，政府引导、政策共享，市场选择、优化配置，协同发展、互利共赢。

《联合实施细则》提出建设立足西部、面向东亚和东南亚、南亚，服务共建“一带一路”国家和地区的西部金融中心，战略目标是 2025 年基本建成、2035 年国际影响力显著增强，围绕建设金融机构组织体系、金融市场体系、金融服务体系、金融创新体系、内陆金融开放体系、金融生态体系、金融基础设施互联互通和加强规划实施保障

① 作者：徐克非，渤海证券总裁、“中国金融政策报告”项目（课题组）高级研究员；崔健，渤海证券研究所副所长、“中国金融政策报告”项目（课题组）研究员。

(以下简称“六体系一基础一保障”) 等八个方面提出33项工作58条落实措施。

《联合实施细则》有三大特点：一是致力于推动金融改革政策系统集成创新。基于系统性工程思维，力求各领域同向发力、协同推进，锻长板、补短板、强弱项，推动形成基础牢固、优势突出、特点鲜明的区域金融中心。遵循《规划》“六体系一基础一保障”架构，系统性发挥成渝地区金融改革优势，实现成渝经济金融的高质量发展。二是以金融服务成渝地区高质量发展为主线。立足成渝地区发展的区位优势、产业优势、资源优势、生态优势，推动构建支持高质量发展的现代金融服务体系，围绕金融服务乡村振兴、绿色转型、对外贸易、特色消费、文化旅游，以及新时代西部大开发、共建“一带一路”、长江经济带和西部陆海新通道建设等领域，提出了与成渝地区发展基础相适应、多元化的落实举措，全方位推动区域经济金融协同发展。三是更加强调成渝两地共建共享和一体融合。坚持一盘棋思维和一体化发展理念，重点突出成渝两地协作共建事项，两地共同推进落实。

习近平总书记指出，“金融活，经济活；金融稳，经济稳”“经济兴，金融兴；经济强，金融强”，深刻揭示了经济与金融共生共荣的辩证关系和金融服务实体经济的本质要求。金融作为资源配置和宏观调控的重要工具，是推动经济社会发展的重要力量，因此，西部金融中心建设已成为推动成渝地区经济发展的重要抓手。《联合实施细则》的落地实施对助力成渝地区双城经济圈建设，实现西部经济协调的高质量发展，推动全国经济平衡发展均具有重要意义。

展望未来，随着相关措施落地见效，成渝地区金融资源配置能力和辐射影响力将明显提高，服务国内国际双循环的内陆金融开放服务体系将更加健全，服务“一带一路”倡议的金融功能也将更加完善。

四、中国保险业主要监管政策[①]

(一) 2022年中国保险业主要监管政策分析

回首2022年，中国保险业监管工作定调“稳”字当头、“稳”中求“进”，在疫情防控的阶段性变化中积极面对挑战和寻求新的发展机遇。2022年的中国保险业监管政策，一方面稳步持续深化保险业供给侧结构性改革，为疫情防控新常态下的经济平稳运转、放开后的经济恢复提供坚实有力的支持；另一方面则在严控金融风险、紧抓制度建设的基础上，进一步优化监管服务、改善监管流程，寻求监管与发展间的良性平衡。

1. 持续深化保险业供给侧结构性改革

从对内的方面来看，我国各级监管机构继续推进对具有重大社会效益的保险业发展方向的建设，其中涵盖了养老保险、城市建设、绿色金融等方面，在更好满足社会各个主体的多元化风险保障需求的同时，积极助力推进实体经济的发展。

---

① 作者：赵湘怀，光大证券股份有限公司企划与经营管理部总经理、首席分析师，“中国金融政策报告”项目（课题组）研究员；郑君怡，东北证券非银金融首席分析师。

（1）积极推进第三支柱养老保险发展。银保监会2月15日发布《关于扩大专属商业养老保险试点范围的通知》，宣布自2022年3月1日起，将专属商业养老保险试点区域扩大到全国范围，并在原有6家试点保险公司基础上，允许养老保险公司参加试点。该政策的颁布有利于推动第三支柱养老保险发展，更好满足人民群众多层次养老保障需求。

（2）助力城市建设与治理。5月6日，《关于银行业保险业支持城市建设和治理的指导意见》正式发布，其鼓励保险机构加强与各级政府合作，发展符合城市实际的定制型商业医疗保险业务；探索保险行业与医疗机构、社保部门等加强数据共享，为保险产品设计和理赔提供精准数据支持；继续规范发展第三支柱养老保险，鼓励开发具备较强养老功能的金融产品；支持符合条件的保险机构参与首台重大技术装备保险、新材料首批次应用保险补偿机制试点，积极发展知识产权相关保险产品；支持保险资金、符合条件的保险资产管理产品依法依规投资面向科技企业的创业投资基金、股权投资基金等。

（3）支持绿色金融和小微企业融资。银保监会6月1日印发的《关于印发银行业保险业绿色金融指引的通知》，要求银行保险机构董事会或理事会承担绿色金融主体责任，负责确定绿色金融发展战略；要求银行保险机构建立绿色金融工作领导和协调机制，鼓励在依法合规、风险可控前提下开展绿色金融体制机制创新；鼓励银行保险机构提升绿色金融管理水平，采取差异化、便捷化的管理措施，优化对小微企业融资、线上融资等业务的环境、社会和治理风险管理。

（4）加强新市民金融支持。3月4日，银保监会会同中国人民银行发布《关于加强新市民金融服务工作的通知》，并指出新市民定义，以及鼓励保险机构加强对吸纳新市民较多区域和行业的金融支持。该文件在鼓励保险机构扩大金融产品和服务供给，促进新市民创业就业；支持保险机构优化住房金融服务，助力增加保障性住房供给，支持住房租赁市场健康发展，满足新市民安居需求；鼓励保险机构落实相关政策要求，助力新市民培训及子女教育等满足新市民金融需求的多方面为保险行业指出发展方向，对保险业对新市民提供的保险服务提出了较高要求。

从内外结合双循环来看，2022年3月11日，银保监会会同上海市人民政府发布《中国（上海）自由贸易试验区临港新片区科技保险创新引领区工作方案》，宣布将在中国（上海）自由贸易试验区临港新片区建设科技保险创新引领区。其主要包含以下内容：支持保险公司将提供跨境收入用于经营投资活动，以探索保险资金跨境投资方式；鼓励跨国保险公司在上海设立资金管理中心等机构，以吸纳全球跨国保险公司的资金；支持保险资金依法合规深度参与产业园区的企业和项目，以打造跨境资产管理示范区。

2. 优化监管服务，改善监管流程

为进一步落实国务院“放管服”改革要求，整合监管资源，聚焦风险监管，提高监管质效，1月12日，银保监会印发《关于精简保险资金运用监管报告事项的通知》，取消或合并报送的监管报告事项，进一步规范保险资金运用监管报告的报送行为。文件中对报送行为的精简主要体现在：取消已通过监管信息系统报送的报告和公司内部投资管理事务等事项，压实机构主体经营管理责任，提高风险监管质效；整合不同资产类别，将股权、不动产、金融产品等投资情况报告合并为保险资金运用季度报告，减少分散化、碎片化信息，提高报告的系统性；进一步规范监管报告报送行为，要求保险公司严格按照监管规定报送监管报告，杜绝迟报、错报、漏报、瞒报等情形，切实提高报送质量。银保监会贯彻落实党中央、国务院关于深化“放管服”改革要求的重要举措，有利于深化监管改革，发挥信息技术优势，聚焦保险资金运用风险监管，减轻市场主体不必要的报送负担，提升监管的质量和效率，防范相关业务风险。下一步，银保监会将聚焦重点领域进一步精简监管报告，持续深化改革，引导行业高质量发展。

银保监会 4 月 24 日发布《关于保险资金投资有关金融产品的通知》，强调拓宽保险公司的可投资金融产品范围，将理财公司理财产品、债转股投资计划等纳入可投资金融产品范围，进一步完善保险资产配置结构；取消对保险资金投资信贷资产支持证券、资产支持专项计划等产品外部信用评级要求，引导机构落实风险管理主体责任；删除了保险资金投资保险资产管理公司发行的基础设施投资计划、不动产投资计划、资产支持计划及其相关要求。

10 月 26 日，银保监会发布《保险保障基金管理办法》，有针对性地修订了现有制度框架中少数不适应保险业风险防范和高质量发展的条款，增强了基金费率的科学合理性，完善了保险保障基金管理制度，进一步增强基金筹集、使用和管理的效能。以上保险业监管精简政策在维持监管力度、控制金融风险的基础上进一步优化了监管流程，方便了保险企业简化流程，将更多精力用于业务发展。

3. 积极稳妥化解系统性金融风险

2018 年以来，按照党中央确立的“稳定大局、统筹协调、分类施策、精准拆弹”的基本方针，包括银保监会在内的各级监管机构坚决打好防范化解重大金融风险攻坚战。根据 2022 年第五次全国金融工作会议精神，中国保险业将从严厉打击非法金融活动和构建防范化解金融风险长效机制两方面继续积极稳妥化解金融风险。

1 月 10 日，银保监会发布《银行保险机构关联交易管理办法》，将关联交易管理规则统一化，同时兼顾不同类型机构特点，争取实现监管标准一致下的差异化监管。文件强调，要控制好关联交易的数量和规模，重点防范向股东及其关联方进行利益输送风险；对通过多种渠道向关联方进行利益输送的违规行为，设置禁止性规定，加强对表外、资管、同业等重点领域关联交易管理；强化关联交易控制委员会职能，设立跨部门的关联交易管理办公室；明确对机构及董事、监事、高级管理人员违规行为的处理措施。

为规范保险资金委托投资行为，防范投资管理风险，切实保障资产安全，5 月 9 日，银保监会发布《关于印发保险资金委托投资管理办法的通知》，将保险资金委托投资行为进一步规范化。文件指出，保险公司委托投资资金及其运用形成的资产，应当独立于受托人、托管人的固有财产及其管理的其他资产，相关机构不得对受托投资的保险资金采取强制措施；保险公司应当加强资产负债管理，根据保险资金负债特点、偿付能力和资产配置需要，审慎制定委托投资指引；保险公司应当定期评估受托人的公司治理情况、投资管理能力、投资业绩、服务质量等，跟踪监测各类委托投资账户风险及合规状况，定期出具分析报告；保险公司应当建立完善的风险管理和内部控制机制，配备满足业务发展需要的风险监测和信息管理系统；受托人应当按照监管规定定期向银保监会报告受托投资管理情况，发生与委托投资有关的重大诉讼、重大风险事件及其他影响委托投资资产安全的重大事件的，委托人应当立即采取有效措施，防范相关风险，并及时向银保监会报告。

5 月 27 日，银保监会发布《关于加强保险机构资金运用关联交易监管工作的通知》，要求重点监测以下机构和行为：以资本运作为主业的金控平台投资设立的保险机构；杠杆率高、资金流紧张、激进扩张的产业资本投资设立的保险机构；股权高度集中、运作不规范的保险机构；在高风险银行存款占比高、关联交易金额大、资金运用关联交易比例高或关联交易信息披露异常的保险机构。

8 月 10 日，人民银行会同银保监会发布《关于保险公司发行无固定期限资本债券有关事项的通知》，明确指出自 2022 年 9 月 9 日起，保险公司发行的无固定期限资本债券应当含有减记或转股条款，当触发事件发生时，无固定期限资本债券应当实施减记或转股。其中，保险公司减记和转股的触发事件包括持续经营触发事件和无法生存触发事件；持续经营触发事件是指保险公司的核心偿付能力充足率低于 30%。

4. 稳步推进保险业务基础制度改革

（1）综合业务制度改革，提升监管质效

1 月 18 日，《保险公司非现场监管暂行办法》正式发布。该文件强调，非现场监管应以机构监管为主导，并加强相关部门间的协调，实现非现场监管与其他监管手段和监管领域的有力协同；非现场监管制度分为两方面：工作流程和机制、监管评估的指标和方法；覆盖保险公司经营全流程和全环节的全面监管应通过定量与定性分析相结合的方式实施。

5 月 19 日，银保监会发布《银行保险机构消费者权益保护管理办法（征求意见稿)》，对消费者个人信息实施全流程分级分类管控。该文件指出，消费者权益保护考核应纳入银行保险机构综合绩效考核体系，权重占比原则上不低于总分值的 5%；银行保险机构不得允许第三方合作机构进驻营业网点或自营互联网平台，并以银行保险机构的名义向消费者推介或销售产品和服务；银行保险机构销售产品或提供服务的过程中，应当保障消费者自主选择权和公平交易权；银行保险机构向消费者提供金融产品和服务时，应保障产品及服务的风险收益匹配、定价合理、计量正确；金融知识教育宣传应坚持公益性，不得以营销、推介行为替代金融知识普及与消费者教育。不得在不同平台间传递消费者个人信息；不得利用痕迹数据对消费者开展未经授权的营销活动。同日，银保监会发布《银行保险监管统计管理办法（征求意见稿)》，强调明确监管统计工作归口、明确数据质量责任、强调数据安全保护、对接数据治理要求、重视数据价值实现等内容。

银保监会7月28日发布《保险资产管理公司管理规定》，对保险资产管理公司的定义、设立与变更、公司治理、业务规则、风险管理、监督管理等方面作出了进一步明确。文件指出，保险资产管理公司是指受银保监会批准，通过接受保险集团公司委托、发行保险资产管理产品等方式，以实现资产长期保值增值为目的，开展资产管理业务及国务院金融管理部门允许的其他业务的境内金融机构；保险资产管理公司应当具有符合规定的公司章程、股东、股份比例、注册资本、公司治理、内部控制和风险管理体系；保险资产管理公司不得将受托管理资产和所管理的保险资产管理产品资产归入其自有财产和清算财产；保险资产管理公司的业务应当按照规定开展保险资产管理产品业务、资产证券化业务、保险私募基金业务等；保险资产管理公司应当设立独立的风险管理部门，建立完善全面风险管理制度和机制，有效进行风险识别、评估、计量、监测、报告和风险处置，防范各类业务风险。

（2）产品业务制度改革，优化险企服务水平

2月17日，《农业保险承保理赔管理办法》正式发布，该办法适用于种植业保险、养殖业保险和森林保险业务。文件指出，保险机构不得向投保人、被保险人给予或承诺给予保险合同约定以外的保费回扣、赔付返还或者其他利益；保险机构应当根据保险标的特征和分布等情况，采用全检或比例抽查方式查验标的，核查保险标的位置、数量等情况；保险机构可以从当地部门或相关机构取得保险标的有关信息，辅助核查投保信息的真实性；保险机构应当对分户投保清单进行不少于3天的承保公示；保险机构应当合理设置核保权限，明确核保人员职责与权限，实行核保授权分级管理制度；保险机构应当加强批改管理，合理设置保单批改权限，由总公司或省级分公司集中审批；接到报案后，保险机构应当在24小时内进行查勘，因客观原因难以及时查勘的，应当与报案人联系并说明原因。

3月2日，银保监会发布《保险公司非寿险业务准备金管理办法》，明确准备金评估的原则和方法，规范保险公司准备金评估使用合理的方法及假设；规定准备金评估的内控流程，当保险公司的准备金评估发生变化并产生显著影响时，应规范准备金风险边际和折现的处理，规定计算风险边际的方法一经确定不得随意更改；加强对保险公司分支机构准备金的管理，要求保险公司对分支机构的准备金评估应客观、公允地反映分支机构的经营情况，不得人为调节；规范准备金回溯分析工作，明确了当保险公司的准备金回溯结果出现较大偏差时，保险公司应采取的具体整改措施；明确准备金评估报告的内容，规范了应披露的具体信息和精算意见的表述，要求保险公司填列准备金监管报表；完善准备金评估工作底稿制度，规范了工作底稿的编制、复核、使用等管理，要求保险公司应按规定保存工作底稿备查。

10月28日，银保监会印发《关于印发财产保险灾害事故分级处置办法的通知》，对财产保险灾害事故等级进行划分，并明确各级灾害事故的统筹应对主体和工作措施。具体将财产保险灾害事故按照事件性质、损失程度和影响范围等因素划分为特别重大、重大、较大三个等级，对应Ⅰ级、Ⅱ级、Ⅲ级响应，分别由银保监会及其派出机构统筹

启动响应、开展应对处置并适时终止响应。

11 月 11 日，《人身保险产品信息披露管理办法》正式发布。文件指出，保险公司在公司官方网站以外披露产品信息的，其内容不得与公司官方网站披露的内容相冲突；保险公司销售一年期以上的人身保险产品，应在销售过程中以纸质或电子形式向投保人提供产品说明书；产品说明书应当结合产品特点，按照监管要求制定；保险公司通过产品组合形式销售人身保险产品的，应当分别提供每个一年期以上的人身保险产品对应的产品说明书；保险公司决定停止销售保险产品的，应当自决定停止之日起 10 个工作日内，披露停止销售产品的名称、停止销售的时间、停止销售的原因，以及后续服务措施等相关信息。

11 月 21 日，银保监会下发的《关于保险公司开展个人养老金业务有关事项的通知》指出，保险公司开展个人养老金业务需要符合以下条件：上年度末所有者权益不低于 50 亿元且不低于公司股本（实收资本）的 75%；上年度末综合偿付能力充足率不低于 150%、核心偿付能力充足率不低于 75%；上年度末责任准备金覆盖率不低于 100%；最近 4 个季度风险综合评级不低于 B 类；最近 3 年未受到金融监管机构重大行政处罚；具备完善的信息管理系统，与银行保险行业个人养老金信息平台实现系统连接，并按相关要求进行信息登记和交互；银保监会规定的其他条件。

（二）2023 年保险监管政策展望

2022 年 5 月 11 日，银保监会发布《中国保险业标准化“十四五”规划》。文件明确提出积极支持农业保险扩面、增品、提标，动态开展农业保险标准需求调查和项目规划，规范农业保险服务流程；加强科技保险、知识产权保险等领域的标准研究，促进科技、专利和保险的衔接；制定保险资管产品的要素标准、产品分类标准，促进银行、证券、保险等各类行业资管业务统一标准；统筹建立保险资管统计标准，强化保险资管标准化能力；制定养老保险产品和服务标准，促进保险机构开发满足消费者需求的多样化养老保险产品；支持保险机构为人民群众提供覆盖全生命周期的、满足不同收入群体需要的健康保险产品；支持保险机构在污染治理、安全生产、校园安全、医疗纠纷、建筑质量以及突发公共卫生事件等领域发挥辅助社会治理的作用，加强保险标准与相关领域标准的联动；制定巨灾分类和巨灾保险产品规范，统筹制定巨灾风险责任累积管理和单一标的责任累积管理标准；统筹研究加强保险业风险监管相关标准，推动保险业风险监管的基础数据标准建设，完善保险业监管数据体系建设；制定反欺诈模型描述规范，促进行业对欺诈事件相关信息和数据的积累、共享，增强行业欺诈预警及响应能力，研究覆盖事前事中事后的保险消费者权益保护标准体系等多项覆盖保险全行业的产品、技术、指标发展方向。

2023 年 1 月 13 日，银保监会召开了 2023 年工作会议。会议以习近平新时代中国特色社会主义思想为指导，深入学习贯彻党的二十大精神和中央经济工作会议精神，回顾总结工作，分析当前形势，部署 2023 年重点任务。会议要求，一是全力支持经济运行整体好转，做好对投资的融资保障，支持社会领域加快补短板，优化进出口贸易金融服务，大力发展普惠金融，全面推进乡村振兴。二是努力促进金融与房地产正常循环，坚持“房住不炒”定位，落实“金融十六条”措施，实施差别化信贷政策，推动房地产业向新发展模式平稳过渡。三是加快推动中小银行改革化险，稳步推进村镇银行改革重组，鼓励多渠道补充中小银行资本。四是统筹推进保险公司回归本源和风险处置，坚决整治恶性竞争乱象，研究出台保险公司监管评级和分类监管制度。五是积极推动信托等非银机构聚焦主业转型发展，引导信托公司发展本源业务，加快推进金融资产管理公司改革。六是有效应对信用风险集中反弹，督促银行机构做实资产分类，加大不良资产处置力度，积极配合化解地方政府债务风险。七是强化金融机构治理体系建设，做好股东资质穿透审核和股东行为穿透监管，切实加强投资者保护。八是持续提升监管有效性，完善全流程全链条审慎监管，提升监管数字化智能化水平，依法将各类金融活动全部纳入监管。九是不断扩大高水平对外开放，稳步扩大银行业保险业制度型开放，持续提升金融服务共建“一带一路”水平，积极参与国际金融治理。

附表

2022 年中国保险业主要监管政策

发布日期	政策文件名称	发文单位
1 月 10 日	银行保险机构关联交易管理办法	中国银保监会
1 月 12 日	关于精简保险资金运用监管报告事项的通知	中国银保监会
1 月 18 日	保险公司非现场监管暂行办法	中国银保监会
1 月 28 日	关于《保险保障基金管理办法（征求意见稿）》公开征求意见的公告	中国银保监会
2 月 15 日	关于扩大专属商业养老保险试点范围的通知	中国银保监会
2 月 17 日	关于印发农业保险承保理赔管理办法的通知	中国银保监会
3 月 2 日	保险公司非寿险业务准备金管理办法	中国银保监会
3 月 4 日	关于加强新市民金融服务工作的通知	中国银保监会、中国人民银行
3 月 11 日	关于印发中国（上海）自由贸易试验区临港新片区科技保险创新引领区工作方案的通知	中国银保监会、上海市人民政府
4 月 24 日	关于保险资金投资有关金融产品的通知	中国银保监会
5 月 6 日	关于银行业保险业支持城市建设和治理的指导意见	中国银保监会
5 月 9 日	关于印发保险资金委托投资管理办法的通知	中国银保监会
5 月 11 日	关于印发保险业标准化“十四五”规划的通知	中国银保监会
5 月 19 日	关于《银行保险机构消费者权益保护管理办法（征求意见稿）》公开征求意见的公告	中国银保监会
5 月 19 日	关于《银行保险监管统计管理办法（征求意见稿）》公开征求意见的公告	中国银保监会
5 月 27 日	关于加强保险机构资金运用关联交易监管工作的通知	中国银保监会
6 月 1 日	关于印发银行业保险业绿色金融指引的通知	中国银保监会
7 月 28 日	保险资产管理公司管理规定	中国银保监会

续表

发布日期	政策文件名称	发文单位
8月10日	关于保险公司发行无固定期限资本债券有关事项的通知	中国人民银行、中国银保监会
10月26日	保险保障基金管理办法	中国银保监会、财政部、中国人民银行
10月28日	关于印发财产保险灾害事故分级处置办法的通知	中国银保监会
11月11日	人身保险产品信息披露管理办法	中国银保监会
11月17日	关于印发商业银行和理财公司个人养老金业务管理暂行办法的通知	中国银保监会
11月21日	关于保险公司开展个人养老金业务有关事项的通知	中国银保监会

专栏 18

金融科技发展规划引领行业数字化转型，提升服务和监管效能①

2021年12月29日，中国人民银行印发《金融科技发展规划（2022—2025年）》(以下简称《规划》)，对未来四年金融科技发展进行全面系统的顶层设计，为建设新时代中国特色金融科技体系提供行动指南。

《规划》发布的背景。近几年，我国金融科技相关政策频出，金融科技水平持续进阶。《中华人民共和国国民经济和社会发展第十四个五年规划和2035年远景目标纲要》进一步明确了对金融科技发展的要求，即"稳妥发展金融科技，加快金融机构数字化转型。强化监管科技运用和金融创新风险评估，探索建立创新产品纠偏和暂停机制"。在此背景下，中国人民银行面向银行保险业、证券期货业、非银支付业等发布了新版金融科技发展规划。

《规划》以习近平新时代中国特色社会主义思想为指导，准确把握新发展阶段、深入践行新发展理念，以深化金融数据要素应用为基础，以支撑金融供给侧结构性改革为目标，以加快推进金融机构数字化转型为主线，走出具有中国特色与国际接轨的金融数字化之路，加快健全适应数字经济发展的现代金融体系，为构建新发展格局贡献金融力量。

《规划》明确了四大发展原则：数字驱动、智慧为民、绿色低碳、公平普惠；六个发展目标：金融业数字化转型更深化、数据要素潜能释放更充分、金融服务提质增效更显著、金融科技治理体系更健全、关键核心技术应用更深化、数字基础设施建设更先进。

《规划》提出了八个方面的重点任务。一是强化金融科技治理。二是全面加强数据能力建设。三是建设绿色高可用数据中心。四是深化数字技术金融应用，健全安全与效率并重的科技成果应用体制机制。五是健全安全高效的金融科技创新体系。六是深化金

① 作者：李自然，中金所数据公司副总经理。中金所数据公司于培言、孙思维提供相关资料建议。

融服务智慧再造，搭建多元融通的服务渠道。七是加快监管科技的全方位应用，强化数字化监管能力建设，对金融科技创新实施穿透式监管，筑牢金融与科技的风险防火墙。八是扎实做好金融科技人才培养，持续推动标准规则体系建设，强化法律法规制度执行。

《规划》对服务新发展格局，推动国内金融科技发展具有重要意义。在当今世界经历百年未有之大变局，新一轮科技革命和产业变革向纵深演进之际，我国进入新发展阶段，数据正在成为新的生产要素，数字技术成为新的发展引擎，数字经济浪潮已势不可当。金融科技作为技术驱动的金融创新，对推动金融领域加快数字化转型，释放金融数据要素潜能，提升金融在新发展格局下服务实体经济的效能，具有重要意义。《规划》继续秉承发展与监管两手抓的精神，既给金融科技发展指明了方向，如夯实数字基础底座、加强技术创新引领、激活数字化经营动能、践行数字普惠金融，又强调了金融科技监管，如健全科技治理体系、强化创新审慎监管等。因此，它对推动金融科技更加广泛地辐射到金融业务创新和金融监管工作都具有重要指导意义。

继《规划》发布，一批相关或配套的金融科技政策、指导意见陆续出台。例如，2021 年 12 月 30 日，银保监会印发《银行保险机构信息科技外包风险监管办法》，以进一步加强银行保险机构信息科技外包风险监管；2022 年 1 月 10 日银保监会发布《关于银行业保险业数字化转型的指导意见》，确定了银行业保险业数字化转型的工作目标。3 月24 日，人民银行货币金银和安全保卫工作电视会议指出，2022 年要扎实推进数字人民币研发试点，做好货币金银保卫转型发展规划；10 月 9 日，中国人民银行正式发布了《金融领域科技伦理指引》，提出了在金融领域开展科技活动需要遵循的价值理念和行为规范。

在政策引导下，2022 年很多金融科技创新成果在各地加速落地。例如，由中国人民银行西安分行和西安市金融工作局牵头组织，工商银行、农业银行、中国银行、建设银行、交通银行、邮储银行、招商银行和西安银行共同参与建设的“数字人民币西安通”小程序在 7 月 29 日上线试运行。该平台作为全国首个数字人民币官方信息平台，集官方信息发布、知识宣传普及、商户资源整合、优惠活动共享、创新特色宣介于一体，对构建当地数字人民币生态体系，解决多方信息不对称等问题发挥了积极作用。

此外，2022 年资本市场的金融科技发展工作也在稳步推进。一方面，证券公司、基金公司、期货公司、私募投资基金管理机构等中介机构要落实《规划》要求。另一方面，资本市场科技监管工作和行业数字化转型工作要积极落实《证券期货业科技发展“十四五”规划》要求，证监会智慧监管平台、行业机构行业基础数据库、行业监管大数据仓库等稳步推进。

CHINA FINANCIAL POLICY REPORT

2023

Chief Editor: Wu Xiaoling Lu Lei

Executive Editor: He Haifeng Ding Zhijie

中国金融出版社

Editorial Board

Foreword

The *China Financial Policy Report 2023* was jointly prepared by the PBC School of Finance (PBCSF) of Tsinghua University and the Institute of Financial Policy (IFP) of the Chinese Academy of Social Sciences (CASS). As China's first comprehensive annual financial policy report, it was first published in 2011 with the mission and principle of "communicating China's financial policies with the world". Over the past 13 years, we have upheld and adhered to this stance, comprehensively and accurately reflected the major themes and policy dynamics in China's financial policies annually, and strove to put forth the true image of China's financial development and make an overall impact of China's financial policies to the world. Our efforts have been confirmed and recognized by all relevant sectors, which, in turn, has strengthened our confidence and sense of responsibility.

2022 has been a year of exceptional significance. In the face of the complex international environment and the arduous tasks of reform, development, and stability at home, China has efficiently coordinated pandemic prevention and control with economic and social development. The national economy has withstood the pressure and continued to develop, and its economic aggregate has reached a new level. According to the preliminary calculation of the National Bureau of Statistics of China, the annual GDP in 2022 was RMB 121.0207 trillion, an increase of 3% over the previous year. The per capita disposable income of residents in China reached RMB 36,883, a nominal increase of 5.0% over the previous year, and an actual increase of 2.9% excluding price factors, which was basically in sync with economic growth. Economically, China has adhered to the general principle of pursuing progress while ensuring stability, strengthened macro-control, responded to the impact of factors that exceeded market expectations, steadily improved the quality of development, achieved fruitful results in scientific and technological innovation, comprehensively deepened reform and opening up, basically stabilized employment and prices, effectively guaranteed food security, energy security, and people's livelihood, and maintained the overall economic and social stability. In terms of finance, China has stepped up the implementation of prudent monetary policies, resolutely supported the stabilization of the macroeconomic market, effectively forestalled and defused financial risks, focused on deepening financial reform and opening up, continuously improved financial management services, continuously deepened the reform and opening up of the banking and insurance industries, fully launched and implemented the registration-based initial public offering system, and deepened the reform and opening up in the foreign exchange field to serve the development of the real economy. In 2022, the research team of *China Financial Policy Report* and Xinhua Finance jointly selected "Top Ten Financial Policies of 2022", which comprised the top 10 global financial policies, top 10 financial policies in China, and top 10 regional and local financial policies within China. This inclusive list covers domestic and foreign financial policies that have positively influenced economic and financial development, financial market improvement, and the deepening of financial reforms.

The year 2023 is the first year to fully implement the guiding principles of the 20th CPC National Congress, and it is a crucial year for the implementation of the 14th Five-Year Plan. Economic work and policies must adhere to the general principle of pursuing progress while ensuring stability. We should fully, accurately, and comprehensively implement the new development concept, accelerate the construction of a new development pattern, focus on promoting high-quality development, better coordinate epidemic prevention and control and economic and social development, better coordinate development and safety, comprehensively deepen reform and opening up, and vigorously boost market confidence. We should organically combine the implementation of the strategy of expanding domestic demand with the deepening of supply-side structural reform, highlight the work of stabilizing growth, employment, and prices, effectively forestall and defuse major risks, promote the overall improvement of economic operation, and effectively upgrade and appropriately expand China's economic output. This puts forward new requirements for the financial policy in 2023 — prudent monetary policy should be targeted and strong, financial support for the domestic demand and supply system should be increased, and financial risk prevention and resolution should be continuously promoted; The banking and insurance industry should fully support the overall improvement of economic operation, strive to promote the normal cycle of finance and the property market, and accelerate the reform and risk resolution of small and medium-sized banks; We should effectively improve the efficiency of capital market governance, comprehensively promote regulatory transformation, and drive the systematic improvement of the entire capital market ecology; We should deepen reform and opening up in the field of foreign exchange and prevent the risk of cross-border capital flow.

Maintaining its previous framework, the *China Financial Policy Report 2023* is divided into two major modules: thematic reports and dynamic reports. According to the thematic report "The Chinese Financial Path for Chinese Modernization", developing a modern finance system with Chinese characteristics needs to fully practice the political and people-oriented nature of financial work, and further promote the modern central banking system, financial supply-side structural reform, high-level institutional financial opening to the outside world, modern financial regulation system, prevention and resolution of financial risks, etc. Meanwhile, we also collected two representative feature articles on financial policy in 2022 — "High-quality Development of China's Economy and Finance under Multiple Shocks" and "Economic Resilience and Policy Vitality".

For the 2022 dynamic reports, we reviewed and analyzed monetary policies, exchange rate and balance of payments, the development of the banking market, the stock market, the bond market, the securities investment fund market, the money market, the trust and wealth management market, the financial derivatives market, the commodity and futures market, the foreign exchange market, and the gold market. Apart from the major regulatory policies of the People's Bank of China and of China's banking, securities, and insurance industries, the reports also included evaluations of policy effects and policy outlooks.

In addition, we compiled 18 articles to reflect the trending issues of China's financial policies, including articles on financial reform and development, financial opening-up, financial markets, regional and local finance, and financial innovations such as fintech.

In order to comprehensively and timely reflect the latest developments and dynamic changes in China's financial policies, the monthly magazine and weekly newspaper of *Financial Policy Information* came out in late 2018 and early 2019 respectively. We will continue to compile policy information and evaluate policy effects to improve laws and regulations, promote the rule of law in our country, and expand the global influence of the Program for *China's Financial Policy Report*.

The *China Financial Policy Report 2023* is a result of collective research. The writers mainly comprise professionals from financial management and regulatory authorities, financial institutions, higher education institutions, and academic institutes (although their views do not represent those of their respective organizations). The report was revised and edited by Wu Xiaoling, Lu Lei, He Haifeng, and Ding Zhijie. The authors who have contributed to the various sections include Wu Xiaoling, Lu Lei, He Haifeng, Ding Zhijie, Ma Yun, Yao Yimin, Tong Haoxiang, Yang Chao, Xu Kun, Yang Yang, He Xiaobei, Yang Chengliang, Tang Jianwei, Zhao Yarui, Zhang Yulong, Yin Bo, Cai Hengpei, Sun Xinxin, Li Qingyun, Wang Qinhuai, Gan Zhengzai, Zhou Haibo, Zhu Xiaochuan, Zhou Jinfei, Jiang Jianrong, Zhao Xianghuai, Zheng Junyi, Liu Feng, Nie Tianqi, Xie Xuecheng, Lu Nan, Liu Lina, Ma Qiang, Tang Ning, Shi Guanglong, Du Shuming, Liu Yong, Wang Yuehan, Zhang Chen, Xu Jinzhi, Guo Jingpu, Gu Qingkang, Yu Yalian, Yu Yue, Xu Kefei, Cui Jian, Li Ziran, and Zhang Chao. Ding Yuxi and Yu Yue edited and proofread the English manuscript. The student interns of the Program for *China Financial Policy Report* (research group) collected and compiled information such as the financial policies of 2022. We are grateful to Director Wang Haiye and Editor Zhang Juxiang of the China Financial Publishing House for their conscientious and prudent attitude toward work.

We, as always, look forward to criticism and advice from our readers.

Chief Economist of Guotai Junan Securities
Executive Leader of the Program for
China's Financial Policy Report
He Haifeng (Foreword Author)
May 7, 2023

Top 10 Global Financial Policies in 2022

S/N	Policy Name	Issue Time	Issuing/Formulation Agency
1	The Federal Reserve's radical interest rate hike affects stable global growth, and many central banks raise interest rates to ease inflationary pressure	From March 2022 to the end of 2022	Federal Reserve, European Central Bank, Bank of England, etc.
2	Russia suffers severe financial sanctions, such as exclusion from the SWIFT system, due to the outbreak of conflict between Russia and Ukraine	From February 24, 2022, to the end of 2022	US, Russia, EU
3	The *Regional Comprehensive Economic Partnership* (RCEP) came into effect, marking the official launch of the world's largest free trade zone	January 1, 2022	15 contracting parties: 10 ASEAN member states, China, Japan, South Korea, etc.
4	The US introduced the *CHIPS and Science Act* and the *Inflation Reduction Act of 2022*, which seriously affected the stability of the global industrial chain and supply chain	August 9, August 16, 2022	US
5	Many countries suffered soaring inflation, and international institutions generally lower their expectations for world economic growth	Throughout 2022	OECD, WTO, World Bank, IMF, etc.
6	EU member states unanimously ratified the *Digital Markets Act*	July 18, 2022	EU
7	Japan intervened in the foreign exchange market for the first time since 1998, and announced to relax its yield curve control (YCC) policy at the end of 2022	September and December 2022	Bank of Japan, Government of Japan
8	The G20 Bali Summit focuses on the theme of "Recover Together, Recover Stronger", and China calls for strengthening global economic and trade cooperation	November 15-16, 2022	G20 Leaders
9	The Indo-Pacific Economic Framework for Prosperity (IPEF) was launched by 13 countries, including the US, Japan, Australia, and South Korea	May 23, 2022	13 countries: US, Japan, Australia, South Korea, etc.
10	The European Central Bank's monetary policy framework incorporates climate factors, and global climate-related financial risk management is accelerating	July 4, 2022	European Central Bank

Top 10 Financial Policies of China in 2022

S/N	Policy Name	Issue Time	Issuing/Formulation Agency
1	The Central Economic Work Conference made important arrangements for financial work, emphasizing the effective forestallment and defusing of major economic and financial risks and ensuring the smooth development of the real estate market	December 16, 2022	Central Economic Work Conference
2	*The Outline of the Strategic Plan for Expanding Domestic Demand* (2022-2035) was released to promote the reform of the investment and financing system	December 14, 2022	The CPC Central Committee, the State Council
3	*The Opinions on Accelerating the Construction of a Unified Domestic Market* proposes to accelerate the development of a unified capital market	April 10, 2022	The CPC Central Committee, the State Council
4	The financial regulatory authorities thoroughly study, publicize and implement the spirit of the 20th CPC National Congress	October 24, 2022	PBC, SAFE, CBIRC, CSRC
5	The PBC cut RRR twice, guided the decline of LPR, and established a market-oriented adjustment mechanism for deposit rates	January 20, April 25, May 20, August 22, December 5, 2022	PBC
6	Finance helped stabilize the economy and consolidate the foundation for economic recovery and development	April 18, May 24, June 29, August 24, 2022	The State Council, PBC, SAFE
7	Structural monetary policies continued to develop	April 28, April 30, May 6, May 16, September 27, 2022	PBC, NDRC, MOST, MITT, NEA, MOT, MOF, CNAO, CBIRC
8	The *Implementation Measures for Private Pension* was issued	October 26, 2022	MOHRSS, MOF, STA, CBIRC, CSRC
9	The *Futures and Derivative Law of the People's Republic of China* was promulgated and came into effect	August 1, 2022	The National People's Congress Standing Committee
10	The *Work Plan for Optimizing Financial Support Mechanism for Innovation during the 14th Five-year Plan Period* was adopted to promote the financial system to better meet the needs of scientific and technological innovation in the new era	April 19, 2022	Central Commission for Comprehensively Deepening Reform

Top 10 Regional and Local Financial Policies of China in 2022

S/N	Policy Name	Issue Time	Issuing/Formulation Agency
1	The *Master Plan of Guangzhou, Nansha on Deepening Comprehensive Cooperation between Guangdong, Hong Kong and Macao with a Global Perspective* was released to support Guangzhou to work with Hong Kong and Macao to build a portal for high-standard opening-up	June 6, 2022	The State Council
2	Eight departments, including the PBC, issued the *Overall Plan for the Construction of Pilot Zones for Sci-Tech Innovation Finance Reform in Shanghai, Nanjing, Hangzhou, Hefei and Jiaxing*, and carried out the pilot innovation for sci-tech innovation finance reform	November 11, 2022	PBC, NDRC, MOST, MITT, MOF, CBIRC, CSRC, SAFE
3	Multiple measures were implemented to continuously deepen the connectivity between the Chinese Mainland and Hong Kong's financial markets	2022	PBC, CSRC, Hong Kong Securities and Futures Commission, Hong Kong Monetary Authority
4	*Beijing Financial Sector Development Plan during the 14th Five-Year Plan Period* was released, proposing to build a national financial management center at a high level	May 18, 2022	Beijing Municipal Financial Services Leading Group
5	Local governments have made full use of the policy toolbox according to the local situation, and continued to intensify the work of "guaranteeing house delivery and stabilizing people's livelihood" in finance	2022	Local people's government offices, etc.
6	The *Opinions on Financial Support for Zhejiang's High-quality Development and Development of Common Prosperity Demonstration Area* was issued to promote the reform of the financial system and mechanism	March 10, 2022	PBC, CBIRC, CSRC, SAFE, People's Government of Zhejiang Province
7	The Bank for International Settlements (BIS) reconfirms Hong Kong's status as a significant international financial center	October 27, 2022	BIS

Continued

S/N	Policy Name	Issue Time	Issuing/Formulation Agency
8	Digital RMB (e-CNY) has been piloted for three years and has been promoted nationwide to 26 regions in 17 provinces and municipalities	2022	PBC
9	Sichuan and Chongqing jointly issued the *Detailed Joint Implementation Rules of Chengdu-Chongqing Region for Jointly Constructing the Western Financial Center* to accelerate the construction of the Western Financial Center	December 14, 2022	General Office of Chongqing Municipal People's Government, General Office of Sichuan Provincial People's Government
10	Shanghai Lingang, Guangdong Nansha, Hainan Yangpu, Zhejiang Ningbo, and other places issued detailed rules for the implementation of the pilot project to promote the implementation of the pilot for high-standard opening-up in cross-border trade and investment	January 2022	Shanghai Branch of the SAFE, Guangdong Branch of the SAFE, Hainan Branch of the SAFE

Contents

Part One Thematic Report and Feature Articles

Thematic Report: The Chinese Financial Path for Chinese Modernization ······ 3

Ⅰ. Modernize the central bank system to construct the macro-regulation system with Chinese characteristics ······ 3

Ⅱ. Deepen supply-side structural reform in the financial sector for the high-quality economic development ······ 7

Ⅲ. Create a high-standard institutional opening up of finance ······ 10

Ⅳ. Improve the modern system of financial regulation with Chinese characteristics ······ 13

Ⅴ. Coordinate development and security to prevent and resolve financial risks ······ 17

Ⅵ. Conclusion: There is a long way to go to build the Chinese financial path for Chinese modernization ······ 21

Feature Article 1: High-quality Development of China's Economy and Finance Amid Multiple Shocks ······ 23

Ⅰ. Current domestic and foreign economies are in different cycles ······ 23

Ⅱ. The impact of the Fed's rate hike on the world and China's policy mix ······ 24

Ⅲ. Suggestions for responding to the risk of external shocks ······ 25

Ⅳ. Conclusion and outlook ······ 26

Feature Article 2: Economic Resilience and Policy Vitality ······ 28

Ⅰ. China's resilience evident in sustained economic recovery in 2021 ······ 28

Ⅱ. Under the pressure of 2022, effective coordination of economic policies is imperative ······ 30

Part Two Chinese Financial Policies in 2022

Macro Financial Policies ······ 37

Ⅰ. Monetary Policy ······ 37

Ⅱ. Policies for Exchange Rate and Balance of Payments 45

Major Development Policies for the Financial Market 58
Ⅰ. Development Policies for the Banking Market 58
Ⅱ. Stock Market Development Policies 75
Ⅲ. Development Policies for the Insurance Market 103
Ⅳ. Bond Market Development Policy 110
Ⅴ. Policies for the Development of the Securities Investment Fund Market 123
Ⅵ. Development Policies for the Money Market 132
Ⅶ. Trust and Wealth Management Market Development Policies 142
Ⅷ. Financial Derivatives Market Development Policies 149
Ⅸ. Development Policies for the Commodity Futures Market 157
Ⅹ. Policies on Foreign Exchange Market Development 167
Ⅺ. Development Policies for the Gold Market in 2022 172

Major Financial Regulatory Policies 181
Ⅰ. Major Financial Regulatory Policies of the People's Bank of China (PBC) 181
Ⅱ. Main Regulatory Policies in China's Banking Sector 187
Ⅲ. Major Regulatory Policies for China's Securities Industry 203
Ⅳ. Major Regulatory Policies in China's Insurance Industry 222

Column Contents

Article 1 How to Balance Policy Intensity and Risk Prevention and Control under the General Keynote of "Prioritizing Stability while Pursuing Progress": Interpretation of the spirit of the 2022 Central Economic Work Conference ······ 33
Article 2 Targeted Credit Easing Saves the Industry and Revives the Economy, and Structural Monetary Policy Enables Stable Development ······ 43
Article 3 Piloting Cross-border Trade and Investment Starts a New Chapter of High-level Opening-up ······ 55
Article 4 Fully Leveraging the Role of Capital Markets in Expanding Domestic Demand and Optimizing Resource Allocation ······ 73
Article 5 Moving Faster to Build A Unified Domestic Market and Remove Key Restrictions on the Economic Cycle ······ 102
Article 6 A Milestone in the Construction of a Multi-Level and Multi-Pillar Pension Insurance System ······ 109
Article 7 New Exploration on Sci-Tech Innovation Finance: On the "Overall Plan for the Construction of Pilot Zones for Sci-Tech Innovation Finance Reform in Shanghai, Nanjing, Hangzhou, Hefei and Jiaxing" ······ 121
Article 8 Strengthen Financial Services for Science and Technology Innovation ······ 130
Article 9 Multiple Initiatives to Deepen Financial Market Interconnection Between the Chinese Mainland and Hong Kong ······ 140
Article 10 31 Financial Measures: Guidelines on Financial Support for Zhejiang's High-quality Development and Development of Common Prosperity Demonstration Area ······ 147
Article 11 The Enactment of the *Futures and Derivatives Law* Will Contribute to the Long-term Development of the Market ······ 155
Article 12 Carry Through New Development Concept to Build the National Financial Management Center at a High Level ······ 165
Article 13 Hong Kong's Status as the International Financial Center is Rock-solid ······ 170
Article 14 E-CNY Pilot Regions Continue to Extend with Its Application Scenarios being Expanded Steadily ······ 179
Article 15 Continuously Unleashing the Effectiveness of LPR Reform to Further Benefit the Real Economy ······ 185

Article 16 Apply Financial Policy Toolbox City-specifically to Guarantee House Delivery and Stabilize People's Livelihood ······ 201

Article 17 Jointly Build a Regional Financial Center and Support the Coordinated Development of Regional Economy ······ 220

Article 18 Fintech Development Leads the Industry's Digital Transformation and Improves Services and Regulatory Efficiency ······ 233

Part One

Thematic Report and Feature Articles

THEMATIC REPORT:

The Chinese Financial Path for Chinese Modernization①

Since the 20th National Congress of the Communist Party of China (CPC), our financial system has firmly implemented the decision and deployment of the CPC Central Committee and the State Council under the guidance of Xi Jinping Thought on Socialism with Chinese Characteristics for a New Era and comprehensively responded to the political concerns and people's needs in this regard based on the national situation of China and characteristics of the times.

In face of the complex economic outlook, our financial policies stick to serving the real economy while constantly innovating and completing the macro-regulation system with Chinese characteristics, deepening the supply-side structural reform of the financial sector, realizing high-standard opening up, optimizing modern financial regulation and coordinating the work of financial risk prevention control. Established in development and security, we unswervingly adhere to the path of financial development with Chinese characteristics.

I. Modernize the central bank system to construct the macro-regulation system with Chinese characteristics

The report of the 20th CPC National Congress put forward "modernizing the central bank system", which points out the direction of the central bank. In 2022, the financial system fully implemented Xi Jinping Thought on Socialism with Chinese Characteristics for a New Era, adhered to the political, people-centered, and professional attributes of financial work under the centralized and unified leadership of the CPC Central Committee, and consolidated the modern central bank system on the path of financial development with Chinese characteristics so as to serve and guarantee the building of a great modern socialist country.

(I) Continuously improve the regulatory framework of monetary policy and macro-prudential management

In recent years, the real economy has descended into repeated disturbances due to complex and

① Authors: Wu Xiaoling, Lu Lei, He Haifeng, Ding Zhijie, Ma Yun, Yao Yimin, Tong Haoxiang, Yang Chao, Xu Kun, Yang Yang.

severe international landscapes and arduous domestic tasks of reform, development, and stability. In this process, the prudent monetary policy maintains its focus and withstands its pressure in a scientific way, and insists on prioritizing financial stability in the domestic context. By improving the framework of the modern monetary policy, smoothing the delivery of the monetary policy, and optimizing the macro-regulation system, we fully implement the decision and deployment made by the CPC Central Committee on financial work. The monetary policy has maintained reasonable and stable monetary and financial conditions, stabilized the prices in the context of high global inflation, and underpinned macroeconomic stability.

General Secretary Xi Jinping stressed that financial risks required scientific prevention of early recognition, warning, detection, and disposal and that proactive measures could effectively prevent and resolve various risks and challenges. Based on our basic national conditions of economic transformation and structural adjustment, the People's Bank of China (PBC) does not simply follow the international mainstream practice of using a single tool to reach one goal but insists on the combination of price-based and quantity-based tools and macro-prudential management to implement financial regulation. The problem-orient PBC has created a series of macro-prudential policy tools with Chinese characteristics, such as differential reserve dynamic adjustment mechanism, macro-prudential assessment system, and macro-prudential management of full-covered cross-border financing, according to the characteristics of our financial operation.

In 2022, in the face of a complex international and domestic economic environment, the PBC used a series of tools such as RRR cuts, interest rate cuts, differentiated credit policies, and macro-prudential adjustment parameter to guide the financial industry to support the real economy and stabilize the Renminbi exchange rate, which effectively promoted the steady recovery of the economy (see Table 1).

Table 1 Use of Monetary Policy Tools in 2022

Date	Content
January 17, August 15	The PBC lowered the interest rate of the Standing Lending Facility (SLF) by 10bp twice.
April 25, December 5	The PBC lowered the RRR for financial institutions by 0.25 percentage points twice.
May 15	The PBC decreased the RRR for foreign currency deposits of financial institutions from 9% to 8%.
May 15	The PBC and the China Banking and Insurance Regulatory Commission (CBIRC) issued the *Notice on Relevant Matters Regarding Adjusting the Differentiated Housing Credit Policy*, adjusting the lower limit of the commercial housing loan interest rate for first-time buyers to not less than the loan prime rate (LPR) of the corresponding term minus 20 basis points.
August 15	The PBC lowered the interest rate of the medium-term lending facility (MLF) from 2.85% to 2.75% and guided the 5-year LPR or more in August to be lowered by 15bp.
September 15	The PBC lowered the RRR for foreign currency deposits of financial institutions from 8% to 6%.

Continued

Date	Content
September 28	The PBC lifted the foreign exchange risk reserve ratio for forward foreign exchange sales from 0% to 20%.
September 29	The PBC and the CBIRC issued the *Notice on the Phased Adjustment of Differentiated Housing Credit Policies*, deciding to relax the lower limit of the interest rate for the first housing loan in some cities in this phase.
September 30	The PBC issued the *Notice on Lowering the Interest Rate on Personal Housing Provident Fund Loans for First-time Home Buyers*.
October 25	The PBC and the State Administration of Foreign Exchange (SAFE) decided to raise the macro-prudential adjustment parameter for cross-border financing of enterprises and financial institutions from 1 to 1.25.
December 30	The PBC and the CBIRC issued the *Notice on Establishing a Long-term Mechanism on Dynamic Adjustment to the Mortgage Rate Policy for First-time Homebuyers*, stating that the lower limit of the local interest rate policy for the first housing loan can be periodically maintained, lowered, or canceled in cities where the month-on-month and year-on-year sales prices of newly-built commercial housing have declined for three consecutive months.

Source: Official Website of the PBC.

As the monetary policy takes effect, the financial regulatory reform with strengthening macro-prudential management as the main line is on the way, further preventing systemic risks. To be more detailed, the top-level design of the macro-prudential policy framework has been gradually improved with a focus on enhancing the countercyclical regulation and anti-contagion of macro-prudential policy tools, along with the newly-launched macro-prudential management of cross-border capital flows and the growing macro-prudential management of systemically important financial institutions and financial holding companies.

(II) Explore innovative monetary policy tools to support the real economy and specific sectors

Since 2022, our economic operation has generally remained within a reasonable range, but the uncertainty and complexity of the economic environment at home and abroad have intensified, some even exceeding our expectations. To meet the overall needs of stabilizing growth, adjusting structure, and promoting reform with stabilizing growth at the core, the PBC flexibly used a variety of monetary policy tools in due course to better play the dual functions of volume and structure to increase support for the real economy. In response to the special economic needs in 2022, the PBC set up special refinancing projects about science and technology innovation, inclusive pension, and equipment upgrading and renovation to support key fields and special industries (see Table 2).

Table 2 Use of Structural Tools in 2022

Date	Name	Limit
April 28	Re-lending Facility for Science and Technology Innovation	RMB 200 billion
April 30	Special Re-lending Facility for Inclusive Pension	RMB 40 billion
May 6	Special Re-lending Facility for Clean and Efficient Utilization of Coal	RMB 300 billion
May 16	Special Re-lending Facility for Transportation and Logistics	RMB 100 billion
August 24	Policy-oriented Development Financial Instruments	An Increase of RMB 300 billion
September 27	Special Re-lending Facility for Equipment Upgrading and Renovation	Over RMB 200 billion

Source: Official Website of the PBC.

In recent years, innovative monetary policy tools have been playing a role in key areas and weak links such as inclusive finance, green and low-carbon, and science and technology innovation to adapt to the inherent needs of high-quality economic development. The creation, application, and withdrawal of tools conform to the market-oriented requirements with a market-oriented incentive mechanism that makes the funding price moderately lower than the policy rate by covering some risk costs, which improves the initiative and enthusiasm of financial institutions to optimize the credit structure. The tools are directly accessible to entities. Financial institutions can independently screen out specific projects and apply those tools while taking into account risk prevention and control, so as to achieve stable and sound operation. By the end of 2022, the balance of innovative monetary policy tools of the PBC was about RMB 6.4 trillion, accounting for about one-sixth of the monetary base. Except for the re-lending and rediscounts for agricultural and small enterprises, most of the tools will be withdrawn in time after the goal is achieved to realize a dynamic balance.

(III) Strengthen the coordination of policy tools to form a synergy for promoting high-quality development

In the face of the overall requirement of stable economic growth, macro policies pay more attention to coordination. Under the leadership of the CPC Central Committee and the State Council, the monetary policy coordinates with other macro policies about finance and industry. They keep in mind the big picture, stick to the cooperation direction and take complementary measures to prevent various policies from taking effect alone or conflicting with each other and form a policy synergy for better macro-control effects.

In terms of serving the real economy, monetary policy, fiscal policy, and industrial policy work together to extend the channels to financial support and enhance the direct effect of macro policies. In 2022, the PBC paid RMB 1.13 trillion of profits for tax refunds, about RMB 2.5 trillion for fiscal tax refunds and tax reductions, and RMB 7.37 trillion for government bond financing, so as to underpin proactive, targeted fiscal policies. In addition, policy-based development banks are supported to set up and release financial instruments worth RMB 740 billion, and an additional amount of more than RMB 300 billion will be added to replenish the project capital, so as to increase support for infrastructure construction and major measures and further consolidate the foundation for economic recovery and development.

II. Deepen supply-side structural reform in the financial sector for the high-quality economic development

Deepening the supply-side structural reform in the financial sector is a prerequisite for boosting high-quality economic development. Its main task is to provide higher-quality and more efficient financial services for the growing real economy and hold the bottom line of no systemic risks to push forward the high-quality and sustainable development of our financial industry by further optimizing the structure of the financial system and building an all-around and multi-tiered financial support service system integrating venture capital, bank credit, the bond market, and the stock market.

(I) Accelerate the construction of a modern capital market with Chinese characteristics

In 2022, under the main line of deepening the supply-side structural reform in the financial sector, the construction of a modern capital market with Chinese characteristics continued to accelerate. Under the correct leadership of the CPC Central Committee and the State Council, the PBC, the China Securities Regulatory Commission (CSRC), and other relevant departments followed the objective laws of the market, improved the financing structure and system, promoted equity financing, enhanced the construction of the bond market, and continuously increased the proportion of direct financing.

Various efforts of reform and innovation were continuously taken. First, we fully implemented the registration-based initial public offering system to promote the optimal allocation of resources. Second, we moved forward with the fundraising expansion of REITs and the extension of pilot projects in infrastructure, speeded up the implementation of affordable rental housing and pilot projects of private enterprises, and accelerated the formation of a virtuous circle of stock assets and new investments. Third, we completed the bond financing support mechanism for private enterprises and improved the availability and convenience of the private economy as well as small and medium-sized enterprises to issue bonds for financing. Fourth, we deepened the infrastructure connectivity of the bond market, improved the market-oriented and law-based disposal mechanism for bond default, and accelerated the construction of a bond market system with sound regulations, orderly competition, and transparent and open processes. Fifth, we further improved the system of our futures market, encouraged more entity enterprises to participate in the market, and strengthened the integrated supervision over futures and spot markets to better help ensure supply and stabilize prices.

With all the above measures, equity and bond financing grew steadily. In 2022, 424 new stocks were listed on the three major stock exchanges, contributing to a total of RMB 1.47 trillion of equity financing through seasoned equity offerings. The bond market issued a total of RMB 61.9 trillion of various bonds, slightly higher than that of the previous year. The exchange bond market developed significantly with the issuance of RMB 5.8 trillion, accounting for 9.5% of the total.

All types of innovative tools were created to support major national projects and specific areas. We vigorously supported policy banks to set up special funds for infrastructure and innovative capital financial bonds for developing the Belt and Road Initiative, and increased the capital and credit delivery of commercial banks. We launched special financial bonds for micro and small enterprises (MSEs), agriculture & rural areas & farmers, green industries, and innovation and entrepreneurship, and guided financial resources towards the fields of inclusive finance, green development, and science and technology innovation.

(II) Continuously enrich the multi-tiered and diversified financial institution system

Optimizing the financial institution system to be multi-tiered, wide-coverage, and differentiated is the key measure to deepen the supply-side structural reform in the financial sector. With the continuous development of China's economy, the economic development models and core industries in different regions are gradually differentiated, non-financial enterprises and residents are gradually more diversified, and the financing needs of different regions and subjects are gradually varying.

Promoting differentiated positioning and featured development of different financial institutions can better meet the multi-tiered and diversified financial needs of the real economy. Private banks and community banks have developed steadily, and the number and business proportion of small and medium-sized financial institutions have been increasing. In 2022, small and medium-sized financial institutions such as city commercial banks, rural commercial banks, and rural credit cooperatives gradually returned to their roots. They made full use of their advantages such as familiarity with local customers to provide targeted financial products and differentiated services according to market needs.

(III) Rapidly establish a unified, open financial market system with orderly competition

Establishing a unified, open financial market system with orderly competition is an important part of deepening the supply-side structural reform in the financial sector. An orderly market system underpins a sound market economy. Since the reform and opening up, the market has played an increasingly crucial role in resource allocation. Respecting market laws and using market tools are the secret to the success of many enterprises. In this process, our market structure has been continuously optimized with an improving development environment and greater attractiveness to the domestic and international markets. In this sense, it ensures a complete and sound platform and space for all undertakings to continuously standardize market behavior, improve the market mechanism, and purify the market environment.

Establishing a unified, open financial market system with orderly competition is an important part of building an orderly market system. By strengthening the coordination of financial integration, we can strengthen the centralized and unified leadership of the CPC over financial work; enhance the harmony of financial integration in terms of rules, systems, and regulatory implementation to prevent the regulatory vacuum caused by the fragmentation of regulatory departments and eliminate regulatory arbitrage; and help boost steady financial supply-side structural reform so that the financial sector can serve the real economy with higher quality.

(IV) Scientifically coordinate the green finance system to promote high-quality development

Establishing a green finance system sets the innovation direction for deepening the supply-side structural reform in the financial sector. Promoting green and low-carbon economic and social development is a crucial link to achieving high-quality development. The system of green finance standards is a significant guarantee to regulate green finance business and make it sustainable. After establishing the Green Finance Working Group of the China Financial Standardization Technical Committee, the system has steadily progressed in accordance with the principle of being "unified within the country, consistent with international standards, and clear-cut and executable". By the end of March 2023, 15 standards entered the stage of project approval or consultation, involving environmental, social, and governance (ESG) evaluation, carbon accounting of financial institutions and business, and others.

At the same time, the disclosure of environmental information steadily advanced, creating an open and transparent market environment for the development of green finance. The PBC took the lead in establishing a green finance information management system, during which it used fintech tools to carry out carbon accounting of financial institutions and their business, effectively reducing the cost of information disclosure and management of the environment. The bank guided the relevant financial institutions in the green financial reform and innovation pilot zone to carry out environmental information disclosure at different levels and steps. More than 200 financial institutions there completed the trial preparation of environmental information disclosure reports.

On this basis, incentive and restraint policies were formulated and implemented to mobilize financial institutions and social capital to join in green and low-carbon investment. The PBC incorporated qualified green loans and bonds into the eligible collaterals for monetary policy operation to revitalize the green financial assets of financial institutions. Financial institutions nationwide in the banking industry were assessed in terms of green finance on a quarterly basis to stimulate them to expand green business. Tools for carbon emission reduction and special refinancing for the clean and efficient use of coal were created to support key carbon reduction areas such as clean energy.

(V) Continuously promote the innovation and development of digital finance and inclusive finance

Promoting the innovation and development of digital finance and inclusive finance is one of the vital goals of deepening the supply-side structural reform in the financial sector. For a long time, our financial services have been bothered by the high threshold, low penetration rate, oversupply, and many other problems. Consequently, the financing needs of micro, small, and medium-sized enterprises (MSMEs) and the general public have not been well satisfied. Compared with traditional finance, digital finance provides more convenient financial services, reduces the cost of financial services, and plays a significant role in accelerating the flow of funds, serving specific groups, and promoting economic growth.

Creating new business formats, applications and models of digital finance can accelerate the transformation of the economic development model, lift the efficiency of financial services, extend the coverage of financial services, enrich the categories of financial services, and increase the coverage and beneficiaries of inclusive finance. Financial poverty alleviation product systems such as re-lending for poverty alleviation and special financial bonds for relocation for poverty alleviation have been continuously innovated and enriched, contributing to the all-around development of rural revitalization. In addition, inclusive loan repayment extension support tools for MSEs and support plans for credit loans have particularly assisted small and micro market entities to develop and focused on key groups to improve the efficiency of financial services in the field of people's livelihood.

On the basis of focusing on key areas and weak links in the early stage, the development of digital finance can help deepen the financial supply-side structural reform, promote the high-quality development of inclusive finance with larger coverage and better services, and enhance the availability, convenience, and sustainability of people's financial services.

Ⅲ. Create a high-standard institutional opening up of finance

General Secretary Xi Jinping pointed out that, standing at a new historical starting point, China will open its door only wider to the world. Because of the complex and severe international environment in 2022, globalization faced challenges and changes. At that moment, China insisted on seeking opportunities and turning crises into opportunities in the rapidly turbulent and chaotic world by pushing forward institutional opening up in depth.

(I) Steadily expand the institutional opening up of rules, regulations, management, and standards

The report of the 20th CPC National Congress proposed to steadily expand the institutional opening up of rules, regulations, management, and standards, which pointed out the way forward and provided fundamental guidelines for promoting the high-standard institutional opening up. High-standard institutional opening up will become an indispensable bridge connecting domestic and international markets, and an important institutional guarantee that benefits the new development pattern and bolsters high-quality development.

In terms of regional economic and trade cooperation, the Regional Comprehensive Economic Partnership (RCEP) came into effect on January 1, 2022, which is of great significance to boost our high-standard institutional opening up. Opening up and cooperation in the financial sector is a highlight of the RCEP agreement, which helps to promote the connectivity of financial infrastructure in member countries and encourage a higher level of opening up of the financial industry. In terms of financial markets, we will continue to enlarge the connectivity between the financial markets of Hong Kong and the Chinese mainland. In 2022, the Swap Connect between the mainland and Hong Kong kicked off. Northbound Swap Connect was accessible at the beginning of the program so that foreign investors can directly participate in the interest rate swap (IRS) of inland banks through the swap mechanism based on the financial infrastructure of the mainland and Hong Kong in terms of trading, clearing, and settlement to meet their rising needs of managing interest rate risk, exchange rate risk, and liquidity risk in participating in domestic financial markets. As for international financial cooperation, the currency swap cooperation between the PBC and other major central banks worldwide was carried out in an orderly manner in 2022, and the scope expanded steadily.

(II) Deepen the reform of foreign exchange management

Under the new development pattern, it is necessary to build a foreign exchange management system suitable for high-standard opening up, deepen reform and opening up in the foreign exchange field, improve the facilitation of cross-border trade and investment & financing, and maintain the steady and sound operation of the foreign exchange market and the national economic and financial security.

First,the effects of implementing policies facilitating cross-border trade and investment have emerged. Since the COVID-19 outbreak, the reform of foreign exchange management has strengthened support for the real economy from three aspects, namely supporting the affected subjects to emerge from the disaster, unblocking the national economic cycle, and promoting export. Second,the concept of risk neutrality has been established to prevent risks caused by exchange rate fluctuation. From January 1, 2022, MSMEs could enjoy more preferential transaction fees for foreign exchange derivative trading in the interbank foreign exchange market, which were turned from the one-half reduction into a full-amount exemption. Third,the foreign exchange market featuring openness, diversity, sound functions, and orderly competition has been further consolidated. In December 2022, the trading time of the interbank RMB foreign exchange market was extended to 3 a.m. the next day (Beijing Time). So did the applicable time of market management systems including the central parity rate and floating range of RMB exchange rate and the quotations of market makers. Fourth,Fintech has been empowered to manage foreign exchange. In recent years, we have established a cross-border platform for financial blockchain services, continuously enriched its application scenarios, and strengthened the monitoring over and analysis of risks of cross-border capital flows through big data, artificial intelligence, and other technologies.

(III) Promote the opening up of financial services as a whole

The financial industry is essentially a competitive service industry. Keeping open to competition fits the need of the financial industry for development. Only by lifting the vitality and competitiveness of this industry in a competitive environment can it sustain healthy development.

The opening up of financial services continues to advance steadily. In 2022, we approved a number of industry-leading sino-foreign joint ventured or foreign solely-funded financial institutions to incorporate or open. For example, BlackRock's application to participate in the Qualified Domestic Limited Partnership (QDLP) was approved, thus it becoming the first wholly foreign-owned publicly-offered funds management company in this program. On May 27, the PBC, the CSRC, and the State Administration of Foreign Exchange (SAFE) jointly issued the *Matters Related to Further Facilitating Overseas Institutional Investors to Invest in China's Bond Market* and pushed forward the opening up of the interbank and exchange bond markets to further simplify the investment of foreign institutional investors in our bond market.

(Ⅳ) Deepen the reform of the RMB exchange rate formation mechanism

Our foreign exchange market has shown relatively strong resilience. In the past five years, the RMB to USD exchange rate has exceeded 7 for three times and returned to below 7. Two-way fluctuations and enhanced flexibility reflect the results of deepening the reform of the RMB exchange rate formation mechanism.

We still adhere to the well-managed floating exchange rate system based on market supply and demand and adapting to a currency basket, stick to the market playing a decisive role in the formation of the RMB exchange rate, and strengthen expectation management and liquidity management to enhance the elasticity of the RMB exchange rate. Concerning the market conditions, the RMB exchange rate in 2022 basically remained reasonable, balanced, and stable. Against the backdrop of the outbreak and spread of the COVID-19 pandemic worldwide, global economic recession, global inflation, and the tightened monetary policies of advanced economies, the RMB exchange rate has made adjustments step by step since 2020 to return to equilibrium in a relatively short period. The year 2022 in particular witnessed a complex international economic and financial situation that the central banks of major advanced economies raised interest rates rapidly, leading to fiercer fluctuations in the global foreign exchange market. The USD index presented a wide-amplitude vibration trend, hitting a record high for 20 consecutive years, while CNY performed steadily among global major currencies.

Table 3 Appreciation and Depreciation of Exchange Rates of Major Currencies to USD in 2022

Asia (13)	SGD	HKD	THB	MYR	KRW
	0.62%	0.03%	-3.74%	-5.43%	-5.67%
	CNY	IDR	PHP	TWD	INR
	-7.92%	-8.22%	-8.30%	-9.73%	-10.04%
	ILS	JPY	TRY		
	-11.83%	-12.71%	-28.14%		

Continued

Europe (14)	RUB	CHF	CZK	BGN	EUR
	7.07%	-1.20%	-2.93%	-5.83%	-5.83%
	DKK	RON	HRK	PLN	ISK
	-5.83%	-5.84%	-6.09%	-7.52%	-8.21%
	NOK	GBP	SEK	HUF	
	-10.53%	-10.78%	-13.21%	-13.27%	
North America (2)	MXN	CAD			
	4.50%	-6.13%			
South America (5)	BRL	PEN	CLP	COP	ARS
	5.39%	4.52%	-1.08%	-17.24%	-41.53%
Africa (2)	DZD	ZAR			
	1.16%	-6.02%			
Oceania (2)	AUD	NZD			
	-6.30%	-7.06%			

Source: BIS.

Ⅳ. Improve the modern system of financial regulation with Chinese characteristics

The modern financial regulatory system is an indispensable part of realizing the featured finance on the Chinese path towards modernization, which is of great significance for guaranteeing financial stability and national security, promoting the modernization of the national governance system and capacity, and realizing high-quality economic and social development.

(Ⅰ) Build central and local financial regulatory mechanisms with Chinese characteristics

To better remedy the regulatory loopholes, the local financial regulatory mechanism has been continuously reforming and perfecting itself to form a double-layer mechanism integrating central and local financial regulation with central regulation as the mainstay. In the new era, the central and local financial regulatory mechanisms with Chinese characteristics need to be further promoted and improved.

In 2022, the PBC, the State Administration for Market Regulation (SAMR), the CBIRC, and the CSRC jointly issued the *14th Five-Year Plan for Financial Standardization*. The document pointed out, advancing the high-quality development of the financial industry in the new era requires focusing on serving the real economy, promoting the transformation of the structure and quality of financial services, and improving the regulatory framework taking all risks into consideration to avoid systemic risks, which ultimately help achieve a virtuous circle between the economy and finance. This asks us to further reinforce financial standards as the fundamental institution, deepen the role of these standards in the supervision of the financial industry, build technical support for the healthy development of this industry, and hold the bottom line of no systemic risks.

(II) Improve the transparency and legalization of financial regulation

In 2022, the CBIRC issued the *National Implementation Plan for the Building of the Rule of Law in the Banking and Insurance Industry*. The plan specified that we should complete the legal system, promote the legislation in key fields, optimize the legislative working mechanism, and enhance the management of regulations and normative documents. We should also grasp the new situation of industrial reform and development and coordinate various legislative work. We should make every effort to revise the Law of the People's Republic of China on Banking Regulation and Supervision; continue to promote the trust companies to formulate their regulations and encourage the financial asset management companies to revise their regulations while adjusting the *Law of the People's Republic of China on Commercial Banks*, the *Insurance Law of the People's Republic of China*, the *Trust Law of the People's Republic of China*, and regulations of financial asset management companies; accelerate the legislation of the *Financial Stability Law*. Besides, we should adhere to scientific, democratic, and law-based legislation, pay equal attention to the quality and efficiency of legislation, and enhance the pertinence, timeliness, systematicness, and operability of the legal system.

In April, the PBC and relevant departments would draft the *Financial Stability Law of the People's Republic of China* (Draft for Public Comment). The draft urges stronger control over the source of financial risks, which covers all financial activities. This document fits our actual financial development and catches the key points to prevent and defuse financial risks, which further clarifies the main responsibilities of financial institutions and their principal shareholders and actual controllers, the jurisdiction responsibilities of local governments, and the regulatory responsibilities of financial regulatory authorities. It also strengthens the accountability for violations of laws and regulations to further consolidate the financial safety net and resolutely hold the bottom line of no systemic financial risks.

(III) Optimize the macro- and micro-prudential and behavioral supervision

Financial regulation as a whole should always have a macro-prudential vision, be based on micro-prudence, and be supported by behavioral supervision, so as to realize the organic unity of the three characterized by independence and synergy. At present, the three pillars of macro-prudential, micro-prudential, and behavioral supervision in China still need to be further improved by continuously making up for institutional defects to increase their regulatory abilities. We should improve the macro-prudential management structure and policy tools, optimize the countercyclical regulation and the supervision of systemically important financial institutions, and avoid cross-market, cross-regional and cross-border risk contagion. We should increase the ability of micro-prudential supervision, improve the prudential supervision system with capital constraints as the core, accelerate the improvement of the deposit insurance system, and strive to achieve early detection, warning, intervention, and disposal of risks. Moreover, we should strengthen behavioral supervision and severely crack down on illegal actions that infringe on the legitimate rights and interests of financial consumers.

(IV) Build a regulatory framework for systemically important financial institutions in China

Systemically important financial institutions refer to larger financial institutions with more complicated structures and business that keep closer contact with other financial institutions and provide irreplaceable services in the financial system. Once a major risk event occurs, they cannot work. Instead, they will impose a profound yet adverse effect on the financial system and the real economy and may cause systemic risks. They contain different financial actors in the banking, insurance, and securities industries as well as financial holding companies. Therefore, it is necessary to build a regulatory framework for systemically important financial institutions in China to effectively identify, regulate and manage them in an orderly manner and better maintain and promote the sound operation of the financial system.

In 2022, the PBC and the CBIRC jointly drafted the *Evaluation Measures for Systemically Important Insurance Companies* (Exposure Draft). It prevents systemic risks and maintains a stable financial system by identifying systemically important insurance institutions. The Measures with the detailed evaluation process, methods, and indicators of systemically important insurance companies will calculate the scores of participating insurance companies via quantitative evaluation indicators and give regulatory judgments in combination with other quantitative and qualitative information to comprehensively assess the systemic importance of participating insurance companies. The Financial Stability and Development Committee under the State Council will deliberate on the evaluation process and methods stipulated in the Measures every three years and make necessary adjustments and improvements.

(V) Promote the construction of financial infrastructure, payment and clearing, and credit reporting system

The financial infrastructure contains a financial asset registration depository system, a clearing and settlement system (including central counterparties conducting centralized clearing business), transaction facilities, a transaction report library, an important payment system, and a basic credit reporting system. At present, our financial infrastructure generally remains stable and sound with improving functions. It has the largest banking industry, the second largest stock market, and the second largest bond market in the world, gradually developing an infrastructure system that supports trading activities in financial markets of currencies, securities, funds, futures, and foreign exchange. Under the guarantee of a series of policy documents and measures, our financial system has made great progress in its reform. Its marketization level has been significantly improved. The payment, clearing, settlement, transaction reporting, and credit reporting under the financial infrastructure framework have basically taken shape.

(VI) Strengthen regulatory law enforcement and effectiveness

Regulatory institutions are optimizing their functions. We should improve the quality and efficiency of supervision and promote the reform of the supervision system to make the organizational structure more scientific, functions better, and power and responsibility more connected. We should comprehensively implement the government powers and responsibilities list system to promote law-based administration, standardize the exertion of power, and drive the transformation of government functions. Transfer more regulatory resources from pre-operation approval to operational and post-operational oversight, determine the content, method and frequency of supervision according to the characteristics and risk levels of different institutions and industries, lift the supervision ability, and strengthen the scientificity, accuracy, and effectiveness of supervision. Oriented by problems and risks, we should push forward the "random selection of both inspectors and inspection targets and the prompt release of results" in the on-site inspection.

We should improve the effectiveness of law enforcement, adhere to decision-making according to law, improve law enforcement procedures, increase administrative penalties, and innovate the means of administrative law enforcement. We should establish and improve the tracking and feedback system for major administrative decisions, promote the post-decision evaluation according to law, and take the post-decision evaluation results as an important basis for adjusting major administrative decisions. We should strictly implement the lifelong accountability system and the liability retracing mechanism for major administrative decisions. We should strengthen the interpretation of laws with cases and regularly issue guiding cases. We should reinforce multi-party coordination, and proactively share the information on administrative penalties with the discipline inspection department and the organization department in time.

(VII) Safeguard the legitimate rights and interests of financial consumers

Protecting financial consumers' rights and interests not only guarantees individual legitimate rights and interests but also means a lot in improving the service quality of financial institutions and maintaining regional financial stability. We can see it from three perspectives. First, the protection of financial consumers' rights and interests is the practical need to maintain financial stability. Second, the protection of financial consumers' rights and interests is an objective requirement to make sure of residents' rights. Third, the protection of financial consumers' rights and interests is an inevitable choice to improve financial services.

The report of the 20th CPC National Congress stated that we should realize, safeguard, and advance the fundamental interests of all our people, and resolve the most practical problems that are of the greatest and most direct concern to the people. In terms of financial regulation, financial consumer protection is a direct manifestation of the above spirit. At present, we have not yet formulated high-level laws targeted at the protection of financial consumers' rights and interests. Consequently, we fail to establish a sound enough protection, coordination, and cooperation mechanism for consumers, lack a diversified dispute resolution mechanism, and witness salient problems covering the accessibility of financial services, consumer discrimination, and the protection of investors with low financial cognition.

(Ⅷ) Improve the coordination of financial regulation

The coordination of financial regulation refers to the harmony of supervision created by all related parties in a state or region through various mechanisms in order to achieve the overall effectiveness, lower cost, and higher efficiency of financial regulation.

Since the 18th CPC National Congress, our financial regulatory system has been continuously established and improved, contributing to much more coordinated financial supervision. Under the unified leadership of the Financial Stability and Development Committee under the State Council, the regulatory collaboration among departments and between central and local governments has been significantly enhanced, which largely decreases problems such as regulatory blind spots, regulatory gaps, and regulatory arbitrage and makes the business behavior of financial institutions more rational. As an important item of the supply-side structural reform in the financial sector, central and local financial regulation and coordination mechanisms are an integral part of establishing an inclusive modern financial system with high adaptation and competitiveness, which needs to be continuously explored and completed in practice.

V. Coordinate development and security to prevent and resolve financial risks

At the 2022 Central Economic Work Conference, General Secretary Xi Jinping pointed out that "to effectively forestall and defuse major economic and financial risks". Forestalling and defusing financial risks are inevitable requirements for driving Chinese modernization. Our top priority in financial policies is to firmly hold the bottom line of no systemic financial risks and effectively maintain financial stability. Especially in 2022 when the changes unseen in the past century, the COVID-19 pandemic, the rising global interest rates, and high inflation put pressure on economic activities, coordinating development and security was of greater significance.

(I) Properly address debt risks in the real estate sector

In 2022, forestalling and defusing risks in the real estate sector was tricky. After about 20 years of rapid development in our real estate market, some real estate enterprises encountered high leverage and over-financialization, ending up with a relatively higher degree of risk accumulation. Since the second half of 2021, the real estate market has shown a significant decline due to long- and short-term factors and presented an unfavorable situation in which credit risk and liquidity risk strengthen each other. In 2022, unfinished buildings and mortgage strikes in some areas directly affected people's livelihood and social stability.

So what we should do is promote the risk disposal of real estate enterprises and do a good job in ensuring the delivery of houses via financial means. In the face of the severe market situation, three financial policies were issued to stabilize the market, that is, to support the real estate market with bank credit, bond financing, and equity financing. In September 2022, the PBC and the CBIRC issued a notice, deciding to relax the lower limit of the interest rate for the first housing loan in some cities in this phase. In November 2022, the PBC and the CBIRC issued the *Notice on Providing Financial Support for the Stable and Healthy Development of the Real Estate Market* with 16 financial measures to promote the stable and healthy development of the real estate market. The National Association of Financial Market Institutional Investors (NAFMII) continued to develop the support tools of bond financing for private enterprises to issue bonds for financing, including real estate enterprises. The CSRC said it would give full play to the role of the capital market, support the implementation of the action plan to improve the balance sheets of quality property developers, and increase the efforts to supplement our equity. In addition, ensuring the delivery of houses is also a key part of financially stabilizing the real estate market. The PBC has issued special loans worth RMB 350 billion and loan support plans of RMB 200 billion for guaranteeing the delivery in due course, supported the steady and sound operation of the real estate market, and taken active measures to make sure of the delivery, people's livelihood, and stability.

Promote to reduce the interest rates of personal housing loans to better satisfy the rigid and improved housing demand. While improving the financing environment of real estate enterprises, we should also attach importance to stabilizing the real estate market from the demand side. In May 2022, China decreased the lower limit of the interest rate of the personal first-hand commercial housing loan by 20 basis points. The PBC and the CBIRC dispatched institutions to guide the pricing self-regulatory mechanism for market interest rates according to actual situations at the provincial level and independently determine the floor of increasing the interest rate of the first and second personal commercial housing within the jurisdiction based on the changes in the real estate market and the regulatory requirements of the government. In September 2022, China relaxed the lower limit of the interest rate for the first housing loan in some cities for a certain period.

(II) Effectively forestall and defuse government debt risks

The debt risk of local governments exists in a larger-scale generalized debt including implicit debt. Especially in the context of greater downward pressure and the real estate market under pressure, the pressure on local government revenue and expenditure has increased. In 2022, the local general public budget revenue declined by 2.1% YOY, and the local general public budget expenditure rose by 6.4% YOY. The budget revenue of local government funds decreased by 21.6% YOY (including the income from the assignment of the right to use state-owned land down by 23.3% YOY), and the budget expenditure of local government funds dropped by 4.7% YOY. In general, the debt scale of local governments in China is relatively large, and the debt ratio in local areas is relatively high, leading to greater pressure to repay.

While steadily stabilizing the economy, we should also actively prevent and resolve the debt risks of local governments. In 2022, in order to implement requirements for keeping the epidemic at bay, stabilizing the economy and ensuring safe development, financial departments pushed forward a package of policies to stabilize the economy and continue to strengthen the management of local government debt risks from many aspects. First, consider the financial conditions and debt risks of regions to calculate the regional debt limits and control the scale of new local government debt limits in high-risk areas to avoid the continuous accumulation of risks. Second, we should resolutely curb the increase of implicit debt, resolve its stock in a sound and orderly manner, publish typical cases of implicit debt accountability, and alert the public via the accountability system. Third, we should promote the disclosure of local government debt to make it more transparent. Fourth, we should balance the reasonable activities of the financing platforms of urban development investment companies and the resolution of implicit debts. The platforms have formed a large-scale debt stock. Amid the great downward pressure, the combination of smoothing and blocking with both temporary and permanent solutions can avoid new risks in the process of defusing old ones. In April 2022, the PBC and the SAFE issued the *Notice on Strengthening Financial Services for COVID-19 Containment and Socio-Economic Development*, requiring to guarantee the reasonable financing needs of financing platform companies according to market-oriented principle without loans blindly limited, rescinded, or reduced and to ensure the smooth implementation of projects under construction given controllable risks and legal compliance.

(III) Steadily defuse the risks of small and medium-sized banks, village banks, and other financial institutions

Financial institutions like small and medium-sized banks and village banks are an important part of preventing our financial risks. The rating results of financial institutions in the fourth quarter of 2021 released by the PBC in March 2022 showed that high-risk institutions are mainly local banks like city commercial banks, rural commercial banks, rural credit cooperatives, rural cooperative banks, and village banks, as well as the four non-bank financial institutions including financial leasing companies, corporate group finance companies, auto finance companies, and consumer finance companies. For asset quality, in 2022, the non-performing loan ratio of urban commercial banks and rural commercial banks was significantly higher than the average level of commercial banks, while their provisioning coverage ratio was lower than that of large banks and joint-stock banks. Affected by many factors, our small and medium-sized banks in rural areas were a weak link in the financial system. Deep-seated problems in unsmooth management systems, incomplete corporate governance, and unsuitable operating mechanisms remained unsettled. In 2022, depositors of Henan's four village banks had difficulty withdrawing money, which aroused nationwide attention.

Since 2022, we have actively promoted the risk disposal of small and medium-sized financial institutions in a proper manner. First, we've promoted the risk resolution and disposal of small and medium-sized financial institutions in an orderly manner. The risk disposal of key financial institutions such as Hengfeng Bank was successfully completed, and the financial restructuring and capital increase plans of Harbin Bank, and Bank of Gansu were successfully implemented. We've promoted the risk disposal of high-risk small and medium-sized banks in Liaoning Province and merged two high-risk urban commercial banks there to establish Liaoshen Bank. We've supported Henan and Anhui to handle the risk events of 5 village banks. Second, we've added local government special bonds worth RMB 550 billion from 2020 to 2022, which are used to supplement the capital of small and medium-sized banks. Third, we've driven the identification and disposal of non-performing assets. In 2022, financial institutions in the banking industry disposed of RMB 3.1 trillion of non-performing assets, including RMB 2.7 trillion of non-performing loans.

(IV) Effectively avoid cross-market, cross-institutional, and cross-border risk contagion

In 2022, some countries encountered problems of risk contagion and mutual reinforcement such as the decline of the stock market, capital outflow, and sharp depreciation of the exchange rate, while China took multiple measures to effectively maintain the stability of its financial system. The improving framework of two pillars of monetary policies and macro-prudential policies has played an important role in maintaining macroeconomic stability and national financial security.

Considering the complex future, it is still the focus of financial policies to prevent risk contagion and firmly hold the bottom line of no systemic financial risks. First, we should continue to improve the macro-prudential policy framework, strengthen the monitoring, assessment and early warning of systemic financial risks, carry out macro-prudential stress tests, further enrich and optimize the macro-prudential policy toolbox, gradually expand the coverage of macro-prudential management, prevent procyclical fluctuations in the financial system, and avoid cross-market and cross-departmental contagion of risks. Second, we should strengthen the monitoring analysis and risk assessment of systemically important banks, promote them to continuously meet the requirements of additional capital and leverage ratios, and improve the level of risk management and internal control through the recovery and resolution plan. We should continue to study and promote the establishment of evaluation and supervision rules for systemically important insurance companies and systemically important securities institutions, and further improve the regulatory system framework. Third, we should control market access, establish an early warning and regulatory rating system for risks, strengthen regulatory cooperation, and boost financial holding companies to operate steadily.

(V) Improve the regulatory institutional mechanism of "Three Antis" to crack down on violations of laws and regulations

"Three Antis" (anti-money laundering, anti-terrorist financing, and anti-tax evasion) continue to go deeper. At the beginning of 2022, the PBC together with another 10 departments issued the *Three-Year Action Plan for Combating Money Laundering Crimes (2022-2024)*. They decided to conduct a three-year action to combat and govern money laundering nationwide from January 2022 to December 2024, so as to resolutely curb the spread of money laundering and related crimes, bolster source governance, systematic governance and comprehensive governance, build and improve the national risk prevention and control system for money laundering, and safeguard national security, social stability, economic development, and public interests.

In September 2022, the Standing Committee of the National People's Congress deliberated and approved the *Anti-Telecom and Online Fraud Law of the People's Republic of China* to further develop the anti-money laundering work via the rule of law. In October 2022, the Financial Action Task Force (FATF) considered China's third follow-up assessment report on the fourth round of anti-money laundering and counter-terrorist financing. The organization related China's compliance with the FATF 40 recommendations and fully acknowledged the significant progress made by China in Recommendation 6 (targeted financial sanctions related to terrorism and terrorist financing). The revision was changing the non-compliance items, namely Recommendation 7 (proliferation-related targeted financial sanctions) and Recommendation 24 (transparency and beneficial ownership of legal persons) into something of partial compliance.

The "Three Antis" regulatory institutional mechanism is an important part of building a socialist legal system with Chinese characteristics and a modern financial regulatory system, which is related to national security, financial security, and the vital interests of the masses. It is necessary to improve the legal system and the working mechanism to further optimize the mechanism of the Anti-Money Laundering Joint Ministerial Conference, coordinate the related supervision work, strengthen the inter-departmental organization and coordination mechanism in this regard, and formulate and carry out overall strategies and important policies and measures to lead international cooperation in the field for stronger regulation. It's also essential to improve preventive measures, establish and improve a supervision mechanism based on risk prevention and control, and guide obligatory institutions for anti-money laundering to effectively defuse risks; perfect the monitoring analysis system and improve its level; pay equal attention to pursuing innovation and sticking to the bottom line in order to properly deal with the risks following new business and formats.

VI. Conclusion: There is a long way to go to build the Chinese financial path for Chinese modernization

General Secretary Xi Jinping has given a series of important statements on financial work that systematically clarify the fundamental and strategic problems in financial theory and practice. They are scientific guidelines to create a new situation in financial work in the new era and a fundamental rule to promote the innovative development of China's finance theory.

Finance is a crucial tool for social resource allocation and macro control as well as an important engine to drive economic and social development. The Chinese financial path underpins Chinese modernization and constitutes the development path of socialism with Chinese characteristics.

Finance is the core competitiveness of a country. Financial security is an important part of national security. The financial system is a fundamental system for economic and social development.

First ,the Chinese financial path should work for Chinese modernization. Finance should serve the real economy and thereby meet the needs of social and economic development and the people. Therefore, in the future, we should continue to deepen the supply-side structural reform in the financial sector, improve the ability and level of the financial system to serve the real economy, realize the high-level circulation of "technology-industry-finance", and promote the balanced development of finance and the real economy.

Additionally, the Chinese financial path needs to balance security and development. As an important part of national security, financial security is an important foundation for stable and healthy economic development. When we improve the ability of finance to serve the real economy by continuously lifting the efficiency of the financial system and financial governance capacity and enhancing our international competitiveness of finance, we should also reinforce the construction of financial infrastructure, accelerate the construction of a data-based institutional system to sustain the security of the financial system. Meanwhile, it is necessary to continue to prevent and resolve financial risks and firmly hold the bottom line of no systemic financial risks.

Finally, the Chinese financial path demands a long-term effort via the financial system. Since the 18th CPC National Congress, the CPC Central Committee with Comrade Xi Jinping at its core has upheld the people-centered concept of financial development, made an important theoretical judgment of "symbiosis and mutual prosperity of economy and finance", and implemented the major strategy of "deepening the supply-side structural reform in the financial sector". According to the report of the 20th CPC National Congress, "We will deepen structural reform in the financial sector, modernize the central bank system, and strengthen and refine modern financial regulation. We will reinforce the systems that safeguard financial stability, place all types of financial activities under regulation according to the law, and ensure no systemic risks arise". This is the direction for future financial work. Our future exploration of the financial system on the Chinese financial path needs to break through the wrong Western ideas such as "Financial Elitism", emancipate our mind to explore and innovate while taking corresponding responsibilities, and form a mature path of finance with Chinese characteristics in practice.

FEATURE ARTICLE 1:

High-quality Development of China's Economy and Finance Amid Multiple Shocks①②

I. Current domestic and foreign economies are in different cycles

The global economy as a whole risks losing steam. The World Bank's *Global Economic Prospects,* released in June 2022, highlights the risk of sluggish long-term growth and rising inflation worldwide. Similarly, the International Monetary Fund's *World Economic Outlook* report, released in October 2022, notes a widespread and an even severer global economic slowdown, with an expected economic growth rate decline from 6.0% in 2021 to 3.2% in 2022 and 2.7% in 2023. Inflation is at its highest level in decades, with global inflation expected to rise from 4.7% in 2021 to 8.8% in 2022, and then likely to fall to 6.5% in 2023. Major countries are going through different economic cycles.

Developed economies face inflationary pressures with varying degrees of magnitude and cause. The United States is grappling with high inflation and low unemployment resulting from previous massive economic easing. Inflation in the US began to rise in July 2020, reaching a record high of 9.1% in June 2022 before gradually falling back slightly to 7.7% in October. Despite the strong labor market, with an unemployment rate at 3.7% in October, the core issue facing the US economy is how to tighten monetary policy to control high inflationary pressures in an overheated economy. However, it should be noted that some analysts argue that the pandemic shock caused a persistent supply contraction in the labor market, and further observation and verification of the US macroeconomy are needed. Europe's main challenge is the Ukraine crisis in the context of a prolonged and sustained low-growth economy. Due to supply shocks in primary products, inflation in the Euro area surged to 10% in November 2022, while the risk of recession under tightening monetary policy remains high. Japan's situation is unique, with a long-standing liquidity trap of low-interest rates, low prices, and relatively low growth under the control of the yield curve. Inflation is

---

① Author: Lu Lei, Deputy Director of the State Administration of Foreign Exchange, Co-head of the Program for China's Financial Policy Report (research group).

② This is a signed article published by Deputy Director Lu Lei in *International Finance* magazine, with some content slightly adjusted.

essentially in a state of a price rebound, leading the Bank of Japan to maintain an easing monetary policy.

The inflation levels in emerging economies vary greatly, with some countries facing severe inflation. According to data from the World Bank, inflation in emerging economies reached 9.4% in April 2022, the highest level since the global financial crisis in 2008. Meanwhile, countries have a clear divergence due to differences in resource endowments and economic resilience. Some resource-rich economies could profit from higher energy and food prices in 2022. Other BRICS countries, such as India, South Africa, and China, with resilient economies and reasonable macroeconomic policies, have relatively low inflationary pressures and enjoy relatively stable inflation rates. Moreover, some other emerging economies face the risk of hyperinflation due to weak political and economic stability and high dependence on global supply chains. For example, Sri Lanka's inflation rate exceeded 60% for five consecutive months starting in July 2022, while Turkey's inflation rate exceeded 80% for four consecutive months starting in August. Argentina's inflation rate was above 50% in March 2022 and reached a relatively high level of 88% in October.

Despite the global spread of inflation and downward economic pressures, the fundamental drivers of China's long-term economic growth have remained unchanged. However, it is important to continue strengthening the foundation for stable and robust growth. In the face of a complex international environment and arduous tasks of reform, development, and stability at home, China has maintained economic and social stability through effective macroeconomic control and other measures. Currently, the main challenge is to consolidate the foundation for more robust economic growth. On the production side, industrial value added growth has slowed, while retail sales of consumer goods and commodity housing sales on the demand side are relatively weak. Investment in real estate continues to decline, while investment in manufacturing and infrastructure is slowing down. Relevant data show that the year-on-year growth rate of CPI fell below 2% in November 2022, and the year-on-year growth rate of PPI was negative for two consecutive months, significantly different from the economic cycle in other countries. Though inflation is not an urgent concern in China, increasing capacity utilization and factor employment remains a challenge. China has further optimized the pandemic prevention and control measures and kept pushing for a package of policies and successive measures to stabilize the economy. It released a strong signal of "stabilizing the economy" and "promoting growth", which has boosted market confidence.

Ⅱ. The impact of the Fed's rate hike on the world and China's policy mix

The Fed has taken the lead in raising interest rates to stabilize domestic inflation. Research by the World Bank notes that major global central banks are simultaneously raising interest rates in a trend that hasn't been seen in 50 years and is likely to continue into 2023. The Fed has been leading this effort by rapidly raising interest rates, taking advantage of favorable conditions such as low unemployment. Since March 2022, a total of 375 basis points of rate hikes has occurred, and Fed Chairman Jerome Powell stated after the Federal Open Market Committee (FOMC) meeting in November that the Fed is raising rates at a historic pace. The Fed's interest rate hike has triggered a sharp rise in US bond rates, which has resulted in a cooling of various types of demand sensitive to interest rates, such as the real estate market and cryptocurrency trading. While this cooling may not be ideal for those industries, it is conducive to domestic macroeconomic stability in the United States.

However, the Fed's rate hike has created a significant risk spillover globally. The US dollar (USD) index has surged since 2022 and surpassed the 110 mark in September, reaching a nearly 20-year high. As a result, most non-US currencies have depreciated, and unlike in previous strong dollar cycles, the currencies of developed economies have seen considerable drops since 2022. The yen depreciated by almost 15% against the USD, the pound by nearly 9%, and the euro by more than 6%, dipping below 1:1 at one point in the early period.

The pattern of currency depreciation in emerging economies has been divergent. The Sri Lankan rupee (LKR) depreciated by over 40%, the Argentine peso (ARS) by 38%, and the Turkish lira (TRY) by 33%. In contrast, a few emerging economy currencies, such as the Russian ruble (RUB), the Uruguayan peso (UYU), and the Mexican peso (MXN), appreciated against the USD. Overall, approximately 90% of the world's currencies have depreciated to varying degrees against the USD, and two-thirds have depreciated by over 10%. An unbalanced global monetary system fundamentally creates a profound contradiction between the national nature of monetary policy and the global nature of financial markets. The strong dollar has resulted in heterogeneity in inflationary pressures across countries and has caused a shock to non-US economies in terms of rising financing costs and declining economic growth momentum.

On the contrary, China's foreign exchange market has demonstrated increasing resilience in recent years, as reflected by the stable and reasonable equilibrium level of the RMB exchange rate. In the face of differing stages of domestic and international economic cycles, China has implemented a macro policy coordination approach to support the real economy by lowering domestic interest rates, while absorbing complex and volatile external market shocks through a more flexible RMB exchange rate, i.e., the policy combination of low-interest rates and flexible exchange rates.

Although the RMB exchange rate experienced some depreciation in 2022 due to the strength of the US dollar, with a dip to 7.3 at one point in October, the offshore and onshore RMB exchange rates have since returned to within 7. This outcome underscores the successful implementation of the policy combination and shows that the fundamentals of China's economy remain resilient, full of potential and room for maneuver. As China optimizes its pandemic prevention and control measures, the economy is expected to stabilize and improve, providing a more solid foundation for resisting external shocks, while cross-border capital flows and the foreign exchange market are expected to maintain a stable and orderly development pattern.

III. Suggestions for responding to the risk of external shocks

How can we effectively address the persistent external shocks? Since the reform of the RMB exchange rate formation mechanism in 1994, China has navigated through several major exchange rate and cross-border capital flow risks. Building on this historical experience and taking into account the current situation, three key points can be identified to address these challenges.

First, optimizing short-term policies and focusing on expectations management is essential. Amidst the accelerated and unprecedented changes rarely seen in a century, cross-border capital flows have become more complex and volatile. Changes in market expectations are swifter and more versatile than capital flows, which is an important factor leading to deepening monetary and financial risks. In particular, emerging economies are prone to consistent expectations when there is a unilateral trend in the foreign exchange market, triggering market over-regulation or irrational big fluctuations. Therefore, proactive and effective management of market expectations is necessary to break the self-reinforcing and negative spiral of risk. In addition, institutional mechanisms should be improved to make policies more credible, reduce opaque administrative interventions, and achieve policy stability and consistency, so as to solidify the foundation of expectations management.

Second, medium-and long-term reform and opening up should be continued, and a well-developed and resilient foreign exchange market should be cultivated. The depth and resilience of the market not only reflect its strength but also affect policy effectiveness. Foreign exchange authorities have been deepening reform and opening up in the field of foreign exchange, promoting cross-border trade and investment and financing facilitation. They have advanced the high-level opening of capital projects in a steady and orderly manner, cultivating an open, diversified, functional, and orderly competitive foreign exchange market. To further stimulate the vitality of market players in the market, the reform of "streamlining administration and delegating power, improving regulation, and upgrading services" should be deepened. In particular, the cost of corporate hedging should be reduced, all types of market players should be supported to better manage exchange rate risks, and the pro-cyclicality of enterprises in foreign exchange risk management should be reduced.

Third, the development of market players should be prioritized to ensure the soundness of financial institutions. Historical experiences, such as the 2008 global financial crisis, underscore the importance of maintaining healthy and sound financial institutions as a critical measure against systemic financial risks. The most recent financial institution ratings for Q2 2022 by the central bank reveal a remarkable reduction of nearly half in the number of high-risk financial institutions nationwide from their peak. Additionally, a stress-testing framework has been gradually established to align with the domestic financial situation. Going forward, financial institutions should balance business expansion, profit growth, and risk prevention, while maintaining sound and law-abiding operations, focusing on their core business, promoting the the transmission of finance to the real economy, and contributing to high-quality economic development.

IV. Conclusion and outlook

2023 is the year when the comprehensive implementation of the spirit of the 20th CPC National Congress begins. It is a pivotal year for realizing the high-quality development of China's economy and finance under complex circumstances. While various demand- and supply-side shocks may become the norm in 2023, we remain optimistic that China, with the continued optimization of short-term policies, the advancement of medium- and long-term institutional building, and the development of more robust financial market players, will be better positioned to handle various external shocks soundly.

FEATURE ARTICLE 2:

Economic Resilience and Policy Vitality①

The question of how well the Chinese economy performed in 2021 has been the subject of extensive domestic and international discourse. Looking ahead, it is clear that China's economic and financial policies will continue to set the tone for a smooth and sound economy and society at large in 2022.

I. China's resilience evident in sustained economic recovery in 2021

In 2020, China proved to be the only major economy to post positive growth amidst the outbreak of the COVID-19 pandemic. Despite the complex and severe development environment in 2021, including the continued spread of the pandemic, China maintained its global leadership in pandemic prevention and control, as well as economic and social development. The nation successfully achieved the major objectives and tasks of economic and social development, and made a strong start to the 14th Five-Year Plan. Judging from the main economic indicators throughout the year, the sustained recovery and development of the national economy fully demonstrates China's resilience.

China remains at the forefront of the world's major economies in terms of economic aggregates and growth rates. Preliminary estimates from the National Bureau of Statistics (NBS) indicate that China's GDP for 2021 stood at RMB 114.3670 trillion, an increase of 8.1% over 2020, and averaging 5.1% over the two years of 2020 and 2021. Converted at the exchange rate, the total volume is approximately USD 17.7 trillion, with an incremental volume of USD 3 trillion. China remains the largest contributor to the recovery of the world economy, increasing its share at an accelerated rate to 18%. Furthermore, China's GDP per capita of USD 12,551 may exceed the global GDP per capita level and approach the standard of high-income economies.

In terms of economic structure and quality of development, China has steadily restored the structural strength of economic growth, with several areas showing promise. Notably, new achievements have been made in high-quality development, with record high grain production and steady growth in livestock production. In 2021, the national grain output totaled 682.85 million tons, an increase of 13.36 million tons or 2.0% over 2020, remaining above 650 million tons for the

① He Haifeng, Chief Economist of Guotai Junan Securities, Executive Leader of the Program for China's Financial Policy Report (research group).

seventh consecutive year, and successfully achieving self-reliance in food supply.

Consumption and investment have recovered steadily, and imports and exports have maintained robust expansion. In terms of consumption, the scale of market sales expanded, particularly in basic necessities and consumer goods for upgrading. Total annual retail sales of consumer goods reached an impressive reached RMB 44.0823 trillion in 2021, a commendable YOY increase of 12.5%, and a two-year average growth of 3.9%. The investment landscape has also been robust, with fixed asset investment experiencing consistent growth. Notably, investments in manufacturing and high-technology industries demonstrated strong growth. Nationwide fixed asset investment (excluding farmers) amounted to RMB 54.4547 trillion, representing a YOY increase of 4.9%, and an average increase of 3.9% across 2020 and 2021. Among them, investments in manufacturing and private sectors grew by 13.5% and 7.0% YOY, while investments in high-tech industries and social sectors grew by 17.1% and 10.7%, respectively. In terms of foreign trade, the import and export of goods grew rapidly, and the trade mix continued to be optimized. The annual import and export of goods totaled RMB 39.1009 trillion, an increase of 21.4% over 2020. Among them, the exports amounted to RMB 21.7348 trillion, representing an increase of 21.2%, while imports amounted to RMB 17.3661 trillion, a YOY increase of 21.5%. The trade surplus was also impressive, standing at RMB 4.3687 trillion.

Innovation-driven development is progressing, and the industrial and supply chains are becoming more resilient. In 2021, the innovation-driven development strategy witnessed intensive implementation, leading to a significant strengthening of the national strategic strength in science and technology. As a result, China's ranking in the global innovation index rose to 12th place. The industrial mix was optimized continuously, with the value added of industries above the designated size grew by 9.6% YOY. Notably, the value added of the manufacturing industry grew by 9.8% YOY, 1.1 percentage points higher than that of 2020. Furthermore, new industries and new business models have thrived, leading to impressive growth rates of 18.2% YOY in high-tech manufacturing, while the advanced manufacturing industry and modern service industry were integrated and developed. The value added of the service industry grew by 8.2% YOY, accounting for 53.3% of GDP and contributing to 54.9% of economic growth. The service industry continued to recover, and the modern service industry has grown well. By industry, the value added of information transmission, software and information technology services, accommodation and catering, transportation, storage, and postal services grew by 17.2%, 14.5%, and 12.1% respectively over 2020, maintaining a resilient growth trend.

Regarding livelihood protection and risk prevention, economic development has laid a more solid foundation for social harmony and stability. China's residents enjoyed an annual per capita disposable income of RMB 35,128 in 2021, marking a nominal increase of 9.1% from 2020, and an average nominal increase of 6.9% over 2020 and 2021. Real disposable income increased by 8.1% excluding price factors, with an average increase of 5.1% in 2020 and 2021, which is basically in line with economic growth. China's "employment first" policy continued to be strengthened, resulting in a generally stable employment picture. In 2021, new urban employment exceeded 12.69 million, an 830,000 increase over 2020, while the nationwide urban survey unemployment rate averaged 5.1%

for the year, down 0.5 percentage points from 2020. Furthermore, significant headway was made in forestalling and defusing major risks. The work of forestalling and defusing the risk of hidden debts of local governments has progressed steadily. Timely efforts were made to tackle risks in a few high-risk financial institutions and appropriate measures were taken to to address the risks of certain highly indebted real estate enterprises. Marked progress has been made in rectifying the entire crypto mining chain. Significant progress has also been made in anti-monopoly, anti-unfair competition, and the prevention of disorderly capital expansion.

Looking at the comprehensive deepening of reform and adherence to a high level of openness, China's system has matured and established itself more firmly. Having completed the goal of comprehensively deepening reform in 2020 as scheduled, China continued to promote comprehensively deepening reform in 2021, basically completing 50 key reform tasks and 61 other reform tasks assigned by the Central Commission for Comprehensively Deepening Reform. The relevant departments of the central and State organs completed an additional 105 reform tasks, with all sides introducing 216 reform programs. This has enabled China to mature and establish its system more comprehensively in all aspects in the centennial year of the founding of the Party, yielding evident results. Meanwhile, China has marked the 20th anniversary of its accession to the World Trade Organization with new initiatives aimed at expanding its high-level system-based openness. These initiatives have accelerated the building of a market-oriented, law-governed and world-class business environment, while simultaneously enhancing the pre-establishment national treatment plus negative list management system for foreign investment. In doing so, China has contriuted to the world's economic growth momentum, attracted more investment from multinationals and stimulating market vitality further.

It is fair to say that China's achievements in 2021 in terms of economic aggregates and growth, economic mix and industrial structures, innovation-driven development and its quality, livelihood protection and risk prevention, and deepening reform and expanding openness all showcase the breadth and depth of China's economy, the characteristic advantages of its endowment and system, as well as the fundamental resilience of its big open economy.

II. Under the pressure of 2022, effective coordination of economic policies is imperative

Amidst the persistent repercussions of the pandemic and the intertwined influence of various intricate factors in 2021, China's economy has demonstrated its potential and resilience, which reaffirms its long-term positive fundamentals. However, the quarterly decline in YOY economic growth in 2021 —from 18.3% to 7.9%, 4.9% to 4.0% — is a cause for concern. Moreover, major international organizations have shown little optimism for world economic growth forecasts for 2022 and 2023. The International Monetary Fund (IMF), World Bank, Organisation for Economic Co-operation and Development (OECD), and the United Nations have projected global economic growth rates of 4.4% and 3.8%, 4.1% and 3.2%, 4.5% and 3.2%, and 4.0% and 3.5%, respectively.

Amidst the global economic downturn, the IMF, World Bank, and the OECD have revised their estimates for China's economic growth in 2022 from 5.7%, 5.4%, and 5.8% to 4.8%, 5.1%, and 5.1% respectively. In 2022, China's economy will face the triple pressure of demand contraction, supply shock, and weakening expectations. Consequently, it is all the more necessary to strengthen the efficient coordination and synergy of economic policies, give full play to comprehensive and systemic policies, and strike a balance between short-term stable operation and medium- and long-term structural transformation. As mandated by the Central Economic Work Conference, national economic and financial authorities have taken the initiative to launch relevant policies to promote economic stability.

Concerning investment expansion, the National Development and Reform Commission (NDRC) has proactively expanded effective investment, increased support for local special debt, and appropriately increased investment within the central budget. It has taken the lead in investing in infrastructure construction to support water conservancy, transportation, ecological and environmental protection, agriculture and rural areas, municipalities and new infrastructure construction. The NDRC has also solidly promoted the implementation of the 102 major projects under the 14th Five-Year Plan. It has focused on effective investment in "new infrastructure construction, new urbanization construction, transportation, water conservancy, and other major projects" and weak links. The Ministry of Industry and Information Technology (MIIT) is working to boost the industrial economy, deepen the integration and cooperation of industries, and boost manufacturing investment. It has launched the construction of 5G and gigabit optical networks and extend the application of "5G + industrial Internet". The MIIT has also promoted innovation breakthroughs in basic and key areas and enhanced the resilience of the industrial chain and supply chain. The Ministry of Finance (MOF) has made effective use of special bond funds to boost investment. It has carried out infrastructure investment in advance, giving play to the leading role of government investment. It has optimized the allocation mix of income to promote a sustained recovery in consumption as well as thoroughly implementing major regional strategies. The Ministry of Housing and Urban-Rural Development has promoted structural reform on the supply side and intensified the construction of new urban infrastructure. It has accelerated the formation of policy mechanisms for the renovation of old urban communities. The Ministry of Transport has moderately advanced infrastructure investment to serve coordinated regional development in all aspects. Finally, the Ministry of Water Resources has pushed for the construction of major water conservancy projects with high quality.

With regard to consumption promotion, the NDRC has taken measures to ensure both stable supply and prices while also expanding domestic demand. To achieve the former, the NDRC has responded to various supply shocks by maintaining a stable market supply and basic price stability. Meanwhile, in efforts to expand demand, attention has been given to cultivating consumption highlights. The Ministry of Commerce (MOFCOM) has prioritized upgrading of county-wide business systems and consumption to accelerate growth. The Ministry of Culture and Tourism has likewise made significant strides, deepening the development of tourism resources and supporting the high-quality development of tourism. It has constructed a number of national tourism and leisure cities and districts, national ski resorts, national recreation and tourism demonstration bases, and promoted new, high-quality businesses such as self-driving tours, ice and snow tourism, red tourism, rural tourism, study tours, marine tourism. Additionally, it has implemented the national intelligent tourism construction project and intensified tourism promotion efforts.

In terms of stabilizing foreign trade, the MOFCOM has strengthened cross-cycle regulation, accelerated the implementation of policies to stabilize foreign trade, promote innovative development of foreign trade, ensure a stable and smooth supply chain, and help foreign trade enterprises to explore markets. The General Administration of Customs has been actively engaged in tax policies on import and export, earnestly implementing tax reduction policies, vigorously regulating and reducing business-related fees in import and export, continuing to optimize the business environment at ports, creating high-level opening platforms, promoting institutional openness, promoting deep reform with high-level openness, and promoting high-quality development. In particular, the *Opinions on Promoting the Integrated Development of Domestic and Foreign Trade* issued by the General Office of the State Council on December 30, 2021, put forward 15 working measures in four areas: improving the institutional system for the integration of domestic and foreign trade, enhancing the capacity for integrated development of domestic and foreign trade, accelerating the integrated development of domestic and foreign trade, and improving guarantee measures.

To support small and medium-sized enterprises (SMEs), policies have been comprehensively implemented in three areas: tax reduction, financial relief, and upgrading innovation. The MOF will allocate funding exceeding RMB 1 trillion in 2021 and work with the MIIT to strengthen the relief and assistance for micro and small enterprises, and implement policies to reward and subsidize demonstration areas for inclusive financial development. The State Taxation Administration has launched the "Spring Rain for Seedlings" initiative, which features six special tax services. In terms of financial relief, the NDRC and the China Banking and Insurance Regulatory Commission (CBIRC) have strengthened the sharing and application of credit information to promote financing for SMEs; the People's Bank of China (PBC) has done a good job in the successive conversion of two direct support tools for the real economy. The MIIT has expanded the channels of direct financing for small and medium-sized enterprises. The China National Intellectual Property Administration has expanded pledge financing for intellectual property. On upgrading innovation, the Ministry of Science and Technology (MOST) has launched specific measures to support the R&D in sci-tech SMEs, the Ministry of Education has encouraged SMEs to employ more college graduates, and the MIIT has formulated specific policies to guide SMEs to take the path of "specialization, specialization and innovation".

Enhancing the "primary driving force" of innovation has been a key focus for relevant ministries and commissions, which have taken measures in three areas. In consolidating basic research, the MOST has formulated and implemented a ten-year plan while the MOF has focused on the strengthening of fund management. To stimulate innovation, the NDRC has enhanced the start-up and industrial chains, the MOST has taken practical measures to empower enterprises as the main drivers of innovation, and the MIIT has built a "big platform" to support "little giant enterprises". Improving the innovation system has also been a priority. The MOST has accelerated the development of national strategic science and technology forces, while the MOFCOM seeks to form partnerships for science and technology innovation. Additionally, the PBC is providing precise financial services, and the China Securities Regulatory Commission (CSRC) is directing capital flow to "hard and core technology".

Given that 2022 is a key year of the 14th Five-Year Plan, China faces mounting challenges and risks due to the pandemic and changes rarely seen in a century. As a result, financial authorities such as the PBC, the CBIRC, the CSRC, and the State Administration of Foreign Exchange must coordinate with the MOF and NDRC to prevent and resolve financial risks, enhance regulatory capabilities, and promote the risk resolution in key areas.

In conclusion, proactive and synchronized economic policies such as expanding investment, promoting consumption, stabilizing foreign trade, helping SMEs, and strengthening innovation will serve as the enabling factors and solid conditions for China's economic development in 2022. Given China's resilient, promising, and long-term economic development, we are confident that China has the foundation, conditions, and ability to maintain stable, healthy, and sustainable economic development.

Article 1

How to Balance Policy Intensity and Risk Prevention and Control under the General Keynote of "Prioritizing Stability while Pursuing Progress"[①]: Interpretation of the spirit of the 2022 Central Economic Work Conference

Facing a sharp interest rate hike by the Fed and repeated disruptions from the domestic pandemic since the beginning of 2022, export growth turned from positive to negative in October, and the recovery in domestic consumption failed to materialize as expected, especially, the real estate market has been sluggish. Total sales of the top 100 real estate companies fell 41.3% YoY from January to December, further dragging down the recovery in demand for related industries. On December 16, the Central Economic Work Conference was held to define the policy direction of economic work in 2023. Against the current "triple pressure" of shrinking economic demand, supply shocks, and weakening expectations, the conference stressed the general keynote of "prioritizing stability while pursuing progress".

While the general keynote of the 2022 Central Economic Work Conference is the same as that of 2021, it reveals a more positive marginal change in the expression of specific financial policies. The fiscal policy shifted from "improving efficiency, precision and sustainability"

① Author: Liu Feng, Chief Economist, China Galaxy Securities, Senior Researcher, Program for China's Financial Policy Report (research group); Nie Tianqi, Research Fellow, Chief Economist Studio, China Galaxy Securities.

to “greater intensity and better performance” while emphasizing the need to ensure fiscal sustainability and control the risk of local government debt; the monetary policy shifted from “flexible and moderate” to “precise and effective”, emphasizing that renminbi should be kept stable at a reasonable equilibrium while maintaining a basic balance between the growth rate of broad money supply and social financing scale and the nominal economic growth rate; while emphasizing that “houses are for living in and not for speculative investment”, the housing policy states that the industry should meet reasonable financing needs, promote industrial restructuring and mergers and acquisitions, and effectively prevent and mitigate the risks of high-quality leading enterprises.

It is clear that, compared with the general tone of policies in 2021, both the fiscal and monetary policies of the Central Economic Work Conference in 2022 highlighted “greater intensity” and “effective”, indicating that China’s macroeconomic policies in 2023 will be consistent and more targeted, and more accurate and effective in boosting the recovery of the real economy under the pandemic. However, at the same time, we also note that the conference focused more on the risks of real estate and debt. While the general policy of “houses are for living in and not for speculative investment” remains unchanged, more emphasis has been put on managing the balance sheets of real estate companies and supporting reasonable financing needs. In terms of macro leverage, while still emphasizing the need to maintain necessary spending intensity, the conference attached greater importance to local debt risks, proposing to “curb the increase of debt and dissolve outstanding debt”.

The overall direction of the 2022 Central Economic Work Conference is to balance “strong policy” and “risk prevention”, for which we believe the corresponding implementation approach is to “improve quality and efficiency” and “structural adjustment”. The first is to improve policy efficiency in the implementation of macro policies. The effectiveness of policy implementation decreased in 2021 due to restricted consumption scenarios during the epidemic, reduced willingness to consume and lend in the residential and corporate sectors, unstable expectations, low confidence, and the diminishing marginal utility of investment. The focus of the current policy implementation shall be to improve the transmission efficiency of monetary policy and the multiplier effect of fiscal policy while maintaining consistent policy strength. The second is to optimize the debt mix to prevent debt risks. China’s current macro leverage ratio is generally controllable, but the mix and cost of debt need to be optimized. It prominently manifests as a low proportion of central debts and a large proportion of debts of local governments and platform companies with high costs. To “curb the increase of debt”, the focus is to control hidden debts of local governments, and to “dissolve outstanding debts”, the focus is to reduce the cost of local government debt through debt swaps. The third is to reshape the balance sheet of real estate companies in terms of real estate policy reform. To meet the industry’s “reasonable financing needs”, we shall prevent real estate companies from using short-term funds excessively to “increase leverage”. At the same time, we shall regulate the financing methods of real estate companies by improving the system reform of pre-sale funds.

Part Two

Chinese Financial Policies in 2022

Macro Financial Policies

I. Monetary Policy[①]

In 2022, the global situation was marked by turbulence as conflict erupted between Russia and Ukraine, leading to a substantial surge in commodity prices worldwide. The inflation rate of major developed countries reached their highest levels in four decades, prompting their central banks to embark on an unprecedented cycle of rapid interest rate hikes. To respond to domestic inflationary pressures and spillover effects from the tightening monetary policy of developed economies, emerging market economies also raised interest rates multiple times in 2022.

In China, due to the impact of the COVID-19 pandemic lockdowns all year long and a wave of outbreak at the end of the year, the economy grew slower than expected at the beginning of the year. Throughout the year, China's domestic consumer spending remained sluggish, price trends were moderate, and economic growth was mainly driven by investment and exports. Amid such a challenging economic environment, the People's Bank of China (PBC) took the initiative to facilitate the real economy while avoiding excessive stimulus. It introduced several innovative structural monetary policy tools and played a flexible and precise role in providing support. In 2022, the interest rate of the financial markets remained stable with a slight decline, and the financing cost of enterprises decreased further, providing effective support to the growth of the real economy.

(I) Main Content of Monetary Policy

1. Open Market Operations

(1) Reverse repo

In 2022, the PBC lowered its 7-day reverse repo rate twice in open market operations. On January 17, 2022, the 7-day reverse repo rate fell by 10 basis points to 2.1% from 2.2%. On August 15, 2022, it fell by 10 basis points to 2.0% from 2.1%. The PBC conducted 7-day reverse repo operations of RMB 7.441 trillion throughout the year.

(2) Central Bank Bills Swap (CBS)

In 2022, the PBC conducted 12 CBS operations, with a stable frequency of once a month. The cumulative operation volume was RMB 60 billion, the tenor was three months, the coupon rate was 2.35%, and the rate was 0.10%. CBS operation has played a positive role in improving the secondary-market liquidity of bank-issued perpetual bonds, and supporting banks, especially small

---

① Author: He Xiaobei, Deputy Director, Macro and Green Finance Lab of the National School of Development, Peking University, Research Fellow, Program for China's Financial Policy Report (research group).

and medium-sized banks, in replenishing capital through perpetual bond issuance.

2. Required Reserve Ratio (RRR)

In 2022, the PBC lowered the RRR twice. The PBC lowered the RRR for financial institutions by 0.25 percentage points on April 25, 2022. At the same time, it also cut an additional 0.25 percentage points for city commercial banks without inter-provincial operation and rural commercial banks with an RRR higher than 5%. In response to the improved pandemic prevention policy at the end of the year, the PBC once again lowered the RRR for financial institutions by 0.25 percentage points on December 5, except for those already applying an RRR of 5%. In total, the PBC released about RMB 1.03 trillion of long-term funds over the two occasions.

3. Standing Lending Facility (SLF)

In 2022, the PBC lowered the interest rate of each tenor of SLF twice, each time by 10 basis points. On January 17, 2022, the PBC reduced the SLF interest rate, with the overnight interest rate dropping from 3.05% to 2.95%, the 7-day interest rate dropping from 3.2% to 3.1%, and the 1-month interest rate dropping from 3.55% to 3.45%. On August 15, 2022, the PBC decreased the SLF interest rate again, with the overnight interest rate dropping from 2.95% to 2.85%, the 7-day interest rate dropping from 3.10% to 3.00%, and the 1-month interest rate dropping from 3.45% to 3.35%. The cumulative SLF operations in the whole year were RMB 25.262 billion, with an ending balance of RMB 12.3 billion.

4. Medium-term Lending Facility (MLF)

On July 15, 2022, the PBC lowered the one-year interest rate of MLF by 10 basis points from 2.85% to 2.75%, and then maintained it unchanged. The PBC conducted MLF operations in the amount of RMB 4.55 trillion throughout the year, with an ending balance of RMB 4.55 trillion.

5. Pledged Supplementary Lending (PSL)

In 2022, the PBC utilized the PSL to support development-oriented and policy-based financial institutions in providing credit support for key infrastructure areas. From September to November, the PBC added a total of RMB 630 billion in PSL funds on three separate occasions, bringing the year-end balance to RMB 3,152.8 billion. Throughout the year, the PBC increased the line of credit for policy-oriented development banks by RMB 800 billion, with a total of RMB 739.9 billion being allocated under guidance.

6. Structural Monetary Policy

(1) Strengthening inclusive finance policies

On January 1, 2022, the PBC adopted a market-oriented approach to continue the swift to two direct tools launched in 2020. Firstly, the Support Tool for Extension of Loans to Inclusive Micro and Small Enterprises (MSEs) was converted into the Support Tool for Loans to Inclusive MSEs, with the proportion of incentive funds increased from 1% to 2%. Secondly, in November 2022, a phased interest reduction policy for loans to inclusive MSEs was launched, providing incentive funds equivalent to the amount of interest reduction implemented by relevant financial institutions in the fourth quarter of 2022. Thirdly, the Support Plan for Credit Loans to Inclusive MSEs was incorporated into the management of the Refinancing Support Program for Agricultural and Small

Enterprises to support MSEs sustainably. The original refunding quota of RMB 400 billion that was allocated for supporting credit loans to inclusive MSEs can be rolled over for use.

(2) Policy tools supporting low-carbon transition and development

The PBC continued to implement carbon reduction support tools and special refinancing for supporting the clean and efficient use of coal, so as to support the green and low-carbon transition of the economy. In August 2022, the PBC expanded the scope of financial institutions supported by carbon reduction tools to include Deutsche Bank (China) and Societe Generale (China), reflecting well the bank's consistent attitude of treating foreign financial institutions equally while adhering to the policy of opening up to the outside world. By the end of 2022, the PBC issued RMB 309.7 billion and RMB 81.1 billion of initial funds to relevant financial institutions through the two tools, respectively, totaling RMB 390.8 billion.

(3) Creating multiple structural policy tools

In April 2022, the PBC established special refinancing programs for science and technology innovation, inclusive elderly care, and transportation and logistics, and in September, it created a special refinancing program for equipment upgrades and renovations. The total amount of these four programs was RMB 200 billion, RMB 40 billion, RMB 100 billion, and RMB 200 billion, respectively. Since the implementation of these programs, the PBC has cumulatively disbursed RMB 200 billion, RMB 700 million, RMB 24.2 billion, and RMB 80.9 billion, respectively.

7. Interest Rates of the Interbank Markets and Credit Markets

(1) Interest rates of the interbank market

In 2022, the interest rate of the interbank market decreased steadily. The average 7-day pledged repo rate (DR007) of deposit institutions in the interbank market in four quarters was 2.10%, 1.72%, 1.52% and 1.74% respectively. The average 7-day pledged repo rate (R007) in four quarters was 2.29%, 1.85%, 1.64% and 2.04% respectively. The average overnight Shanghai Interbank Offered Rate (Shibor) was 1.94%, 1.44%, 1.21%, and 1.27% for each quarter.

(2) Loan Prime Rate (LPR)

Guided by the policy interest rate of the PBC, the five-year and above LPR and the one-year LPR have both decreased by 35 basis points and 15 basis points, respectively, since 2022. Specifically, in January 2022, the five-year and above LPR was lowered from 4.65% to 4.60%, and the one-year LPR was lowered from 3.8% to 3.7%. In May, the five-year LPR was lowered from 4.60% to 4.45%, while the one-year LPR remained unchanged. In August, the five-year LPR was lowered by another 15 basis points from 4.45% to 4.30%, and the one-year LPR was lowered by 5 basis points from 3.70% to 3.65%.

(3) Weighted Average Interest Rate of Loans

The loosened monetary policy had an impact on the real economy, with the weighted average interest rate of loans further down. The weighted average interest rate of loans for the four quarters of 2022 was 4.41%, 4.34%, 4.14%, and 4.14%, respectively. The rate at the end of the year dropped 62 basis points from the same period in 2021, the lowest since the reform and opening up of the country.

8. Financial Policies to Drive Economic Recovery

Financial institutions were encouraged to defer repayment of loan principal and interest for market entities affected by COVID-19, including existing individual housing loans for distressed populations, loans for micro, small, and medium-sized enterprises, individual businesses, truck drivers, and personal housing and consumption loans affected by COVID-19. The PBC also supported the issuance of logistics-themed financial bonds by three types of non-bank financial institutions, namely automotive group finance companies, automotive finance companies, and financial leasing companies. These bonds were specifically used to provide support for truck owners and related logistics enterprises by offering deferred repayment of loan principal and interest, as well as new investment.

9. The PBC Remitting its Profits to the Ministry of Finance

In 2022, the PBC lawfully remitted all of its historical balance profits and publicly disclosed them. This move not only reflected the coordination and linkage between monetary policy and fiscal policy, but also represented a significant step towards improving the financial transparency of the bank. The amount of newly available funds provided to the whole society was equivalent to an across-the-board RRR cut of nearly 0.5 percentage points.

(II) Macro-prudential Management

1. Strengthening the System and Mechanism for Financial Stability

The PBC and relevant departments continued to promote financial stability legislation. In December 2022, the Standing Committee of the National People's Congress reviewed the *Financial Stability Law (Draft)* for the first time. In that month, Liu Guoqiang, deputy governor of the PBC, suggested that the *Financial Stability Law* is expected to be introduced in 2023. The *Financial Stability Law (Draft)* explicitly stated that the state will establish a financial stability guarantee fund, which will be managed by a coordination mechanism and serve as a reserve fund for dealing with financial risks. The PBC's refunding tool can be used to provide liquidity support for the guarantee fund, which should be repaid with disposal proceeds, income, and industry charges. According to the PBC's monetary policy implementation report, the basic framework of the financial stability guarantee fund has been preliminarily established, with some funds accumulated. It has been practically used in two risk disposal cases.

2. Adjusting foreign exchange risk reserve ratio for forward foreign exchange sales

In 2022, against the backdrop of the Federal Reserve's sharp interest rate hikes, the CNY/USD exchange rate declined significantly. In September, the PBC raised the foreign exchange risk reserve ratio for forward foreign exchange sales from 0% to 20%, so as to stabilize foreign exchange market expectations and strengthen macro-prudential management.

3. Improving the regulatory framework for systemically important financial institutions (SIFI)

The authorities introduced regulatory provisions on SIFI to improve the regulatory framework. On July 8, 2022, the PBC and the China Banking and Insurance Regulatory Commission jointly solicited public opinions on the *Evaluation Measures for Systemically Important Insurance Companies*

(Exposure Draft). On September 9, the two organizations released the list of systemically important banks in China for 2022, identifying 19 domestic systemically important banks, including 6 state-owned commercial banks, 9 joint-stock commercial banks, and 4 city commercial banks. In the same year, three financial holding companies were approved for establishment, and access management and continuous supervision were carried out in a stable and orderly manner.

(Ⅲ) Foreign Exchange and Financial Markets

1. Exchange Rate Formation Mechanism

In 2022, major developed countries and regions such as the United States and the eurozone, as well as many developing countries, have significantly raised their interest rate, while China's policy interest rate has remained stable with a slight downward trend. In this context, the RMB/USD exchange rate fell from 6.3794 at the beginning of the year to 6.9646 at the end of the year. To strengthen the management of foreign exchange liquidity in financial institutions, the PBC lowered the RRR on foreign exchange deposits by 1 and 2 percentage points on May 15 and September 15, respectively, from 9% to 6%, releasing a total of about USD 27 billion of foreign exchange liquidity.

2. Offshore RMB Market

In 2022, the PBC continued to issue PBC bills on a regular basis in Hong Kong. A total of 8 terms of RMB-denominated central bank bills totaling RMB 120 billion were issued throughout the year. In the four quarters, RMB 30 billion, RMB 30 billion, RMB 30 billion, and RMB 30 billion were issued respectively, including three varieties of three-month term, six-month term, and one-year term. Normalized issuance of RMB-denominated central bank bills in Hong Kong is conducive to enriching RMB products in the offshore market, enhancing the activity of the offshore RMB market, and promoting the development of RMB internationalization.

3. Currency Swap Agreement

In 2022, the PBC signed bilateral currency swap agreements with central banks and monetary authorities of eight countries and regions, including the Bank Indonesia, the Bank of Albania, the Central Bank of the Republic of Turkey, the Hong Kong Monetary Authority, the Monetary Authority of Singapore, the European Central Bank, the Monetary Authority of Macao, and the Hungarian National Bank. Additionally, its currency swap arrangement with the Hong Kong Monetary Authority was upgraded to a standing swap arrangement and the swap scale was expanded.

(Ⅳ) Evaluation of the Effects of Monetary Policies Conducted in 2022

In 2022, China faced a challenging economic situation domestically, coupled with a tense international political climate and a tightening global financial market. To find a way out of these complex circumstances, China acted swiftly to introduce proactive monetary policies. As a result, the interest rate of financial markets declined steadily throughout the year. The financing cost of enterprises has further decreased, with major financial indicators continuing to show strong growth. As of the end of 2022, there was an 11.8% growth in broad money (M2) supply and a 9.6% increase in the stock of aggregate financing on a yearly basis. Another RMB 21.31 trillion of RMB-denominated loans were offered in the whole year, with a YOY increase of RMB 1.36 trillion. At the end of 2022, the weighted average interest rate of RMB-denominated loans reached 4.14%, down 62 basis points from the same period last year, the lowest level over the past forty years since the reform and opening up of the country. To support the economic growth against the strict COVID-19 prevention policies, both the government and corporate sectors saw an increase in debt, with a macro leverage ratio of 273.2% at the end of 2022, up 10.4 percentage points from the previous year.

Thanks to the precise guidance of structural monetary policy tools, the credit structure has been continuously optimized. By the end of 2022, medium-to-long-term loans for enterprises (and public institutions) increased by RMB 11.1 trillion from the beginning of the year, accounting for 64.7% of all enterprise loans. The balance of medium-to-long-term loans in the manufacturing industry increased by 36.7% YOY, 25.6 percentage points higher than the growth rate of all loans. The balance of loans for inclusive MSEs increased by 23.8% YOY, 12.7 percentage points higher than the growth rate of all loans. The number of credit-granted inclusive MSEs reached 56.52 million, a YOY increase of 26.8%. The weighted average interest rate of loans newly issued in 2022 for inclusive MSEs was 4.9%. At the end of 2022, the balance of PBC refinancing for supporting agriculture was RMB 600.4 billion, a YOY increase of 20.88%; the balance of PBC refinancing for supporting small enterprises was RMB 1,417.1 billion, a YOY increase of 14.74%; the balance of PBC refinancing for poverty alleviation was RMB 143.6 billion, a YOY decrease of 17.94%; the balance of agriculture-related loans of local and foreign currency was RMB 49.3 trillion, a YOY increase of 14.0%.

(V) Outlook on Monetary Policy in 2023

The year 2023 is full of hope and challenge. After a three-year hiatus, China has reopened its doors to the world, to deeply integrate into the global industrial chain, strengthen the domestic-international dual circulation, and enhance its economic potential. As COVID-19 prevention and control measures have entered a new stage, the consumption environment has rapidly improved, gradually unleashing consumption potential. The new leadership team has emphasized the creation of a better development environment for the private sector, and it is expected that the private sector will have great potential in various new fields and new tracks in the future.

However, the international situation remains tense, and regional conflicts persist. Inflation in developed countries remains high, and the vulnerability of the international financial market is evident in the context of the rising global interest rate. It is expected that the economic growth of major developed countries will slow down in 2023, and may even enter a recession. The United States continues to strengthen its blockade of China's high-tech industry, putting pressure on China's medium- and long-term growth potential.

Looking ahead to 2023, China should prioritize unleashing its domestic economic growth potential and mitigating the impact of slowing external demand and international market volatility. Monetary policy should support the expansion of domestic demand while balancing short-term and long-term considerations, avoiding excessive stimulus, maintaining price stability, and pushing economic growth back to its potential growth rate. The market-oriented interest rate reform should continue to be deepened, and the policy rate system of the PBC should be optimized to lay a foundation for sustained and effective cross-cycle regulation. Despite facing various challenges from both domestic and international factors, China's large market size and strong economic resilience suggests that China has high growth potential in the long run.In addition, the effects of macroeconomic and monetary policies will continue to support the economy and China's economy is expected to see a strongly rebound in the next year.

Article 2

Targeted Credit Easing Saves the Industry and Revives the Economy, and Structural Monetary Policy Enables Stable Development①

In 2022, subject to the severe situation of pandemic prevention, intensified Sino-US competition, tensions in global trade relations, and other internal and external pressures, China faced insufficient effective demand in the domestic market, rising potential risks to economic security, and significantly intensified difficulties in national macro-control. With the concerted efforts of the People's Bank of China (PBC), the China Banking and Insurance Regulatory Commission (CBIRC), and other regulators, together with the National Development and Reform Commission, the Ministry of Science and Technology, the Ministry of Industry and Information Technology, the National Energy Administration, the Ministry of Transport, the Ministry of Finance, the National Audit Office, and other government authorities, structural monetary policy has been implemented in a targeted, sustained manner, playing a fully proactive, positive, and effective role in saving the industry, revitalizing the economy, and enabling stable development.

In 2022, the PBC frequently and continuously used structural monetary policy tools. On April 28, the PBC, together with the Ministry of Science and Technology and the Ministry of Industry and Information Technology, issued the *Notice on the Establishment of Re-loans for Science and Technology Innovation*, to guide financial institutions to grant loans to Science and Technology (S&T) based companies under the premise of independent decision-making and risk-bearing and to boost S&T innovation and deepen supply-side structural reform. On April 30, the PBC, together with the National Development and Reform Commission (NDRC), issued the *Notice on Piloting Special Central Bank Lending for Inclusive Elderly Care*, to guide financial institutions to grant preferential loans to inclusive elderly care institutions, reducing the financing costs of those institutions and enhancing people's access to finance. On May 6, the PBC, together with the NDRC and the National Energy Administration, issued the *Notice on Adding RMB 100 Billion Quota of Special Central Bank Lending for Clean and Efficient Use of Coal*, which was issued to support the development and use of coal and enhance the capacity of coal reserves so as to boost the development

① Author: Ma Qiang, Level II Inspector, Shanghai Office of the CBIRC, Senior Researcher, Program for China's Financial Policy Report (research group).

momentum. On May 16, the PBC, together with the Ministry of Transport, issued the *Notice on Matters Relating to the Establishment of Special Central Bank Lending for Transport and Logistics*, to guide financial institutions to increase their financial support to road cargo transport operators and truck drivers and other subjects affected by the pandemic, so as to effectively alleviate traffic difficulties. On May 24, the PBC issued the *Notice on Promoting the Establishment of Long-Term Mechanisms for Boosting Financial Sector's Confidence, Willingness, Capability, and Expertise in Lending to Micro and Small Businesses*, aiming to enhance the willingness, ability, and sustainability of financial institutions to serve small and micro enterprises and other market players and to boost the confidence of disadvantaged groups. On September 27, the People's Bank, together with the NDRC, the Ministry of Finance, the National Audit Office, and the CBIRC, issued the *Notice on Matters Relating to the Establishment of Special Central Bank Lending for Equipment Upgrading*, guiding financial institutions to provide loans for equipment renewal and transformation in manufacturing, social services, and small and medium-sized enterprises and individual businesses under the premise of independent decision-making and risk-bearing, in an effort to optimize conditions for high-quality development.

One important reason for China's economy to exceed expectations maintaining a growth rate of 3.0% in 2022 despite the extreme difficulties is that the Chinese government adopted the right macro-financial regulation and control policies. Structural monetary policy tools were used to reduce the burden, enhance efficiency, revive the economy, and to cure difficult problems, with a combined effect that is innovative and with Chinese characteristics. Undoubtedly, the use of the People's Bank of China's re-lending instruments in recent years has not only been supported by the cross-use of quantitative innovations in open market operations such as MLF (medium-term lending facility), SLF (standing lending facility) and CBS (central bank bill swap) but also by the use of innovative price instruments such as LPR (loan prime rate) and the use of conventional instruments such as domestic and foreign currency deposit reserves.

In fact, the PBC, in managing the LPR level once a month for all 12 months in 2022, pursued the policy of "prioritizing stability while pursuing progress" and maintained a strategy of dynamic adjustment of the LPR, with a window guidance level of 3.7% for the 1-year LPR and 4.6% for the 5-year+ LPR from January to April; 3.7% for the 1-year LPR and 4.45% for the 5-year+ LPR from May to July; and 3.65% for the 1-year LPR and 4.30% for the 5-year+ LPR from August to December. Obviously, the phased reduction in LPR indicates that the PBC paid attention to maintaining the stability of macro equilibrium in financial markets in the near term and steering the stability of macro equilibrium in economic development in the medium term.

This is what this article emphasizes. To understand how effective China's structural monetary policy tools are, we must not only see the constant innovation and cross-use of price and quantity control tools, but also emphasize their guiding role in optimizing the industrial structure and correcting the market trend, and also appreciate their prospective expectation requirements and risk warning capability. From a broader perspective, structural monetary policy, as the most important financial policy, requires the full cooperation of all relevant government authorities and regulators in its formulation and implementation and also entails active cooperation and support in the formulation and execution of fiscal and social policies. Only by ensuring the investment and financing of infrastructure such as energy, transportation, and water conservancy, supporting urban renewal and rural revitalization, promoting the improvement of investment and financing mechanisms in social fields and shoring up weak links, and continuously optimizing financial services for import and export trade such as settlement, financing, and insurance, can we achieve stable, open, sustainable, and higher-quality development of China's real economy.

II. Policies for Exchange Rate and Balance of Payments①

The year 2022 is the year when the 20th National Congress of the CPC was held and also an important year for implementing the 14th Five-Year Plan and building a modern socialist country in all respects. The People's Bank of China (PBC) and the State Administration of Foreign Exchange (SAFE) adhered to the guidance of Xi Jinping Thought on Socialism with Chinese Characteristics for a New Era and resolutely implemented the decisions and arrangements of the CPC Central Committee and the State Council. Under the specific guidance of the Financial Stability and Development Committee under the State Council, the two authorities earnestly implemented the requirements for "keeping the epidemic at bay, stabilizing the economy and ensuring safe development", deepened reform and opening up in the foreign exchange field to serve the development of real economy, effectively maintained the steady operation of the foreign exchange market and national economic and financial security, and provided strong support for stabilizing the macroeconomic picture. Throughout the year, the balance of payments was in good condition, and the foreign exchange market was significantly more resilient.

(I) Overview of RMB Exchange Rate and Balance of Payments in 2022

1. The exchange rates of RMB against a basket of currencies remained stable, with both the nominal and real effective values slightly depreciating

At the end of 2022, the reported RMB exchange rate index of the China Foreign Exchange Trade System (CFETS) was 98.67, depreciating by 3.7% year on year; the reported RMB exchange rate index with reference to the Special Drawing Rights (SDR) currency basket was 96.08, depreciating by 4.3% YOY; the RMB exchange rate index with reference to the Bank for International Settlements (BIS) currency basket was 103.67, depreciating by 2.8% YOY.

As reckoned by the BIS, the nominal and real effective exchange rates of RMB depreciated by 2.9% and 7.9% respectively in 2022. From the start of the reform of the RMB exchange rate mechanism in 2005 to the end of 2022, the nominal effective exchange rate of RMB appreciated by

① Author: Yang Chengliang, Supervisor, Capital Department of Ping An Insurance (Group) Co., Ltd., Research Fellow, Program for China's Financial Policy Report (research group).

44.2% and the real effective exchange rate by 45.6%.

2. CNYUSD overall presented a wide-amplitude vibration trend

In 2022, the CNYUSD spot rate presented a downward trend under pressure, and gradually bounced at the end of the year. The onshore and offshore CNYUSD spot rates closed at RMB 6.9514 per US dollar and RMB 6.9730 per US dollar respectively, down by 8.32% and 8.75% respectively YOY. The gap between the highest point and the lowest point of the onshore and offshore CNYUSD spot rates in the whole year exceeded 10,000 basis points, and the intraday gap of more than 1,000 basis points occurred many times. In 2022, the maximum and minimum central parity rates of CNY against USD were RMB 6.3014 and RMB 7.2555 respectively. Among 242 trading days, 114 days saw appreciation and 128 days saw depreciation. The biggest one-day appreciation was 1.4% (1,008 points) and the biggest one-day depreciation was 1.0% (681 points). The annual volatility of CNYUSD was 6.4%, an increase of 3.71 percentage points on the basis of 2021 and 1.94% on the basis of 2020, the highest since the exchange rate reform in 2015.

In 2022, the Federal Reserve (Fed) raised interest rates for seven consecutive times, with the benchmark interest rate increased by 425 basis points, and started shrinking the balance sheet in the middle of the year, which soon reached USD 95 billion per month. Its monetary policy tightened at a rarely high speed in history. The US dollar index rose by nearly 20% to more than 114. Major non-US dollar currencies generally depreciated under pressure. Euro, JPY, and GBP successively hit new lows in recent 20 to 30 years. Many emerging markets witnessed currency depreciation and capital outflow. The change of CNYUSD in 2022 can be divided into five stages (see Figure 1): (1) Small fluctuation and overall stable stage. From January to April, although the Fed started a rate hike cycle, and the outbreak of the Russia-Ukraine conflict pushed up risk aversion, China's import-export surplus maintained a high level, and the exchange settlement continued to release, supporting the fluctuation of USDCNY within the 6.35 range. (2) Rapid depreciation of 6%. In April, due to the dotted prevalence of COVID-19 across China, the momentum of economic recovery weakened. Meanwhile, expectations about the Fed's continued rate hikes grew, and the yields of one-year and 10-year US Treasury bonds inverted. Thus, USDCNY grew from 6.4 to 6.8. (3) Stable fluctuation around 6.7. From May to August, the Fed's over-expected interest rate hike drove the US dollar index to climb to a high of 110. At the same time, with the relief of the epidemic situation in China and gradually improved economic expectations, the RMB exchange rate showed strong resilience, with USDCNY fluctuating in the range of 6.6-6.8. (4) Rapid depreciation of 8%. From September to early November, the Fed rapidly raised interest rates and shrank the balance sheet to cope with high inflation. Combined with the continued weakness of major non-US dollar currencies, the US dollar index once rose above 114, a record high in the recent 20 years. the degree of inversion of the US-China spread continued to widen. In such a context, USDCNY fell below 7. (5) Rapid appreciation of 5%. In the last month of 2022, USDCNY fluctuated and rose to around 6.9 due to weakened expectations about the Fed's rate hikes and China's optimized epidemic prevention and control policy.

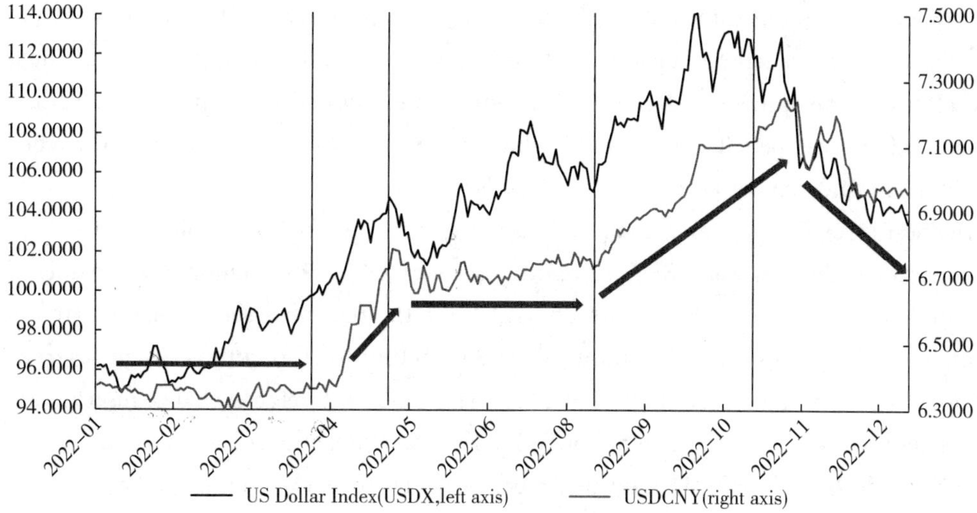

Figure 1 Change of CNYUSD in 2022

(Source: Reuters)

3. Analyses of the trends of CNY against other major international currencies

In 2022, Euro, JPY, and GBP successively hit new lows in the recent two decades, driven by the high inflation and tight monetary policies of major economies. At the end of 2022, the exchange rates of CNY against the EUR, GBP, and JPY were 7.4229:1, 8.3941:1, and 5.2358:100 respectively, depreciating by 2.7%, appreciating by 2.5% and appreciating by 5.8% respectively YOY. The exchange rates of CNY against major international currencies were relatively stable. From the reform of the RMB exchange rate mechanism in 2005 to the end of 2022, CNY cumulatively appreciated by 34.9% against EUR, and 39.5% against JPY.

CNY depreciated slightly against the currencies of most emerging economies in 2022. To be specific, CNY depreciated significantly against RUB and MXN, by 11.6% and 13.0% respectively; CNY depreciated by 8.0% or above against the currencies of Middle Eastern countries, such as UAE Dirham and Saudi Riyal; depreciated by about 4.0% against the currencies of Asian emerging economies, such as Malaysian Ringgit, KRW, and THB; but appreciated by as much as 31.3% against TRL.

4. The balance of payments continued to maintain a sound independent balance, and the size and structure of foreign debt remained stable

In 2022, China's current account surplus was USD 417.5 billion, the highest ever only second to that in 2008, and an increase of 32% YOY. The ratio of the surplus to GDP in the same period was 2.3%, continuing to stay in a reasonable equilibrium range. The figure was 1.8% in 2021. In terms of trade in goods, the goods trade surplus was USD 685.6 billion, an increase of 22% YOY. The surplus and import and export scale of trade in goods both reached record highs, reflecting the resilience of China's foreign trade. In terms of trade in service, the deficit was USD 94.3 billion, down by 6% YOY. To be specific, the intellectual property royalties deficit narrowed by 11%, while the surpluses of telecom and computer information services and other commercial services grew by 66% and 23% respectively. These figures suggest the deep integration of trade in goods and trade in service, the accelerated development of digital trade, leading to the upgrading of high-tech service trade; in addition, the travel deficit was USD 107.6 billion, up by 14%, mainly due to a slow rebound of expenditure on studying abroad.

The non-reserve capital and financial account deficit was USD 317.6 billion. Specifically, the direct investment surplus was USD 32.3 billion, down by USD 173.7 billion YOY, mainly affected by the dotted prevalence of COVID-19 across China; the reserve assets caused by transactions increased by USD 100 billion, including USD 98.2 billion of foreign exchange reserve assets (excluding valuation impact). At the end of 2022, the balance of foreign exchange reserves was USD 3,127.7 billion, down by USD 122.5 billion YOY. The valuation impact caused by the appreciation of the USD, a decline of the USD equivalence of non-USD currency reserves, and a decline in asset prices such as bonds and stocks totaled USD 220.7 billion.

In the third quarter of 2022, China's external debts generally declined, and the structure remained basically stable. Since the second quarter, influenced by multiple factors such as rate hikes by the Fed, high global inflation, and the COVID-19 pandemic, the balance of external debts (both domestic and foreign currencies included) was USD 2,481.5 billion. In terms of currency structure, the home currency external debts accounted for 44%; in terms of maturity structure, mid- and long-term external debts accounted for 45% as of late September 2022.

5. Renminbi cross-border payments/receipts continued a growth trend, and issuing RMB PBC bills in Hong Kong became normal

In 2022, the amount of Renminbi cross-border payments/receipts added up to RMB 42.1 trillion, up by 15% year on year, accounting for 49% of the total amount of home and foreign currency cross-border receipts and payments in the same period. Among them, the actual receipts were RMB 20.5 trillion, the actual payments were RMB 21.6 trillion, and the net outflow was RMB 1.1 trillion. The total amount of cross-border RMB receipts and payments under current accounts was RMB 10.5 trillion, up by 32% year on year, including RMB 7.9 trillion for trade in goods and RMB 2.6 trillion for trade in services and other current accounts; the total amount of receipts and payments under capital accounts was RMB 31.6 trillion, up by 10% year on year. In 2022, the amount of RMB cross-border receipts and payments under trade in goods and direct investment accounts accounted for 18% and 70% respectively of the cross-border home currency and foreign currency receipts and payments in the same period, the highest levels in recent years.

On the Global Payment Currency Ranking based on statistics by Society for Worldwide Interbank Financial Telecommunications (SWIFT) , CNY remains the world's fifth most active currency. At the beginning of 2022, the proportion of RMB in global payments reached a record high of 3.2%, surpassing JPY to hold the fourth place. The proportions in the other months maintained the historical average level. In May 2022, the International Monetary Fund (IMF) raised the weight of RMB in the Special Drawing Rights (SDR) from 10.92% to 12.28%, reflecting the organization's recognition of the increased free access to the RMB.

In the CNH payment market, Hong Kong remained the main region of CNH circulation in 2022, but its share decreased, fluctuating in the range of 71% -74% in the second half of the year. The shares of Britain, America, France, and other European and American countries also decreased. Since the outbreak of the conflict between Russia and Ukraine, Russia accelerated its de-dollarization, so its share of CNH payments increased significantly, becoming the third largest CNH payment market in July.

In 2022, PBC distributed 12 issues or RMB 120 billion of Renminbi central bank bills in Hong Kong, both the number of issues and the amount unchanged from the previous year. The regular issuance of Renminbi central bank bills in Hong Kong has played a positive role in promoting the healthy development of the CNH currency market and bond market, and in driving domestic and foreign market entities to issue RMB bonds and carry out RMB business in offshore markets.

6. The trading activity of the forex market decreased slightly, and the proportion of forex derivatives trading increased significantly

In 2022, the direct RMB transactions in the interbank foreign exchange market were active and the liquidity was stable, which reduced exchange costs for microeconomic entities and promoted bilateral trade and investment. The cumulative transaction amount of the interbank foreign exchange market was equivalent to USD 34.5 trillion. The average daily amount dropped by 10.7% YOY due to the epidemic and other factors. Among them, the average daily transaction amount of the RMB foreign exchange market, foreign currency (pair)exchange market, and foreign currency interest rate market decreased by 8.0%, 2.9%, and 18.4% respectively.

The proportion of derivatives trading continued to rise. In 2022, in bank-customer foreign exchange transactions, the proportion of spot transactions fell to 73.7%, a record low; the proportions of forward and option transactions increased by 19.8% and 4.1% respectively; the proportions of foreign exchange and currency swap transactions were the smallest, but increased from the last year's 2.5% to 3%; and the total share of foreign exchange derivatives transactions was 26.3%, a record high.

Forward exchange purchase performance and hedging ratio also increased. The annual average proportions of forward exchange settlement and exchange purchase performance increased by 0.9% and 5.1% respectively YOY; the annual average hedge ratios of forward exchange settlement and exchange purchase decreased by 0.4% and increased by 2.9% respectively YOY. Particularly in September, as USDCNY fell below 7 again, the proportion performance ratio and hedging ratio of forward exchange purchase rose to 26.4% and 22.7% respectively, with the former hitting a record high and the latter reaching the highest level since September 2015, which conduced to mitigating the impact of RMB depreciation.

7. The amount of RMB under currency swap agreements used by foreign monetary authorities significantly increased

Currency swaps played a positive role in promoting bilateral trade and investment. At the end of 2022, under the bilateral home currency swap agreements signed between the People's Bank of China and overseas monetary authorities, the balance of RMB used by overseas monetary authorities was RMB 88.777 billion, an increase of RMB 27.245 billion YOY; the balance of foreign currencies used by the People's Bank of China was equivalent to USD 551 million, an increase of USD 209 million YOY.

(II) Analysis of major exchange rates and balance of payments policies in 2022

1. Continue to push forward the market-oriented reform of exchange rates

In 2022, the foundation of the foreign exchange market formed by RMB exchange rates became firmer. The PBC stopped regular intervention, so market supply and demand determined the RMB exchange rates. This improved the efficiency of resource allocation on top of giving play to the signal role of price. In September 2022, the PBC cut the foreign exchange reserves by 2 percentage points to 6%, easing the depreciation pressure on the RMB caused by a tight US dollar liquidity in China, and declaring the central bank's firm determination to stabilize the exchange rate. At the same time, in order to stabilize the expectations of the foreign exchange market, the forward foreign exchange sales and purchase risk reserve was raised to 20%. The PBC and the SAFE adhered to the managed floating exchange rate system based on market supply and demand and adjusted with reference to a basket of currencies, unswervingly deepened market-oriented forex reform, enhanced the flexibility of RMB exchange rates, and made exchange rates better play its role in regulating macroeconomy and automatically stabilizing the balance of payments. The two authorities constantly promoted the establishment of a multi-tiered foreign exchange market system, further increased the depth and breadth of the foreign exchange market, and guided enterprises and financial institutions to develop a risk-neutral concept.

2. Promote cross-border trade and enhance investment and financing facilitation

The first category is about improving the cross-border investment and financing facilitation for new- and high-tech enterprises and "professional, sophisticated, special and new" enterprises. New- and high-tech enterprises and "professional, sophisticated, special and new" enterprises are important forces of innovation-driven development. In May 2022, in order to implement a policy package to stabilize the economy and better serve the real economy, the SAFE issued the *Notice on Supporting New- and High-Tech and "Professional, Sophisticated, Special and Innovative" Enterprises to Carry Out Pilot Cross-Border Financing Facilitation*, further expanding pilot projects, facilitating more new- and high-tech enterprises and "professional, sophisticated, special and innovative" enterprises to autonomously borrow debts within a specified quota, and helping enterprises speed up innovative development. This move can effectively improve the facilitation of cross-border investment and financing, continuously optimize the business environment, support the high-quality development of the real economy, and contribute to the stability of the macroeconomy.

The second category is about facilitating trade for small and medium-sized enterprises. In April 2022, the PBC and the SAFE issued the *Notice on Strengthening Financial Services for COVID-19 Containment and Socio-Economic Development*, putting forward 23 measures to enhance financial services and strengthen support for the real economy, six of which are about optimizing forex and cross-border RMB business and advancing the steady development of foreign trade export. In terms of improving trade facilitation, the notice extends the policy of facilitating foreign exchange receipts and payments for high-quality enterprises to the whole country, and encourages banks to include more high-quality small and medium-sized enterprises into the scope of the policy beneficiaries. Besides, the notice facilitates the receipt and payment of current accounts for high-quality enterprises, supports banks to optimize the new settlement of international trade, expands the scope of enterprises eligible for foreign receipts and payments net amount settlement payments in an orderly manner, and exempts special reexchange of trade in goods from registration.

3. Effectively prevent and control the risk of cross-border capital flow

First, for further improving the macro-prudential management of cross-border financing, increasing the sources of cross-border capital of enterprises and financial institutions, and guiding them to optimize their structure of assets and liabilities, the PBC and the SAFE raised the macro-prudential adjustment parameter for cross-border financing of enterprises and financial institutions from 1 to 1.25 on October 25, 2022. In addition, on January 29, 2022, the PBC and the SAFE issued the *Notice on Overseas Lending by Banking Institutions*, which, on top of further supporting and standardizing the overseas loan business of domestic banks, brings banks' overseas RMB and foreign currency loan business under unified management, incorporates banks' overseas loans related cross-border capital flows into the macro-prudential management policy framework, and clarifies requirements for banks to handle overseas loan business and use related cross-border capital, to intensify risk prevention.

The second category is about keeping a balance between facilitation and risk prevention, strengthening the foreign exchange management system and governance capacity construction, constantly improving the "macro-prudential + micro-regulation" management framework of the forex market, and effectively keeping the forex market stable and the country's economy and finance safe.

The third category is about empowering foreign exchange management with science and technology, including promoting the application of new technologies such as big data, visualization, and artificial intelligence, replacing the traditional supervision mode with technology-driven supervision, building a multi-level, multi-dimensional and whole-process cross-border capital flow monitoring and evaluation system, and advancing the dynamic monitoring, identification, and assessment of risks.

4. Steadily expand the two-way opening-up of the financial market

The first category is about continuously improving the management of funds invested by foreign institutional investors in China's bond market and further expanding the two-way opening up of the financial market. On November 2022, the PBC and the SAFE issued the *Rules on Funds Invested by Overseas Institutional Investors in China's Bond Market*. The Notice uniforms the management rules for fund accounts, fund receipts, payments and exchange, and statistical monitoring concerning foreign institutional investors' investment in China's bond market; allows foreign institutional investors to handle through third-party financial institutions besides settlement agents; further expands the foreign exchange hedging channels for foreign institutional investors and cancels the limit on the number of counterparties in over-the-counter trading; optimizes the matching management of remittance currencies and encourages long-term investment in China's bond market. The Rules also requires constantly optimizing and improving the policies and measures related to the fund management of foreign investors' investment in China's bond market, and promoting the further opening up of the bond market and enhancing the facilitation level for foreign investors to invest in the domestic financial market on the premise of effective risk prevention and control.

Second, remarkable achievements were made in the pilot program of "Cross-boundary Wealth Management Connect", and the scale of the "Southbound Bond Connect" component was expanding. SAFE implemented the decisions and arrangements of The State Council by continuously advancing reform and opening-up in the foreign exchange area. It is one year since the "Cross-boundary Wealth Management Connect" business was launched in the Guangdong-Hong Kong-Macao Greater Bay Area. Investors in the Greater Bay Area have shown great enthusiasm, and investors from the Chinese mainland, Hong Kong and Macao have actively participated. As of October 19, 2022, the pilot banks in the Greater Bay Area had opened a total of 50,167 accounts for the "Cross-boundary Wealth Management Connect" business, and the cross-border transferred capital added up to RMB 1,561 million. The year 2022 marks the second year after the launch of the "Southbound Bond Connect", which continued to strengthen the connectivity of the capital markets between the mainland and Hong Kong. At present, the business covers the main bond varieties in the Hong Kong market, able to provide diversified asset allocation opportunities for mainland investors. Meanwhile, "Southbound Bond Connect" has played an important role in improving the two-way opening up of the bond market and keeping the balance of cross-border capital flows, significantly improving the efficiency of resource allocation in China's financial market.

Third, China regularly granted investment quotas to qualified domestic institutional investors (QDIIs). As of December 16, 2022, there were 176 QDIIs in China, with a total approved quota of USD 159,729 million, an increase of 1.4% YOY. Opportunities were given to domestic institutional investors to invest in overseas markets, which not only met the needs of international asset allocation and global dispersion of risks, but also met the demand of domestic capital for buying international quality assets, especially assets of emerging economies and assets with rise expectations under the background of global quantitative easing.

Fourth, the interest rate swap markets between Hong Kong and the mainland were interconnected. On July 4, 2022, the PBC, the Securities and Futures Commission of Hong Kong, and the Hong Kong Monetary Authority issued a joint announcement to launch cooperation on the interest rate swap market connectivity between Hong Kong and the mainland ("Swap Connect") to promote the common development of the financial derivatives markets of the mainland and Hong Kong. The "Swap Connect" was officially launched six months after the date of the announcement.

5. Intensify forex supervision

As for strengthening the construction of risk control and regulation ability, the SAFE constantly improved the "macro-prudential + micro regulation" management framework, strengthened cross-border capital flow risk monitoring and pre-warning and counter-cyclical regulation, seriously cracked down on illegal activities in the forex field, and maintained the stability and order of the forex market. The authority actively established pilot error correction mechanisms and risk response plans, strengthened in-event and post-event oversight, improved off-site supervision capabilities, paid attention to large-amount abnormal cross-border transactions, ensured the steady and orderly proceeding of trials, clarified the responsibilities of all parties for risk management, and resolutely defended the bottom line of no systemic financial risk. Efforts were made to provide a benign and healthy market environment for smooth cross-border capital flows and rational transactions in the forex market.

(III) Policy Outlook for the Next Stage

First, China will adhere to Xi Jinping Thought on Socialism with Chinese Characteristics for a New Era, continue to fully implement the resolutions of the 20th National Congress of the CPC and the Central Economic Work Conference, seek progress and innovation in stability, fully practice the new development concept, and speed up the construction of a new development pattern. The country will, in accordance with the requirements of "six better over plans", deepen the reform and opening up in the forex field to promote high-quality development, prevent external impacts and defend the security line, and ensure the safety, flow, and appreciation of forex reserve assets, providing strong support for a good start of the comprehensive construction of a modern socialist country.

Second, China will deepen the reform and opening-up in foreign exchange. We will advance the high-level opening up of capital projects in a prudent and orderly manner, and improve trials of the domestic and foreign currencies integrated capital pool for multinational corporations. The coverage of policies to facilitate trade foreign exchange receipts and payments for quality enterprises will be expanded to support the innovative and normative development of new forms of trade. We will optimize exchange rate hedging services for micro, small and medium-sized enterprises, and explore and enrich application scenarios of cross-border financial service platforms. Foreign exchange management policies will be innovated and optimized to actively serve China's major regional development strategies.

Third, China will prevent the risk of cross-border capital flows. It is important to reinforce monitoring and analysis of forex situations, strengthen macro-prudential management and expectation guidance, and enrich the macro-prudential policy toolbox. It is necessary to improve micro-supervision of the foreign exchange market, and accelerate the establishment of an authenticity management mechanism with "real substance, diversified methods, due diligence and liability exemption, safety and efficiency". Off-site supervision capacity building will be intensified to severely crack down on illegal foreign exchange activities.

Fourth, China will improve the management of foreign exchange reserves. We will promote the building of specialized investment capability, science-and technology-based operation capacity, and market-oriented institution governance capability to ensure the safety, flow, value maintenance and appreciation of foreign exchange reserves.

Fifth, China will consolidate the basic work of foreign exchange administration. We will strengthen the legislation of foreign exchange management, build a high-level statistical system for the balance of payments, deepen the development of "digital forex management" and "safe forex management", and improve the level of foreign exchange research.

Appendix

Summary of Major Exchange Rate Policies and International Balance of Payments Policies in 2022

Date	Policy Name	Main Content
May 11	Administrative Penalty Measures of the State Administration of Foreign Exchange	To standardize the administrative punishment behaviors of SAFE and its branches, supervise SAFE's performance of duties according to law, and protect the legitimate rights and interests of citizens, legal persons and other organizations
May 20	Notice of SAFE on Relevant Measures to Further Promote The Foreign Exchange Market to Serve the Real Economy	To further promote the development of the foreign exchange market and better help market players manage foreign exchange risks
May 24	Notice of MOFCOM, PBC and SAFE on Supporting Foreign Economic and Trade Enterprises to Improve their Exchange Rate Risk Management Ability	To further support foreign trade enterprises to improve their exchange rate risk management capabilities and prudent operation
May 27	Matters Related to Further Facilitating Overseas Institutional Investors to Invest in China's Bond Market	To further facilitate foreign institutional investors to invest in China's bond market and unify cross-border management of funds in the principle of "one set of systems for one bond market" following the requirements of "marketization, legalization, and internationalization" so as to strengthen the systematic, integral and collaborative opening up of China's bond market
March 30	Notice on Supporting New- and High-Tech and "Professional, Sophisticated, Special and Innovative" Enterprises to Carry Out Pilot Cross-Border Financing Facilitation	To implement the State Council's policy package to stabilize the economy and the provisions of the *Notice on Strengthening Financial Services for COVID-19 Containment and Socio-Economic Development*, and support the high-quality development of the real economy, the SAFE decided to carry out pilot projects to facilitate cross-border financing for high-tech and "professional, sophisticated, special and innovative" enterprises in some regions
July 26	The Notice of SAFE on Issuing the Detailed Implementing Rules for the Balance-of-Payments Statistical Declarations through Banks	To standardize the declaration of the balance of payments statistics through domestic banks

Continued

Date	Policy Name	Main Content
November 10	Notice of PBC and SAFE on Issuing the Rules on Funds Invested by Overseas Institutional Investors in China's Bond Market	To support and regulate the investment of foreign institutional investors in China's bond market, the PBC and the SAFE formulated the *Rules on Funds Invested by Overseas Institutional Investors in China's Bond Market*
November 11	Overall Plan for the Construction of Pilot Zones for Sci-Tech Innovation Finance Reform in Shanghai, Nanjing, Hangzhou, Hefei and Jiaxing	To advance sci-tech innovation finance reforms in Shanghai, Nanjing, Hangzhou, Hefei and Jiaxing, and increase financial support for innovation in accordance with General Secretary Xi Jinping's important instructions and speeches on the integrated development of the Yangtze River Delta and the construction of an innovation system, the decisions and deployment of the CPC Central Committee and the State Council, the *Outline of the Plan for Regional Integrated Development of the Yangtze River Delta* and the *Outline of the National Innovation-driven Development Strategy*
November 23	Notice of PBC and SAFE on Matters Related to the Management of Funds Used by Overseas Institutions to Issue Bonds in China	To standardize the management of funds used by overseas institutions to issue bonds in China

Article 3

Piloting Cross-border Trade and Investment Starts a New Chapter of High-level Opening-up[①]

Institutional opening-up is the route that China must take to promote high-level opening-up and high-quality development. It is also a major step for China to foster the building of a new type of international economic relations and order. According to the Report to the 20th National Congress of the Communist Party of China, China will "steadily expand institutional opening up with regard to rules, regulations, management, and standards". To pilot high-level opening up regarding cross-border trade and investment is an important embodiment of the "institutional opening-up" in the new era. On January 28, 2022, in order to implement the spirit of the document "Notice on Piloting the High-level Opening-up of Cross-border Trade and Investment in Areas including Shanghai Pilot Free Trade Zone Lingang Special Area," the Shanghai Branch of the State Administration of Foreign Exchange (SAFE) issued the *Detailed Rules of the Pilot Foreign Exchange Administration Reform of the High-level Opening-up of Cross-border Trade and Investment in Shanghai Pilot Free Trade Zone Lingang Special Area* (hereafter referred to as the "Pilot Implementation

① Author: Zhang Chao, Director of the Research and Development Special Committee, Shanghai Banking Association, Deputy Director, Office of the Board of Directors, Shanghai Rural Commercial Bank, Research Fellow, Program for China's Financial Policy Report (research group).

Rules"). 12 banking and financial institutions were engaged at the beginning, including state-owned banks, shareholder-owned banks, city commercial banks, and foreign banks.

After issuing the "Advice of State Council on the Financial Promotion on Economy Development" (30 Financial Measures), the pilot high-level cross-border trade and investment represents a new round of national financial opening policy in Lingang Special Area. These policies further realized the convergence of financial supervision and international rules and fully demonstrated the advantages and influence of the Lingang Special Area in the new development paradigm of "dual circulation". The Pilot Implementation Rules focuses on promoting the reform and innovation of the cross-border investment and financing systems, implementing the reform of "streamlined administration, delegated power, and improved regulation and upgraded services", and enhancing the efficiency of market-based resource allocation. In total, 4 articles for current accounts, 9 articles for capital accounts, 4 initiatives for in-between-stage and post-stage supervision and risk prevention and control, and 7 annexes such as "Operational Guidelines for Cross-border Trade Facilitation" are included. The management commission of Lingang Special Area and the Shanghai Municipal Human Resources and Social Security Bureau jointly set up the Lingang Special Area Institutional Innovation Award. The project "Financial Support for High-level Opening-up of Trade and Investment in Lingang Special Area" won the first prize.

The issue of the Pilot Implementation Rules aimed to leverage the advantages of pilot policies applying to Lingang Special Area, support the orderly and free flow of domestic and overseas factors, enhance the level of facilitation of cross-border trade, investment, and financing, effectively activate the vitality of market entities, and improve the operational efficiency of enterprises. It also focused on driving industrial transformation, upgrading, and integrated development, improving quality and efficiency, and promoting high-quality development. The significance of launching the Pilot Implementation Rules is mainly reflected in the following aspects: First, to facilitate the settlements of cross-border trades under the current accounts and effectively improve the efficiency of collection and payment. Second, to broaden the channels of cross-border investment and financing for enterprises. For instance, high-tech enterprises with small net assets can have a foreign debt of less than USD 5 million. Third, to comprehensively upgrade the function of multinational corporations as pools of domestic and foreign currencies, help enterprises improve their abilities to centralize and subtly manage regional funds, and enhance the functional advantages of Lingang Special Area regarding open economy gathering. Fourth, to promote trade investment and financing facilitation. For example, some capital projects can be registered directly in banks, and foreign-invested enterprises are exempt from registration for domestic reinvestment. Fifth, to support the independent and flexible operation of enterprises through expanding the scope of using revenues from capital projects, loosening the requirement of currency matching for cross-border investment and financing, and raising the ceiling of the scale of overseas lending. Sixth, to further implement the foreign exchange management idea that "the more honest customers are, the more convenient services they can have, and the more compliant banks are to rules, the more convenience they can enjoy". Seventh, to further promote the sound operation of banks and keep the general tone to prioritize stability and seek progress while maintaining stability. Eighth, to further realize the convergence of financial regulation and international rules. Strong impetus is injected to set up a new higher-level opening-up mechanism in Lingang Special Area and build areas with special economic functions.

Over the past year, the pilot policies have yielded fruits, and some of them are promoted at a faster pace. Approved by the SAFE, on February 17, 2023, the Shanghai Branch of SAFE issued the *Notice on the Expansion of Piloting High-level Opening-up of Cross-border Trade and Investment in Lingang Special Area*. The new policy of qualified foreign limited partner (QFLP) pilot foreign exchange management was expanded from the Lingang Special Area to the entire Shanghai, further releasing the dividends of policy facilitation and better meeting the market's needs. Shanghai will further deepen the high-level opening-up of cross-border trade and investment in the Lingang Special Area, integrate development and security, and adhere to the concerted piloting and promotion of reform, opening-up, and risk prevention and control. It will also create an orderly and dynamic pilot environment, support the Lingang Special Area to build a new system of a higher-level open economy, and contribute to the construction of Chinese modernization.

Major Development Policies for the Financial Market

I. Development Policies for the Banking Market[①]

(I) Major Content of Development Policies for China's Banking Market in 2022

In 2022, the successful convening of the 20th National Congress of the CPC embarked on a new journey to build a modern socialist country in all respects and march toward the second centenary goal. The State Council and other relevant authorities continued to optimize the financial regulatory system, and introduced a series of policies and measures focusing on the three core tasks of serving the real economy, preventing and controlling financial risks, and deepening financial reform as well as rural revitalization under the strong leadership of the CPC Central Committee with Comrade Xi Jinping at its core in the face of a complex and volatile international environment and arduous domestic reform and development tasks.

1. Stick to the original aspiration and serve the high-quality development of the real economy

Since the beginning of 2022, relevant authorities have thoroughly implemented the State Council's package of policies and successive measures to stabilize the economy, guiding banking financial institutions to increase support for the real economy.

The first category is about guiding banking financial institutions to support the epidemic prevention and control work as much as possible. China Banking and Insurance Regulatory Commission (CBIRC) issued the *Guidance on Regulating Market-based Pricing of Banking Services* and the *Notice on Providing Financial Support to Ensure Smooth Freight Logistics* on January 15 and April 15 respectively, which encourage financial institutions to unblock logistics during the prevalence of COVID-19 and standardize banks' service for market-adjusted price regulation, to ensure people's livelihood.

On April 18, the People's Bank of China (PBC) and the State Administration of Foreign Exchange (SAFE) jointly issued the *Notice on Strengthening Financial Services for COVID-19 Containment and Socio-Economic Development*, which puts forward 23 initiatives about improving financial services and increasing financial support for the real economy from the three aspects of helping enterprise get out of trouble, unblocking national economic circulation, and promoting the development of foreign trade export.

---

① Author: Tang Jianwei, Deputy General Manager, Research and Development Department, Bank of Communications, Senior Researcher, Program for China's Financial Policy Report (research group); Zhao Yarui, Senior Researcher, Research and Development Department, Bank of Communications, Research Fellow, Program for China's Financial Policy Report (research group).

At the same time, The State Council and other relevant departments introduced a number of measures to guide financial institutions to increase financial support and contribute to the resumption of work and production. On April 20, the State Council issued the *Opinions on Further Unleashing the Potential of Consumer Spending and Promoting the Sustained Recovery of Consumption* to promote the sustained recovery of consumption and ensure and improve people's livelihood. On June 2, the CBIRC issued the *Notice on Further Improving Financial Services for Industries and Enterprises in Difficulty Due to the Epidemic* to further strengthen financial support for enterprises in industries severely affected by COVID-19 and ensure the implementation of relevant financial bailout policies. On July 21, the PBC, together with the Ministry of Culture and Tourism (MCT), issued the *Notice on Financial Support for the Recovery of the Cultural and Tourism Industries* to give full play to various forces to boost the recovery and development of cultural and tourism industries.

The second category is about urging banking financial institutions to support the development of key industries. On May 12, the Ministry of Industry and Information Technology (MIIT) and ten other authorities jointly issued the *Notice on the "Joint Action" to Promote the Collaborative Innovation of Large, Medium-Sized and Small Enterprises (2022-2025)* to promote the sustainable and sound development of small and medium-sized enterprises. In addition, the CBIRC, the Ministry of Transport (MOT), the SAFE, and other ministries/commissions successively issued the *Opinions on Banking and Insurance Industries Supporting High-quality Development of Highway Transportation*, the *Guidance on Banking and Insurance Industries Supporting Urban Construction and Governance*, the *Notice on Supporting New- and High-Tech and "Professional, Sophisticated, Special and Innovative" Enterprises to Carry Out Pilot Cross-Border Financing Facilitation*, and the *Notice on Further Promoting Financial Services for the High-Quality Development of the Manufacturing Industry*, with an aim to better support the construction of socialist modern cities, high and new technology, "professional, sophisticated, special and innovative" enterprises and the manufacturing industry. On September 20, the CBIRC and the PBC jointly issued the *Guiding Opinions on Promoting the Healthy Development of Movable Property and Rights Financing Business*, to further improve the availability of corporate financing, promote banking institutions to optimize movable property and rights financing business, and improve the quality and efficiency of serving the real economy.

The third category is about pushing banking institutions to support regional economic development. In 2022, relevant departments continuously promoted banking financial institutions to strengthen financial services and actively support the development of key regions. On March 10, five authorities including the PBC jointly issued the *Opinions on Financial Support for Zhejiang's High-quality Development and Development of Common Prosperity Demonstration Area*, which promotes the establishment of financial institutional mechanisms matched with the construction of a common prosperity demonstration area in Zhejiang to help Zhejiang build an important showcase comprehensively displaying the superiority of the socialist system with Chinese characteristics in the new era. On August 19, six departments including the PBC jointly issued the *Overall Plan for the Construction of the Chongqing Green Finance Reform and Innovation Pilot Zone* to accelerate the construction of the Chongqing Green Finance Reform and Innovation Pilot Zone. On November

11, the PBC and seven other departments jointly issued the *Overall Plan for the Construction of Pilot Zones for Sci-Tech Innovation Finance Reform in Shanghai, Nanjing, Hangzhou, Hefei and Jiaxing*, which selects five cities in the Yangtze River Delta as the pilot cities to explore the institutional mechanism of finance effectively supporting scientific and technological innovation in a differentiated way, and provide replicable experience for the development of sci-tech innovation finance in more parts of China.

The fourth category is about increasing financial support to form a long-term mechanism that underpins the steady and sound development of the real estate market. In 2022, national ministries and financial regulatory authorities issued some policies to promote banking financial institutions to earnestly provide financial support for enterprises and promote the steady and sound development of the real estate market. On January 30 and February 16, CBIRC and other regulatory authorities successively issued the *Notice on the Exclusion of Loans for Affordable Rental Housing from Real Estate Loan Concentration Management* and the *Guiding Opinions on Banking and Insurance Institutions Supporting the Development of Government-Subsidized Rental Housing* to increase support for affordable rental housing. On May 15, the PBC and the CBIRC jointly issued the Notice on *Relevant Matters Regarding Adjusting the Differentiated Housing Credit Policy*, which requires fully implementing the long-term mechanism of real estate, supports local governments to improve their real estate policies based on local conditions, and supports affordable and improved housing demands. On November 11, the Ministry of Housing and Urban-Rural Development (MOHURD) and two other ministries/commissions jointly issued the *Notice on Providing Financial Support for the Stable and Healthy Development of the Real Estate Market*, which specifies 16 measures to support the steady and sound development of the real estate market. On December 30, the PBC and the CBIRC jointly issued the *Notice on Establishing a Long-term Mechanism on Dynamic Adjustment to the Mortgage Rate Policy for First-time Homebuyers* to better support rigid housing demand and form a long-term mechanism to support the stable and healthy operation of the real estate market.

2. Prevent and defuse financial risks in a steady and orderly manner

In 2022, state ministries and commissions, and financial regulatory authorities safeguarded the bottom line of no systemic and regional financial risks. On the basis of consolidating the achievements of handling major financial risks, a combination of measures was taken to steadily and effectively resolve risks in key areas.

The first category is about actively strengthening credit risk prevention and defusing. On May 13, CBIRC issued the *Implementation Rules on Expected Credit Loss Approach of Commercial Banks*, which, as an important measure to standardize the internal control management and risk management of commercial banks, is of great significance for consolidating the provision management foundation of commercial banks and improving their ability to prevent and resolve risks. On September 30, the Ministry of Finance (MOF) and the State Taxation Administration (STA) jointly issued the *Announcement on the Relevant Tax Policies on Offsetting Debts with Property for Non-Performing Loans of Banking Financial Institutions and Financial Asset Management Companies*, supporting banking financial institutions to deal with non-performing loans to effectively prevent financial risks. On November 12, CBIRC and two other ministries/commissions jointly issued the *Notice on Commercial Banks Issuing Letters of Guarantee for Accessing Escrowed Pre-sale Funds*, which supports quality real estate enterprises to rationally use pre-sale supervision funds to prevent and defuse the liquidity risks of real estate enterprises and boost the steady and healthy development of the real estate market. On December 29, CBIRC issued the *Notice on Launching the Pilot Program for the Transfer of Second Batch Non-performing Loans*, which further expands the scope of pilot financial institutions to intensify the disposal of non-performing assets.

The second category is about controlling other financial risks. On January 26, the PBC and ten other ministries and commissions jointly issued the *Three-Year Action Plan for Combating Money Laundering Crimes (2022-2024)* to crack down on money laundering by law and further improve the risk prevention and control system for money laundering. On February 18, CBIRC issued the *Notice on Preventing the Risk of Illegal Fund-raising in the Name of "Metaverse"* to prevent the risks arising from illegal fund-raising. On May 24, the Ministry of Commerce (MOFCOM), together with the PBC and the SAFE, issued the *Notice on Supporting Foreign Economic and Trade Enterprises to Improve their Exchange Rate Risk Management Ability*, to further support foreign trade enterprises to improve their exchange rate risk management ability and promote the steady development of foreign trade enterprises. On November 28, CBIRC issued the *Notice on the Issuance of Risk Management of Off-Balance Sheet Business of Commercial Banks* to strengthen the risk management of the off-balance-sheet (OBS) business of commercial banks. On December 9, CBIRC issued the *Announcement on Soliciting Public Opinions on the Rules on Country Risk Management of Banking Institutions (Exposure Draft)* to further improve the country risk management of banking institutions and enhance the safe and stable operation capacity of the banking industry.

3. Clear financial barriers to facilitate the rural revitalization strategy

In order to implement the decisions and deployment of the CPC Central Committee on finance serving rural revitalization, ministries, commissions, and financial regulatory authorities pay close attention to overall planning and deployment, and guide banking financial institutions to improve rural financial service capacity, "irrigating" the rural area with the capital flow. According to the deployment of the No.1 Central Document for 2022, the PBC and the CBIRC issued the *Notice on Banking and Insurance Industries Serving the Key Work of Promoting Rural Revitalization in 2022*, which puts forward specific measures from serving key areas of rural revitalization, intensifying the construction of rural financial environment and other aspects, and guides banking and insurance sectors to advance key work about rural revitalization. On September 30, the Ministry of Agriculture and Rural Affairs (MARA) and seven other ministries/commissions jointly issued the *Work Plan on Expanding Current Investment in Agricultural and Rural Infrastructure Construction*, which aims to strengthen agricultural and rural infrastructure development and propel rural revitalization through improving multiple aspects of investment and financing mechanism including fund-raising, operation modes, and repayment sources.

At the same time, policies and measures were also introduced to support local rural revitalization. On January 4, the PBC and five other departments issued the *Implementation*

Opinions on Financial Support for Beijing to Comprehensively Advance Rural Revitalization, encouraging banking institutions to continue to increase credit support for rural revitalization. On September 28, the PBC, together with the CBIRC, NDRC, MIIT, MOF, MARA, CSRC, and National Rural Revitalization Administration (NRRA), issued to the People's Government of Shaanxi Province the *Overall Plan for the Inclusive Finance Reform Pilot Zone in Tongchuan, Shaanxi Province*. The PBC, together with the CBIRC, NDRC, MOF, MARA, CSRC, and NRRA, issued to the People's Government of Zhejiang Province the *Overall Plan for the Inclusive Finance Serving Rural Revitalization Reform Pilot Zone in Lishui, Zhejiang Province*, and to the People's Government of Sichuan Province the *Overall Plan for the Inclusive Finance Serving Rural Revitalization Reform Pilot Zone in Chengdu, Sichuan Province*, to explore the effective pathways for inclusive finance to serve rural revitalization.

4. Take targeted measures to increase support for micro and small enterprises (MSEs)

In 2022, The State Council and relevant departments guided more financial resources to participate in the key areas and weak links of economic and social development, such as small and micro enterprises and improve the quality and efficiency of serving the real economy. On April 6, CBIRC issued the *Notice on Further Strengthening Financial Support for Micro and Small Enterprises in 2022*, further increasing support for small and micro enterprises, constantly improving financial services for MSEs, and striving to enhance service efficiency. On April 7, the National Development and Reform Commission (NDRC) and the CBIRC jointly issued the *Notice on Strengthening the Application of Credit Information Sharing and Promoting the Construction of a Financing Credit Service Platform Network*, accelerating the construction of a national integrated financing credit service platform network and strengthening the application of credit information sharing to promote the financing of micro, small and medium enterprises. On May 9, The State Council issued the *Notice on Issuing Several Measures for Intensifying the Efforts to Ease and Solve the Difficulties of Micro, Small and Medium-Sized Enterprises*, which further takes effective measures to aid micro, small, and medium-sized enterprises to achieve steady and healthy development. On May 26, the PBC issued the *Notice on Promoting the Establishment of Long-Term Mechanisms for Boosting Financial Sector's Confidence, Willingness, Capability, and Expertise in Lending to Micro and Small Businesses*, to further deepen the supply-side structural reform of financial services for small and micro enterprises, accelerate the establishment of a long-term mechanism, and strive to improve the willingness, capability, and sustainability of financial institutions to serve MSEs. On November 8, the PBC and five other departments jointly issued the *Notice on Further Increasing the Support for Deferred Repayment of Loan Principal and Interest by Micro and Small Businesses*, implementing the policy of phased postponing of principal and interest repayment on loans for micro, small and medium-sized enterprises, and further increasing support for MSEs and other market entities.

5. Actively promote the digital transformation of the banking industry

In order to thoroughly study and implement the spirit of the 20th National Congress of the CPC and the instructions of General Secretary Xi Jinping on the development of the digital economy, the financial regulatory authorities issued a series of policies in 2022 to accelerate the transformation and high-quality development of banking institutions. On January 10, the CBIRC issued the *Guidance on Digital Transformation of Banking and Insurance Sectors* to comprehensively promote the digital transformation of banking and insurance industries, boost the high-quality development of the financial sector, better serve the real economy and meet the needs of the people.

6. Further improve the pension finance system

In order to implement the important decisions and arrangements of the CPC Central Committee and the State Council on the development of a multi-level and multi-pillar pension insurance system, the State Council and relevant departments earnestly studied and formulated supporting systems related to pension finance, and promulgated multiple measures to standardize and promote the development of commercial pension finance business. On February 21, the CBIRC issued the *Notice on Expanding the Scope of Pilot Pension Finance Products* to further improve the pilot projects and increase the supply of pension finance products. On April 8, The State Council issued the *Opinions on Promoting the Development of Private Pensions*, to strengthen the management of private pension business and standardize the operation process of private pensions. On April 28, the CBIRC issued the Notice on *Regulating and Promoting the Development of Commercial Pension Finance Business*, supporting banking and insurance institutions to carry out private pension business, and advocating banking and insurance institutions to steadily promote the development of commercial pension finance. On July 15, the CBIRC and the PBC jointly issued the *Notice on Launching the Specific Retirement Savings Pilot Scheme*, launching the pilot work of specific retirement savings, accelerating the development of commercial pension finance business, and further enriching the supplied pension finance products. On October 26, in order to implement the *Opinions of the General Office of the State Council on Promoting the Development of Private Pensions*, the Ministry of Human Resources and Social Security (MOHRSS) and four other departments formulated the *Implementation Measures for Private Pension* to strengthen the management of private pension business. On November 17, the CBIRC issued the *Notice on Releasing the Interim Rules on Personal Pension Business of Commercial Banks and Wealth Management Companies* to promote the development of the private pension business of commercial banks and wealth management companies.

7. Continuously improve the business system construction

In 2022, national ministries and commissions and financial regulatory authorities continuously strengthened institutional construction and perfected and standardized the banking business management system closely around the latest situation and key supervision work, constantly consolidating the foundation of work. Regulators continued to improve the policy and regulation system, strengthen the construction of business system, and promote the healthy and orderly development of international business in accordance with the law. On January 24, the MOFCOM and five other ministries/commissions jointly issued the *Guidelines on Implementing Regional Comprehensive Economic Partnership (RCEP) with High Quality* to deeply implement the decisions and arrangements of the CPC Central Committee and the State Council to promote the RCEP, especially the market opening commitments and rules specified in RCEP. On January 29, the

PBC and the SAFE jointly issued the *Notice on Overseas Lending by Banking Institutions*, giving full play to the role of cross-border business in serving the real economy and facilitating trade and investment, and further supporting and standardizing the overseas loan business of domestic banking institutions. On June 16, the PBC issued the Notice on *Supporting Cross-Border RMB Settlement for New Business Forms of Foreign Trade*, further giving play to the role of cross-border RMB settlement business in serving the real economy and facilitating trade and investment, and supporting the development of new business forms of foreign trade. On August 5, the CBIRC and the Ministry of Commerce jointly issued the *Notice on Launching the Pilot Program of Providing Financial Services Relating to Railway Transport Documents to Better Support the Development of Cross-border Trade*, to steadily promote the pilot financial services related to railway transport documents and help enterprises carry out cross-border trade.

Besides, many business systems were revised or supplemented in problem-, market- and law-oriented principles, based on the actual development situations of different businesses in recent years, to ensure the timely and robust development of businesses. With the development of green finance, the CBIRC issued the *Notice on Issuing the Green Finance Guidelines for Banking and Insurance Sectors* on June 1, in order to implement the decisions and arrangements of the CPC Central Committee and the State Council on promoting green development, and promote the development of green finance in the banking and insurance industries. To standardize the operation of credit card business, the CBIRC and the PBC issued the *Notice on Further Promoting the Standard and Healthy Development of Credit Card Business* on July 7, promoting the high-quality development of credit card business and better supporting scientific and rational consumption. In order to further standardize the Internet loan business of commercial banks, CBIRC issued the Notice on *Strengthening the Management of Internet Loan Business of Commercial Banks and Improving the Quality and Efficiency of Financial Services* on July 12, promoting the healthy development of Internet loan business. On August 22, CBIRC formulated the *Rules on Internal Control of Wealth Management Companies* to build a comprehensive and effective internal control and management system and promote the legal and compliant operation and sustainable and steady operation of wealth management companies. In order to standardize the business of acceptance, discount and rediscount of commercial drafts, the PBC and the CBIRC jointly revised and issued the *Revised Rules on Acceptance, Discount and Rediscount of Commercial Bills* on November 11, promoting the healthy development of the bill market. In order to further standardize the auto consumer finance business of financial institutions, CBIRC issued the *Notice on Further Regulating the Auto Finance Business* on December 29, maintaining the order of the auto consumer finance market, effectively preventing financial risks, and promoting the high-quality development of the auto finance industry. On December 29, CBIRC drafted the *Rules on Custody Business of Commercial Banks* (Exposure Draft) to promote the standardized and healthy development of the custody business of commercial banks and strengthen supervision and management over the custody business of commercial banks.

(II) The year 2022 witnessed remarkable effects of market development policies for the banking industry in many aspects

1. The banking industry operates stably, with continuously improving asset quality

In 2022, China's economic growth showed an obvious trend of recovery. A heap of guiding policies and measures were introduced to create a favorable environment for the banking sector to run steadily and serve the real economy efficiently. Thanks to the overall improvement of the domestic economy and other beneficial factors, the banking market ran stably overall, and the asset quality and the financial service capacity continuously improved.

First, total assets grew steadily and profits remained growing. As of the end of 2022 Q4, the total RMB and foreign currency assets of China's banking institutions reached RMB 379.4 trillion, up by 10.0% YOY. Among those, the total assets of large commercial banks registered RMB 156.3 trillion, accounting for 41.2%, up by 12.9% YOY. The total assets of the joint-stock commercial banks reached RMB 66.5 trillion, accounting for 17.5%, up by 6.9% YOY. In 2022, commercial banks registered a net profit of RMB 2.3 trillion, up by 5.4% YOY. Their average rate of return on capital was 9.33%, an increase of 0.01 percentage points QOQ. Their average rate of return on assets was 0.76%, unchanged QOQ.

Second, the ability to resolve risks increased, with continuously improving asset quality. In 2022, policies to stabilize the economy were significantly intensified. The banking industry used a combination of means to dispose of non-performing assets, effectively prevent and defuse financial risks, and thicken the risk cushion for operation and development. At the end of 2022 Q4, the balance of non-performing loans of commercial banks was RMB 3 trillion, down by RMB 8.3 billion QOQ; the NPL ratio of commercial banks was 1.63%, down by 0.02 percentage points QOQ and 0.1 percentage points YOY, with the asset quality continuously improving. With the further release of potential risks, the NPLs concerned by primary indicators continued to show a positive trend. At the end of 2022 Q4, the balance of the NPLs concerned was RMB 4.1 trillion, accounting for 2.25%, down by 0.06 percentage points YOY.

Third, provisioning remained at a reasonable level with a strong capacity to offset risk. Thanks to the steady growth of net profits, banking financial institutions continued to increase their provisioning efforts. At the end of 2022 Q4, the balance of loan loss reserves of commercial banks reached RMB 6.1 trillion, decreased by RMB 7.9 billion QOQ; the provisioning coverage ratio was 205.85%, up by 0.31 percentage points QOQ and 8.94 percentage points YOY. The loan provision ratio was 3.36%, down by 0.05 percentage points QOQ. The ability to withstand risks continued to grow stronger. Since the beginning of 2022, China's banking sector has increased its capital replenishment, with the capital adequacy ratio continuously increasing. At the end of Q4, the capital adequacy ratio of commercial banks (excluding foreign banks' branches) was 15.17%, up by 0.08 percentage points QOQ. The tier 1 capital adequacy ratio was 12.30%, up by 0.10 percentage points QOQ. The core tier 1 capital adequacy ratio was 10.74%, up by 0.10 percentage points QOQ.

2. Remarkable results were achieved in many banking market areas

In 2022, in the face of a complex and changeable international environment and heavy domestic reform and development tasks, financial regulators adhered to Xi Jinping Thought on Socialism with Chinese Characteristics for a New Era as guidelines, resolutely implemented the decisions of the CPC Central Committee and the State Council, and proactively promulgated a heap of policies. The banking sector played a significant role in preventing and resolving financial risks, supporting the real economy and deepening the reform and opening up.

First, significant phased achievements were made in the decisive battle against financial risks. In 2022, regulators introduced several policies and initiatives. Consequently, the financial leverage ratio decreased significantly, and the virtual and blind expansion trend of financial assets was effectively reversed. The existing credit risks got effectively eased, cumulatively disposing of about RMB 15 trillion of non-performing assets in the banking industry, which exceeds the gross of NPAs disposed of in the previous years. The wild growth of shadow banking got fundamentally curbed. The high-risk shadow banking with a "credit-like" attribute fell by nearly RMB 30 trillion compared with the historical peak. Financial violations and crimes were severely punished, with 22,000 criminal cases of illegal fund-raising investigated and handled, involving RMB 1.5 trillion. The ability to withstand external shocks was significantly enhanced. The momentum of the real estate bubble was substantially reversed, the long-term mechanism of real estate financial management was continuously improved, and the risks of leading real estate enterprises were handled prudently. The fast-growing incremental risk of hidden local government debts was controlled, and continuous progress was made in resolving existing risks. Significant effects were achieved in resolving the debt risks of some large and medium-sized enterprises. At the same time, important progress was made in the institutional reform and risk settlement of small and medium-sized banks. The special rectification of the financial business of platform enterprises was basically completed.

Second, the quality and effectiveness of financial services for the real economy were further improved. In 2022, regulators introduced a heap of policies and measures to effectively promote banking institutions to improve the quality and effectiveness of their services for the real economy. Data show that Renminbi loans increased by RMB 21.3 trillion throughout the year, and that the incremental bond investment by banking and insurance institutions exceeded RMB 11 trillion. Inclusive loans for MSEs were steadily supplied. Inclusive loans for MSEs and agricultural loans increased by 23.6% and 13.7% respectively compared with the beginning of the year. Financial services for key areas continued to improve. The balance of loans to the manufacturing sector increased by 20.8% compared with the beginning of the year. The financial products covering new urban citizens exceeded 30,000.

Third, new progress was made in the further reform and opening-up of the banking industry. Over the years, regulators have comprehensively deepened reform, with historic changes, systematic reshaping and overall restructuring in many areas. In 2022, the banking sector continued to deepen reform and innovation, strengthen the leadership of the Party, improve the modern financial enterprise system, and complete the three-year action plan for corporate governance. The reform of the rural credit cooperatives made new progress, represented by the opening of Zhejiang Rural Commercial United Bank, and the launch of the Restructuring Plan for Liaoning Rural Credit Cooperatives. A financial stability guarantee fund was established to give full play to its role as a risk disposal platform. The third pillar, old-age insurance, was actively developed by steadily launching new pension finance products. A number of industry-leading sino-foreign joint ventured or foreign solely-funded financial institutions were approved to incorporate or open.

(Ⅲ) Policy Prospects and Suggestions for the Development of China's Banking Market in 2023

The report of the 20th CPC National Congress drew up a grand blueprint for a new era and a new journey, pointing out a direction for the economic and financial work. The year 2023 is the first year to fully implement the decisions of the 20th CPC National Congress and an important year to lay a foundation for the building of an all-around modern socialist country. On the one hand, it is necessary to "intensify the leadership of the party in the corporate governance of state-owned enterprises and financial enterprises", conduct strict regulation, fully execute financial policies to better support the development of the banking market, adhere to the centralized and unified leadership of the CPC Central Committee in the whole process and all aspects of financial supervision, continuously strengthen the "political" and "popular" attributes of financial regulation, and unswervingly take a financial development road with Chinese characteristics. On the other hand, the 20th CPC National Congress announced an important plan for deepening the reform of the Party and state institutions, including bringing all kinds of financial activities under supervision in accordance with the law. The State Administration for Financial Regulation was established as an agency directly under the State Council while replacing the existing CBIRC. This reform makes the regulatory system more clear and unified, and will effectively improve regulatory efficiency and the effectiveness of regulatory policies. The differentiation and inconsistency of regulations for banks and other financial institutions were greatly abated. It is conducive to the long-term stable development of financial institutions. While strictly implementing the reform measures in the field of financial regulation, it is crucial to coordinate different policies and ensure the consistency and stability of these policies. The strong resilience, great potential, sufficient vitality and long-term growth of the Chinese economy have not changed, laying a good foundation for the development of the banking market. However, we must recognize that the current external environment is still grim and complex, and that the foundation for domestic economic recovery is not yet solid. In this regard, we should both rise to the challenge and stick to our strategy. In order to better promote the development of the banking market, it is suggested that future regulatory policies should be improved from the following aspects:

First, China should greatly support the overall improvement of economic performance. When conveying the spirit of the Central Economic Work Conference of 2022, the regulatory authorities repeatedly mentioned the necessity to focus on people's demand, and take the protection of the rights and interests of consumers in the banking and insurance industries as the core business and important responsibility. The financial policies for 2023 should prioritize supporting the recovery and expansion of consumption. At the same time, China should ensure financing for investment and support the social field to improve weak links. China should ceaselessly improve financial services for import and export trade. In addition, the financial services provided by the banking industry play an important role in supporting economic and rural work. The future financial policies should greatly support the banking market to vigorously develop inclusive finance and comprehensively empower rural revitalization.

Second, China should resolutely prevent and defuse major risks in the financial sector. The 20th CPC National Congress clarified that China should "deepen structural reform in the financial sector, reinforce the systems that safeguard financial stability, and ensure no systemic risks arise". The focus of regulatory policies for 2023 should remain on preventing and defusing financial risks. Given the financial risks in 2022, the future regulatory policies should particularly prevent and defuse the following three risks: A. Accelerating the reform of small and medium-sized banks, actively yet prudently promoting the risk mitigation of urban commercial banks and rural credit cooperatives, steadily promoting the reform and restructuring of rural banks, and encouraging the replenishment of capital of small and medium-sized banks through multiple channels. B. Effectively responding to the concentrated rebound of credit risks, urging banking institutions to classify their assets, intensifying the disposal of non-performing assets, and actively cooperating in resolving local government debt risks. C. Striving to promote the normal circulation of finance and real estate, adhering to the position of "housing is for residing, not for speculation", implementing "Sixteen Financial Measures", adopting differentiated credit policies for different cities, pushing the smooth transition of the real estate industry to a new development model, promoting the implementation of real estate policies, and propelling the smooth operation of the real estate market.

Third, China should reinforce the governance system for financial institutions. The report of the 20th CPC National Congress and the Central Economic Work Conference required deepening the reform of the financial system. Improving the corporate governance of financial institutions is the primary task of deepening the financial reform. Since the 18th National Congress of the CPC, China's banking institutions have always taken strengthening corporate governance as an important means to transforming institutional mechanism. The financial policies for 2023 should focus on strengthening the construction of the governance system of financial institutions. It is necessary to advance the deep integration of party leadership and corporate governance. Shareholder qualification penetrative audit and shareholder behavior penetrative supervision should be strictly conducted. We should study and established a differentiated corporate governance supervision system in line with the characteristics of small and medium-sized institutions, give full play to the role of financial talent pools and select excellent leaders for small and medium-sized banking and insurance institutions, and substantially strengthen investor protection.

Fourth, China should continue to expand high-level opening up. The 20th CPC National Congress specified that China should steadily advance high-level opening up of the financial industry and build a new development pattern of "dual circulation". The banking sector is expected to maintain or further high-level opening up in 2023. Regulatory policies should particularly support the steady expansion of the institutional opening up of the banking sector, improve the level of finance serving the Belt and Road Initiative, and actively participate in international financial governance.

Appendix

Major Development Policies in China's Banking Market in 2022

Release Date	Policy Name	Issuer (s)
January 1	PBC Realizes the Swift of Two Direct Instruments to Increase Support for MSEs	PBC
January 4	Implementation Opinions on Financial Support for Beijing to Comprehensively Advance Rural Revitalization	PBC, Beijing Municipal Bureau of Local Financial Regulation and Supervision, CBIRC Beijing Office, CSBC Beijing Office, Beijing Municipal Finance Bureau, Beijing Municipal Bureau of Agriculture and Rural Affairs
January 10	Guidance on Digital Transformation of Banking and Insurance Sectors	CBIRC
January 12	The 14th Five-Year Plan for Digital Economy Development	State Council
January 15	Guidance on Regulating Market-based Pricing of Banking Services	CBIRC
January 24	Guidelines on the High-Quality Implementation of Regional Comprehensive Economic Partnership (RCEP)	MOFCOM, NDRC, MIIT, PBC, GACC, SAMR
January 26	Three-Year Action Plan for Combating Money Laundering Crimes (2022-2024)	PBC, MPS, NSC, SPC, SPP, MSS, GACA, STA, CBIRC, CSRC, SAFE
January 29	Notice on Overseas Lending by Banking Institutions	PBC, SAFE
January 30	Notice on the Exclusion of Loans for Affordable Rental Housing from Real Estate Loan Concentration Management	PBC, CBIRC
February 16	Guiding Opinions on Banking and Insurance Institutions Supporting the Development of Government-Subsidized Rental Housing	CBIRC, MHURD
February 18	Notice on Preventing the Risk of Illegal Fund-raising in the Name of "Metaverse"	CBIRC
February 21	Notice on Expanding the Scope of Pilot Pension Finance Products	CBIRC
February 22	Opinions on Comprehensively Advancing Key Work about Rural Revitalization in 2022	State Council
March 4	Notice on Strengthening Financial Services for New Urban Residents	CBIRC, PBC

Continued

Release Date	Policy Name	Issuer (s)
March 10	Opinions on Financial Support for Zhejiang's High-quality Development and Development of Common Prosperity Demonstration Area	PBC, CBIRC, CSRC, SAFE, People's Government of Zhejiang Province
March 30	Opinions on Financial Support for Comprehensively Advancing Key Work about Rural Revitalization in 2022	PBC
April 2	Notice on Banking and Insurance Industries Serving the Key Work of Promoting Rural Revitalization in 2022	CBIRC
April 6	Notice on Further Strengthening Financial Support for Micro and Small Enterprises in 2022	CBIRC
April 7	Notice on Strengthening the Application of Credit Information Sharing and Promoting the Construction of a Financing Credit Service Platform Network	NDRC, CBIRC
April 8	Opinions on Promoting the Development of Private Pensions	General Office of the State Council
April 15	Notice on Providing Financial Support to Ensure Smooth Freight Logistics	CBIRC
April 18	Notice on Strengthening Financial Services for COVID-19 Containment and Socio-Economic Development	PBC, SAFE
April 20	Opinions on Banking and Insurance Industries Supporting High-quality Development of Highway Transportation	CBIRC, MOT
April 20	Opinions on Further Unleashing the Potential of Consumer Spending and Promoting the Sustained Recovery of Consumption	General Office of the State Council
April 26	Notice on Relevant Issues Concerning the Issuance of Non-capital TLAC Bonds by Global Systemically Important Banks	PBC, CBIRC
April 28	Notice on Regulating and Promoting the Development of Commercial Pension Finance Business	CBIRC
April 29	PBC and NDRC to Pilot a Special Central Bank Lending Facility to Support More Supply of Inclusive Elderly Care Services	PBC, NDRC
May 6	Guidance on Banking and Insurance Industries Supporting Urban Construction and Governance	CBIRC
May 9	Notice on Issuing Several Measures for Intensifying the Efforts to Ease and Solve the Difficulties of Micro, Small and Medium-Sized Enterprises	Office of the Leading Group of the State Council for Promoting the Development of SMEs
May 12	Notice on the "Joint Action" to Promote the Collaborative Innovation of Large, Medium-Sized and Small Enterprises (2022-2025)	MIIT, NDRC, MOST, MOF, MOHRSS, PBC, SASAC, SAMR, CBIRC, CNIPA, ACFIC
May 13	Notice on Issuance of the Implementation Rules on Expected Credit Loss Approach of Commercial Banks	CBIRC

Continued

Release Date	Policy Name	Issuer (s)
May 15	Notice on Relevant Matters Regarding Adjusting the Differentiated Housing Credit Policy	PBC, CBIRC
May 20	Notice on the Implementation of Phased Support Policies for Housing Provident Fund	MOHURD, MOF, PBC
May 24	Notice on Supporting Foreign Economic and Trade Enterprises to Improve their Exchange Rate Risk Management Ability	MOFCOM, PBC, SAFE
May 26	Notice on Promoting the Establishment of Long-Term Mechanisms for Boosting Financial Sector's Confidence, Willingness, Capability, and Expertise in Lending to Micro and Small Businesses	PBC
March 30	Notice on Supporting New- and High-Tech and "Professional, Sophisticated, Special and Innovative" Enterprises to Carry Out Pilot Cross-Border Financing Facilitation	SAFE
June 1	Notice on Issuing the Green Finance Guidelines for Banking and Insurance Sectors	CBIRC
June 2	Notice on Further Improving Financial Services for Industries and Enterprises in Difficulty Due to the Epidemic	CBIRC
June 10	Circular on Banking and Insurance Industries Strengthening Financial Services for New Urban Citizens	CBIRC
June 16	Notice on Supporting Cross-Border RMB Settlement for New Business Forms of Foreign Trade	PBC
July 4	Notice on Further Promoting Financial Services for the High-Quality Development of the Manufacturing Industry	CBIRC
July 7	Notice on Further Promoting the Standard and Healthy Development of Credit Card Business	CBIRC, PBC
July 12	Notice on Strengthening the Management of Internet Loan Business of Commercial Banks and Improving the Quality and Efficiency of Financial Services	CBIRC
July 15	Notice on Launching the Specific Retirement Savings Pilot Scheme	CBIRC, PBC
July 21	Notice on Financial Support for the Recovery of the Cultural and Tourism Industries	PBC, MCT
August 5	Notice on Launching the Pilot Program of Providing Financial Services Relating to Railway Transport Documents to Better Support the Development of Cross-border Trade	CBCIRC, MOFCOM
August 19	Notice on the Issuance of the Overall Plan for the Construction of the Chongqing Green Finance Reform and Innovation Pilot Zone	PBC, NDRC, MOF, MEE, CBIRC, CSRC
August 22	Rules on Internal Control of Wealth Management Companies	CBIRC

Continued

Release Date	Policy Name	Issuer (s)
September 20	Guiding Opinions on Promoting the Healthy Development of Movable Property and Rights Financing Business	CBIRC, PBC
September 28	The Overall Plan for the Inclusive Finance Reform Pilot Zone in Tongchuan, Shaanxi Province	PBC, CBIRC, NDRC, MIIT, MOF, MARA, CSRC, NRRA
September 28	Overall Plan for the Inclusive Finance Serving Rural Revitalization Reform Pilot Zone in Lishui, Zhejiang Province; Overall Plan for the Inclusive Finance Serving Rural Revitalization Reform Pilot Zone in Chengdu, Sichuan Province	PBC, CBIRC, NDRC, MOF, MARA, CSRC, NRRA
September 29	Notice on the Phased Adjustment of Differentiated Housing Credit Policies	PBC, CBIRC
September 30	Work Plan on Expanding Current Investment in Agricultural and Rural Infrastructure Construction	MARA, MWR, NDRC, MOF, MNR, MOFCOM, PBC, CBIRC
September 30	Announcement on the Relevant Tax Policies on Offsetting Debts with Property for Non-Performing Loans of Banking Financial Institutions and Financial Asset Management Companies	MOF, STA
October 26	Notice on Issuing the Implementation Measures for Private Pension	MOHRSS, MOF, STA, CBIRC, CSRC
November 8	Notice on Further Increasing the Support for Deferred Repayment of Loan Principal and Interest by Micro and Small Businesses	PBC, CBIRC, MOF, NDRC, MIIT, SAMR
November 11	Revised Rules on Acceptance, Discount and Rediscount of Commercial Bills	PBC, CBIRC
November 11	Notice on the Issuance of the Overall Plan for the Construction of Pilot Zones for Sci-Tech Innovation Finance Reform in Shanghai, Nanjing, Hangzhou, Hefei and Jiaxing	PBC, NDRC, MOST, MIIT, MOF, CBIRC, CSRC, SAFE
November 11	Notice on Providing Financial Support for the Stable and Healthy Development of the Real Estate Market	PBC, CBIRC
November 11	Overall Plan for the Construction of Pilot Zones for Sci-Tech Innovation Finance Reform in Shanghai, Nanjing, Hangzhou, Hefei and Jiaxing	PBC, NDRC, MOST, MIIT, MOF, CBIRC, CSRC, SAFE
November 12	Notice on Commercial Banks Issuing Letters of Guarantee for Accessing Escrowed Pre-sale Funds	CBIRC, MOHURD, PBC
November 17	Notice on Releasing the Interim Rules on Personal Pension Business of Commercial Banks and Wealth Management Companies	CBIRC
November 28	Notice on the Issuance of Risk Management of Off-Balance Sheet Business of Commercial Banks	CBIRC

Continued

Release Date	Policy Name	Issuer (s)
December 9	Announcement on Soliciting Public Opinions on the Rules on Country Risk Management of Banking Institutions (Exposure Draft)	CBIRC
December 13	Notice on Thoroughly Implementing the Optimized Measures of Epidemic Prevention and Control to Ensure the Smooth Flow of Basic Financial Services	CBIRC
December 29	Notice on Launching the Pilot Program for the Transfer of Second Batch Non-performing Loans	CBIRC
December 29	Notice on Further Regulating the Auto Finance Business	CBIRC
December 29	Notice on Soliciting Public Opinions on the Rules on Custody Business of Commercial Banks (Exposure Draft)	CBIRC
December 30	Notice on Establishing a Long-term Mechanism on Dynamic Adjustment to the Mortgage Rate Policy for First-time Homebuyers	PBC, CBIRC

Article 4

Fully Leveraging the Role of Capital Markets in Expanding Domestic Demand and Optimizing Resource Allocation①

On December 14, 2022, the Central Committee of the Communist Party of China (CPC) and the State Council issued the *Outline of the Strategic Plan for Expanding Domestic Demand (2022-2035)* (hereinafter referred to as "the Outline"). The Outline provides specific reform requirements for supporting systems such as the system mechanism of consumption promotion, reform of the investment and financing system, and optimization of the business environment. With a focus on the reform of the investment and financing system, the Outline proposes to enhance the financing function of the capital market for the real economy, increase the proportion of direct financing, especially equity financing; expand the scale of bond financing, and promote the interconnection of the bond market. This offers guidance for a greater role of capital markets in expanding domestic demand and optimizing resource allocation.

For a modern capital market with Chinese characteristics, the focus is to serve the real economy. Following more than three decades of development, the capital market is significantly more responsive to the real economy. By the end of February 2023, cumulative equity and debt financing steadily grew to RMB 353 trillion. Currently, the total market capitalization and trading value of A-shares rank second worldwide after US stocks, and the market is more resilient and

① Author: Xie Xuecheng, Associate Dean, Research Institute, China Galaxy Securities; Senior Researcher, Program for China's Financial Policy Report (research group).

dynamic. This shows that China has embarked on a path of development that follows the general laws of the capital market and with Chinese characteristics.

We believe that it is necessary to fully leverage the role of capital markets in expanding domestic demand and optimizing resource allocation. Why can the capital market play a vital role in expanding domestic demand? On the one hand, the huge wealth effect brought by the sound development of the capital market can enhance investors' consumption ability and boost investors' confidence and expectations for the future economy, thus expanding domestic demand by stimulating consumption. For example, listed companies reward investors with dividends, especially cash dividends, which increase residents' investment income and also boost consumption. From 2012 to 2022, the cumulative cash dividends paid by A-share listed companies exceeded RMB 10.8 trillion. In November 2022, China Securities Regulatory Commission released the *Three-Year Action Plan to Promote the Quality of Listed Companies (2022-2025)*, enhancing the ability and willingness of listed companies to pay dividends. On the other hand, as a major venue for direct financing, the capital market can perform its financing function to enable enterprises to expand their investment and undertake industrial upgrading, thereby boosting investment demand. The Outline notes that we shall respond to the trend of consumption upgrade by upgrading traditional consumption, cultivating new types of consumption, expanding service consumption, and appropriately increasing public consumption, to meet the needs of personalized, diversified, and high-quality consumption. Through its financing function, the capital market indirectly engages in product innovation and industrial transformation by supporting innovative enterprises, thus contributing to the formation of new consumption trends and new consumption patterns, and helping to unleash consumption vitality.

In order to achieve the 2035 vision of expanding domestic demand, it is necessary to allocate capital factors efficiently in a nationally unified market and build a mechanism for the participation of innovation factors such as knowledge, technology, and data in revenue distribution. Capital markets are an essential part of the market. As China's multi-level capital market system gets refined and different segments develop in a staggered manner and compete moderately, the capital market is playing an increasingly prominent role in supporting science and technology innovation and strategic emerging industries. Currently, the number of A-share listed companies exceeds 5,000, of which the number of those listed on the ChiNext market, the STAR market, and the Beijing Stock Exchange account for nearly 40%, with a market capitalization of more than 20%. The number of listed companies in the IT, biology, and high-end equipment manufacturing industries in the two markets is high, with significantly higher overall R&D investment intensity and a high percentage of companies exercising equity incentives. This can undoubtedly mobilize the motivation and creativity of S&T personnel, shape strong links and shore up weak links, thus boosting the quality development of the national economy. At present, the scale and proportion of equity financing and debt financing in China are still not high, and it is necessary to continuously enhance the proportion of direct financing, especially equity financing.

Ⅱ. Stock Market Development Policies①

(Ⅰ) Overview of the stock market in 2022

In 2022, the Chinese stock market fluctuated due to the internal factor of pandemic control and the external factor of geopolitical conflicts. The Shanghai Stock Exchange (SSE) Composite Index showed a "W" pattern throughout the year and fell 15.13% at the end, with a maximum drawdown of 21.58%. The Shenzhen Stock Exchange (SZSE) Component Index closed at 11,015.99 points in 2022, down 25.85% for the year. The ChiNext Index fell 975 points, down 29.37% for the year. The Shanghai Stock Exchange Science and Technology Innovation Board 50 (STAR 50) Index fell 31.35% for the year, ranking first in the declined indices.

As of December 31, 2022, only the Coal Index and Composite Industry Index recorded positive returns, with annual gains of 10.95% and 10.57%, respectively. The rest of the sectors were down from closing prices at the end of 2021, although there were some differences among them. The social services sector fell 2.23%, the transportation sector fell 3.41%, the beauty care sector fell 6.74%, and the trade and retail sector fell 7.08%, all of them a relatively small decline of less than 10%; 10 industries of the primary sector fell by 10% to 20%, 14 by 20% to 30%, and the electronics industry led losses, dropping 36.54%. The key factor influencing the international market in the first half of 2022 was the Russian-Ukrainian conflict, which made international commodity prices soar, and upstream resources benefit significantly. The coal sector thus had the most robust performance. With the optimization of pandemic control measures and policies for stabilizing growth in the second half of the year, China's economy gradually recovered, and sectors such as computers, electronics, machinery, and equipment narrowed the decline.

The Price Earnings (PE) value of the major broad-based indices in 2022 fell first and then rose, and then the trend repeated again, ending with a significant overall decline compared to 2019, although there were obvious differences among indices. The PE values of the Wind All China Index, China Securities Index (CSI) 300 Index, and SSE Composite Index were the highest at the beginning of the year, with the quartile around 70%. The values rallied but failed to reach the same level from early May to early July, dropping to the quartile around 20%-40% in early December. The SZSE Component Index was the most volatile, with the PE value reaching the same level at the beginning of the year in early July. The PE values of the CSI 1000 Index and STAR 50 Index hovered around below 40% quartile for the long term, which were relatively stable.

① Author: Zhang Yulong, Joint Chief Strategist, CITIC Securities, Research Fellow, Program for China's Financial Policy Report (research group).

(II) Analysis of major stock market development policies in 2022

1. Reform of the full implementation of the registration system

The full implementation of the registration-based initial public offering (IPO) system is to follow the guidance made in the 20th National Congress of the Communist Party of China (CPC), a major initiative to deepen the reform of the capital market. On November 5, 2018, General Secretary Xi Jinping announced the establishment of SSE STAR Market and piloted the registration system, marking the start of the reform. The pilot registration system landed smoothly in the SSE STAR Market, ChiNext Market, and Beijing Stock Exchange (BSE), laying a solid foundation for fully implementing the registration-based IPO system. The reform is a systematic optimization of the market system, involving not only the issuance audit system, but also the listing, trading, and refinancing ones. 2022 is crucial in the planning and full implementation of the registration system reform, with a series of supporting documents released successively, promoting the high-quality reform of the securities issuance system.

(1) On January 7, 2022, the China Securities Regulatory Commission (CSRC) issued the *Guiding Opinions on Improving the Quality of Information Disclosure in Prospectuses under the Registration System* (the "Guiding Opinions"). The prospectus is the main vehicle for information disclosure in the stock issuance stage under the registration system, the basis for investors to make valuation and investment decisions, and the core legal document in the process of stock issuance and company listing. In the pilot registration system reform, the quality of information disclosure in the prospectus has been improved, but issues like low readability, insufficient information for investment decisions and irrelevant information disclosure still existed, all of which was feedback from the market.

The "Guiding Opinions" features revisions in the following three aspects:

First, it urges issuers and intermediaries to do their part in writing and preparing high-quality prospectuses. Issuers and intermediaries shall strengthen collaboration and seriously carry out the work on prospectus writing. When writing a prospectus, compliance information and redundant information should be reduced, disclosure should be closely related to the issuer itself, and attention should be paid to optimizing the wording and layout design of the prospectus. Meanwhile, it specifies the criteria and procedures for sponsors and securities service providers to reasonably rely on the professional opinions or basic work of other intermediaries. Those who meet the conditions of reasonable reliance can be exempted from administrative and legal liabilities according to law.

Second, it advocates giving full play to administrative supervision, self-regulation and market discipline mechanisms to guide the improvement of the information disclosure in the prospectus. By strengthening audit guidance and improving institutional rules, the competent departments of CSRC and the stock exchange are required to work together and direct issuers and intermediaries to improve the quality of information disclosure in the prospectus.

Third, it strengthens accountability. Information disclosure fraud shall be cracked down in accordance with the law, and the principle of truthful, accurate, and complete information disclosure shall be stuck to. For those who do not constitute fraudulent disclosure, but have unclear expressions, confusing logic, contradictory, inconsistent and materially different expressions of the same facts, and seriously affect the understanding of investors, regulatory measures or disciplinary action shall be taken in accordance with the law to ensure that measures for improving the quality of information disclosure in prospectus are exactly executed.

The "Guiding Opinions" proposes a series of measures to improve the quality of information disclosure, making the prospectus a disclosure document that common investors are willing to read and understand. It helps intermediaries to reduce duplication of work and fulfill their duties. Such an initiative means much in enhancing people's sense of gain over the registration system reform, protecting the legitimate rights and interests of the smaller investors, and providing strong judicial protection for the full implementation of the registration system for stock issuance.

(2) To support the registration system reform and normalized delisting, and further improve the post-delisting supervision over companies, the CSRC issued the *Guiding Opinions on Improving Regulation over Delisted Companies* (the "Guiding Opinions"). On the premise of fulfilling the basic requirements of the Securities Law and guaranteeing the steady implementation of normalized delisting, the "Guiding Opinions" uses the existing proxy share transfer system as the delisting board and optimizes blocking and risky points in the current procedures in accordance with the principle of "smooth connection, moderate supervision, risk prevention, and synergy formation". The main content will be the following. First, it aims to enhance the coherence of delisting procedures and smooth out the listing mechanism of exchanges. It will also help us optimize the takeover of host brokerage firms, streamline the confirmation and registration procedures and also advance the listing procedures in the delisting sector, promoting a smooth and stable transition of delisted companies. Second, it will optimize the sustainable supervision system of delisted companies. According to the state of delisted companies, reasonable requirements for information disclosure and corporate governance should be set up and a differentiated supervision mechanism with higher accuracy and adaptability should be established. Third, it will aim to improve the mechanism of risk prevention and strengthen the suitability management of investors. This will help us guide enterprises incapable of steady operation to withdraw from the market in a market-based manner and contribute to risk reduction and clearing. Fourth, it will aim to complete the supervision systems of delisted companies, establish a supervision mechanism characterized by clear responsibilities and effective collaboration, and intensify the division of labor and the overall planning and coordination of all sides, forming a joint force of efficient supervision.

(3) On May 31, 2022, in order to meet the requirements of the CPC Central Committee and the State Council on combating corruption in the financial sector, effectively strengthen the supervision over the integrity of securities firms, accounting firms and law firms (hereinafter collectively referred to as intermediaries) and their practitioners under the registration system, continuously purify the ecology of the capital market, and punish financial corruption while preventing financial risks, the CSRC, together with the Ministry of Justice and the Ministry of Finance, jointly issued the *Opinions on Strengthening the Supervision over the Integrity of Intermediaries under the Registration System*

(the "Opinions").

A total of 17 articles, the "Opinions" mainly concerns three aspects.

First, insist on systems thinking and strict requirements. The "Opinions" include securities companies, accounting firms, law firms and their business related to issuing and listing securities in the scope of regulation, achieving full coverage of business subjects and business types. Starting from internal management, the "Opinions" put forward comprehensive requirements on organizational leadership, internal control, financial management, and personnel management to prevent integrity risks in securities companies, further strengthening the supervision and checks and balances of internal mechanisms.

Second, solve outstanding problems appropriately with a problem-oriented mindset. In view of the key risk areas of honest practice under the registration system, specific provisions have been made for securities firms and their employees, while accounting firms, law firms and other intermediaries shall act accordingly. Provisions include: Establish and perfect a reasonable incentive and restraint mechanism and accountability mechanism to eliminate excessive and short-term incentives; strengthen the review of conflict of interest, illegal investment and improper shareholding; prohibit behaviors such as illegal interaction, illegal intervention, transfer of interest and bribery; prohibit unfair competition such as soliciting business with unreasonably low prices and improper promises.

Third, insist on professional thinking and use targeted policies. The "Opinions" takes into accounts the business risks of securities companies, accounting firms, law firms and other entities and put forward specific regulatory requirements. For the violation of the integrity provisions, the competent department shall take supervisory measures and refer illegal and disciplinary clues to the discipline inspection and supervision agencies in accordance with the law. Meanwhile, the intermediary agencies or personnel who take the initiative to find, report and deal with such issues can be leniently treated in accordance with the law in the light of "tempering justice with mercy".

The establishment and improvement of a sound integrity risk prevention mechanism is an important safeguard for the smooth progress of the registration system reform. Strengthening the supervision of intermediary institutions' integrity is not only a necessity for them, the "gatekeeper", to fulfill the responsibility, but also a pivotal link to prevent the risk of integrity in the whole chain. The "Opinions" aims to comprehensively improve the relevant systems and mechanisms, clarify the regulatory requirements and related responsibilities, focus on solving the outstanding risk of clean practice under the registration system, urge intermediaries to be diligent and self-disciplined, and guide the formation of endogenous motivation and normalized mechanisms for risk prevention and control of the honest practice.

2. Market maker system reform in SSE STAR Market

Market maker system is a market trading system in which legal entities with considerable strength and reputation act as market makers, providing investors with buying and selling prices, accepting investors' requests for buying and selling at the prices they provide, and trading with investors with their own funds and securities, thus providing immediacy and liquidity to the market and benefiting through the bid-ask spread.

On January 7, 2022, the CSRC started to solicit public opinions on the pilot market maker system in SSE STAR Market. The introduction of the market maker mechanism in the SSE STAR Market is an important measure to continuously improve the basic system of the capital market, which also helps the SSE STAR Market to give full play of its role as the "testing ground" in the reform. Since the opening, SSE STAR Market has successfully piloted the registration system and other reforms in terms of issuance, listing, information disclosure, trading and delisting, all of which have withstood the market test. The introduction of the market maker mechanism will help further the liquidity of the SSE STAR Market stocks, strengthen market resilience and better promote the building of the board.

On May 12, 2022, the CSRC issued the "Provisions on the Pilot Program of Securities Companies' Business of Market Making Transactions in STAR Market Stocks" to clarify the pilot regulations of the market-making system in STAR Market, and would subsequently promote the pilot work in an orderly manner. On May 13, the SSE sought public opinions on the rules related to the market-making and trading business of the STAR Market, clarifying the sources of market-making funds and stocks and relevant risk control indicators. On July 15, the SSE released the *SSE Detailed Rules for Implementation of Market-making Trading of Stocks on the STAR Market* (the "Detailed Rules") and the supporting business guidelines, encouraging STAR Market sponsors qualified for market making and trading of listed securities, or securities companies that actually control such sponsors, to provide market-making services for the STAR Market stocks sponsored by them during the period of ongoing supervision. The "Detailed Rules" have 5 chapters and 28 articles, and the main content is the following. First, it stipulates the application and termination of market-making services. Applying market-making services for the STAR Market stocks adopts a filing system. Securities companies that have obtained the qualification of market-making business for listed securities can provide market-making services for specific stocks after filing with the SSE. For termination, if a market maker applies to terminate the market-making business for a specific STAR Market stock, it cannot re-apply for market-making business for the same one within one year; if a market maker applies to terminate the market-making business for all STAR Market stocks, it cannot re-apply for market-making business for any such stock within one year. Second, it stipulates the rights and obligations of market makers. Market makers shall comply with the relevant requirements of the SSE on market-making indicators in carrying out market-making trading business. Meanwhile, the SSE would regularly evaluate market makers and take measures like giving appropriate reductions in transaction fees to market makers who actively fulfill their obligations.

The introduction of market makers is essential as the trading activity of stocks in the STAR Market varies. In terms of market trading, market makers have the following values.

In terms of market liquidity, market makers can significantly increase it. Investor sentiment is significantly affected during market downturns when stock liquidity declines obviously, and poor liquidity in turn will affect institutional investors' investment behavior. With the steady expansion of the market regulated by the registration system, the liquidity of some stocks has declined. The introduction of the market maker mechanism is conducive to enhancing the liquidity and activity of the STAR board and meeting the market trading demand, which is conducive to the long-term healthy development of the board. Besides, it helps to promote market activity and provide stronger financing support for the development of sci-tech enterprises.

In terms of market price, market makers contribute to market price stability and market resilience. When there are market fluctuations, it is the responsibility of the market maker to keep quoting to prevent excessive speculation. Market makers are usually better at valuation analysis and value judgment and have the higher risk tolerance, which is conducive to keeping market prices at reasonable levels and maintaining market stability. In particular, when the market experiences significant volatility, market makers act as offerors of last resort based on their market-making obligations. By improving the continuity of quotes at critical times, they send valuable price references to the market and help the market stabilize and rebound. Besides, the lower the liquidity of stocks, the greater the impact of individual investors' trading behavior will have on the price action. The participation of market makers increases the overall liquidity and reduces the influence of individual investors on the market, which is conducive to market equilibrium and stability.

In terms of the stock price discovery mechanism, the introduction of market makers can improve it and help to enhance the efficiency of stock pricing in the STAR Market. With the steady progress of the registration system in the A-share market, the number of listed stocks is soaring, institutional investors are growing, and the investor structure is improving. With the deregulation of price limits in STAR Market and ChiNext Market, some small-cap and unpopular stocks have higher risks as they will encounter issues like declining liquidity, unreasonable valuation, and price distortions. On the premise of weighing their own risks and benefits, market makers will give full play to their professional pricing ability to make quotations, which is conducive to promoting the return of securities prices to actual values.

3. Stronger judicial guarantee to deepen the NEEQ reform and the establishment of the BSE

At the Global Trade in Services Summit of the 2021 China International Fair for Trade in Services, General Secretary Xi Jinping announced that China "will deepen the reform of the New Third Board (National Equities Exchange and Quotations (NEEQ)) and set up a Beijing Stock Exchange(BSE) as the primary platform serving innovation-oriented Small and Medium-Sized Enterprises (SMEs)". Through the efforts of all parties to promote the reform, the progressive market landscape consisting of the basic layer, the innovation layer and the BSE has been shaped. Featuring emerging industries, companies listed on the NEEQ have been improving with strong momentum. The BSE is running smoothly as the number of listed companies has reached 100, gradually playing its leading role.

To safeguard the deepening of the NEEQ reform and the establishment of the BSE, and to protect the legitimate rights and interests of SMEs and investors, the Supreme People's Court, on the basis of extensive research and full consultation with all parties, issued on June 23, 2022, the *Several Opinions on Providing Judicial Guarantee for Furthering the NEEQ Reform and Establishing the*

Beijing Stock Exchange (the "Guarantee Opinions").

Based on the practice of deepening the NEEQ Reform and Establishing the BSE, and taking into account the features of companies listed on NEEQ and BSE, the Opinions provide a judicial guarantee in the following four aspects.

First, to fully appreciate the importance and overall arrangement of deepening the NEEQ Reform and establishing the BSE, thoroughly understand the judicial needs of the "progressive" market structure of the multi-level capital market, properly hear relevant cases in accordance with the law, and create a favorable judicial environment for the healthy development of SMEs and the building of the multi-level capital market system.

Second, to promote the deepening of the NEEQ Reform and the establishment of the BSE with judicial guarantee, and clarify that the court may centralize jurisdiction over cases involving the BSE and its listed companies by reference to the relevant provisions of the regulations, normative documents and business rules formulated by the securities regulatory authorities and securities trading venues through statutory procedures, provided that those provisions do not contradict laws and regulations.

Third, to support SMEs through the capital market with quality judicial services, to accurately determine the civil liability of issuers, sponsoring brokers and other securities intermediaries for misrepresentation on the basis of the "progressive" market structure features and of the growth traits of innovative SMEs during the start-up period, to accurately determine the effectiveness of "performance betting agreements" and "underwriting agreements for fixed profits" in accordance with the law, and to optimize trial and execution procedures to reduce litigation costs for innovative SMEs.

Fourth, effectively protect the legitimate rights and interests of investors in accordance with the law, crack down on illegal and criminal acts, strictly punish illegal fund-raising in the name of listing on the NEEQ, effectively prevent listed companies from using bankruptcy proceedings to undermine the legitimate rights and interests of investors, regulate investment advice services of securities institutions by the law, and further improve the diversified settlement mechanism of securities litigation and disputes.

The "Guarantee Opinions" is an important judicial initiative to implement the decision and deployment made by the Central Committee of CPC and the State Council on the major reform of the capital market, which helps courts give full play in judging, facilitates the deepening of the NEEQ Reform and the establishing of the BSE, support the growth of SMEs, and promote the high-quality development of the capital market.

4. Establishment of Special Boards of Enterprises that Use Special and Sophisticated Technologies to Produce Novel and Unique Products in Regional Equity Markets

Regional equity market is a private equity market mainly serving micro, small, and medium-sized enterprises within the provincial administrative region, an important part of the multi-level capital market system, and a platform for the comprehensive application of policy measures of local people's governments to support micro, small, and medium-sized enterprises.

Local enterprises that use special and sophisticated technologies to produce novel and unique products, with strong innovation ability and growth potential, are the basic force to improve the competitiveness of industrial chains and the resilience of supply chains, as well as an important engine propelling high-quality economic development. At present, China's manufacturing industry is gradually moving from one with "low added value, low technology content, low quality, and weak brands" to one with "high added value, high technology content, high quality, and strong brands", setting up a broad stage for the development of specialized and sophisticated SMEs that produce novel and unique products.

The CPC Central Committee and the State Council have made a series of important strategic arrangements to support the development of SMEs that use special and sophisticated technologies to produce novel and unique products. General Secretary Xi Jinping requested in his congratulatory letter to the 2022 national conference on developing specialized and sophisticated SMEs to stimulate the emergence of more SMEs that use special and sophisticated technologies to produce novel and unique products. Such documents as *Enhancing the Competitiveness of SMEs* and *The Checklist of Doing Practical Things for SMEs that Use Special and Sophisticated Technologies to Produce Novel and Unique Products* issued by the Office of the Leading Group of the State Council for Promoting the Development of Small and Medium-Sized Enterprises specify "enhance supports in direct financing" and "promote the establishment of special boards of enterprises that use special and sophisticated technologies to produce novel and unique products in regional equity markets. To thoroughly implement the decisions and arrangements of the CPC Central Committee and the State Council, enhance the quality of construction of the special boards of enterprises that use special and sophisticated technologies to produce novel and unique products (hereinafter referred to as the "special boards") of regional equity markets, and providing better services for SMEs, the General Office of the China Securities Regulatory Commission and the General Office of the Ministry of Industry and Information Technology jointly issued *Guiding Opinions on the High-Quality Construction of Special Boards of Enterprises that Use Special and Sophisticated Technologies to Produce Novel and Unique Products in Regional Equity Markets* (hereinafter referred to as the "Guiding Opinions").

"Guiding Opinions" aim to promote local governments to attach great importance to the construction of special boards, increase organization and coordination, data sharing, policy resource integration and support; promote regional equity markets to establish and improve the service and product system suitable for the characteristics of SMEs that use special and sophisticated technologies to produce novel and unique products, and enable enterprises to enter the capital market faster through the organic connection with other levels of capital markets; at the same time, promote all parties to change their understanding of regional equity markets through the construction of special boards. Meanwhile, through the construction of the special board, we will promote all parties to change their understanding of the regional equity market, further identify its function and positioning, and effectively explore the development path according to the logic of the over-the-counter market based on the provincial economic development and the actual situation of enterprises, so as to make up for the structural shortcomings of the multi-level capital markets.

As "Guiding Opinions" specify, the objective of the construction of the special board shall be to support the development of SMEs that use special and sophisticated technologies to produce novel and unique products; by integrating the resources of all parties, a basic service system, a comprehensive financial service system and a listing standardization and cultivation system that meet the characteristics of the OTC market and the needs of high-quality SMEs shall be gradually established, so as to promote the function of the regional equity market, and improve the services provided by multi-level capital markets to SMEs that use special and sophisticated technologies to produce novel and unique products. Guiding Opinions mainly covers promoting construction with high standards, promoting high-quality operation, providing high-level services, strengthening the organic connection of the market, perfecting the market ecology, and strengthening organizational guarantee.

The regional equity market is not only a platform for SMEs' equity transfer, but also a base for the development of SMEs that use special and sophisticated technologies to produce novel and unique products. Meanwhile, by constructing high-quality special boards of enterprises that use special and sophisticated technologies to produce novel and unique products, China's regional equity market can enter a new stage of professional, standardized, and efficient development. Regional equity markets tend to have more knowledge of local enterprises. They can integrate the resources of all parties more effectively to serve local enterprises that use special and sophisticated technologies to produce novel and unique products, which have different characteristics and encounter different problems. Meanwhile, regional equity markets can also leverage the advantages and logic of their OTC markets to provide basic services and comprehensive finance to help them focus on using special and sophisticated technologies to produce novel and unique products and develop core technologies without market interference. Meanwhile, it will cultivate and incubate the enterprises that use special and sophisticated technologies to produce novel and unique products as well as provide training and guidance for them. When their technologies or characteristics mature, they can apply for going public and take off.

5. Optimization of the Interconnection Mechanism for Transactions in the Mainland and Hong Kong Stock Markets

The Shanghai-Shenzhen-Hong Kong Stock Connect, an interconnection mechanism for transactions in Shanghai, Shenzhen, and Hong Kong stock markets, means that the Shanghai Stock Exchange and the Shenzhen Stock Exchange, by establishing connections with the Stock Exchange of Hong Kong respectively, allow investors from the mainland and Hong Kong to trade in a specified scope of stocks listed on the other through local securities companies or brokers. Since its opening, Shanghai-Hong Kong Stock Connect has been serving as a bridge between the capital markets of the Mainland and Hong Kong, overcoming the limitations of the original funds, breaking the barrier between the funds of each market, and injecting new capital vitality into the markets of both places. Mainland capital has been able to enter the Hong Kong securities market for investment, thus realizing the global layout of capital. Foreign investors are also able to access the mainland securities market through "Northbound trading under the Shanghai-Hong Kong Stock Connect" to invest in scarce companies and varieties. For A-shares, this is also an important step in opening up China's capital market to the outside world.

China has long attached great importance to the sound and steady development of the Shanghai-Shenzhen-Hong Kong Stock Connect system, with four relevant documents issued in 2022 to keep the trading channel between the mainland and Hong Kong stock markets clear.

(1) On May 20, 2022, the China Securities Regulatory Commission (CSRC) issued the revised *Measures for the Administration of Securities Registration and Clearing*, in which provisions on the security registration and clearing related to the major capital market reforms in recent years, such as the Shanghai-Shenzhen-Hong Kong Stock Connect, the Shanghai-London Stock Connect, and the depository receipts, are adjusted correspondingly.

(2) On May 27, 2022, the CSRC and Hong Kong's Securities and Futures Commission (SFC) issued a joint announcement declaring their agreement in principle to include exchange-traded funds (ETFs) in Stock Connect between the two exchanges. They launched the public consultation on the *Announcement of Arrangements Relating to the Inclusion of Exchange-traded Funds in Stock Connect*. It covers five main points: First, to clarify that the interconnection mechanism for trading in the Mainland and Hong Kong stock markets is extended to exchange-traded funds; second, to clarify that the relevant institutional arrangements interconnect with reference to stock connect; third, to clarify the investor identification code arrangements; fourth, to clarify the relevant requirements for securities companies and publicly offered funds; fifth, to clarify the arrangements related to detailed implementation rules for business.

In fact, ETF Connect, which originally had a market system preparation period of at least two months, was finally launched significantly earlier than originally planned. On June 24, the CSRC officially announced the inclusion of ETFs in the interconnection mechanism. Immediately afterward, on June 28, 2022, the CSRC issued a *Joint Announcement of the China Securities Regulatory Commission and the Hong Kong Securities and Futures Commission*, which stated that to promote the development of both capital markets in the Mainland and Hong Kong, the CSRC and the SFC decided to approve the formal inclusion of ETFs by Mainland and Hong Kong exchanges in the interconnection mechanism for transactions in the Mainland and Hong Kong stock markets(hereinafter referred to as the interoperability).

ETFs eligible for trading under the Stock Connect are required to meet the following four conditions. Initially, a total of 87 eligible products were included in the ETF Connect. First, the ETFs have been listed for at least six months, and have been corresponding to the underlying index for at least one year; second, for ETFs in the Mainland market, the average daily asset size over the past six months is at least RMB 1.5 billion, and their constituent securities are mainly underlying stocks of the SH/SZ-HK Stock Connect; third, for ETFs in the Hong Kong market, the average daily asset size over the past six months is at least HKD 1.7 billion and the constituent securities are mainly stocks underlying the Hong Kong Stock Connect; fourth, they are not synthetic ETFs, or leveraged and inverse products. Mainland investors can buy four HK ETFs through the southbound Shanghai-

Hong Kong Stock Connect and the southbound Shenzhen-Hong Kong Stock Connect respectively, while Hong Kong investors can buy 83 stock ETFs through the northbound China Connect. The first four eligible ETFs for southbound trading under Stock Connect are the Tracker Fund, Hang Seng China Enterprise Index ETF, the CSOP Hang Seng Tech Index ETF, and iShares Hang Seng Tech Index ETF. The initially approved eligible ETFs for southbound trading under the China Connect cover thematic products of representative sectors, including SSE 50 ETF, SSE 180 ETF, ChiNext ETF, CSI 300 ETF, bio-medicine ETF, Semiconductor ETF, NEW new energy vehicle ETF, biotechnology ETF, chip ETF, and carbon neutrality ETF.

With the inclusion of ETFs in Stock Connect, investors from the Mainland and Hong Kong can trade in a specified scope of stocks and ETF shares listed on the other and through local securities companies or brokers.

The interconnection of ETFs between the two places provides an important investment channel for investors from the mainland to participate in the Hong Kong stock market. Many investors from the mainland are still apprehensive about investing directly in individual Hong Kong stocks, especially those who lack knowledge of the Hong Kong market. They can access the Hong Kong stock market through ETFs, a highly transparent and convenient trading channel, bringing considerable incremental capital to the Hong Kong stock market. At the same time, the launch of the interconnection of ETFs between the two markets also provides a solution to the inability of mainland investors in the past to access a basket of high-quality tech and Internet stocks (e.g., Alibaba Group Holding Limited (9988.HK) JD.com, Inc. (9618.HK), NetEase, Inc. (9999.HK), etc.) that have not yet included into southbound trading.

(3) To further improve the transaction interconnection mechanism for the Mainland and Hong Kong stock markets, on August 12, 2022, the CSRC and the SFC issued an announcement stating their agreement in principle to the optimized trading calendar arrangements for the SH/SZ-HK Stock Connect. This announcement mainly includes two aspects: First, the SSE, the SZSE, and the HKEX will simultaneously open the common trading days of the two markets which are currently closed due to non-compliance with the settlement arrangement. For the additional trading day, China Securities Depository and Clearing Corporation Limited and Hong Kong Securities Clearing Company Ltd. will make corresponding adjustments to the settlement arrangements of the two markets and such operations as the setting of stock registration day and corporate conducts involved in the underlying stocks of the SH/SZ-HK Stock Connect. Second, the exchanges and registration and settlement institutions of the two sides will formulate corresponding risk management measures, adjust the relevant business rules and obtain relevant regulatory approvals, and actively urge market institutions to make various preparations such as technical system transformation and investor education.

(4) On December 19, 2022, the CSRC and the SFC issued a joint announcement agreeing in principle to further expand the scope of the underlying stocks interconnection between the two exchanges.

Specific changes involved in this announcement are:

The scope of the underlying stocks of the China Connect is adjusted to: constituent stocks of the Shanghai A-Share Index/Shenzhen Composite index with a market value of at least RMB 5 billion, and meeting certain conditions such as some liquidity standards, and A-shares of A+H-Share companies listed at the SSE/SZSE.

The scope of the underlying stocks of the Southbound Trading Link is adjusted to: in addition to the underlying stocks in the current Southbound Trading Link, stocks of qualified foreign companies which are mainly listed in Hong Kong in the Hang Seng Indexes are included, i.e., foreign companies mainly listed in Hong Kong which are constituents of Hang Seng Composite LargeCap Index, Hang Seng Composite MidCap Index or Hang Seng Composite SmallCap Index with a market value of at least HKD 5 billion, are included into the Southbound Trading Link according to the current provisions. The scope of the underlying stocks of the Southbound Trading Link under the Shanghai-Hong Kong Connect is expanded to be consistent with that under the Shenzhen-Hongkong Connect. That is to say, constituents of the Hang Seng Composite SmallCap Index with a market value of at least HKD 5 billion are added in.

6. Improvement of REITs Offering System

The publicly offered infrastructure securities investment funds in China (hereinafter referred to as the "infrastructure REITs") refer to standardized financial products that are publicly raised from investors to form fund assets by the law, and hold infrastructure projects through special purpose vehicles such as infrastructure asset-backed securities, whose fund managers actively manage the above-mentioned infrastructure projects and distribute most of the income generated to investors. According to regulations, infrastructure REITs are listed and traded on the stock exchange.

Infrastructure asset-backed securities refer to those issued to investors representing infrastructure property or a share of property rights and interests that use the cash flow generated by infrastructure projects as the source of reimbursement and the infrastructure asset-backed special plans as the carrier according to the *Regulations on the Asset Securitization Business of Subsidiaries of Securities Companies and Fund Management Companies* and other relevant regulations. Infrastructure projects mainly include warehousing and logistics, transportation facilities such as toll roads, airports and ports, municipal facilities such as water, electricity and heat, pollution control, information networks, industrial parks and other infrastructure.

To promote the sound development of infrastructure REITs is an important deployment made in the "14th Five-Year" Plan, and is of great significance in effectively revitalizing stock assets, innovating investment and financing mechanisms, broadening equity financing channels and enhancing the capital market's ability to serve the real economy. In June 2021, the first batch of publicly-offered infrastructure REITs were listed on the Shanghai Stock Exchange and the Shenzhen Stock Exchange, marking the official launch of the publicly-offered REITs pilot project. Currently, at least 11 publicly-offered REITs products have been listed, and the market is running smoothly with generally good liquidity and price discovery mechanisms, which are in line with the expectations for the pilot project.

On May 31, 2022, the CSRC issued the *CSRC's Guidance to Stock Exchanges on Issuing*

Guidelines on Raising Infrastructure REITs, which emphasized that raising was an important feature of REITs products and also an important and indispensable part of market development. The *New Acquisition of Infrastructure Projects (Trial)* clarifies the conditions, procedures, information disclosure requirements, and arrangements related to the raising and offering of new acquisition of infrastructure projects, stressing that the requirements related to the raising are consistent with the initial offering, strengthening the management of insider information and the prevention of conflicts of interest, adhering to the priority of holders' interests, strictly controlling the quality of projects, and consolidating the main responsibilities of participating institutions. The introduction of the REITs raising mechanism helps REITs acquire assets through the issuance of additional shares and carry out M&A and restructuring activities, further promoting a virtuous cycle of investment and financing.

Infrastructure REITs are internationally accepted assets. They have the characteristics of high liquidity, relatively stable returns, and strong security. They can effectively revitalize stock assets, fill the gaps in current financial products, broaden social capital's investment channels, and increase direct financing, enabling the capital market to serve the real economy better and more efficiently. In the short term, it helps extensively raise project capital and reduce debt risks as an effective policy tool to stabilize investment and make up for shortcomings; in the long term, it facilitates the conversion from savings into investment and deleveraging of the real economy, and promotes the healthy development of infrastructure investment financing towards a market-based and standardized direction.

7. Private Pensions Investment Reform

China's pension insurance system is underpinned by three pillars: the basic pension insurance, which is led by the government; the enterprise annuities and the occupational annuities, which are generally contributed by employers and their employees; and the private pensions, which also include other private commercial pension financial services purchased by individuals or families. In terms of policy design, the first pillar should play the role of "basic insurance", with the latter two as complementary insurances. In reality, however, people rely heavily on the first pillar, leading to significant pressure on the pension insurance system. The third pillar emphasizes the role of personal savings as a guarantee for twilight years, and is critical in addressing this situation.

To promote the development of private pensions, it is necessary to follow the guidance of the Xi Jinping Thought on Socialism with Chinese Characteristics for a New Era; fully implement the guiding principles of the 19th CPC National Congress and all plenary sessions of the 19th Party Central Committee; earnestly implement the decisions and plans of the CPC Central Committee and the State Council; adhere to a people-centered approach to development; fully, accurately and comprehensively apply the new development philosophy; accelerate the creation of a new development dynamic; and promote the development of private pensions that are in line with China's national conditions, supported by government policies, voluntarily participated by individuals and operated with the market as the orientation. The private pensions should be connected with the basic pension insurance and enterprise (occupational) annuities to function as the supplementary pension insurance. In addition, the development of other private commercial pension financial services should be coordinated to improve the multi-level and multi-pillar pension insurance system.

To boost the development of a multi-level and multi-pillar pension insurance system, increase the sustainability of the pension insurance system and meet the growing and diversified pension insurance needs of the people, the State Council issued the *Opinions on Promoting the Development of Private Pensions* on April 8, 2022. The development of private pensions shall be promoted by adhering to the principles of government guidance, market operation, and orderly development. The guiding role of the government shall be maximized, and overall planning on private pensions shall be made in the development of the multi-level and multi-pillar pension insurance system; the role of the market shall be maximized so as to create an open, fair, and impartial competition environment, the initiatives of all parties shall be motivated; strict supervision and administration shall be conducted, risks shall be effectively prevented, and the sound and orderly development of private pensions shall be promoted.

The private pension system is a personal account system in which contributions are entirely paid by the participants and are fully accumulated. Participants open their private pension accounts via the private pension information management service platform (hereinafter referred to as the "information platform"). The private pension account is the basis for participating in the private pension system and enjoying tax incentives.

Participants may use the private pension contributions to purchase financial products at financial institutions that comply with the regulations or the sales channels which they have entrusted in accordance with the laws and regulations (hereinafter collectively referred to as "financial product sales agencies"), and assume the corresponding risks. The participant shall designate or open a private pension fund account that is unique to him/her for the purpose of private pension contributions, pooling of earnings, and payment and contribution of personal income tax. The private pension fund account can be designated or opened by the participant at a commercial bank that meets the requirements, or through other financial product sales institutions that meet the requirements. The operation of a private pension fund account is closed, and its rights and interests belong to the participant and cannot be withdrawn in advance unless otherwise specified.

When a participant changes the bank where the private pension fund account is opened, the funds in the original private pension fund account shall be transferred to the new account. The original account shall be closed and canceled after verification by the information platform.

On November 4, 2022, in order to implement the General Office of the State Council issued the Opinions on Promoting the Development of Private Pensions, the CSRC published the *Interim Provisions on the Administration of the Business of Private Pensions' Investing in Publicly Offered Securities Investment Funds*, which is used to regulate the business of private pensions' investing in publicly offered securities investment funds.

The main content of the Provisions can be summarized in the following three aspects:

First, it clarifies general provisions and basic requirements shall apply when fund managers, fund distributors and other institutions conduct activities related to the business of private pensions' investing in funds, and identifies the purview of the fund industry platform.

Second, it clarifies the standards of fund products in which private pensions may be invested and stipulates the responsibilities of fund managers in investment management and risk management. In accordance with the standards of fund products in which private pensions may be invested, at the phase of trial implementation, it is planned to give priority to including retirement target funds of a size of not less than RMB 50 million at the end of the last four quarters; meanwhile, it emphasizes the attention shall be paid to long-term fund performance. The suitable products shall have stable investment styles, clear investment strategies, good long-term performance, and compliant and robust operation. It requires that an appraisal and assessment cycle for the performance of private pensions' investing in funds shall not be less than five years.

Third, it clarifies the requirements for fund sales institutions to operate and stipulates responsibilities in such areas as information tips, account service, promotion and marketing, eligibility management, and investor education. In terms of sales service, it emphasizes the risk-return characteristics of "no guarantee of principal, no guarantee of return, and the pursuit of long-term returns" and "guiding investors to invest for a long time by means of regular investment". Additionally, it guides investors to receive their pension funds by "regular dividends, regular payments, and regular redemption to encourage investors to develop long-term receiving behavior".

(Ⅲ) Policy evaluation and outlook

In 2022, the reform of the capital market continued to deepen. In terms of basic system development, relevant supporting documents were released successively to further promote the registration system and to advance the high-quality reform of the securities issuance system. In addition, this year also saw the implementation of a market-making trading pilot project in the STAR Market and the continuous optimization of the securities trading system. As the registration system was approaching, the expansion of the A-share market was imminent, and the delisting system was also improved accordingly. In terms of the development of the market system, the BSE achieved high-quality expansion, developed listing channels for small-market-value innovative SMEs, and improved the multi-level market system. In terms of financial innovation, many derivatives were introduced in 2022, and special products such as publicly offered REITs were gaining momentum. Regarding capital market liberalization, significant progress was realized in the interconnection between Hong Kong and the Mainland, the Shanghai-London Stock Connect was extended to the German and Swiss markets, and Chinese companies issued global depositary receipts (GDRs) to raise capital.

Looking ahead to 2023, China's stock market policy will ensure the normal operation of listed companies and refinancing as well as the balanced development of the stock market by improving financial futures instruments. Considering the new development pattern, major support will go to the innovation-driven economy, and evaluation criteria will be improved for science and innovation attributes. The implementation of full registration system is imminent, which will help facilitate direct financing for enterprises, consolidating the responsibilities of intermediaries, cracking down on illegal security-related activities with a "zero tolerance" attitude, protecting the fruits of capital market reform, raising the requirements of information disclosure, and strengthening the strict supervision and regulation of CSRC. The movement to prevent and resolve major financial risks will forge ahead with new strength. Liquidity and leverage levels will receive special attention, as will the prevention of cross-market, cross-regional, and cross-border imported risks.

Appendix

Key Development Policies in China's Stock Market in 2022

Date	Policy Name	Issuer (s)
January 1	[Order No. 194] Provisions on the Implementation of the Rules for the Undertakings Made by the Parties to Securities and Futures Administrative Law Enforcement	CSRC
January 1	[Announcement No. 1] Measures for the Administration of Funds Paid for the Undertakings Made by the Parties to Securities and Futures Administrative Law Enforcement	CSRC
January 5	[Announcement No. 2] Guidelines on the Bylaws of Listed Companies (2022 Revision)	CSRC
January 5	[Announcement No. 3] Regulatory Guidelines for Listed Companies No. 3 – Distribution of Cash Dividends of Listed Companies (2022 Revision)	CSRC
January 5	[Announcement No. 4] Rules for Repurchase of Shares by Listed Companies	CSRC
January 5	[Announcement No. 5] Rules for the Spin-off of Listed Companies (For Trial Implementation)	CSRC
January 5	[Announcement No. 6] Opinions on the Application of Article 14 and Article 44 of the "Administration Measures for the Reorganization of Major Assets of Listed Companies" – Opinion on the Application of Securities and Futures Law No. 12 (2022 Revision)	CSRC
January 5	[Announcement No. 7] Rules for the Suspension and Resumption of Trading of Stocks of Listed Companies	CSRC
January 5	[Announcement No. 8] Standards No. 5 for the Contents and Formats of Information Disclosure by Companies Offering Securities to the Public – Contents and Formats of Reports on Changes in Equity of the Companies (2022 Revision)	CSRC
January 5	[Announcement No. 9] Standards No. 17 for the Contents and Formats of Information Disclosure by Companies Offering Securities to the Public – Tender Offer Report (2022 Revision)	CSRC
January 5	[Announcement No. 10] Standards No. 26 for the Contents and Formats of Information Disclosure by Companies Offering Securities to the Public – Application Documents of Significant Asset Restructuring of Listed Companies (2022 Revision)	CSRC
January 5	[Announcement No. 11] Preparation Rules No. 4 for Information Disclosure by Companies Offering Securities to the Public – Special Provisions on Information Disclosure by Insurance Companies (2022 Revision)	CSRC

Continued

Date	Policy Name	Issuer (s)
January 5	[Announcement No. 12] Preparation Rules No. 26 for Information Disclosure by Companies Offering Securities to the Public – Special Provisions on Information Disclosure by Commercial Banks (2022 Revision)	CSRC
January 5	[Announcement No. 13] Rules for the General Assemblies of Shareholders of Listed Companies (2022 Revision)	CSRC
January 5	[Announcement No. 14] Rules for the Independent Directors of Listed Companies	CSRC
January 5	[Announcement No. 15] Regulatory Guidelines No.2 for Listed Companies – Regulatory Requirements for the Management and Use of Funds Raised by Listed Companies (2022 Revision)	CSRC
January 5	[Announcement No. 16] Regulatory Guidelines No. 4 for Listed Companies – Undertakings and Performance by Listed Companies and Their Related Parties	CSRC
January 5	[Announcement No. 17] Regulatory Guidelines No. 5 for Listed Companies – The System for Registration and Management of Insiders Who Have Access to Insider Information of Listed Companies	CSRC
January 5	[Announcement No. 18] Opinions on the Application of Article 3 of the "Administration Measures for the Reorganization of Major Assets of Listed Companies" Concerning Fund Misappropriation in Underlying Assets – Opinions No. 10 on the Application of Law on Securities and Futures	CSRC
January 5	[Announcement No. 19] Rules on the Management of Shares Held by the Directors, Supervisors and Senior Management Officers of Listed Companies and the Changes Thereof (2022 Revision)	CSRC
January 5	[Announcement No. 20] Opinions on the Application of Article 62 of the "Administrative Measures for the Takeover of Listed Companies" Concerning Serious Financial Difficulty of Listed Companies – Opinions No. 7 on the Application of Securities and Futures Laws (2022 Revision)	CSRC
January 5	[Announcement No. 21] Rules for On-site Inspection of Listed Companies	CSRC
January 5	[Announcement No. 22] Guidelines No. 6 for the Regulation of Listed Companies – Measures for the Implementation of the System of Holding Interviews with Chairmen of Listed Companies	CSRC
January 5	[Announcement No. 23] Guidelines No. 7 for the Regulation of Listed Companies – Regulation of Abnormal Stock Trading Related to the Significant Asset Restructurings of Listed Companies	CSRC
January 5	[Announcement No. 24] Decision on Repealing Four Documents of Securities and Futures System	CSRC
January 7	Notice on Issuing the Guidelines No. 1 to No. 3 on the Self-regulation of Listed Companies on the STAR Market of Shanghai Stock Exchange	SSE
January 7	Notice on Issuing the Guideline No. 1 on the Self-regulation for Listed Companies on Shanghai Stock Exchange – Regulation of Operations	SSE
January 7	Notice on Issuing the Guideline No. 2 on the Self-Regulation for Listed Companies on Shanghai Stock Exchange – Information Disclosure Classification Regulation	SSE

Continued

Date	Policy Name	Issuer (s)
January 7	Notice on Issuing the Guideline No. 3 on the Self-Regulation for Listed Companies on Shanghai Stock Exchange – Industrial Information Disclosure	SSE
January 7	Notice on Issuing the Guideline No. 4 on the Self-Regulation for Listed Companies on Shanghai Stock Exchange – Suspension and Resumption of Trading	SSE
January 7	Notice on Issuing the Guideline No. 5 on the Self-Regulation for Listed Companies on Shanghai Stock Exchange – Transactions and Associated Transactions	SSE
January 7	Notice on Issuing the Guideline No. 6 on the Self-Regulation for Listed Companies on Shanghai Stock Exchange – Major Asset Reorganization	SSE
January 7	Notice on Issuing of the Guideline No. 7 on the Self-Regulation for Listed Companies on Shanghai Stock Exchange – Repurchase of Shares	SSE
January 7	Notice on Issuing the Guideline No. 8 on the Self-Regulation for Listed Companies on Shanghai Stock Exchange – Management of Share Changes	SSE
January 7	Notice on Issuing the Guideline No. 9 on the Self-Regulation for Listed Companies on Shanghai Stock Exchange – Evaluation of Information Disclosure	SSE
January 7	Notice on Issuing the Guideline No. 10 on the Self-Regulation for Listed Companies on Shanghai Stock Exchange – Criteria for the Implementation of Disciplinary Punishment	SSE
January 7	Notice on Issuing the Guideline No. 11 on the Self-Regulation for Listed Companies on Shanghai Stock Exchange – Continuous Supervision	SSE
January 7	Notice on Issuing the Guideline No. 12 on the Self-Regulation for Listed Companies on the Shanghai Stock Exchange – Issuance of Convertible Corporate Bonds to Specific Targets	SSE
January 7	Notice on Issuing the Rules for the Listing of Stocks on the Shanghai Stock Exchange (Revised in January 2022)	SSE
January 7	Notice on Issuing the Guideline No. 12 on the Application of Self-Regulatory Rules for Listed Companies on Shenzhen Stock Exchange – Criteria for the Implementation of Disciplinary Punishment	SZSE
January 7	Notice on Issuing the Guideline No. 2 on the Self-regulation for Listed Companies on Shenzhen Stock Exchange – Regulation of Operations of Companies Listed on the ChiNext	SZSE
January 7	Notice on Issuing the Guideline No. 5 on the Self-Regulation for Listed Companies on Shenzhen Stock Exchange – Information Disclosure Classification Regulation	SZSE
January 7	Notice on Issuing the Guideline No. 1 on the Self-regulation for Listed Companies on Shenzhen Stock Exchange – Regulation of Operations of Companies Listed on the Main Board	SZSE
January 7	Notice on Issuing the Guideline No. 6 on the Self-Regulation for Listed Companies on Shenzhen Stock Exchange – Suspension and Resumption of Trading	SZSE
January 7	Notice on Issuing the Guideline No. 13 on the Self-Regulation for Listed Companies on Shenzhen Stock Exchange – Sponsorship Business	SZSE

Continued

Date	Policy Name	Issuer (s)
January 7	Notice on Issuing the Guideline No. 11 on the Self-Regulation for Listed Companies on Shenzhen Stock Exchange – Assessment of Information Disclosure	SZSE
January 7	Notice on Issuing the Guideline No. 10 on the Self-Regulation for Listed Companies on Shenzhen Stock Exchange – Management of Share Changes	SZSE
January 7	Notice on the Issuance of the Guideline No. 9 on the Self-Regulation for Listed Companies on Shenzhen Stock Exchange – Repurchase of Shares	SZSE
January 7	Notice on Issuing the Rules for the Listing of Stocks on the Shenzhen Stock Exchange (2022 Revision)	SZSE
January 7	[Announcement No. 25] Guiding Opinions of the China Securities Regulatory Commission on the Listing Transfers of Companies Listed on the Beijing Stock Exchange	CSRC
January 12	Notice on Issuing the Guideline No. 3 on the Self-Regulation for Listed Companies on Shanghai Stock Exchange – Information Disclosure Consultation, Performance Presentation and Other Services	SSE
January 12	Notice on Issuing the Guideline No. 3 on the Bond Trading Business on Shenzhen Stock Exchange – Credit Protection Certificate	SZSE
January 14	China Securities Regulatory Commission Launched the DVP Reform	CSRC
January 17	Notice on Issuing the Guideline No. 4 on the Review of Bond Issuance and Listing on Shanghai Stock Exchange – Signatures and Seals on Application Documents of Corporate Bonds and Asset-backed Securities	SSE
January 20	Notice of Issuing the Interim Measures for the Connectivity Business between the Interbank Bond Market and the Exchange-traded Bond Market	SSE
January 20	Notice of Issuing the Interim Measures for the Connectivity Business between the Interbank Bond Market and the Exchange-traded Bond Market	SZSE
January 27	Notice of Issuing and Implementing the Rules of the Shanghai Stock Exchange for Bond Trading and Related Matters	SSE
January 27	Notice of Issuing and Implementing the Guidelines of the Shanghai Stock Exchange for the Application of Bond Trading Rules No. 1 – Management of Bond Trading Participants	SSE
January 27	Notice of Issuing and Implementing the Guidelines of the Shanghai Stock Exchange for the Application of Bond Trading Rules No. 2 – General Collateral Repos of Bonds	SSE
January 27	Notice of Issuing and Implementing the Guidelines of the Shanghai Stock Exchange for the Application of Bond Trading Rules No. 3 – Bond Market Making Business	SSE
January 27	Notice on Issuing the Guideline No. 2 on the Bond Trading Business on Shenzhen Stock Exchange – General Pledge Repo of Bonds	SZSE
January 27	Notice on Issuing the Guideline No. 1 on the Bond Trading Business of Shenzhen Stock Exchange – Administration of Participants in Bond Trading	SZSE
January 27	Notice on Issuing the Guideline No. 3 on the Bond Trading Business on Shenzhen Stock Exchange – Bond Market Making	SZSE
January 27	Notice on Issuing the Rules for Bond Trading on Shenzhen Stock Exchange	SZSE

Continued

Date	Policy Name	Issuer (s)
January 28	Notice on Issuing the Guideline No. 3 on the Application of Self-Regulatory Rules for Funds on Shanghai Stock Exchange – Transfer of Shares on Fund Connect Platform	SSE
January 28	Notice on Issuing the Guideline No. 3 on the Fund Business on Shanghai Stock Exchange – Business Operation on Fund Connect Platform	SSE
January 28	Notice on Issuing the Guideline No. 3 on the Business of Security Investment Funds on Shenzhen Stock Exchange – Transfer of Shares on Fund Connect Platform	SZSE
January 28	Notice on Issuing the Guideline No. 3 on the Business of Security Investment Funds on Shenzhen Stock Exchange – Operation of Transfer Business on Fund Connect Platform	SZSE
January 28	[Announcement No. 26] Regulatory Guidelines for Listed Companies No. 8 – Regulatory Requirements for Funds Transactions and External Guarantees by Listed Companies	CSRC
January 28	[Announcement No. 27] Guiding Opinions on Improving the Quality of Information Disclosure in Prospectuses under the Registration System	CSRC
February 11	[Announcement No. 28] Provisions on the Supervision and Administration of Depository Receipts under the Stock Connect Scheme between Domestic and Overseas Stock Exchanges	CSRC
February 14	Notice on Issuing Shenzhen Stock Exchange Business Guideline No. 1 on Reviewing the Listing of Corporate Bond Issuance – Prospectus (Reference Text) (2022 Revision)	SZSE
February 18	Notice on Issuing the Measures for the Implementation of Self-regulatory Measures and Disciplinary Punishment of Shenzhen Stock Exchange (2022 Revision)	SZSE
February 18	[Order No. 195] Measures for the Supervision and Administration of the Directors, Supervisors, Senior Executives, and Practitioners of Securities and Fund Business Institutions	CSRC
March 4	Notice on Issuing the Measures for the Listing Transfer of Companies Quoted on the Beijing Stock Exchange to the Shanghai Stock Exchange STAR Market (for Trial Implementation)	SSE
March 4	Notice on Issuing the Measures of Shenzhen Stock Exchange for the Listing Transfer of Companies Quoted on the Beijing Stock Exchange to the ChiNext (for Trial Implementation)	SZSE
March 25	Notice on Issuing the Interim Measures for the Listing and Trading of Depository Receipts under the Stock Connect Scheme between Shanghai Stock Exchange and Overseas Stock Exchanges	SSE
March 25	Notice on Issuing the Guidelines No. 1 for Depository Receipts under the Stock Connect Scheme of Shanghai Stock Exchange – Cross-Border Conversion of Depository Receipts	SSE
March 25	Notice on Issuing the Guidelines No. 2 for Depository Receipts under the Stock Connect Scheme of Shanghai Stock Exchange – Market Making for Chinese Depository Receipts	SSE
March 25	Notice on Issuing the Interim Measures for the Listing and Trading of Depository Receipts under the Stock Connect Scheme between Shenzhen Stock Exchange and Overseas Stock Exchanges	SZSE

Continued

Date	Policy Name	Issuer (s)
March 25	Notice on Issuing the Guideline No. 2 for the Depositary Receipts Business under the Stock Connect Scheme of Shenzhen Stock Exchange – Market Making for Chinese Depository Receipts	SZSE
March 25	Notice on Issuing the Guidelines No.1 for Depository Receipts under the Stock Connect Scheme of Shenzhen Stock Exchange – Cross-Border Conversion of Depository Receipts	SZSE
March 31	Notice on Issuing the Guideline No. 13 on the Self-Regulation for Listed Companies on Shanghai Stock Exchange – Restructuring and Other Matters	SSE
March 31	Notice on Issuing the Guideline No. 14 on the Self-Regulation for Listed Companies on Shenzhen Stock Exchange – Restructuring and Other Matters	SZSE
April 8	[Order No. 196] Decision on Amending the Measures for the Administration of IPO and Listing of Stocks	CSRC
April 11	[Announcement No. 29] Work Guidelines for the Investor Relations Management of Listed Companies	CSRC
April 12	[Announcement No. 30] Four Financial Industry Standards Including the Securities and Futures Industry Data Model – Part 4: Logical Data Model of Fund Company	CSRC
April 22	Notice of Issuing the SSE Measures for Investor Suitability Management on the Bond Market (2022 Revision)	SSE
April 22	Notice of Issuing the SSE Rules for Listing of Corporate Bonds (2022 Revision)	SSE
April 22	Notice of Issuing the SSE Rules for Listing of Non-publicly Offered Corporate Bonds	SSE
April 22	Notice of Issuing the SSE Rules of Issuance and Listing Review for Corporate Bonds	SSE
April 22	Notice of Issuing the SZSE Rules of Issuance and Listing Review for Corporate Bonds	SZSE
April 22	Notice of Issuing the SZSE Measures for Investor Suitability Management on the Bond Market (2022 Revision)	SZSE
April 22	Notice of Issuing the SZSE Rules for Listing of Corporate Bonds (2022 Revision)	SZSE
April 22	Notice of Issuing the SZSE Rules for Listing of Non-publicly Offered Corporate Bonds (2022 Revision)	SZSE
April 29	Notice on Issuing the Measures of the Shanghai Stock Exchange for the Administration of Public Complaints and Proposals	SSE
April 29	Notice on Issuing the Measures of the Shanghai Stock Exchange for Dealing with the Reporting of Violations of Laws and Regulations of Market Entities	SSE
April 29	Notice on Issuing the Implementing Measures for the Quotation and Transfer of Delisted Companies on the Delisting Board	SSE
April 29	Notice on Issuing the Guideline No. 1 for the Depositary Receipt Business on the Shanghai Stock Exchange – Transaction Business	SSE
April 29	Notice on Issuing the Guideline No. 3 for the Application of the Rules of Reviewing the Issuance and Listing of Corporate Bonds of Shanghai Stock Exchange – Key Items of Reviewing (2022 Revision)	SSE

Continued

Date	Policy Name	Issuer (s)
April 29	Notice on Issuing the Guideline No. 2 for the Reviewing of the Issuance and Listing of Corporate Bonds of Shenzhen Stock Exchange – Application Documents and Their Preparation Requirements	SZSE
April 29	Notice on Issuing the Guideline No. 1 for the Reviewing the Issuance and Listing of Corporate Bonds of Shenzhen Stock Exchange – Key Items of Reviewing (2022 Revision)	SZSE
April 29	Notice on Issuing the Implementing Measures for the Quotation and Transfer of Delisted Companies on the Delisting Board	SZSE
April 29	[Announcement No. 31] Guiding Opinions on Improving Regulation after the Delisting of Listed Companies	CSRC
May 11	Implementing a Special Support Scheme for Bond Financing of Private Enterprises, and Unwavering Supporting the Sound Development of the Private Economy	CSRC
May 12	[Announcement No. 32] Provisions on Launching the Pilot Program of Market Making Business for Shares of Securities Companies on the SSE STAR Market	CSRC
May 20	Notice of Issuing the Guidelines of Shanghai Stock Exchange for the Application of the Rules for Issuance and Listing Review of Corporate Bonds No. 4 – Sci-Tech Innovation Corporate Bonds	SSE
May 20	Notice on Issuing the Guideline No. 6 for the Business of Innovative Varieties of Corporate Bonds of Shenzhen Stock Exchange – Sci-Tech Innovation Corporate Bonds	SZSE
May 20	[Order No. 197] Measures for the Administration of Securities Registration and Settlement	CSRC
May 20	[Order No. 198] Measures for the Supervision and Administration of Managers of Publicly Offered Securities Investment Funds	CSRC
May 20	[Announcement No. 33] Provisions on Issues Related to the Implementation of the Measures for the Supervision and Administration of Managers of Publicly Offered Securities Investment Funds	CSRC
May 27	Joint Announcement of China Securities Regulatory Commission and the Securities and Futures Commission of Hong Kong	CSRC
May 27	Notice on Issuing the Guideline No. 6 for the Application of the Rules of Reviewing the Issuance and Listing of Corporate Bonds of Shanghai Stock Exchange – Optimized Examination for Well-Known Seasoned Issuers	SSE
May 27	Notice on Issuing the Guideline No. 3 for the Reviewing of the Issuance and Listing of Corporate Bonds of Shenzhen Stock Exchange – Arrangement of Optimized Examination	SZSE
May 27	CSRC Further Regulates and Strengthens On-site Inspection of Internal Control of Investment Banks	CSRC
May 27	[Announcement No. 35] Guidelines for the Working Papers for the Sponsorship Business for the Offering and Listing of Securities	CSRC
May 27	[Announcement No. 36] Standards for Sponsor Due Diligence Work	CSRC

Continued

Date	Policy Name	Issuer (s)
May 31	Notice of Issuing the Guidelines of Shanghai Stock Exchange for the Application of the Rules for the Publicly Offered Infrastructure Real Estate Investment Trusts (REITs) No. 3 – New Acquisition of Infrastructure Projects (for Trial Implementation)	SSE
May 31	[Order No. 199] Decision to Amend the Provisions on the Regulatory Duties of Local Offices of the China Securities Regulatory Commission	CSRC
May 31	[Announcement No. 37] Opinions on Strengthening the Regulation of Professional Integrity of Intermediaries under the Registration-Based IPO System	CSRC
June 2	Notice on Issuing the Guideline No. 5 for the Application of the Rules of Reviewing the Issuance and Listing of Corporate Bonds of Shanghai Stock Exchange – Examination Procedures	SSE
June 2	Notice on Issuing the Guideline No. 2 for the Application of the Rules of Reviewing the Issuance and Listing of Corporate Bonds of Shanghai Stock Exchange – Corporate Bonds of Specific Varieties (2022 Revision)	SSE
June 6	Notice on Issuing Work Rules of the Consultation Committee of Science and Technology Innovation of the Shanghai Stock Exchange (2022 Revision)	SSE
June 10	Notice of Publishing the Guidelines of Shanghai Stock Exchange for the Application of the Rules for Issuance and Listing Review on the STAR Market No. 7 - Medical Device Companies under the Fifth Set of Listing Standards	SSE
June 10	[Order No. 200] Decision to Amend the Several Provisions on the Mainland-Hong Kong Mutual Stock Market Access Mechanism	CSRC
June 23	Several Opinions on Providing Judicial Guarantee for Furthering the NEEQ Reform and Establishing the Beijing Stock Exchange	SPC
June 24	Notice of Issuing the Measures of the Shanghai Stock Exchange for the Implementation of the Shanghai-Hong Kong Stock Connect Business (2022 Revision) and Relevant Matters	SSE
June 24	Notice of Issuing the Essential Clauses of the Shanghai Stock Exchange Entrustment Agreement for the Trading in the Hong Kong Stock Connect (2022 Revision) and the Essential Clauses of the Shanghai Stock Exchange Risk Disclosure Statement for the Trading in the Hong Kong Stock Connect (2022 Revision)	SSE
June 24	Notice of Issuing the Essential Clauses of the Shenzhen Stock Exchange Entrustment Agreement for the Trading in the Hong Kong Stock Connect (2022 Revision) and the Essential Clauses of the Shenzhen Stock Exchange Risk Disclosure Statement for the Trading in the Hong Kong Stock Connect (2022 Revision)	SZSE
June 24	Notice on Issuing the Guideline No.1 on the Security Trading Business of the Shenzhen Stock Exchange – Investor Appropriateness Administration (2022 Revision)	SZSE
June 24	Notice on Issuing the Measures of the Shenzhen Stock Exchange for the Implementation of Shenzhen-Hong Kong Stock Connect (2022 Revision) and Relevant Matters	SZSE
June 24	[Announcement No. 39] Announcement on the Arrangements for Including Exchange-Traded Funds in the Mainland-Hong Kong Mutual Market Access Mechanism	CSRC

Continued

Date	Policy Name	Issuer (s)
June 28	Notice of Issuing the Detailed Rules of the Shanghai Stock Exchange and the China Securities Depository and Clearing Co., Ltd. for Bond Trading, Registration and Settlement for Overseas Institutional Investors	SSE
June 29	Notice of Issuing the Detailed Rules of the Shenzhen Stock Exchange and the China Securities Depository and Clearing Co., Ltd. for Bond Trading, Registration and Settlement for Overseas Institutional Investors	SZSE
July 1	Announcement on Issues concerning the Application of Tax Policies after the Incorporation of Exchange-Traded Funds into the Mainland-Hong Kong Mutual Stock Market Access Mechanism	CSRC
July 7	Notice on Issuing the Measures of the Shenzhen Stock Exchange for the Bond Lending Business of China Securities Depository and Clearing Corporation Limited	SZSE
July 8	SFC Launches Pilot Scheme for Private Equity Venture Capital Funds to Distribute Shares in Kind to Investors and Supports Private Equity Funds to Better Serve the Real Economy	CSRC
July 15	Notice on the Issuance of the Guidelines of Shanghai Stock Exchange for the Application of the Rules for the Publicly Offered Infrastructure Real Estate Investment Trusts (REITs) No. 4 – Government-subsidized Rental Housing (for Trial Implementation)	SSE
July 15	Notice on Issuing the Guidelines on Trading Business of Credit Protection Instrument of Shanghai Stock Exchange (2022 Revision)	SSE
July 15	Notice of Issuing SSE Detailed Rules for Implementation of Market-making Trading of Stocks on the STAR Market	SSE
July 15	Notice on Issuing the Guideline No. 4 for Public Offering Real Estate Investment Trusts (REITs) on the Shenzhen Stock Exchange – Government-Subsidized Rental Housing (for Trial Implementation)	SZSE
July 15	Notice on Issuing the Guideline No. 5 for the Reviewing of the Issuance and Listing of Corporate Bonds of Shenzhen Stock Exchange – Confirmation Procedures for the Listing Conditions of Non-Public Offering of Corporate Bonds	SZSE
July 15	Notice on Issuing the Guideline No. 4 for the Reviewing of the Issuance and Listing of Corporate Bonds of Shenzhen Stock Exchange – Examination Procedures for the Public Offering of Corporate Bonds	SZSE
July 15	Notice on Issuing the Guideline No. 1 for the Confirmation of the Listing Conditions of Asset-backed Securities of Shenzhen Stock Exchange – Confirmation Procedures	SZSE
July 18	CSRC Approved Trading of Futures and Options on the China Securities 1000 Stock Index	CSRC
July 21	Notice on Issuing the Guideline No. 5 on the Bond Trading Business on Shenzhen Stock Exchange – Bond Lending Business	SZSE
July 26	Notice on Issuing the Guideline No. 3 for the Member Administration Business of the Shanghai Stock Exchange – Transaction Gateway Management	SSE
July 27	[Announcement No. 40] Provisions on Matters Concerning the Preferential Use of the Properties of Securities Law Violators for the Assumption of Liability for the Payment of Civil Damages	CSRC

Continued

Date	Policy Name	Issuer (s)
July 29	Notice of Issuing the Shanghai Stock Exchange Detailed Rules for Implementation of Trading of Convertible Corporate Bonds	SSE
July 29	Notice of Issuing Guidelines No. 12 of the Shanghai Stock Exchange for Self-regulation of Listed Companies – Convertible Corporate Bonds	SSE
July 29	Notice on Issuing the Guideline No. 6 on the Self-Regulation for Listed Companies on the STAR Market of Shanghai Stock Exchange – Matters of Business Operation (Revised in July 2022)	SSE
July 29	Notice on Issuing Mandatory Terms of Investment Risk Disclosure Statements of Convertible Corporate Bonds Issued to Non-specific Targets (2022 Revision)	SZSE
July 29	Notice on Issuing the Guideline No. 15 on the Self-Regulation of Listed Companies on the Shenzhen Stock Exchange – Convertible Corporate Bonds	SZSE
July 29	Notice on the Issuance the Detailed Implementation Rules of the Shenzhen Stock Exchange for Trading of Convertible Corporate Bonds	SZSE
July 29	Notice on Issuing the Guideline No. 6 on the Bond Trading Business on Shenzhen Stock Exchange – Credit Protection Contract	SZSE
July 29	Notice on Issuing the Guidelines on Business of Credit Protection Instrument of Shenzhen Stock Exchange (2022 Revision)	SZSE
July 29	[Announcement No. 41] Preparation Rules No. 25 for Information Disclosure by Companies Offering Securities to the Public – Guidelines for the Contents and Formats of the Prospectus of Companies Engaged in the Business of Medicinal Products and Medical Devices	CSRC
August 10	Notice on Issuing the Guideline No. 4 for the Member Administration Business of the Shanghai Stock Exchange – Online Handling of Membership Business	SSE
August 12	Notice on Issuing the Measures for the Implementation of Disciplinary Punishment and Regulatory Measures of the Shanghai Stock Exchange (2022 Revision)	SSE
August 12	Notice on Issuing the Measures for the Implementation of Review of the Shanghai Stock Exchange (2022 Revision)	SSE
August 12	Notice on Issuing the Implementation Rules on the Self-regulatory Hearing of the Shanghai Stock Exchange (2022 Revision)	SSE
August 12	Notice on Issuing the Guideline No. 3 for the Application of the Self-regulatory Rules of Bonds on the Shanghai Stock Exchange – Implementation Standards of the Self-regulation of Corporate Bonds and Asset-backed Securities	SSE
August 12	[Order No. 202] Decision on Amending and Repealing Some Rules of Securities and Futures	CSRC
August 12	[Announcement No. 42] Decision to Repeal Certain Securities and Futures Regulatory Documents	CSRC
August 12	[Announcement No. 43] Decision to Amend and Repeal Certain Securities and Futures Regulatory Documents	CSRC
September 2	The issuance of government bonds was successfully launched at the Beijing Stock Exchange	CSRC

Continued

Date	Policy Name	Issuer (s)
September 2	The CSRC launched the listing of three ETF option varieties	CSRC
September 9	[Announcement No. 44] Provisions on the Domestic Securities Trading, Registration, and Clearing Businesses of Qualified Foreign Institutional Investors and RMB Qualified Foreign Institutional Investors	CSRC
September 16	Notice on Issuing the Guideline No. 1 for the Business of Innovative Varieties of Corporate Bonds of Shenzhen Stock Exchange – Green Corporate Bonds (2022 Revision)	SZSE
October 14	Notice on Issuance of Implementation Rules on Shareholding Reduction by Shareholders of Companies Listed on the STAR Market of the Shanghai Securities Exchange through Quotation Transfer and Placement to Specific Institutional Investors (2022 Revision)	SSE
October 21	Notice on Expanding the Scope of Underlying Stocks for Margin Trading and Short Selling	SZSE
October 21	SSE expanded the scope of underlying stocks for margin trading and short selling on the main board, and promoted the steady growth of the margin trading and short selling business	SSE
October 21	Notice on Issuing the Guideline No. 1 on the Fund Business on Shanghai Stock Exchange – Business Operation (Revised in October 2022)	SSE
October 28	Notice on the Issuance the Detailed Rules of China Securities Finance Corporation Limited, the Shanghai Stock Exchange and China Securities Depository and Clearing Co., Ltd. for Market Making and Securities Lending Business in the STAR Market	SSE
November 4	[Announcement No. 46] Interim Provisions on the Administration of the Business of Private Pensions' Investing in Publicly Offered Securities Investment Funds	CSRC
November 14	[Announcement No. 47] Seven Financial Industry Standards including the Internal Interface of Securities and Futures Institutions Stock Exchange	CSRC
November 15	Guiding Opinions on the High-Quality Construction of Special Boards of Enterprises that Use Special and Sophisticated Technologies to Produce Novel and Unique Products in Regional Equity Markets	CSRC, MIIT
November 18	Notice on Issuing the Guideline No. 1 for the Depositary Receipt Business on the Shenzhen Stock Exchange – Cross-border Conversion of Global Depository Receipts (Revised in November 2022)	SZSE
November 25	CSRC starts the listing of SZSE 100ETF option	CSRC
November 30	Notice on Issuing the Guideline No. 2 on the Fund Business on Shanghai Stock Exchange – Business of Marketing Making of Listed Funds (Second Revision in 2022)	SSE
December 8	Notice on Issuing the Guideline No. 2 on the Business of Security Investment Funds on the Shenzhen Stock Exchange – Liquidity Services (2022 Revision)	SZSE
December 9	China Securities Regulatory Commission Approved China Financial Futures Exchange to List SSE 50 Index Options for Trading	CSRC
December 16	Notice on Issuing the Guidelines for the Pilot Program of Cross-border Bond Quotation Business on the Greater Bay Area Bond Platform of the Shenzhen Stock Exchange	SZSE

Continued

Date	Policy Name	Issuer (s)
December 16	China Securities Regulatory Commission will officially implement the DVP Reform	CSRC
December 23	Notice on the Issuance the Measures of the Shanghai Stock Exchange for the Administration of the Listing Examination Committee and the Review Board for Mergers, Acquisitions, and Restructurings	SSE
December 23	Notice on the Issuance the Measures of the Shenzhen Stock Exchange for the Administration of the Listing Examination Committee and the Review Board for Mergers, Acquisitions, and Restructurings	SZSE
December 30	Notice on Issuing the Guideline No. 1 for the Confirmation of Shanghai Stock Exchange Asset-Backed Securities Listing Condition – Application Documents and Preparation	SSE
December 30	Notice on Issuing the Guideline No. 2 for Confirmation of Shanghai Stock Exchange Asset-Backed Securities Listing Condition – Major Categories of Underlying Assets	SSE
December 30	Notice on Issuing the Guideline No. 3 for Confirmation of Shanghai Stock Exchange Asset-Backed Securities Listing Condition – Categorized Review	SSE
December 30	Notice on Issuing the Guideline No. 4 for Confirmation of Shanghai Stock Exchange Asset-Backed Securities Listing Condition – Specific Types of Asset-backed Securities	SSE
December 30	Notice on Issuing the Guideline No. 7 for the Application of the Rules of Reviewing the Issuance and Listing of Corporate Bonds of Shanghai Stock Exchange – Examination Meetings	SSE
December 30	Notice on Issuing the Guideline No. 4 on the Application of Bond Trading Rules of Shanghai Stock Exchange – Risk Management of the Pledge-Style Repurchase Transactions of Bonds	SSE
December 30	Notice on Issuing Interim Regulation on Application and Recommendation for Issuance and Listing of Enterprises on SSE STAR Market (Revised in December 2022)	SSE
December 30	Notice on Issuing Interim Regulation on Application and Recommendation for Issuance and Listing of Enterprises on the ChiNext of the Shenzhen Stock Exchange (2022 Revision)	SZSE
December 30	Notice on Issuing the Guideline No. 4 on the Bond Trading Business on Shenzhen Stock Exchange – Risk Management of the Pledge-Style Repurchase Transactions of Bonds	SZSE
December 30	Notice on the Issuance the Guideline No. 4 of the Shenzhen Stock Exchange on the Stock Issuance and Underwriting Business – Initial Issuance on the ChiNext and Handling of Transfer to Another Board for Listing (2022 Revision)	SZSE
December 30	Notice on Issuing the Guideline No.3 on the Security Trading Business of the Shenzhen Stock Exchange – Pledge-Style Repurchase Transactions of Stocks (2022 Revision)	SZSE
December 30	Notice on Issuing the Guideline No. 3 for the Confirmation of the Listing Conditions of Asset-backed Securities of Shenzhen Stock Exchange – Specific Varieties	SZSE
December 30	Notice on Issuing the Guideline No. 2 for the Confirmation of the Listing Conditions of Asset-backed Securities of Shenzhen Stock Exchange – Examination by Categories	SZSE

Continued

Date	Policy Name	Issuer (s)
December 30	[Announcement No. 48] Decision on Amending the Guidelines for the Evaluation of Science and Technology Innovation Attributes (for Trial Implementation)	CSRC
December 31	Notice on Issuing the Guideline No. 4 on the Security Trading Business on Shenzhen Stock Exchange – Abbreviation of Security Names	SZSE
December 31	Notice on Issuing the Guideline No. 1 on the Business of Security Investment Funds on the Shenzhen Stock Exchange – Handling of Related Business (Revised in December 2022)	SZSE

Article 5

Moving Faster to Build A Unified Domestic Market and Remove Key Restrictions on the Economic Cycle①

On April 10, 2022, the *Opinions of the Central Committee of the Communist Party of China and the State Council on Accelerating the Building of a Unified Domestic Market* (hereinafter referred to as "Opinions") were officially announced. Guided by Xi Jinping Thought on Socialism with Chinese Characteristics for a New Era and the spirit of the CPC's 19th National Congress and the 19th Plenary Session, the Opinions uphold the general keynote of seeking progress in a stable manner, with the fundamental aim of meeting the growing needs of the people for a better life, seeking to comprehensively grow the strength of China's huge market, and lay a solid foundation for building a high-standard market system and a high-level socialist market economy.

The Opinions follow the principles of "focusing on domestic demand while keeping unimpeded circulation", "improving systems by both establishing new rules and breaking old ones", "making the market efficient and the government effective", and "forging ahead steadily through systematic coordination". The objective is to promote the effective flow of the domestic market and expand its scale, establish a stable, fair, transparent, and predictable business environment, further lower the costs of market transactions, foster technological innovation and industrial upgrade, and nurture new competitive edges for global competition and cooperation. The document stresses that it is important to create and guide demand with high-quality supply, and make production, distribution, circulation, and consumption smoother, to enhance the operational efficiency of the market. A problem-oriented approach shall be taken to address salient contradictions and problems, give full play to the decisive role of the market in resource allocation, strengthen the basic function of competition policy, and utilize the advantages of the super-scale market.

① Author: Lu Nan, Research Fellow, Department of Strategic Development, Guotai Junan Securities, Research Fellow, Program for China's Financial Policy Report Program (research group).

The Opinions clearly define the term "unified" and propose relevant requirements. The first is a unified system, which means a complete and unified property rights protection system, a unified market access system, a unified system for fair competition, and a sound and unified social credit system. The second is unified factor and resource markets, which means a sound unified land and labor market in urban and rural areas, a unified capital market, a unified technology and data market, a unified domestic energy market, and a unified domestic market for the ecological environment. The third is a unified market for goods and services, which means a sound quality system for goods, a sound standard and measurement system, and an overall improvement in the quality of consumer services. The fourth is unified market supervision, which means unified market supervision rules, unified market supervision, law enforcement, and regulatory capabilities.

By accelerating the building of a unified domestic market system rules and breaking regional protectionism and market segmentation, we aim to break the key blockages that restrict the economic cycle and promote the smooth flow of goods and factor resources in a wider scope. In particular, the work plans of the Opinions on building a unified market for factors and resources also positively impact urban and rural population mobility. A unified human resource market system can not only enhance the efficiency of allocating labor factors but also help facilitate the flow of the population to cities and towns. It is very important to speed up the building of a unified domestic market to boost domestic demand, consumption, and overall social investment. In promoting a high level of unity in the market of goods and services, a unified quality system can enhance consumer recognition of "domestic products", and reassure consumers to buy, while improving the consumer protection system can help to effectively resolve consumer complaints and disputes, improve the consumer experience, and boost consumer willingness.

Ⅲ. Development Policies for the Insurance Market①

In 2022, the Chinese insurance industry maintained steady development on the whole. Insurance companies actively participated in the construction of multi-level social security systems, including medical care and elderly care, expanded the pilot policies for exclusive commercial old-age insurance to cover the whole country, started the implementation of the private pension system, steadily promoted the comprehensive reform of auto insurance, deepened the reform of agricultural insurance, strengthened the role of fintech in empowering the industry, and further improved the quality and effectiveness of serving the real economy.

(Ⅰ) Overview of Insurance Market Development in 2022

First, the insurance market maintained steady development. In 2022, the insurance industry had a total original premium income of RMB 4.70 trillion, an increase of 4.58% YOY, of which

---

① Author: Yin Bo, Director of Statistics and Research Department, Insurance Association of China.

property insurance companies achieved an original premium income of RMB 1.49 trillion, up 8.70% YOY, while personal insurance companies achieved an original premium income of RMB 3.21 trillion, up 2.78% YOY. By the end of 2022, insurance companies had total assets of RMB 27.15 trillion, an increase of 9.08% compared with the beginning of the year.

Second, the ability to serve the real economy was further improved. In 2022, the insurance industry gave full play to the role of risk protection, providing insurance coverage amounting to RMB 13,678.65 trillion, an increase of 12.63% YOY, with a total payout expenditure of RMB 1.55 trillion, a decrease of 0.79% YOY. Notably, agricultural insurance protected rural households from risk through 170 million insurance policies worth RMB 4.6 trillion. By the end of 2022, the balance of the insurance fund investment was RMB 25.35 trillion, up 9.15% YOY. Over the year, 55.4 billion new insurance policies were added, up 13.27% YOY.

Third, risks in the insurance industry were generally controllable. By the end of the fourth quarter of 2022, the average comprehensive solvency adequacy ratio of the 181 insurance companies included in the Solvency Supervisory Committee's work conference was 196%. The average core solvency adequacy ratio was 128.4%. The average comprehensive solvency adequacy ratios of property insurance, personal insurance, and reinsurance companies were 237.7%, 185.8%, and 300.1% respectively. This shows that the solvency adequacy ratio was in a reasonable range and the risks were generally controllable.

(II) Main Policies for the Insurance Market in 2022

1. Property insurance

On February 17, the China Banking and Insurance Regulatory Commission (CBIRC) issued the *Rules on Underwriting and Claim Payment of Agriculture Insurance* to regulate underwriting management, claim settlement management, assistance management, internal control management, and supervision and management of agricultural insurance, so as to further standardize operation, optimize services, improve efficiency, and promote the high-quality development of agricultural insurance.

On March 2, the CBIRC issued the *Implementation Measures of the Rules on Reserve of Non-life Insurance Business of Insurance Companies (No.1-7)* to further improve the regulatory system for non-life insurance business reserves from the aspects including risk margin and discounting in reserve assessment, retrospective analysis of reserve assessment showing a great favorable development, and reserve management of insurance company branches.

On March 4, the CBIRC and the People's Bank of China jointly issued the *Notice on Strengthening Financial Services for New Urban Residents,* which included improving the level of insurance protection of the entrepreneurship and employment of new urban residents, encouraging insurance institutions to develop lessor's liability insurance, renter's liability insurance, and other insurance businesses and promoting home property insurance; supporting insurance institutions to explore the development of commercial old-age insurance products in line with the needs and characteristics of new urban residents for old-age services and products. On June 10, the CBIRC issued the *Circular for the Banking and Insurance Industries to Strengthen Financial Services for New Urban Residents* to summarize the achievements made by banking and insurance institutions in promoting product and service innovation, strengthening financial services for new urban residents and other aspects in accordance with local conditions and put forward requirements for future work.

On March 11, the CBIRC and Shanghai Municipal People's Government jointly issued the *Work Plan for the Leading Area of Science and Technology Insurance Innovation in the Lin-gang Special Area of China (Shanghai) Pilot Free Trade Zone*. In the *Work Plan*, relevant policies are formulated around providing support for key industries in science and technology insurance, promoting a higher level of opening up of the science and technology insurance market, innovating the use of science and technology insurance funds, promoting the two-way empowerment of insurance and science and technology, and implementing the talent project for science and technology insurance innovation.

On June 1, the CBIRC issued the *Green Finance Guidelines for Banking and Insurance Sectors*. The *Guidelines* required banking and insurance institutions to thoroughly implement the new development philosophy, promote green finance from a strategic standpoint and increase support for a green, low-carbon, and circular economy; specified that the board of directors of the banking and insurance institutions shall assume the principal responsibilities of green finance; emphasized that banking and insurance institutions shall seek progress while maintaining stability and adjust and improve credit policies and investment policies; required banking and insurance institutions to strengthen process management of investment and financing activities.

On October 28, the CBIRC issued the *Rules on Multi-Level Response to Disasters and Accidents of Property and Casualty Insurance*. The *Rules* classified the levels of disasters and accidents of property and casualty insurance and established the response mechanism for disasters and accidents of property and casualty insurance.

2. Personal insurance

On February 15, 2022, the CBIRC issued the *Notice on Expanding the Exclusive Commercial Pension Insurance Pilot Programs*, deciding to expand the pilot programs of exclusive commercial pension insurance to cover the whole country from March 1, 2022, and allowing pension insurance companies to participate in addition to the original six insurers. After the Notice took effect, relevant regulatory requirements followed the regulations of the *Notice of the General Office of the China Banking and Insurance Regulatory Commission on the Pilot Program of Exclusive Commercial Pension Insurance*.

On April 21, the General Office of the State Council issued the *Opinions on Promoting the Development of Private Pensions*, making overall arrangements for China's private pension system from various aspects such as overall requirements, participants, institutional model, payment level, tax policy, capital investment and collection, operation and supervision. According to the *Opinions*, the private pension plan should be suitable for national conditions, underpinned by policies, optional for individuals, run by the market, and complement the country's current pension system; Chinese citizens covered by basic pension insurance for urban employees or by basic pension insurance for urban and rural residents are eligible to take part; participants should first have their individual pension accounts set up and could contribute up to RMB 12,000 annually to the accounts that adopt the full individual account accumulation and would be subject to closed-end management.

On April 28, 2022, the CBIRC issued the *Notice on Regulating and Promoting the Development of Commercial Pension Finance Business*. The *Notice* clarified the development concept of commercial pension finance; stipulated the basic standards and principles for the commercial pension finance services of banking and insurance institutions; emphasized that banking and insurance institutions should fully disclose information; set forth basic requirements for the organization, implementation, management mechanism, and fee policies of commercial pension finance services by banking and insurance institutions.

On October 26, the Ministry of Human Resources and Social Security, the Ministry of Finance, the State Taxation Administration, the CBIRC, and the China Securities Regulatory Commission jointly issued the *Implementation Measures for Private Pension*, specifying the participation process, fund account management, institution and product management, information disclosure, supervision and administration of private pensions. On November 17, the Ministry of Human Resources and Social Security, the Ministry of Finance, and the State Taxation Administration jointly released the List of Cities (Regions) under the Pilot Program of Private Pensions, according to which 36 cities in 31 provinces (autonomous regions and municipalities) across the country launched the pilot program.

On November 11, the CBIRC issued the *Rules on Information Disclosure of Life Insurance Products* in order to regulate the information disclosure of life insurance products and clarify subjects and methods, content and time frame, management, and other aspects of information disclosure. On December 30, the CBIRC issued the *Information Disclosure Standards of Life Insurance Products with a Term over One Year*. As a supporting document of the Rules on Information Disclosure of Life Insurance Products, the Standards clearly required that all life insurance products with a term of more than one year shall have information brochures, and shall disclose in detail the contents of marketing materials of products, level of protection, demonstration of return and benefits, etc., in accordance with the type of insurance products. The information disclosure shall fully reveal the long-term attributes and various risk characteristics of the products, and explicitly state the key contents of the products such as payment methods and surrender losses.

On November 21, the CBIRC issued the *Notice on Matters Related to Personal Pension Business of Insurance Companies*. First, it clarifies the basic requirements for insurance companies to carry out personal pension business. Second, it is made clear that insurance companies can provide annuities and endowment insurance products and other products identified by the CBIRC to individuals who set up personal pension accounts. Third, it standardizes the fund management, contract management, sales management and customer service of personal pension business. Fourth, it clearly puts forward regulatory requirements for insurance companies' personal pension business operation.

On November 24, the CBIRC issued the *Notice on Launching the Pilots of Commercial Pension Business of Pension Insurance Companies*, deciding to launch the pilots of commercial pension business of pension insurance companies on January 1, 2023, with a tentative period of one year. Specifically, four pension insurance companies and ten provinces (cities) including Beijing were selected for the pilots.

3. Insurance fund investment

On January 12, 2022, the CBIRC issued the *Notice on Streamlining Regulatory Reporting of Insurance Fund Investment*. The *Notice* mainly stipulates the abolishment and combination of certain regulatory reports and further regulates the regulatory reporting of insurance fund investment. On April 24, the CBIRC issued the *Notice on the Investment of Insurance Funds in Relevant Financial Products* to regulate the investment of insurance funds in financial products issued by non-insurance financial institutions, further optimize the allocation structure of insurance assets, and improve the quality and efficiency of insurance funds serving the real economy. On May 9, the CBIRC issued the *Rules on Entrusted Investment of Insurance Funds*, defining the applicable subject and investment scope of entrusted investment, stressing the trustor's responsibilities, and enhancing the active management responsibility of the trustee. On May 27, the CBIRC issued the *Notice on Strengthening Supervision of Related-Party Transactions in Insurance Institutions' Fund Investment* to strengthen the supervision of related-party transactions in insurance institutions' fund investment and regulate related-party transactions in insurance fund investment. On July 28, the CBIRC released the *Rules on Insurance Asset Management Companies*. First, a special chapter on corporate governance was added. Second, risk management was set as a special chapter. Third, the equity structure was further optimized. Fourth, the operating principles and relevant requirements were optimized. Fifth, regulatory measures and constraints on non-compliance were added.

4. Other aspects

On January 10, 2022, the CBIRC issued the *Rules on Related-Party Transactions of Banking and Insurance Institutions* to further strengthen the supervision of related-party transactions and regulate the related-party transactions of banking and insurance institutions. On the same day, the CBIRC issued the *Guidance on Digital Transformation of Banking and Insurance Sectors*, providing directional guidance for the digital transformation of banking and insurance institutions from five aspects: strategic planning and organizational process construction, digital business operation and management, data capacity building, scientific and technological capacity building, and risk prevention. On March 20, the General Office of the CPC Central Committee and the General Office of the State Council issued the *Opinions on Strengthening Governance over Ethics in Science and Technology*. The *Opinions* provided a systematic plan for enhancing governance over ethics in science and technology in China, and specified key tasks in improving the system for governance over ethics in science and technology, enhancing the institutional guarantee for governance over ethics in science and technology, strengthening ethical review and regulations and underlining ethics education and popularization in science and technology among the general public. Notably, the *Opinions* is China's first comprehensive guideline on enhancing governance over ethics in science and technology. On May 11, the CBIRC issued the *Notice of Issuing the Insurance Industry Standardization Plan for the "14th Five-Year Plan" Period*, specifying the overarching guideline, basic principles, development goals, key tasks, and guarantee measures for coordinating and promoting the standardization of the insurance industry during the 14th Five-Year Plan period. On November 28, the CBIRC issued the *Rules on Supervisory Assessment of Corporate Governance of Banking and Insurance Companies* to revise and improve the supervision of corporate governance of banking and insurance institutions and improve the assessment scope, mechanism, indicators, application of assessment results, etc. On December 26, the CBIRC formulated and issued the *Rules on Consumer Rights Protection of Banking and Insurance Institutions* and brought it into force on March 1, 2023. As a fundamental framework of the CBIRC in the field of consumer rights protection in the banking and insurance industries, it has established and improved the basic system of financial consumer protection.

(Ⅲ) Outlook on Insurance Market Development

China's insurance industry will adhere to the guidance of Xi Jinping Thought on Socialism with Chinese Characteristics for a New Era in its high-quality development phase. Insurance companies will implement the guiding principles of the 20th CPC National Congress. Based on the new development stage, insurance companies will practice the new development concept fully, accurately, and comprehensively, serve the new development pattern, and contribute to China's modernization.

1. Insurance companies should focus on national strategies and improve the quality and efficiency of serving the real economy. They will give full play to the advantages of long-term funds. Focused on serving major national strategies such as rural revitalization, green development, carbon emissions peaking and carbon neutrality goals, and science and technology innovation, they will support the real economy in all aspects, serve the new development pattern, and maximize the positive role of the industry in advancing rural revitalization, green development, and other aspects.

2. Insurance companies should strengthen insurance protection and serve people's livelihood protection at multiple levels. They should actively participate in constructing a multi-level social security system, optimize the supply of insurance products, and better meet the growing demand of society at large for retirement, health, and other protection. Meanwhile, they should develop inclusive finance, promote the development of insurance products and services in the fields including "agriculture, rural areas and farmer", new urban residents and new business forms, strengthen financial services for micro and small enterprises and vulnerable groups and promote common prosperity.

3. Insurance companies should optimize risk management and play a role in social governance. They should actively promote insurance integration into the national disaster relief and emergency management system, and participate deeply in the various chains of disaster prevention, fundraising, post-disaster compensation, recovery, and reconstruction.

4. Insurance companies should promote compliance operations and uphold the bottom line of preventing systemic financial risk. They should strengthen internal control construction, cultivate

a compliance culture and enhance the endogenous power of insurance institutions to operate in compliance. They should bolster risk monitoring and early warning, and stabilize operation management. In the process of risk resolution, the protection of insurance consumers' rights and interests needs to be intensified.

Article 6

A Milestone in the Construction of a Multi-Level and Multi-Pillar Pension Insurance System①

In order to implement the *Opinions of the General Office of the State Council on Promoting the Development of Private Pensions*, the Ministry of Human Resources, the Ministry of Social Security, the Ministry of Finance, the State Taxation Administration, the China Banking and Insurance Regulatory Commission (CBIRC), and the China Securities Regulatory Commission (CSRC) jointly issued the *Implementation Plan for Private Pensions* (hereinafter referred to as the "plan") on October 26, 2022. The plan reflects the specific implementation of the important strategy of the CPC Central Committee and the State Council on establishing and improving a pension insurance and social security system. It also provides institutional and functional support for actively addressing the challenge of population aging.

China's population began to show negative growth in 2022, and the growth of the elderly population has been accelerating. According to the data released by the National Bureau of Statistics, there are 280 million people aged over 60, accounting for 19.8% of the national population. This group is facing or will face an urgent need for elderly care. In addition to basic pension insurance and corporate annuity, Chinese residents mainly rely on savings and real estate such traditional instruments for retirement life support. The former has limited capital gain, while the latter has limited liquidity. For ordinary people who lack proper guidance from policies, systems, or professional institutions, putting entire pension savings either in banks or real estate projects cannot achieve effective retirement life expenditure coverage. What's worse, in recent years investment market frauds targeting the elderly take precise advantage of the urgent needs of this population for retirement coverage and insufficient understanding of insurance tools other than deposits. The private pension system well meets the needs of residents for supplemental retirement coverage and provides policy guidance for individuals on insurance.

The private pension system refers to a system supported by government policy, voluntarily participated in by individuals, and operated in a market-oriented principle to realize the supplementary function of pension insurance. According to the plan, any laborer that has joined the basic pension insurance of urban workers or the basic pension insurance of urban and rural

① Author: Tang Ning, Founder and CEO of CreditEase, Senior Researcher, Program for China's Financial Policy Report (research group).

residents within China's territory can participate in the private pension system. Those who intend to participate can register on national unified online service platforms like the National Social Insurance Public Service Platform (si.12333.gov.cn) or with commercial banks. Later, they need to choose a legitimate commercial bank to open or specify their sole pension account. They can also select other legal private pension product sales agencies instead. Participants can use the funds in their private pension accounts to voluntarily choose and purchase banks' financial products, deposit products, commercial pension insurance, publicly offered funds, or other financial products that meet the relevant regulations. Private pension products should have the basic characteristics of operational safety, maturity and stability, standardized underlyings, and long-term value preservation. This provides ordinary residents with guidance and protection in choosing retirement coverage products.

At the same time, the participants can obtain payment vouchers for enjoying preferential tax policies through national unified online service platforms such as the National Social Insurance Public Service Platform (si.12333.gov.cn) or commercial banks. China encourages eligible residents to participate in the private pension system and claim a private pension in accordance with the relevant regulations. After the plan was issued, The Ministry of Human Resources and Social Security, the Ministry of Finance, the State Tax Administration, CBIRC, and CSRC successively introduced relevant supporting policies, providing supporting measures for the steady operation of the private pension system and management system, and realizing effective institutional and functional support for the country's pension insurance and social security system.

Introduction of the plan has strengthened the private pension insurance, this important pillar, and made significant contribution to the construction of a multi-level and multi-pillar pension insurance system. The plan effectively promotes the sustainable development of China's elderly protection and support system and meets the growing diversified needs for retirement coverage of the aging population.

Ⅳ. Bond Market Development Policy[①]

In 2022, China's bond market continued its high-quality development. The bond price indexes fluctuated upward, with its market issuance scale rising steadily, its trading activity increasing greatly, and its bond defaults dropping sharply, making remarkable achievements. While continuously supporting the real economy and expanding effective demand, the bond market continued to promote product innovation and sound mechanisms, strengthen support in key areas, and advance balanced regional development. The bond market has further improved its function of serving the real economy.

① Author: Tong Haoxiang, Research Fellow, Macro Research, Financial Market Department, China Construction Bank, Research Fellow, Program for China's Financial Policy Report (research group).

(I) Overview of market development

First of all, the bond price indexes fluctuated upward. ChinaBond Total Wealth Index underwent a slight upward fluctuation at the beginning of the year and logged the year's high level at 211.3 points in late January. Following that, it went down to 210.0 points in later March. It rose slightly throughout the year, from 209.3 points at the beginning of the year to 216.3 points at the end of the year, up 3.4% in total. Both ChinaBond Credit Bond Aggregate Index and SSE Corporate Bond Index followed a similar trend throughout the year, fluctuating upward. ChinaBond Credit Bond Aggregate Index went up 2.5% throughout the year, from 197.1 points at the beginning of the year to 202.1 points at the end of the year. SSE Corporate Bond Index rose 3.1% throughout the year, from 219.9 points at the beginning of the year to 226.7 points at the end of the year.

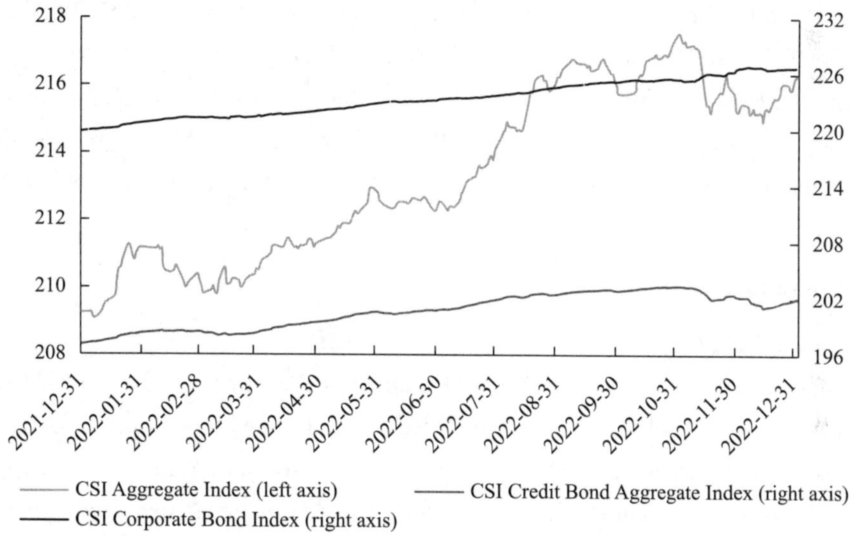

Figure 1 Bond price indexes in 2022

(Data source: China Central Depository & Clearing Co., Ltd. (CCDC) and Shanghai Stock Exchange (SSE))

Second, bond issuance increased substantially. China's bond market issued RMB 61.9 trillion of bonds of all varieties in 2022, slightly higher than that of last year. For example, the national interbank bond market issued RMB 56 trillion in bonds, up by 5.4% YOY, accounting for 90.5% of the total bond market issuance; the exchange bond market, meanwhile, issued RMB 5.8 trillion, accounting for 9.5% of total bond market issuance. The top three types of bonds in terms of the scale of issuance were interbank negotiable certificates of deposit (NCDs), corporate credit bonds, and financial bonds, standing at RMB 20.5 trillion, RMB 13.8 trillion, and RMB 9.8 trillion and accounting for 33.1%, 22.3%, and 15.8% of the total issuance amount, respectively.

Third, the transaction volume rose sharply. In 2022, the bond market accumulated RMB 309.3 trillion, up by 34.9% YOY. In terms of transaction volume, the interbank bond market achieved RMB 271.2 trillion, up 27.9% YOY, accounting for 87.7% of the national bond market; meanwhile, the exchange bond market achieved RMB 38.1 trillion, up 121.5% YOY and accounting for 12.3%

of the national bond market. As seen from the bond structure of the interbank bond market, the top three bonds were financial bonds, interbank negotiable certificates of deposit (NCDs), and government bonds, respectively accounting for 44.1%, 20.7%, and 20.2%.

Fourth, the number of foreign institutional investors continued to grow. By the end of 2022, a total of 1,071 foreign institutional investors had entered China's interbank bond market, making for an increase of 55 YOY. Among them, 526 entered the market through direct investment, 784 by "Bond Connect", and 239 via both channels at the same time. The amount of bonds held by foreign institutions was RMB 3.5 trillion, accounting for 2.4% of the bond custody in the interbank market. There was RMB 2.3 trillion of national debt, accounting for 57.7%, and RMB 0.7 trillion of policy financial debt, accounting for 22.0%.

Fifth, the scale of defaulting enterprises and bonds involved in the bond market dropped sharply. In 2022, a total of 18 companies defaulted on their bonds, down 19 YOY. The amount of default was RMB 31.1 billion, down 71.0% YOY. Among these, 12 private enterprises were involved in bond defaults, with a default scale of RMB 27.1 billion, down 50.8% YOY. Two state-owned enterprises were involved in bond defaults, with a default scale of RMB 1.8 billion, down 96.3% YOY. Four other enterprises were involved in bond defaults, with a default scale of RMB 2.2 billion, down 56.0% YOY.

(II) Main policies issued

1. Expanding effective demand

(1) Supporting the expansion of domestic demand. On December 14, the Central Committee of the Communist Party of China (CPC) and the State Council issued the *Outline of the Strategic Plan for Expanding Domestic Demand (2022-2035)*, proposing to strengthen investment support for the manufacturing industry, and guide all kinds of high-quality resource elements to the manufacturing industry adhering to the principle of promoting the high-quality development of the manufacturing industry and building a manufacturing power. Manufacturing enterprises' equity and bond financing instruments were innovated and improved, investment in the optimization and upgrading of traditional manufacturing industries was increased, investment in advanced manufacturing fields was expanded, and the quality and efficiency of the manufacturing supply system were improved. The scale of bond financing was expanded, the connectivity business of bond markets was promoted, and financial institutions were encouraged to provide more financial products and services directly to the real economy by laws and regulations. On December 15, the National Development and Reform Commission (NDRC) issued the *Implementation Plan for the Strategy of Expanding Domestic Demand During the 14th Five-Year Plan Period*, proposing to accelerate the reform of the national urban-rural integrated development pilot zone, co-ordinate relevant funds to support the development of agriculture and rural areas, and include eligible social benefit projects in the agricultural and rural areas into the support scope of local government bonds. The scale of bond financing was reasonably expanded. Enterprise bonds, corporate bonds, non-financial corporate debt financing instruments, project income bonds, etc., were further promoted, thus improving the

connectivity business of bond markets.

(2) Expanding effective investment. On March 21, the State Council issued the *Opinions on Implementing the Division of Key Work in the Government Work Report*, proposing to make good use of government investment funds to promote the expansion of effective investment. RMB 3.65 trillion of special bonds was allocated for local governments to strengthen performance orientation. Adhering to the principle of "funds and elements following the project", the scope of use was reasonably expanded to support the follow-up financing of projects under construction. A number of eligible major projects, new infrastructures, renovation of old public facilities, and other construction projects were launched. Importance was attached to giving full play to the role of major projects and government investment and relevant support policies were improved to fully arouse enthusiasm for private investment. On May 24, the State Council issued the *Notice on a Package of Policies and Measures to Stabilize the Economy*, aiming to speed up the issuance and use of local government special bonds and expand the scope of support. Given legal compliance and controllable risks, the Ministry, the People's Bank of China (PBC), and the China Banking and Insurance Regulatory Commission (CBIRC) were required to guide commercial banks to provide supporting financing aid for eligible construction entities of special bond projects, and effectively connect credit funds with special bond funds. On October 28, the NDRC issued the *Opinions on Further Improving the Policy Environment and Increasing Efforts to Support the Development of Private Investment*, proposing to improve the bond financing support mechanism for private enterprises, increase the support for private enterprises to issue bonds for financing, and urge financial institutions to exempt the bond financing transaction expenses of private enterprise.

(3) Speeding up the construction of urban environmental infrastructure. On January 12, the General Office of the State Council forwarded the *Guiding Opinions on Accelerating the Construction of Urban Environmental Infrastructure* to the NDRC and other departments, pointing out that eligible urban environmental infrastructure projects should be included in the support scope of local government special bonds. Given no additional implicit debts of local governments, support was given to eligible enterprises to raise funds for project construction by issuing corporate bonds and asset-backed securities. On July 7, the Ministry of Housing and Urban-Rural Development (MOHURD) and the NDRC issued the *Notice on Printing and Distributing the National Urban Infrastructure Construction Plan during the 14th Five-Year Plan Period*, proposing to increase financial investment in urban infrastructure projects under construction and major projects during the 14th Five-Year Plan period, and support eligible urban infrastructure projects through central budget investment, local government bonds, and corporate bonds.

(4) Consolidating the recovery and upward trend. On November 21, the Ministry of Industry and Information Technology (MIIT) and two other departments issued the *Notice on Consolidating the Recovery and Upward Trend to Revitalize the Industrial Economy*, pointing out that policy support should be strengthened to optimize the development environment. Various financial instruments such as credit, bonds, funds, insurance, and special refinancing should be comprehensively utilized to promote the innovative development of key sectors such as integrated circuits, new energy

vehicles, biotechnology, high-end equipment, and environmental protection.

(5) Promoting the sustained recovery of consumption. On April 20, the General Office of the State Council issued the *Opinions on Further Unleashing Consumption Potential and Promoting Sustained Consumption Recovery*, pointing out that fiscal and taxation support should be strengthened, existing financial channels should be adopted as a whole to support the construction of consumption-related infrastructure and service guarantee capacity. Eligible projects should be included in the support scope of local government special bonds to better promote consumption with investment.

(6) Helping revitalization of stock assets. On May 19, the State Council issued the *Opinions on Further Activating Stock Assets to Expand Effective Investment*, providing medium and long-term financial support for eligible state-owned capital investment and operating companies to revitalize stock assets by issuing bonds. On June 19, the NDRC issued the *Notice on Activating Stock Assets to Expand Effective Investment*, stipulating that support should be given to investment projects built with recovered funds through special bonds of local governments as required.

(7) Supporting the development of market players. On April 29, the NDRC and other departments issued the *Notice on Completing Key Tasks of Cost Reduction in 2022*, pointing out that private enterprises' bond financing support mechanism should be improved. The registration-based IPO regime should be fully implemented to promote the stable and healthy development of the capital market, continuously support the development of market players, and advance sustained and stable economic recovery. On May 24, the State Council issued the *Notice on Printing and Distributing a Package of Policies and Measures to Stabilize the Economy*, pointing out that efforts should be made to provide relief support to enterprises in industries such as civil aviation, which were greatly affected by COVID-19. On November 8, the PBC and other departments issued the *Notice on Further Increasing the Support for Deferred Repayment of Loan Principal and Interest by Micro and Small Businesses*, continued to support banking financial institutions to issue financial bonds for micro and small enterprises, strictly regulated the management of the use of raised funds, and continued to give full play to the role of inclusive loans as an instrument for supporting micro and small enterprises.

2. Strengthening support in key areas

(1) Serving the development of industrial Internet. On April 6, the MIIT issued the *Work Plan of the Special Working Group on Industrial Internet in 2022*, proposing to support eligible enterprises to issue corporate credit bonds and asset-backed securities for financing, deepen the innovation of bond varieties, give full play to the important role of the exchange bond market in serving the development of industrial Internet enterprises, and expand bond financing channels for manufacturing enterprises and industrial Internet enterprises. It aims to support more specialized and innovative "little giant" enterprises to issue debt financing instruments for high-growth enterprises, and eligible industrial Internet enterprises to issue debt financing instruments through the interbank bond market.

(2) Promoting the high-quality development of the new energy sector. On May 14, the

General Office of the State Council forwarded the *Implementation Plan for Promoting the High-quality Development of New Energy in the New Era* issued by the NDRC and the National Energy Administration (NEA), proposing to strengthen the interaction between the central government and local governments and make good use of existing funding channels to support the development of the new energy sector. It focuses on including eligible social benefit construction projects in the new energy sector into the support scope of local government bonds, and strengthening the support of green bonds and green credit for new energy projects.

(3) Supporting peak carbon dioxide emissions and carbon neutral. On June 23, the MIIT and five other departments jointly issued the *Action Plan for Improving Industrial Energy Efficiency*, proposing that by 2025, the added value energy consumption of industrial units above the designated size shall drop by 13.5% compared with 2020. It also proposes to actively develop green finance and encourage financial institutions to provide high-quality financial services for key projects with significant energy-saving and carbon-reducing effects given controllable risks and sustainable business, and expand the depth and breadth of the green bond market and support eligible enterprises to go public for financing and refinancing. On June 24, the *Implementation Plan for Sci-tech Supporting Carbon Neutrality and Peak Carbon Dioxide Emissions (2022-2030)* was released, pointing out that the National Fund for Technology Transfer and Commercialization should support the transformation of carbon-neutral sci-tech achievements, guide loans, bonds, angel investment, and venture capital enterprises to support the transformation of low-carbon technological innovation achievements, and cultivate low-carbon sci-tech enterprises. On November 10, the Ministry of Science and Technology and two other departments issued the *Implementation Plan for Peaking Carbon Dioxide Emissions of Nonferrous Metals Industry*, proposing to promote the research and development of green financial products in an orderly manner, support the issuance of financial innovative products such as carbon-neutral bonds and Sustainability-linked bond, and promote the implementation of green and low-carbon projects.

(4) Promoting the development of agriculture and rural areas. On April 2, the Ministry of Agriculture and Rural Affairs (MARA) and the National Rural Revitalization Administration jointly issued the *Guidelines for Social Investment in Agriculture and Rural Areas (2022)*, proposing to better meet the diversified investment and financing needs of comprehensively promoting rural revitalization, provide strong support for comprehensively advancing rural revitalization and accelerating agricultural and rural modernization, support local governments to issue government bonds for eligible public welfare projects of rural revitalization, and give full play to the role of special bond funds in promoting rural revitalization. On May 23, the General Office of the CPC Central Committee and the General Office of the State Council issued the *Implementation Plan of Rural Construction Action*, allowing eligible public welfare rural construction projects to be included in the support scope of local government bonds.

(5) Building a high-standard cultural market system. On August 16, the General Office of the CPC Central Committee and the General Office of the State Council jointly issued the *Cultural Development Plan for the 14th Five-Year Plan Period*, proposing to speed up the construction of

a unified, open, efficient, regulated, competitive and orderly cultural market and accelerate the innovation of financial products and services that meet the development needs of cultural industries and the characteristics of cultural enterprises. It also proposes to further expand the scale of equity financing and bond financing of cultural enterprises, and support the listing financing and refinancing of cultural enterprises, and explore the mode of cultural financial service centers to provide comprehensive financial services for cultural enterprises.

(6) Strengthening support for relief of the senior care service sector. On August 29, the National Development and Reform Commission and other departments issued *Several Policies and Measures to Support the Relief of the Senior Care Service Sector*, proposing that the central budget shall invest more in supporting the construction of senior care facilities. The construction projects of senior care facilities shall be included in the support scope of local government special bonds. It also proposes to support eligible senior care enterprises to issue corporate credit bonds and broaden diversified financing channels for senior care enterprises.

3. Supporting balanced regional development

(1) Supporting the large-scale development of the western region for Guizhou. On January 18, the State Council issued the *Opinions on Supporting Guizhou in Blazing New Trails in the Development of the Western Region in the New Era*, proposing to strengthen policy support, and actively support the eligible infrastructures, ecological environment protection projects, social and social benefit projects, etc. in Guizhou with investment from the central budget and special bonds of local governments. It also proposes to support the development of green finance and further promote the construction of green finance reform and innovation pilot zone in Gui'an New Area.

(2) Propelling new and old kinetic energy conversion in Shandong. On August 25, the State Council issued the *Opinions on Supporting Shandong to Deepen the Transformation of Old and New Growth Drivers to Promote Green, Low-Carbon, and High-quality Development*, proposing that major projects should play a leading role in promoting the new and old growth drivers transformation and green, low-carbon and high-quality development, and that eligible projects should be included in the support scope of central budget investment and local government special bonds. On October 27, the Ministry of Finance issued the *Implementation Opinions on Implementing the State Council's Opinions on Supporting Shandong to Deepen the Transformation of Old and New Growth Drivers to Promote Green, Low-Carbon, and High-quality Development*, to provide guidance on strengthening management of local government bonds, strengthen fiscal budget constraints, and match quota allocation with solvency. It also proposes to strengthen the management of the whole process of borrowing, managing and returning special bonds, and promote the penetrating supervision of special bond projects.

(3) Supporting the construction of Beibu Gulf urban agglomeration. On March 25, the NDRC issued the *Notice on Printing and Distributing the Implementation Plan for Constructing Beibu Gulf Urban Cluster during the 14th Five-Year Plan Period*, proposing to expand financing channels, and include eligible social benefit construction projects in the support scope of local government special bonds so as to attract social investment. It also proposes exploring a cost-sharing and benefit-

sharing mechanism for cross-regional industrial relocation, major infrastructure construction, and park cooperation.

(4) Urban-rural integrated development. On March 10, the NDRC issued the *Key Tasks of New Urbanization and Urban-Rural Integrated Development in 2022*, proposing to promote urbanization with counties as an important carrier. It also proposes to make overall arrangements and utilize funds such as central budget investment, local government special bonds, special enterprise bonds for new urbanization of counties, and development, policy, and commercial credit from financial institutions, and support eligible projects without adding implicit debts. It aims to support the development of a number of counties with favorable location advantages and industrial base, strong carrying capacity of resources and environment, and sound economic conditions for population gathering.

(5) Solidly promoting rural construction. On January 4, the CPC Central Committee and the State Council jointly issued the *Opinions on Fulfilling the Key Work of Comprehensively Promoting Rural Revitalization in 2022*, pointing out that policy guarantee and institutional innovation should be intensified, investment in rural revitalization should be expanded, and support should be given to local governments to issue government bonds for eligible social benefit projects of rural revitalization. On June 8, the MARA printed and distributed the *Implementation Plan for Implementing the Spirit of the National Video Conference on Stabilizing the Economy and Further Improving the Work of Expanding Effective Investment in Agriculture and Rural Areas*, pointing out that the channels of investment in agriculture and rural areas should be continuously broadened to promote the expansion of local government bonds to support agriculture. Importance should be attached to give full play to the important role of local government bonds in expanding effective investment in agriculture and rural areas, focusing on supporting the construction of infrastructures such as high-standard farmland, cold chain logistics facilities for agricultural products storage and preservation, modern agricultural industrial parks, and rural living environment improvement. The construction of the project shall be accelerated to ensure the formation of quantities as soon as possible after the special bonds are issued.

4. On market innovation

(1) Exploring financial support for green and low-carbon transformation. On January 30, the NDRC and the NEA issued the *Opinions on Improving Institutional Mechanisms and Policy Measures for Green and Low-Carbon Energy Transition*, pointing out establishing a fiscal and financial policy guarantee mechanism to support the green and low-carbon energy transformation. Major clean and low-carbon energy projects meeting the requirements should be included in the support scope of local government special bonds. Green financial products that adapt to clean and low-carbon energy characteristics shall be innovated. Eligible enterprises shall be encouraged to issue green bonds such as carbon-neutral bonds. Financial institutions shall be guided to increase support for projects with significant carbon emission reduction benefits. The issuance of the sustainability-linked bond shall be encouraged, and the green and low-carbon transformation of fossil energy enterprises shall be supported.

(2) Launching transformation bonds. On May 31, under the guidance of the PBC, the National Association of Financial Market Institutional Investors (NAFMII) issued the *Notice on Launching Innovation Pilot of Transition Bonds*, and innovatively launched transition bonds, so as to enrich the product series of green finance and transition finance, cope with climate change targets, actively practice the concept of transition development, and support the green and low-carbon transformation of traditional industries.

(3) Regulating the guidelines for sci-tech innovation corporate bonds. On May 20, the Shanghai Stock Exchange issued the *Notice of Issuing the Guidelines of Shanghai Stock Exchange for the Application of the Rules for Issuance and Listing Review of Corporate Bonds No. 4 – Sci-Tech Innovation Corporate Bonds*, which regulates related business activities, including issuance, listing application and transfer of sci-tech innovation corporate bonds, and further gives full play to the role of corporate bonds in serving the national innovation-driven development strategy and industrial transformation and upgrading.

(4) Releasing the standards for green finance enterprises the first time. On November 14, CCDC issued the enterprise standard of the ChinaBond Green Bond Environmental Benefit Information Disclosure Indicator System to further promote the construction of green bond environmental benefit information disclosure and implement the green development strategy. It was the first time that it issued green finance enterprise standards.

5. Improving the management mechanism of the bond market

(1) Strengthening the maturity management of national bonds. On March 29, the Ministry of Finance issued the *Notice on Issues Related to the Implementation of Maturity Management for Some National Bonds*, further improving the scientific and standardized level of national bond management and implementing maturity management for some national bonds.

(2) Defining the management requirements of government bond custody. On June 7, the Ministry of Finance issued the *Notice on Defining the Management Requirements of Government Bond Custody*, pointing out that it is necessary to lay a solid foundation for the stable operation of the bond market, promote the safe and sound development of the government bond market, and protect the legitimate rights and interests of investors. According to the *Budget Law of the People's Republic of China*, the *Interim Measures for the Administration of Government Bond Custody of the People's Republic of China*, and the *Measures for the Administration of Local Government Bond Issuance*, the relevant matters and provisions of government bond custody management are clarified.

(3) Strengthening the connectivity business of the bond market. On January 20, Shanghai Stock Exchange, Shenzhen Stock Exchange, National Inter-bank Funding Center, Shanghai Clearing House, and CSDC jointly issued the *Notice of Issuing the Interim Measures for the Connectivity Business between the Interbank Bond Market and the Exchange-traded Bond Market,* so as to regulate the orderly development of the interconnection of the interbank bond market and the exchange bond market.

(4) Defining the details of issuing non-capital bonds with total loss absorption capacity. On April 29, the PBC and the CBIRC jointly issued the *Notice on Relevant Issues Concerning the Issuance*

of Non-capital TLAC Bonds by Global Systemically Important Banks, which made provisions on issues related to the issuance of non-capital bonds with total loss absorption capacity by global systemically important banks, so as to enhance the total loss absorption capacity (TLAC) of China's global systemically important banks, prevent and resolve systemic financial risks, maintain financial stability and protect the legitimate rights and interests of investors.

(5) Regulating the issuance of open-ended capital bonds. On August 10, the PBC and the CBIRC jointly issued the *Notice on Issues Concerning the Issuance of Undated Capital Bonds by Insurance Companies*, regulating issues related to the issuance of non-fixed-term capital bonds by insurance companies, improving the capital replenishment mechanism of insurance companies, improving the insurance industry's risk resilience and protecting the interests of investors.

(6) Regulating transaction activities. On July 11, the NAFMII issued the *Notice on Relevant Matters Concerning the Establishment of Information Files on Transaction Activities in the Interbank Bond Market*, collecting information about trading and settlement activities of market players, so as to further improve market transaction efficiency, enrich market service means and create a good bond trading environment for market players.

(7) Regulating bond lending activities. On January 30, the PBC issued the *Measures for the Administration of Bond Lending in the Interbank Bond Market* to regulate bond lending in the interbank bond market, protect market players' legitimate rights and interests and improve market liquidity.

6. On opening up and international cooperation

(1) Promoting the joint green development of the Belt and Road Initiative. On March 16, the NDRC and other departments issued the *Opinions on Promoting the Green Development of the Belt and Road Initiative*, pointing out that the two-way opening of the green financial market should be promoted in an orderly manner, financial institutions and related enterprises should be encouraged to carry out green financing in the international market, and international financial organizations and multinational companies should be supported to issue green bonds and make green investments in China, so as to practice the concept of green development, advance the inherent requirements of ecological civilization construction, actively respond to climate change and maintain global ecological security.

(2) Facilitating the investment from overseas institutional investors. On May 27, the PBC and two other departments issued *Matters Related to Further Facilitating Overseas Institutional Investors* to Invest in China's Bond Market to Invest in the China Bond Market, stipulating that following the requirements of market-oriented development, the rule of law, and globalization, sticking to the principle of "one set of institutional rules and one bond market", investment from foreign institutional investors should be further facilitated in the China bond market under the current institutional framework, and unified cross-border management of funds should be practiced, so as to make China's bond market opening to the outside world more systematic, integrated and coordinated.

(3) Strengthening the regulated management of international institutional investors. On

November 10, the PBC and the State Administration of Foreign Exchange (SAFE) jointly issued the *Notice on Issuing the Rules on Funds Invested by Overseas Institutional Investors in China's Bond Market* to Invest in the Bond Market of China, which supports and regulates foreign institutional investors' investment in the bond market of China and defines the detailed rules for the management of foreign institutional investors' investment in the bond market of China. On November 23, the PBC and the SAFE jointly issued the *Notice on Matters Related to the Management of Funds Used by Overseas Institutions to Issue Bonds in China*, so as to regulate the management of funds from domestic bond issuance by international institutions and clarify matters related to domestic bond issuance by overseas institutions.

(4) Promoting the development of foreign cultural trade. On July 18, the Ministry of Commerce and 26 other departments issued the *Opinions on Promoting the High-quality Development of Foreign Cultural Trade*, pointing out that eligible cultural trade enterprises should be actively supported and financed by issuing corporate bonds and debt financing instruments for non-financial enterprises.

(Ⅲ) Policy assessment

1. The scale of the bond market continued to grow, effectively supporting the development of the real economy. With a sharp drop in loan interest rates and a rapid rise in credit, the bond market issuance remained stable. In 2022, the bond market nationwide issued a total of RMB 61.9 trillion of various bonds, slightly higher than that of the previous year. Private enterprises issued about RMB 550 billion of debt financing instruments throughout the year, up 20% YOY. Among them, real estate enterprises issued debt financing instruments of RMB 292.8 billion, up 11% YOY. A series of bonds themed with green development, energy security, rural revitalization, and sci-tech innovation also attracted many investors, effectively guiding a large amount of funds into related fields, supporting the transformation and upgrading of the real economy, and achieving high-quality development.

2. The stock of local bonds took the lead in the bond market, effectively supporting infrastructure investment. By the end of 2022, the balance of local bonds was RMB 34.88 trillion, accounting for 24.67% of the entire market, surpassing finance bonds for the first time and becoming the largest variety of bond market. According to the data of the National Bureau of Statistics, with the support of local bonds, infrastructure investment (excluding electricity, heating, gas, water production, and supply sectors) increased by 9.4% YOY in 2022, with an increasing growth rate for eight consecutive months, up 9.0 percentage points over the previous year. Among them, investment in water conservancy management sector increased by 13.6%, investment in utilities management sector rose by 10.1%, investment in information transmission sector grew by 9.3%, investment in road transportation sector increased by 3.7%, and investment in railway transportation industry rose by 1.8%.

3. The trading activity was greatly improved, and the importance was attached to the effective role of price discovery. In 2022, the bond market accumulated RMB 309.3 trillion, up by 34.9% YOY. The inter-market construction was gradually improved, and the activity of the exchange bond market was greatly enhanced. The spot bonds amounted to RMB 38.1 trillion, up by 121.5% YOY,

accounting for 12.3% of the national total. By the end of 2022, the yields of 1-year, 3-year, 5-year, 7-year, and 10-year government bonds were 2.10%, 2.40%, 2.64%, 2.82%, and 2.84%, respectively, which were 15 basis points lower, 5 basis points lower, 4 basis points higher, 4 basis points higher, and 6 basis points higher than those at the end of 2021.

4. Market opening was greatly improved in a continuous way, effectively supporting the real economy. Given the adverse overseas interest rate hikes, 55 international corporate institutions entered the interbank bond market in 2022. The total amount of debt financing instruments issued through "Bond Connect" in the market was RMB 239.3 billion. In addition, the interbank bond market supported issuing panda bonds of RMB 80.5 billion. 88% of the funds raised were used in China, effectively supporting the development of China's real economy.

(IV) Outlook

In 2022, the 20th CPC National Congress was convened. Guided by Xi Jinping Thought on Socialism with Chinese Characteristics for a New Era, the bond market fully implemented the spirit of the 20th CPC National Congress and the plenary sessions of the 20th CPC National Congress, carried forward the great spirit of party building, adhered to the principle of prioritizing stability while pursuing progress, continued to serve the real economy following the guidelines of development and security, and promoted the high-quality development of China's economy. In the future, the bond market will continue to implement the new development concept completely, accurately, and comprehensively, make efforts to promote high-quality development, take the initiative to build a new development pattern, and continue to deepen in key areas including optimizing the pricing benchmark of the bond market, improving the bond trading mechanism, reducing trading barriers in different markets, enriching the structure of institutional investors and comprehensively deepening the reform and opening up of the bond market.

Article 7

New Exploration on Sci–Tech Innovation Finance: On the "Overall Plan for the Construction of Pilot Zones for Sci–Tech Innovation Finance Reform in Shanghai, Nanjing, Hangzhou, Hefei and Jiaxing"①

In the report to the 20th National Congress of the Communist Party of China, General Secretary Xi Jinping stressed the necessity to improve the science and technology (sci-tech) innovation system, uphold innovation as the core of modernization, create a favorable environment conducive to the growth of sci-tech SMEs, and promote the thorough integration of the innovation chain, industrial chain, and capital chain. As the "link" and "blood" in sci-

---

① Author: Liu Yong, President of Zhongguancun Internet Finance Institute, Secretary-General of Zhongguancun Fintech Industry Development Alliance, Senior Researcher, Program for China's Financial Policy Report (research group).

tech innovation and industrial innovation, finance provides vital support for the high-quality development of an innovative country. On November 11, 2022, the People's Bank of China and other authorities jointly released the *Overall Plan for the Construction of Pilot Zones for Sci-Tech Innovation Finance Reform in Shanghai, Nanjing, Hangzhou, Hefei and Jiaxing*. The plan aims to continuously improve the organizational system of sci-tech financial institutions, innovate sci-tech financial service products, and expand the application scenarios of financial technology. By leveraging the multi-level capital market system, it aims to accelerate the construction of an extensive, multi-level, full-coverage, and sustainable financial service system for science and innovation.

The plan facilitates the establishment of a virtuous cycle system of science and technology, industry and finance, the formation of new models and new industries, and the mutual promotion of the innovation chain, industry chain, and capital chain. It's conducive to further synergizing original innovation, technological innovation, and industrial innovation, promoting financial supply-side reform, balancing the contradiction between supply and demand of sci-tech innovation finance, and creating a new high ground for sci-tech innovation and manufacturing R&D and production.

Four significant measures have been proposed in the plan:

First, it establishes the technology acquisition and storage mechanism, which not only solves the valuation difficulties faced by banks when carrying out pledges against corresponding intangible asset, but also greatly facilitates the flow of intangible assets such as technology, thus making banks more at ease when using those intangible assets as pledges.

Second, it establishes the "long-term win-win" interest rate pricing mechanism. Offering financial institutions a new financing model compatible with the development of sci-tech innovation enterprises gives those companies more access to financing.

Third, it supports the development of second funds, promotes the transfer of equity investment and venture capital shares, and expands the exit channels of private equity funds, which increases the enthusiasm and confidence of private equity funds to "invest early, invest SMEs, and invest in sci-tech", thus promoting the industrialization of sci-tech achievements and the growth of sci-tech enterprises.

Fourth, it accelerates the innovation in financial technology application scenarios, and actively explores the safe employment of blockchain technology in supply chain finance, trade finance, transaction clearing, credit, etc. It supports the regional equity market in the zones to carry out the blockchain application pilot, and establishes the account docking mechanism between the regional equity market and China Securities Depository and Clearing Corporation Limited, which significantly improves the efficiency of equity trading and settlement.

On all accounts, the plan helps to solve the financing issue confronted by sci-tech enterprises in the Yangtze River Delta region, promotes the thorough integration of sci-tech innovation and the real economy, and facilitates the high-quality development of the economy. Sci-tech innovation enterprises have become an important driving force of China's economic development as they evolve, despite that financing remains difficult for them. Therefore, the proposed overall plan to build sci-tech financial reform pilot zones is of great significance to promote China's high-quality economic development, accelerate the industrialization of sci-tech achievements, and promote the development of sci-tech enterprises.

V. Policies for the Development of the Securities Investment Fund Market[①]

(I) Development Overview of the Industry

In 2022, against the complex and changeable domestic and foreign economic and political backdrop, China's financial supply-side reform continued to be deepened and important achievements were made in the construction of a multi-level capital market. Aligning itself with economic and social development and capital market reform, China's fund industry made significant progress both in quantity and quality. It became an indispensable backbone force on the investment side to promote the growth of residents' wealth, contribute to the direct financing system, and serve the development of the real economy.

According to statistics released by the Asset Management Association of China (AMAC), as of the end of 2022, the total size of assets managed by fund management companies, their subsidiaries, securities companies, futures companies, and private equity funds management institutions stood at RMB 66.74 trillion. [②]Specifically, publicly offered funds accounted for RMB 26.03 trillion; private equity funds managed by securities companies and their subsidiaries came to RMB 6.87 trillion;[③] private equity funds managed by fund management companies and their subsidiaries came to RMB 7.12 trillion; pension funds managed by fund companies amounted to RMB 4.27 trillion; [④]private equity funds managed by futures companies and their subsidiaries reached RMB 314.7 billion; private equity funds reached RMB 20.28 trillion and assets in support of special plans amounted to RMB 1.95 trillion.

In 2022, the publicly offered fund industry witnessed steady development and structural optimization. By the end of 2022, there were 156 publicly offered fund managers in China. Among them, there were 47 foreign-invested fund management companies including four wholly foreign-owned ones; five new publicly offered fund managers were added in the same year. By the end of 2022, there had been 10,576 publicly offered funds in China, with a total net asset value of more than RMB 26 trillion, up 1.83% in net worth scale since the end of 2021. As an important

---

① Author: Cai Hengpei, Research Department, Asset Management Association of China.

② Any overlap between private equity fund management products and private asset management plans is excluded from the aggregate data.

③ It excludes pensions managed by securities companies.

④ It includes social security funds managed by fund management companies, basic pensions, corporate pensions and occupational pensions, excluding offshore pensions.

institutional investor in the capital market, publicly offered funds bring long-term stable funds to the development of the real economy. By the end of 2022, the total market value of A-shares held by publicly offered funds was RMB 5.48 trillion, accounting for 8.26% of the circulating market value of the A-share market; the total market value of bonds held by publicly offered funds was RMB 13.78 trillion, accounting for 9.54% of the balance of bonds under custody. Pension funds managed by fund companies amounted to RMB 4.27 trillion, up 7.5% since the end of the previous year; the number of private pension publicly offered fund products reached 133 and amounted to RMB 2 billion, indicating more effective asset allocation and application to elderly care services. There were 25 publicly offered REIT products, of which 24 were issued. A total of RMB 78,361 million of funds was raised, indicating that publicly offered REIT products played an increasingly important role in liquidizing remnant assets and expanding effective investment.

Securities and futures institutions have made every effort to implement the new regulations on asset management for their private equity management business, further optimizing the stock structure and continuously improving their active management ability. By the end of 2022, the scale of the private equity management business was RMB 14.24 trillion, of which standardized assets accounted for 85%. The capital source structure has been optimized. The proportions of products, institutions, and individuals were 55%, 38%, and 7% respectively. The proportions of long-term funds, such as insurance and individual funds, increased. Asset-backed securitization (ABS) products have promoted the transformation and upgrading of the real economy. By the end of 2022, the cumulative filing scale reached RMB 7.90 trillion, and the existing scale was RMB 1.95 trillion; participants and basic assets were further diversified, covering 18 sub-sectors including manufacturing, 35 regions, and 17 categories of basic assets. High-quality enterprises were actively supported to innovate direct financing channels, and the role of liquidizing remnant assets was constantly emerging.

The steady increase in the scale of private equity funds managed has played an important role in developing direct financing and promoting the formation of innovative capital. By the end of 2022, 23,700 private equity fund managers had been registered with the AMAC, managing 145,000 private equity funds; the net assets were RMB 20.28 trillion. The number of projects invested in by various private equity funds on record was 137,600, with a principal of RMB 9.12 trillion, registering a YOY increase of RMB 448.8 billion or 5.2%. Among them, there were 87,500 small and medium-sized enterprise projects, with a principal of RMB 2.69 trillion, and 60,800 high-tech enterprise projects, with a principal of RMB 2.65 trillion. By the end of 2022, private equity funds had invested in a total of 194,900 equity and refinancing projects of unlisted enterprises and enterprises listed on the National Equities Exchange and Quotations (NEEQ, known as the New Third Board) in China, forming an equity capital of RMB 11.39 trillion for the real economy. There were 501 listed enterprises on the STAR Market, of which 447 or 89.2% received capital support from private equity and venture capital funds during their growth. In 2022, RMB 542.1 billion of private equity funds was newly invested in the equity of unlisted enterprises in China, amounting to 1.7% of all newly added private financing over the same period.

(II) Policy Analysis of the Industry

In 2022, the supervision department adhered to political guidance, resolutely implemented the decisions and deployments of the CPC Central Committee and the State Council, took welcoming the 20th CPC National Congress and thoroughly studying, promoting and implementing the guiding principles of the 20th CPC National Congress as the main line, stuck to the general principle of seeking progress stably, continuously promoted the industry to improve its professional level and adhere to its original mission, and served the high-quality development of the real economy with its own high-quality development.

1. Publicly offered REITs maintained steady and healthy development

On January 26, 2022, the Ministry of Finance and the State Taxation Administration issued the *Announcement on the Tax Policy for the Pilot Program of Real Estate Investment Trusts (REITs) in the Infrastructure Field*, which has been the first tax policy for the REITs in China. On May 19, 2022, the General Office of the State Council issued the *Opinions on Further Revitalizing Stock Assets and Increasing Effective Investment*, proposing to establish and improve the fundraising expansion mechanism and incorporating government-subsidized rental housing into the pilot scope. To implement the guiding principles of the documents for fundraising expansion, on May 31, 2022, the Shanghai Stock Exchange (SSE) and the Shenzhen Stock Exchange (SZSE) issued the *Guidelines of Shanghai Stock Exchange for the Application of the Rules for the Publicly Offered Infrastructure Real Estate Investment Trusts (REITs) No. 3 – New Acquisition of Infrastructure Projects (for Trial Implementation)* and the *Guidelines on Publicly Raised Infrastructure Securities Investment Fund Business No. 3 – Newly Acquired Infrastructure Projects (Trial)* to regulate the fundraising expansion and other behaviors and contribute to the practical progress in fundraising expansion; on July 7, 2022, the General Office of the National Development and Reform Commission (NDRC) issued the *Notice on the Work Related to the Application and Recommendation of New Acquisition Projects of Infrastructure Real Estate Investment Trusts (REITs)* to encourage listed infrastructure REITs to raise funds through fundraising expansion to purchase high-quality assets. On May 24, 2022, the General Office of the China Securities Regulatory Commission (CSRC) and the General Office of the NDRC jointly issued the *Notice on Relevant Work Concerning Pilot Issuance of Government-subsidized Rental Housing Real Estate Investment Trusts (REITs)*, which marks the official start of the pilot work of REITs for government-subsidized rental housing; on July 15, 2022, the SSE and the SZSE jointly issued the *Guidelines of Shanghai Stock Exchange for the Application of the Rules for the Publicly Offered Infrastructure Real Estate Investment Trusts (REITs) No. 4 – Government-subsidized Rental Housing (for Trial Implementation)* and the *Business Guidelines of Shenzhen Stock Exchange for Publicly Offered Infrastructure REITs No. 4 – Government-subsidized Rental Housing (Trial)*, which specifies the access requirements, the use and supervision of recovered funds, operation and management, information disclosure and other requirements for participating institutions and infrastructure.

2. Promoting the high-quality development of publicly offered funds

On April 26, 2022, the CSRC issued the *Opinions on Accelerating the Promotion of High-*

Quality Development of the Industry of Publicly Offered Funds. The document puts forward 16 specific opinions, such as cultivating professional asset management institutions, building professional capabilities, creating a favorable development ecology for the industry, and improving the efficiency of regulatory transformation, to promote the construction of a new development pattern for the industry of publicly offered funds. On May 20, 2022, the CSRC issued the *Measures for the Supervision and Administration of Managers of Publicly Offered Securities Investment Funds* and the *Provisions on Issues Concerning the Implementation of the Measures for the Supervision and Administration of Managers of Publicly Offered Securities Investment Funds*. The documents are designed to improve the requirements for the regulation of managers of publicly offered funds across the whole chain from access, internal control, operation, governance, exit, and regulation to stress the combination of decentralization and administration and accelerate the high-quality development of the industry of publicly offered funds. On June 10, 2022, the AMAC issued the *Guidelines on Performance Assessment and Remuneration Management of Fund Management Companies*. This document puts forward specific requirements for remuneration structure, remuneration payment, performance assessment, internal control and management of remuneration, and other aspects to promote the industry to improve the long-term incentive and restraint mechanism. On June 17, 2022, the AMAC issued the *Guidelines on Reputational Risk Management of Fund Management Companies (Trial)* to promote the improvement of risk management mechanisms and systems of fund management companies and establish a restraint mechanism for the industry's reputation.

3. Implementing the service of publicly offered funds for private pensions

On April 8, 2022, the General Office of the State Council issued the *Opinions on Promoting the Development of Private Pensions*, which has established the basic system framework for China's third pillar pension insurance and marked the official launch of China's private pension system. On October 26, 2022, the Ministry of Human Resources and Social Security (MOHRSS), the Ministry of Finance (MOF), the State Taxation Administration (STA), the China Banking and Insurance Regulatory Commission (CBIRC), and the CSRC jointly issued the *Implementation Measures for Private Pension*, specifying the participation process, fund account management, institution and product management, information disclosure, supervision and administration and other aspects of private pensions. It has marked the start of implementing the private pension system in China. On November 4, 2022, the CSRC issued the *Interim Provisions on the Administration of the Business of Private Pensions' Investing in Publicly Offered Securities Investment Funds*, clarifying the specific provisions on the business of private pensions' investing in publicly offered funds. On November 18, 2022, the CSRC announced the list of the first batch of private pension products and fund sales institutions. All the pension target products included in the list added special shares for private pension investment, and preferential arrangements for management fees, custody fees, and sales fees were implemented. On November 25, 2022, China's private pension scheme was officially implemented, and the business of private pensions' investing in publicly offered funds was launched synchronously. Both met with a positive response among the public, especially investors who showed high enthusiasm for participation. Publicly offered funds have seen new development opportunities in the field of pensions.

4. Optimizing the self-discipline management and services of private equity funds

On January 30, 2022, the AMAC issued the *Notice on Matters Related to Strengthening the Self-discipline Management of Institutions with Abnormal Operations*, specifying the abnormal operation situations and self-discipline management measures of the managers of private equity funds, and promoting the establishment of a regular exit mechanism featuring survival of the fittest and orderly entry and exit in the industry of private equity funds. On June 2, 2022, the AMAC issued the *Measures for the Administration of the Business of Privately Offered Investment Funds in Electronic Contracts (Trial)* to regulate the development of private equity funds' business in electronic contracts. On the same day, the AMAC issued the *Notice on Matters Related to the Registration and Filing of Managers of Private Equity Funds*, updated the *List of Application Materials for Registration of Managers of Private Equity Funds*, and issued the *Key Points for the Filing of* Privately Offered Investment Funds, aiming to improve the standardization, transparency, and efficiency of registration and filing work, and improve the reasonable expectations and compliance consciousness of institutions. On June 24, 2022, the AMAC issued the *Guidelines for Handling Affairs Related to the Registration of Managers of Private Equity Funds and the Filing of Privately Offered Investment Funds*. Its main contents include a series of guidelines for handling affairs such as registration, major modifications, and active cancellation of registration of managers of private equity funds, filing, major modifications, liquidation, and application for reverse linking policies of privately offered investment funds to provide more convenience for managers of private equity funds to handle registration and filing procedures; at the same time, the Association publicizes the cases of the registration of managers of private equity funds and the filing of private equity funds to further improve work efficiency and transparency.

5. Promoting securities and fund business institutions to support the development of private enterprises

On May 13, 2022, in order to standardize the operation of the asset management plan for supporting the development of private enterprises in the securities industry, the Securities Association of China (SAC) and the AMAC jointly issued the *Guidelines for Standardizing the Operation of the Asset Management Plan for Supporting the Development of Private Enterprises in the Securities Industry* to support securities companies to further maximize their professional advantages, make financing easier for private enterprises, and help with the reform and development of private enterprises.

6. Comprehensively strengthening the management and service of fund professionals

On February 18, 2022, the CSRC issued the *Measures for the Supervision and Administration of the Directors, Supervisors, Senior Executives, and Practitioners of Securities and Fund Business Institutions* to further standardize the management of professionals in securities business institutions and strengthen the main responsibilities of these business institutions. On May 10, 2022, the AMAC issued the *Rules for the Administration of Fund Professionals* and the *Provisions on the Implementation of Matters Related to the Rules for the Administration of Fund Professionals* to strengthen professionals' self-discipline management, standardize their behaviors, and comprehensively regulate the behaviors of professionals of institutions of publicly offered funds, private equity funds, funds under custody and related services.

(Ⅲ) Development Outlook for the Industry

The 20th CPC National Congress has proposed to advance the great rejuvenation of the Chinese nation on all fronts through a Chinese path to modernization, and also has clearly pointed out the need to "improve the functions of the capital market and increase the proportion of direct financing". As the CPC Central Committee repeatedly stresses, it's necessary to identify and follow a path of financial development with Chinese characteristics. And building a modern capital market with Chinese characteristics and increasing the proportion of direct financing will become the keynote of capital market construction. As China's economy recovers, the basic system of the capital market with Chinese characteristics improves, the capital market is further reformed, and the market operation environment optimizes, a solid foundation will be laid for the development of the asset management industry and both new development opportunities and challenges will appear during the development process. First, the registration-based IPO system will be further implemented to promote the ecological reconstruction of the capital market. It is necessary for the fund industry to continuously improve its professional ability, gradually complete its valuation and pricing logic and valuation system with Chinese characteristics, and facilitate value investment and long-term investment. Second, increasing the proportion of direct financing will be an inevitable trend. For the asset management industry, it is necessary to focus on supporting scientific and technological innovation, promoting innovative capital formation, and creating a more unimpeded technological, industrial, and financial virtuous cycle. Third, as China upgrades its green development strategy and strives to accomplish carbon emissions peaking and carbon neutrality goals, both listed and non-listed enterprises will accelerate low-carbon transformation, fund investment concepts and logic will undergo structural changes, and the Chinese characteristics will become more distinctive in green investment and ESG investment.

Appendix

List of Major Regulatory Policies for the Fund Industry in 2022

Date	Policy Name	Issuer(s)
January 26	Announcement on the Tax Policy for the Pilot Program of Real Estate Investment Trusts (REITs) in the Infrastructure Field	Ministry of Finance, State Taxation Administration
January 30	Notice on Matters Related to Strengthening the Self-discipline Management of Institutions with Abnormal Operations	AMAC
February 18	Measures for the Supervision and Administration of the Directors, Supervisors, Senior Executives, and Practitioners of Securities and Fund Business Institutions	CSRC
April 8	Opinions on Promoting the Development of Private Pensions	General Office of the State Council

Continued

Date	Policy Name	Issuer(s)
April 26	Opinions on Accelerating the Promotion of High-Quality Development of the Industry of Publicly Offered Funds	CSRC
May 10	Rules for the Administration of Fund Professionals	AMAC
May 10	Provisions on the Implementation of Matters Related to the Rules for the Administration of Fund Professionals	AMAC
May 13	Guidelines for Standardizing the Operation of the Asset Management Plan for Supporting the Development of Private Enterprises in the Securities Industry	SAC, AMAC
May 19	Opinions on Further Revitalizing Stock Assets and Increasing Effective Investment	General Office of the State Council
May 20	Measures for the Supervision and Administration of Managers of Publicly Offered Securities Investment Funds	CSRC
May 20	Provisions on Issues Concerning the Implementation of the Measures for the Supervision and Administration of Managers of Publicly Offered Securities Investment Funds	CSRC
May 24	Notice on Relevant Work Concerning Pilot Issuance of Government-subsidized Rental Housing Real Estate Investment Trusts (REITs)	General Office of the CSRC, General Office of the NDRC
May 31	Notice of Issuing the Guidelines of Shanghai Stock Exchange for the Application of the Rules for the Publicly Offered Infrastructure Real Estate Investment Trusts (REITs) No. 3 – New Acquisition of Infrastructure Projects (for Trial Implementation)	SSE
May 31	Notice on Issuing the Guidelines on Publicly Raised Infrastructure Securities Investment Fund Business No. 3 – Newly Acquired Infrastructure Projects (Trial)	SZSE
June 2	Notice on Matters Related to the Registration and Filing of Managers of Private Equity Funds	AMAC
June 2	Measures for the Administration of the Business of Privately Offered Investment Funds in Electronic Contracts (Trial)	AMAC
June 10	Guidelines on Performance Assessment and Remuneration Management of Fund Management Companies	AMAC
June 17	Guidelines on Reputational Risk Management of Fund Management Companies (Trial)	AMAC
June 24	Announcement on the Arrangements for Including Exchange-Traded Funds in the Mainland-Hong Kong Mutual Market Access Mechanism	CSRC
July 7	Notice on the Work Related to the Application and Recommendation of New Acquisition Projects of Infrastructure Real Estate Investment Trusts (REITs)	General Office of the NDRC

Continued

Date	Policy Name	Issuer(s)
July 15	Guidelines of Shanghai Stock Exchange for the Application of the Rules for the Publicly Offered Infrastructure Real Estate Investment Trusts (REITs) No. 4 – Government-subsidized Rental Housing (for Trial Implementation)	SSE
July 15	Business Guidelines of Shenzhen Stock Exchange for Publicly Offered Infrastructure REITs No. 4 – Government-subsidized Rental Housing (Trial)	SZSE
October 26	Implementation Measures for Private Pension	MOHRSS, MOF, STA, CBIRC, CSRC
November 4	Interim Provisions on the Administration of the Business of Private Pensions' Investing in Publicly Offered Securities Investment Funds	CSRC

Article 8

Strengthen Financial Services for Science and Technology Innovation①

On April 19, 2022, the Commission for Comprehensively Deepening Reform of the Communist Party of China (CPC) Central Committee issued the *Work Plan for Optimizing Financial Support Mechanism for Innovation during the 14th Five-year Plan Period (2021-2025)*, which requires focus on the short slabs of financial services for science and technology (sci-tech) innovation, improvement of the system for finance to support innovation, and advancement of the financial system to better cater to the needs of scientific and technological innovation in the new era.

Technology innovation is an important powerhouse of economic growth. The development of the financial industry must closely revolve around science and technology innovation, building a bridge between sci-tech and industry, and forming a high-level cycle of "sci-tech — finance — industry". Promoting financial reform in the sci-tech innovation field is an important embodiment of adhering to the "innovation-driven" principle, a clear requirement for fully implementing the strategies of rejuvenating the country through science and education, empowering the nation with talent and innovation-driven development, and a specific plan for further improving the national innovation system and accelerating the building of a science and technology power. The release of the Work Plan fully reflects the CPC Central Committee's high attention and determination to perfect the financial support innovation system, and is conducive to further pooling strong forces to support China's self-reliance and self-improvement in high-level sci-tech.

To make the financial system better serve sci-tech innovation, China will strive to improve the

① Author: Du Shuming, Associate Dean, Research Institute, China Galaxy Securities, Senior Researcher, Program for China's Financial Policy Report (research group).

new national system, make breakthroughs in key and core technologies, and improve the overall efficiency of the innovation chain. It is important to coordinate development and security, actively plan around the country's strategic needs, tackle scientific and technological difficulties and the problems in the commercialization of scientific and technological achievements, and actively serve strategic emerging industries and "professional, sophisticated, special and novel" medium-sized and small enterprises, so as to serve the high-quality development of the real economy.

To make the financial system better serve sci-tech innovation, China will build a multi-level financial service system, optimize the financial system and policy service system, and increase support and service for science and technology innovation from the two aspects of direct financing and indirect financing. Especially, we should fully mobilize social resources, and give play to the advantages and enthusiasm of various parties, jointly empowering sci-tech innovation. We should actively meet the current needs of economic construction, rationally use policy-oriented and development-oriented financial instruments, strictly implement a market-oriented operation process, and ensure the centralized monitoring of projects and funds through the standardized management of policy-oriented and development-oriented banks, thus effectively enhancing the comprehensive efficiency of government investment. We should keep innovating sci-tech innovation finance products, develop innovative services such as intellectual property pledge financing and intellectual property insurance in an orderly manner, and continuously expand the effective supply of sci-tech innovation finance. It is necessary to make full use of innovation mechanisms to grasp risks scientifically, actively employ big data, artificial intelligence, and other scientific and technological means to strengthen credit management, and do a good job in information collection, risk identification, and monitoring of innovation enterprises, to ensure accurate and effective risk prevention and control.

It is necessary to vigorously develop direct financing services represented by equity financing, develop a multi-tiered capital market system via the comprehensive implementation of the registration system, actively embrace the technology-led and innovation-driven development strategy, and provide diversified and differentiated financing services according to the characteristics of different types of enterprises in different life cycles. We should mobilize local governments, enterprises, and social forces to jointly develop equity investment business, actively cultivate various industry funds and venture capital funds, and provide more financing convenience for science and technology innovation enterprises, thus actively boosting the integration of sci-tech with capital.

We need to strengthen the reform of systems for finance to serve scientific and technological innovation, explore the establishment of risk-sharing mechanisms and incentive and constraint mechanisms in line with the characteristics of scientific and technological innovation, earnestly implement mechanisms for error tolerance and correction, duty fulfillment and liability exemption, to fully mobilize the enthusiasm and initiative of all kinds of financial institutions to support sci-tech innovation. In order to promote the implementation of policies about finance serving sci-tech innovation enterprises, the relevant government departments should timely summarize typical positive and negative cases, and intensify the publicity and promotion of relevant policies, thus fully integrating finance into the "Science and Technology Empower China" strategy.

VI. Development Policies for the Money Market①

The year of 2022 has witnessed repeated outbreaks of COVID-19 nationwide, imposing severe impacts on the real economy. The People's Bank of China (PBC) has taken various measures to maintain market liquidity, with positive fiscal policies, tax rebates, weak financing demand of the real economy, relatively easy market funding throughout the year, and stable funding prices with a slight decline. Under the "triple pressure" (demand weakness, supply disruptions, and weak expectations), China's economic functioning has gradually recovered with the support of policies, with weak demand for credit and consumption throughout the year, and an amount of household savings reaching a record high.

In 2022, the advantages of flexible and moderate monetary policy tools in terms of volume and structure were fully leveraged to strengthen support for the real economy. Against this background, the overall money market maintained stable throughout the year. The one-year fixed deposit rate of the funding price showed a downward trend, with a narrowed fluctuation range, an enlarged market scale, and significantly increased transactions. The ability of the bill market to serve the real economy has been further enhanced thanks to the issuance of several policies relevant to its development. Bill market functioning to serve the real economy and micro, small, and medium-sized enterprises (MSMEs) is thus expected to deepen further.

In 2022, the money market enjoyed abundant liquidity throughout the year. The interest rate of the money market maintained stable with a slight decline. The interest rate of the money market fluctuated within a narrow range below the 7-day reverse repo rate of the PBC. Specifically, the overnight, three-month, and one-year Shanghai Interbank Offered Rate (Shibor) closed at 1.96%, 2.42%, and 2.62% respectively at the end of 2022, down 17, down 8, and down 12 basis points, respectively, compared with the end of 2021. The overnight interbank lending weighted interest rate (IBO001) closed at 2.05% at the end of the year, down 16 basis points from the end of 2021. The 7-day Shibor, 7-day pledged repo rate (R007) and 7-day inter-bank market deposit institutions' pledged repo rate (DR007) closed at 2.22%, 2.79%, and 2.36%, respectively, at the end of the year, down 5, up 24, and up 7 basis points compared with the end of 2021.

From the perspective of the timeline, market funding tightened in January throughout the year. At the end of January, R007 rose by 20 basis points compared with the beginning of the month, and the market liquidity remained tight in February due to the Spring Festival and other factors. From January to March, the PBC increased the scale of month-end reverse repo operations to RMB

① Sun Xinxin, Research Fellow, Guotai Junan Securities Policy Research Institute, Research Fellow, Program for China's Financial Policy Report (research group).

100 billion or more to maintain market liquidity. During this period, R007 fluctuated in a narrow range around the 7-day reverse repo policy rate, with the spread between R007 and the policy rate remaining basically within 30 basis points. Since April, COVID-19 has hit some major cities in China. Given this, the PBC has quickly decided to loosen policies such as cutting the reserve requirement ratio (RRR). As a result, the market funds became loose. In August, R007 fell to the low point of 1.44% and DR007 fell to the low point of 1.30%.

In 2022, in order to alleviate the downside risks of the economy due to COVID-19 and maintain reasonable and abundant liquidity, the PBC carried out more open market operations with lower prices to maintain liquidity, cutting the RRR by 25 basis points in April and December, respectively, lowering the 7-day reverse repo rate and the one-year medium-term lending facility (MLF) rate by 20 basis points in January and August, with R007 fluctuating within a narrow range of about 40~50 basis points below the 7-day reverse repo rate of the PBC.

In 2022, the PBC increased MLF operations to inject more mid-term liquidity than the due amount for four times. The net supply through the open market operations increased to RMB 1,028 billion throughout the year, and the profit transferred to the state was RMB 1.13 trillion. Through various types of central bank lending and policy- and development-oriented financial instruments, the PBC injected liquidity through multiple channels and in various ways, in order to stabilize market funding, and smoothly hedge the liquidity destabilizing factors such as the massive issuance of local government bonds, tax payment, and cross-month, cross-quarter and cross-year financial periods.

In 2022, the total amount of transactions in the money market was RMB 1,526.9 trillion, with an average daily turnover of RMB 6.1 trillion, a YOY increase of 31%. The amount of transactions in August was RMB 170 trillion, reaching a monthly record high. In terms of different markets, the credit lending amounted to RMB 146.8 trillion, with an average daily amount of RMB 0.6 trillion, a YOY increase of 24%. The pledged repo transactions amounted to RMB 1,374.6 trillion, with an average daily amount of RMB 5.5 trillion, a YOY increase of 32%. The buyout repo transaction amounted to RMB 5.5 trillion, with an average daily amount of RMB 22 billion, a YOY increase of 16%.

In 2022, the interbank money market amounted to RMB 1,507.2 trillion, a YOY increase of 29.1%. Credit lending amounted to RMB 144.96 trillion, a YOY increase of 22%. The pledged repo amounted to 1,356.74 trillion, a YOY increase of 30%. The buyout repo amounted to RMB 5.5 trillion, a YOY increase of 15.6%. From the financing structure of the money market, the net lending balances of large commercial banks, monetary funds and policy banks at the end of the year were RMB 2.82 trillion (up RMB 0.75 trillion compared with the end of last year), RMB 1.08 trillion (up RMB 0.36 trillion compared with the end of last year) and RMB 0.65 trillion (down RMB 0.11 trillion compared with the end of last year), respectively. The ranking of net lending of monetary funds rose by one place. Special accounts of securities companies, bond funds, and fund companies ranked the top three in net borrowing, with borrowing amounts of RMB 1.46 trillion (up RMB 0.19 trillion from the end of last year), RMB 1.06 trillion (up RMB 0.13 trillion from the end of last year) and RMB 0.59 trillion (up RMB 0.28 trillion from the end of last year) respectively. The ranking of net borrowing of special accounts of fund companies rose by one place. Asset management products such as money funds and bond funds have become major market participants in net lending and borrowing.

From the perspective of transaction duration and structure, the money market still features short-term transactions. Throughout the year, the transaction volumes of overnight and 7-day credit lending accounted for 89.3% and 98.1% respectively, basically flat compared to the previous year. The overnight and 7-day transaction volumes of pledged repo accounted for 86.6% and 96.8% respectively, up 2.2 and 0.6 percentage points respectively over the previous year. In terms of the category of trading institutions, the proportion of overnight sell repo by non-bank institutions increased significantly, from 51.1% in 2021 to 58.6% in 2022. Among them, the proportion of overnight sell repo by wealth management, money funds, fund companies and fund products rose by 2.2, 1.5 and 2.9 percentage points to 6.1%, 8.6% and 20.3% respectively compared with 2021.

(I) Interbank Lending Market

1. Overview of Market Operation

In 2022, the interbank lending market maintained stable, with continuously increasing market players, and steadily enlarging transaction scale. Since April, the one-year fixed deposit rate has fluctuated within a narrow range below the 7-day reverse repo rate of the PBC, as shown in Figure 1. In 2022, the transaction volume of credit lending was RMB 146.8 trillion, with an average daily volume of RMB 0.6 trillion, a YOY increase of 23.55%.

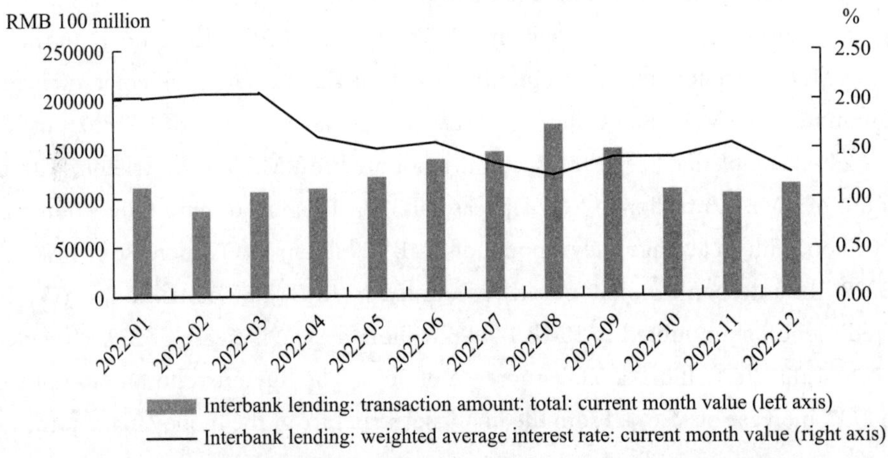

Figure 1 Chinese interbank lending market transactions, 2022

(Data source: China Foreign Exchange Trade System)

The interbank lending market's one-year fixed deposit rate fluctuated within a narrow range of 30~40 basis points below the PBC's 7-day reverse repo rate. At the end of 2022, the weighted transaction rates of overnight and 7-day interbank lending closed at 2.05% and 2.42% respectively, down 16 and 6 basis points respectively from the end of last year.

2. Prospects

In 2023, it is expected that the interbank lending market will continue to operate smoothly and orderly. Against the background of weakened COVID-19 impacts, the market rate will fluctuate around the policy rate of the PBC, and the standardized operation of market players will be further strengthened, and the market function of the money market for adjusting liquidity is expected to be further enhanced.

(II) Bill Market

In 2022, against the background of COVID-19 outbreaks and "triple pressure" upon macroeconomic operation (demand weakness, supply disruptions, and weak expectations), bill market operation remained stable, with steady growth in all kinds of business, and bill interest rates displaying a generally downward trend, thus playing a positive role in the financial sector's provision of services to the real economy, promoting circulation within and optimization of the supply chain and the industrial chain, and reducing enterprises' financing costs.

1. Overview of Market Operation

In 2022, the bill market's total business volume was RMB 167.32 trillion, with a YOY increase of 12.87%. Among them, the acceptances amounted to RMB 27.39 trillion, a YOY increase of 13.70%. The discounting transactions amounted to RMB 19.46 trillion, a YOY increase of 29.62%. The rediscount transactions amounted to RMB 58.21 trillion, a YOY increase of 24.02%. The repo transactions amounted to RMB 29.90 trillion, a YOY increase of 30.11%.

In 2022, the total scale of bill acceptance increased, with bank draft acceptance increasing steadily while commercial bill issuance increased rapidly. In 2022, the entire market for acceptances amounted to RMB 27.40 trillion, with a YOY increase of 13.7%. The average daily amount was RMB 110.4 billion, with a face amount of RMB 970,000. The discounting amounted to RMB 19.46 trillion, up 29.62% year-on-year, with an average daily discounting amount of RMB 78.5 billion and a face amount of RMB 1.75 million. The discounting acceptance ratio was 71.06%, up 14.30% year-on-year. Since 2022, the process of adopting electronic bills has been further accelerated, with invoices issued by enterprises increasing significantly. In order to enhance their ability to serve the real economy, financial institutions have increased the credit supply and discounting limit of bills. Thus the bill discounting business has grown significantly. In 2022, the amount of acceptance and discounting rose significantly compared with 2021, with the growth rate of discounting amount increasing significantly. In addition, the discounting acceptance ratio rose sharply compared with the same period of last year, showing a constantly rising flow rate of new bills from the primary market to the banks' balance sheet.

In 2022, the transactions of the bill market grew steadily, and the amount of acceptance and discounting transactions increased YOY significantly. The amount of bill transactions has been significantly boosted. Against a background of relatively weak demand for effective credit, bill discounting had a cost advantage, leading both banks and enterprises to prefer this financing method. In 2022, total market interbank discounting amounted to RMB 19.5 trillion, a YOY increase of 29.62%. The total market rediscount amounted to RMB 58.21 trillion, up 24.02% year-on-year, with a growth rate of 17.61% over the previous year. The total market repo transactions amounted to RMB 29.90 trillion, up 30.11% year-on-year, with a growth rate of 15.13% over the previous year. The proportion of pledged repo transactions was about 31.70% per month, up about 0.36 percentage points over the previous year, indicating that the bill pledge and financing functions were enhanced.

Table 1 Scale of bill market in 2022

Quarter	Acceptance (RMB 1 trillion)	YOY (percent)	Discounting (RMB 1 trillion)	YOY (percent)	Discounting acceptance ratio (percent)
Q1	6.96	13.75	4.78	32.19	68.69
Q2	7.10	14.87	5.43	36.81	76.45
Q3	6.37	12.44	4.39	25.40	69.01
Q4	6.96	12.46	4.86	23.74	69.81
Total	27.39	13.40	19.46	29.62	71.06

Data source: Shanghai Commercial Paper Exchange Corporation Ltd.

In 2022, the bill rate fluctuated downward, and the one-year fixed deposit rate of the bill market declined significantly, with a narrowed spread between long and short maturities, and an inverted yield of negotiable certificate of deposit (NCD). A shift of the longest payment period of commercial bills from one year to six months is about to be implemented. Throughout the year, the interest rate of the bill market rose to a new high in Q1 of the year, and then fluctuated and fell. In 2022, against the background of repeated outbreaks of COVID-19, ongoing geopolitical conflicts and rising inflation, the Federal Reserve adopted an aggressive rate hike policy, and most central banks of developed economies followed suit. As global economic growth slowed down more than expected and the "triple pressure" facing China's economy persisted, the bill rates fluctuated downward and bottomed out again. According to Shanghai Commercial Paper Exchange (SHCPE), the lowest interest rates of 1M and 3M bills reached 0.0001%, and the lowest interest rates of 6M, 9M, and 1Y bills were 0.001%, 0.08%, and 0.0166% respectively.

2. Main Policies

In January 2022, in order to further regulate the acceptance, discounting and rediscount of commercial bills, the PBC and the China Banking and Insurance Regulatory Commission (CBIRC) revised the *Interim Rules on Acceptance, Discount and Rediscount of Commercial Bills*, and formulated the *Rules on Acceptance, Discount and Rediscount of Commercial Bills* (Exposure Draft), and solicited opinions from the public.

In June 2022, the new-generation bill business system of SHCPE was successfully put into operation as soon as the lockdown of Shanghai due to COVID-19 was removed.

In August 2022, SHCPE organized the first batch of market players who applied for the launch of the bill business system to put the system into operation. 51 institutions, consisting of

23 commercial banks, 18 rural banks, and 10 finance companies, were among the first batch of institutions to launch the full-process business functions of the new-generation bill business system.

In November 2022, the revised *Rules on Acceptance, Discount and Rediscount of Commercial Bills* was issued, which took effect on January 1, 2023. It redefines the nature and classification of relevant bills, strengthens the information disclosure and credit restraint mechanism, and sets a one-year transition period for the proportion limit of acceptance bills of banks and finance companies, and adjusts the maximum term of commercial bills from one year to six months.

3. Analysis of Policy Effects

The year of 2022 marks the 6th anniversary of the SHCPE. Over the past six years, China's bill market has been developing under regulation, continuously implementing product innovation, and steadily conducting institutional improvement. The bill market has entered a new era. In the past six years, China's bill market has been developing vigorously, with an increasingly regulated market, continuously enriched innovative product portfolios, and constantly strengthened infrastructure construction. And the bill market ecology has undergone tremendous changes, thus further supporting the development of the real economy. In 2016, SHCPE was established. In 2017, the transfer to the electronic bill system was completed. In 2018, the integration of paper and electronic bills was successfully completed. In 2019, "Tiexiantong" was officially launched. In 2020, standardized bills were launched. In 2021, a new-generation bill business system was built. In 2022, a number of achievements were made.

First, in 2022, the function of the bill market to serve the real economy has been improving continuously. First of all, the market scale has been expanding steadily. Against the background that China's macro-economy is facing complicated and severe situation at home and abroad, the bill market is running smoothly, with its business indicators growing steadily. Meanwhile, its function to serve the real economy is thus expected to keep deepening. The bill market offers low-cost funds for the real economy and facilitates payments, settlements and financing needs among enterprises.

Second, since 2022, the service capacity and coverage of bills for small and medium-sized enterprises (SMEs) have been continuously strengthened. Firstly, we strive to make the use of bills a routine for SMEs, with the proportion of bill usage among SMEs constantly rising. In 2022, there were 213,000 MSMEs that issued bills, accounting for 94.5% of the total, and the bills issued by MSMEs amounted to RMB 17.8 trillion, accounting for 64.9% of the total. There were 327,000 MSMEs practicing discounting, accounting for 97.1% of the total, with an amount of RMB 14.2 trillion, making up 72.9% of the total. Secondly, we have been continuously improving the bill using environment for SMEs. In recent years, SHCPE has launched innovative products such as "Piaofutong", "Tiexiantong" and supply chain bills, promoted risk control measures such as bill information disclosure and active account management, optimized the bill-using environment for SMEs, and thus reduced their financing costs. By the end of 2022, the rediscount balance of financial institutions had reached RMB 558.3 billion.

Third, the bill business has undergone active innovation. Since 2022, innovative bill products have been continuously launched and upgraded. Firstly, in terms of basic products, state-owned banks such as ICBC launched "Working on Manufacturing", a bill innovation project to support the manufacturing sector so as to transform functions such as query statistics, customer portraits and value-added services, improved business experience and internal management efficiency, launched "Xingnongtie", an innovative bill product, to realize preference delivery and precise support for farmers. Secondly, as for derivatives, since 2022, the PBC has strengthened its support for supply chain bills, and the PBC's branches in Shanghai, Hunan, Guangdong, etc., have launched the rediscount business of supply chain bills, strengthened precise "drip irrigation" for the industrial chain and supply chain, and reduced the financing costs of related enterprises. PBC's Branches, such as Guangdong Branch, have successively launched the rediscount business of bills concerning carbon emission reduction to assist green and low-carbon development. Market players have been actively supporting the rediscount of bills in the supply chain and innovation of green finance products, thus further promoting the innovative development of the bill market.

Fourth, the bill rate effectively supported the real economy. In 2022, the one-year fixed deposit rate of bills went down as a whole, effectively supporting the recovery of the real economy. In terms of financing rate, at the end of Q3, the weighted average financing rate of bills dropped to 1.92%, down 0.73% year on year, 2.73 and 2.08 percentage points lower than the weighted average rates of general loans and corporate loans respectively, strongly supporting the real economy. As for the secondary market interest rate, it fluctuated downward and reached a low in 2022. Since February 2022, due to the impacts of COVID-19 and weak credit demand, the bill rate has dropped rapidly, with full-term bills falling to 0.01%. Although there was a marginal rebound, it bottomed out again at the end of April, May, and July, showing its increasingly strong support for the real economy.

Fifth, the bill market effectively supported financial regulation. Since 2022, bills have helped financial regulation give full play to its role. Firstly, the proportion of bills continued to increase. At the end of 2022, the acceptance balance of commercial bills was RMB 19.1 trillion, up 15.2% YOY. The discounting balance was RMB 13.0 trillion, up 29.1% YOY. In 2022, the balance of bill financing accounted for nearly 6% of all loans and 25.6% of short-term loans, which functioned as a reservoir so that the banking industry could balance the credit scale and guarantee the supply of funds in key areas. Judging from the number of bill accounts and financing amount, serving MSMEs is the top priority in developing the bill market. Secondly, the rediscount policy continued to give full play to its role. The PBC comprehensively applied structural instruments such as central bank lending and rediscount to maintain reasonable and abundant liquidity, providing a necessary monetary and financial environment for stabilizing the macroeconomic market and maintaining the economy within a reasonable range. It actively adopted instruments such as central bank lending and rediscount to support small and micro businesses, and agriculture, rural areas, and farmers, and guided financial institutions to strengthen their support for key areas, weak links and coordinated regional development of the national economy.

Sixth, its capability of risk prevention and control has been gradually enhanced. In 2022, the risk control capability of the bill market was significantly improved. Firstly, the bill information disclosure mechanism was improved to fully cover information disclosure of bank bills, commercial bills, and acceptance bills of financial companies, clarify the means of overdue risk control, and further strengthen the credit constraint mechanisms for acceptance information disclosure and credit information inquiry. Secondly, the construction of a market monitoring system was strengthened. A business monitoring platform was established to track and analyze signs of market risk promptly, and the emergency response mechanism for bills with risks was improved. Thirdly, the function of active account management of commercial bills was improved to end opening accounts and issuing false commercial bills in the name of fraudulent enterprises. Fourthly, corporate identity verification and control were strengthened. A new-generation bill business system strengthened corporate identity verification and control, and prevented bill market risks by introducing functions such as corporate information filing and active account management. Fifthly, market players enhanced risk prevention and internal control management by formulating internal risk control and internal control systems.

Seventh, the bill system was further improved. Since 2022, the construction of the bill market system has been giving full play to its role. Firstly, the legal system of the bill market was further improved to explore suggestions for the revision of the *Law of the People's Republic of China on Negotiable Instruments*, and research on the revision and improvement of the bill legal system was conducted. Secondly, risk warning was carried out in a timely manner. Since 2022, the SHCPE has repeatedly given risk warnings on bill usage of enterprises, bill data information security, private discounting, etc., and jointly issued the "Initiative on Legal and Compliance Use of Bills and Prevention of Private Discounting Risks" with the National Internet Finance Association of China (NIFA) to guide customers to handle bill discount business through formal channels. Thirdly, new measures were issued for the bill market. In November 2022, the PBC and the CBIRC jointly issued the *Revised Rules on Acceptance, Discount and Rediscount of Commercial Bills*, which clarified the connotation and term of commercial bills, the framework and content of risk management, the positioning of infrastructure, electronic bills and supply chain bills, and broadened the development space and application scope of bills.

Eighth, the infrastructure development achieved new breakthroughs. In 2022, SHCPE continued to strengthen investment in science and technology, and the construction of market infrastructures achieved favorable results. In terms of system construction, SHCPE launched a new-generation bill business system, realizing the whole life cycle, full functions, and integrated system design of bills. With all market players responding positively, the internal bill system was upgraded and active matching with the new system of SHCPE was realized. In terms of market services, in order to meet the market demand for bill asset pricing, fair value measurement, risk prevention and control, performance evaluation, etc., SHCPE developed and launched "Piaoxinbao" to provide diversified and refined data information products and services covering intraday statistics, benchmark indicators, in-depth analysis, risk prevention and control, etc. for market players.

4. Prospects

The year of 2023 is the first year after the 20th National Congress of the Communist Party of China (CPC), the crucial year for building a modern socialist country in an all-round way, the first year for the full implementation of a new-generation bill business system, and the first year for implementation of the *Rules on Risk Management of Off-Balance Sheet Business of Commercial Banks*. According to the requirements of the Central Economic Work Conference, in 2023, we must adhere to the principle of prioritizing stability while pursuing progress, promote supply-side structural reforms and expand domestic demand, economic policies and other policies, domestic-international dual circulation, and the current and long-term development in a coordinated way. As an important and effective means of supply-side structural reform, bills are of great significance for promoting high-quality economic development and a dual circulation economy. In 2023, under the leadership of the CPC, the guidance of the spirit of the 20th National Congress, and the supervision of the PBC and other authorities, and with the support of SHCPE and the new institution and new system, China's bill market will see new changes and show greater vitality, with diversified market players and sustainable development of bill business.

In 2023, the bill market is expected to operate steadily, and the reform of the transaction side will push forward the innovation of bills. The breakthroughs in terms of supply chain bills will lay a solid foundation for the new progress of commercial bills. The bill rate will fluctuate slightly or even rebound at the current low level. The full launch of the new system will lay a solid foundation for operation in a unified market. The accelerated revision of laws and regulations on negotiable instruments will provide a normative basis for the innovation of bill products, and the risk control capability of the bill market is expected to be further improved.

Article 9

Multiple Initiatives to Deepen Financial Market Interconnection Between the Chinese Mainland and Hong Kong[①]

In 2022, the Chinese Mainland and Hong Kong continued to strengthen cooperation in the financial sector as they introduced a string of supportive policies over investment products, investment transaction systems, and currency swap in an orderly manner to continuously enhance the level of interconnection between the financial markets of the two places.

On June 28, the China Securities Regulatory Commission (CSRC) and the Hong Kong Securities and Futures Commission (SFC) issued a joint announcement approving the formal inclusion of eligible exchange-traded funds (ETFs) into the transaction interconnection mechanism for the Mainland and Hong Kong stock markets, with the first batch of ETFs officially traded on July 4. On July 4, the People's Bank of China (PBOC), the Hong Kong SFC, and the Hong Kong Monetary Authority (HKMA) issued a joint announcement to collaborate on developing mutual access between the Hong Kong and the Mainland interest rate swap markets ("Swap Connect"),

① Author: Wang Yuehan, Assistant Professor of the School of Finance, Central University of Finance and Economics, Research Fellow, Program for China's Financial Policy Report (research group).

marking the further extension of the financial interconnection of the Mainland and Hong Kong to the financial derivatives market. On the same day, PBOC and the HKMA signed a standing swap agreement, upgrading the currency swap arrangement established between the two sides in 2009 to a standing one, with the agreement taking effect on a long-term basis and the size of the swap expanded to RMB 800 billion/HKD 940 billion. On August 12, CSRC and SFC jointly announced the optimization of the trading calendar for the Shanghai-Shenzhen-Hong Kong Stock Connect, after which the Shanghai-Shenzhen-Hong Kong Stock Exchange trading is available on common trading days of all three exchanges. On December 19, CSRC and SFC issued a joint announcement agreeing to further expand the scope of the underlying stocks interconnection between the two exchanges.

For the Mainland, the series of important cooperation achievements have enriched the interconnected investment varieties between the Mainland and Hong Kong financial markets, improved the interconnection system construction, enhanced the efficiency and convenience of cross-border investment, which is conducive to mutual promotion between the Mainland and Hong Kong financial markets and further boosts renminbi internationalization. For Hong Kong, it is conducive to stabilizing international market expectations, enhancing investor confidence, dynamizing Hong Kong's financial markets, and consolidating Hong Kong's position as an international financial center and offshore renminbi business hub. Besides, it helps Hong Kong to better play its role as a "super liaison" and an important gateway to China, actively participate in the high-quality development of the Guangdong-Hong Kong-Macao Greater Bay Area (Greater Bay Area), and integrate into the financial reform and opening-up in the Mainland as well as the comprehensive advancement of the country.

As the exchanges between the two places fully resumed in 2023, the flow of factors in the Greater Bay Area speeds up, economic recovery is highly expected, and the two places usher in many opportunities for financial cooperation. On February 17, PBOC, the China Banking and Insurance Regulatory Commission, CSRC, the State Administration of Foreign Exchange, and the Guangdong Provincial Government jointly issued the *Opinions on Financial Support for the Comprehensive and Deepening Reform and Opening-up of Qianhai Shenzhen-Hong Kong Modern Service Industry Cooperation Zone*. Focusing on livelihood finance, financial market interconnection, development of modern financial industry, promotion of cross-border trade and investment and financing facilitation, and strengthening cooperation in financial supervision, the opinions put forward 30 heavyweight measures, including facilitating the opening of mainland bank accounts by Hong Kong residents, facilitating the practice of Hong Kong professionals, allowing financial institutions in the securities industry to carry out direct financing in Hong Kong, pilot the transfer of shares of private equity and venture capital. The goal is to establish and improve the policy and management systems prioritizing the expansion and opening up of the financial industry and the internationalization of the renminbi by 2025, and basically achieve a high level of interconnection between the Mainland and Hong Kong's financial markets.

It is expected that with the orderly implementation of the "Swap Connect", the optimization of the Shanghai-Hong Kong Stock Connect calendar, and the expansion of the underlying policy, Hong Kong's integration into the construction of the Greater Bay Area and the Belt and Road Initiative will continue to deepen. The scope for cooperation between the Mainland and Hong Kong regarding green finance, financial technology, and financial supervision will be more extensive, providing a reliable "Greater Bay Area driver" for China's economic growth.

VII. Trust and Wealth Management Market Development Policies①

(I) Key policy elements for 2022

The year 2022 is a relatively special year in terms of the development policy of the trust and wealth management market. It can be called a bumper year for policy preparation, but a minor year for policy release. Due to various factors, the number of officially released development policies of the trust and wealth management market in 2022 is relatively small, mainly as follows:

1. Notice on Strengthening Financial Services for New Urban Residents

With the continuous development of urbanization, it is of great significance to provide good financial services for new urban citizens. In order to thoroughly implement the decisions and arrangements of the CPC Central Committee and State Council, improve the availability and convenience of financial services for new urban citizens, and effectively enhance the sense of gain, happiness, and security of new urban citizens, on March 4, 2022, China Banking and Insurance Regulatory Commission (CBIRC) and the People's Bank of China (PBC) jointly issued the *Notice on Strengthening Financial Services for New Urban Residents* (hereinafter referred to as the "Notice for New Urban Citizens"), proposing specific deployment requirements for issues such as entrepreneurship, employment, housing, medical treatment, elderly care, and education.

Although the trust can only directly participate in a few areas mentioned above, it still has its space and business advantages in specific areas. The "Notice for New Urban Citizens" mainly reflects the deployment of the trust industry in the housing financial service sector, requiring "to guide trust companies to give full play to their own advantages and support the construction and operation of low-income housing by the law."

2. Notice on Providing Financial Support for the Stable and Healthy Development of the Real Estate Market

In order to thoroughly implement the decisions and arrangements of the CPC Central Committee and State Council, maintain the position that properties are for residency, not for speculation, fully implement the long-term mechanism of real estate, support both rigid and improved housing demand through city-based policies, maintain reasonable and moderate real

① Author: Li Qingyun, President, Tianjin Minsheng Asset Management Co., Ltd., Senior Researcher, Program for China's Financial Policy Report (research group).

estate financing, protect the legitimate rights and interests of housing consumers, and promote the steady and healthy development of the real estate market, on November 11, 2022, the PBC and the CBIRC jointly issued the *Notice on Providing Financial Support for the Stable and Healthy Development of the Real Estate Market* (hereinafter referred to as the "Notice on the Support"). Among them, the main content about the trust industry has the following two aspects.

(1) The perspective of keeping real estate financing stable

The "Notice on the Support" clearly states that it will "support the rational extension of existing financing such as trust loans", while at the same time, it requests "maintaining the financing of trust and other asset management products stable, encouraging trust and other asset management products to support reasonable financing needs of real estate, encouraging trust companies and other financial institutions to accelerate business transformation, supporting reasonable financing needs of real estate enterprises and projects in accordance with the principle of the market-oriented ruling by law on the basis of strictly implementing the supervision requirements of asset management products and risk prevention and control, and provide financial support by laws and regulations for the mergers and acquisitions of real estate enterprises and projects, real estate of commercial elderly care and construction of rental housing."

(2) The aspect of providing financial support for rental housing

The "Notice on the Support" proposes to "steadily push forward the pilot program of real estate investment trusts (REITs)."

3. Opinions on Promoting the Building of a Global Wealth Management Center in Beijing

In order to fully implement the major strategic decision of the CPC Central Committee and the State Council on the establishment of the China (Beijing) Pilot Free Trade Zone, promote higher levels of financial openness and cooperation, and support the high-quality development of the sub-center of Beijing, on May 20, 2022, Beijing Municipal Bureau of Local Financial Supervision and Administration, Operations Office of the PBC, Beijing Office of the CBIRC, and Beijing Office of the CSRC jointly issued the *Opinions on Promoting the Building of a Global Wealth Management Center in Beijing* (hereinafter referred to as the "Opinions on Building"). In the "primary missions" part of the "Opinions on Building", 20 specific tasks within 6 categories are put forward as follows:

(1) Improving the institutional system to create and develop an ecological environment

① Promoting the development of high-quality and compliant wealth management institutions.

② Developing professional services for wealth management.

③ Expanding the application of financial technology.

(2) Innovating products and services to create a vibrant market

① Diversifying wealth management tools. In particular, it is proposed to develop charitable trusts, support trust companies to improve the investment and management ability of charitable trust property, and enrich the forms and tools of charitable trusts.

② Innovating asset management products. Supporting trust institutions in Beijing to develop innovative businesses such as technology trust, green trust, pension trust, and insurance trust.

③ Increasing investment in the green sector.

(3) Strengthening the construction of infrastructure to build a multilevel market system

① Strengthening the construction of financial infrastructure Supporting the development of important national financial infrastructure in Beijing and strengthening safeguards for the service of national financial infrastructure.

② Serving the development of the Beijing Stock Exchange. Fully supporting the development of the Beijing Stock Exchange, giving full play to the role as the main position of serving innovative small and medium-sized enterprises, and promoting the formation of a financial ecosystem that supports the development of innovative small and medium-sized enterprises.

③ Keeping investment channels for wealth management unimpeded. Giving full play to Beijing Equity Exchange Center's role as the platform of equity investment and venture capital share transfer, and providing high-quality investment targets for secondary market funds (S funds), domestic and overseas private funds, and qualified investors.

(4) Enhancing the level of opening-up and building a two-way financial opening-up system

① Supporting foreign-funded institutions to expand their space for development. Supporting foreign financial institutions to actively introduce advanced international experience in asset management, investment management, pension management, and risk management, participate in the capital's financial reform and innovation, and enrich the capital's financial products and services.

② Continuing to deepen the piloting of opening-up and innovation. Supporting qualified foreign institutional investors (QFII) and RMB Qualified Foreign institutional investors (RQFII) to conduct domestic securities investment business and participate in the trading of the Beijing Stock Exchange. Supporting high-quality institutions and enterprises in applying to become Qualified Domestic Institutional Investors (QDII) and conducting overseas securities investment business.

③ Promoting connectivity between domestic and overseas markets. Carrying out pilot projects of integrating local and foreign currency accounts, and integrating local and foreign currency services.

(5) Improving the environment for industry development and fostering a world-class business environment

① Encouraging the development of professional education in wealth management.

② Introducing wealth management professionals.

③ Guiding the standardized development of trade organizations.

④ Strengthening international cooperation.

⑤ Enhancing industry supervision and investor protection.

(6) Supporting the high-quality development of the sub-center in the city and building new heights of global wealth management

① Supporting the development of wealth management businesses. Supporting the construction of a global wealth management center in the Canal Business District and improving the wealth management industry's carrying capacity in the city's sub-center.

② Encouraging industry innovation and piloting projects.

③ Enhancing the wealth management industry's influence in the city's sub-center.

(II) Effect Evaluation of the Policies in 2022

1. Promoting steady development of the real estate market

In 2022, due to the combined impacts of the "triple pressure" (demand weakness, supply disruptions, and weak expectations) and the COVID-19 pandemic, China's real estate market faced certain difficulties, as both real estate investment and commercial housing sales show a downward trend, and there are even difficulties in the delivery of housing. At the same time, it should also be noted that, in recent years, real estate financing has been in a relatively restricted situation, and insufficient support in financing also has certain constraints on the development of the real estate market. In this case, in order to maintain reasonable and appropriate real estate financing, protect the legitimate rights and interests of housing consumers, and promote the steady and healthy development of the real estate market, relevant departments timely issued the "Notice on the Support".

As it is known to all, real estate financing trust occupies an important position in the composition of China's trust business and has always been an important channel of real estate financing. The "Notice on the Support" fine-tuned the relevant policy requirements, especially making some specific policy adjustments from the perspectives of product extension and product release, which fully reflected its strong support for the reasonable demand of real estate financing. The moderate relaxation of the real estate trust financing management is of great significance to the steady development of the real estate market.

2. Deepening the development of the housing system

For a long time, China's housing market has been in a situation of a small proportion of subsidized housing and the largest proportion of commercial housing, which indicates that the housing system needs to be improved. In view of the shortcomings of China's housing system, the report to the 20th National Congress of the CPC clearly states that it needs to speed up the establishment of a housing system that provides housing by multiple agents, secures housing through multiple channels, and encourages both renting and purchasing. It is imperative to increase the supply of subsidized housing and expand the rental business, specifically judging from the requirements of "securing housing through multiple channels" and "encouraging both renting and purchasing".

The trust development policy introduced in 2022 makes specific requirements from the above two aspects. The "Notice for New Urban Citizens" focuses on the construction of subsidized housing and clearly requires trust companies to "support the construction and operation of subsidized housing". The "Notice on the Support" focuses on developing the housing rental market. While requiring trust products to provide financial support for the construction of rental housing, it also proposes to promote the pilot project of real estate investment trust funds. The above policies focus on the weak points of the construction of the housing system and have a positive significance for the deepening development of the housing system.

3. Improving the wealth management market

With the continuous improvement of the wealth level and the deepening of the age structure of Chinese residents, the demand for wealth management enjoys a huge surge. However, the development of China's wealth management market starts quite late. Both the product system and the service ability are in a relatively primary state. Hence it is urgent to accelerate development and perfection.

The "Opinions on Building" issued in 2022 makes in-depth planning for constructing the global wealth management center from multiple perspectives and levels and put forward goals and tasks. The "Opinions on Development" puts forward 20 tasks from the perspectives of institutional development, products and services, infrastructure construction, the opening-up policy, and the environment for development, which will surely accelerate the establishment of Beijing as a global wealth management center and promote the deepening development of China's wealth management market.

(Ⅲ) Policy Outlook 2023

Although 2022 is a year with a few policies released, it is a significant year for policy formulation. Several key policies that will fundamentally impact the trust business have entered the stage of canvassing opinions and are expected to be released and implemented in the coming year. Considering the market operation and policy formulation, the development policy outlook for 2023 can be as follows:

1. Remolding the trust business

Under the combined effects of the industrial structure and demographic structure, China's financial system has entered a stage of systematic adjustment, where the proportion of the financing will continue to increase, and the scale of asset management will continue to expand. For a long time, the trust industry mainly serves debt financing, which needs profound adjustments. Meanwhile, as the demand for wealth management continues to deepen, the trust business will move from the simple mode focusing on financing to the compound mode combining financing, asset management, and wealth planning. In other words, the trust business will truly step into the original business mode of "entrusted by people to manage money on behalf of them". In this context, the timely introduction of corresponding policies will fully achieve the guiding and normative effect.

2. Normalizing the risk management

China's total population has started to decline. Therefore, the corresponding demand for traditional commodities will inevitably enter a long period of decline. In the case that financing trust still accounts for the largest proportion, the risk probability of trust products related to traditional industries cannot be ignored, and accidental risks are difficult to avoid. Therefore, the trust business's risk prevention and management requirements can not be lowered and should become a normalized requirement.

3. Further encouraging charitable trust

Efficiency and fairness are the two major goals for economic and social operations. At present, China has already entered a new stage where the goal of fairness becomes more and more important. Every policy should take effectively promoting fairness as the due task. The charitable trust is an important tool of the third distribution, which has a prominent effect in promoting fairness. It should be further encouraged to accelerate the development of the charitable trust.

Appendix

Main policies on the development of China's trust and wealth management market in 2022

Date	Document Name	Issuer (s)
March 4	Notice on Strengthening Financial Services for New Urban Residents (YBJF [2022] No.4)	CBIRC, PBC
November 11	Notice on Providing Financial Support for the Stable and Healthy Development of the Real Estate Market (YF [2022] No. 254)	PBC, CBIRC
May 27	Opinions on Promoting the Building of a Global Wealth Management Center in Beijing	Beijing Municipal Bureau of Local Financial Supervision and Administration, Operations Office of the PBC, Beijing Office of the CBIRC, Beijing Office of the CSRC

Article 10

31 Financial Measures: Guidelines on Financial Support for Zhejiang's High-quality Development and Development of Common Prosperity Demonstration Area①

Common prosperity is not only the embodiment of the beliefs of Communists but also the long-standing aspiration of all Chinese people. Since the 18th National Congress of the Communist Party of China (CPC), the Central Committee of the CPC has attached greater importance to the achievement of common prosperity for all, and has made a comprehensive and systematic plan for common prosperity. General Secretary Xi Jinping proposed the vision of "people-centered" development, and stressed that "common prosperity is the fundamental principle of socialism with Chinese characteristics", and that achieving common prosperity "is not only an economic issue but also a major political issue related to the Party's governing base". The Fifth Plenary Session of the 19th CPC Central Committee listed the goal of "making more notable and substantive progress in promoting the people's well-rounded development and prosperity for all" as one of the long-range objectives for China's economic and social development by 2035. The report to the 20th National Congress of the CPC emphasized that "Chinese modernization is the modernization of common prosperity for all... We will endeavor to bring prosperity to all, and prevent polarization". Considering that common prosperity is a long-term and arduous historical task and different regions have different foundations and conditions for pursuing common prosperity, it is necessary to select relatively developed places for demonstration. Zhejiang Province, being well-off and well-balanced, has the corresponding foundation and advantages. Therefore, on May 20, 2021, the Central Committee of the CPC and the State Council officially issued the *Opinions on Supporting Zhejiang's High-quality Development and Development of the Common*

---

① Author: Gu Qingkang, Lecturer at the School of Finance, Nanjing University of Finance & Economics, Research Fellow, Program for China's Financial Policy Report (research group).

Prosperity Demonstration Area. The aim is to gradually establish the target system, work system, policy system, and evaluation system for promoting common prosperity, explore effective ways to address the major social contradictions in the new era, and become a model province for the whole country to pursue common prosperity.

As "the lifeblood of the real economy" and the important bridge that connects capital profit and loss departments, finance plays a crucial role in the process of promoting common prosperity. On the one hand, the financial sector can leverage the development of the real economy, lay the material foundation for common prosperity, promote efficiency growth, and help "make a bigger and better cake". On the other hand, by providing structural support to key areas and vulnerable spots, it can narrow the gap between the rich and the poor, promote fair distribution, and help "divide and distribute the cake properly". In order to promote the establishment of a financial system compatible with the development of the Zhejiang Common Prosperity Demonstration Area and support Zhejiang in building an important window to fully demonstrate the advantages of the socialist system with Chinese characteristics in the new era, on March 10, 2022, the People's Bank of China, China Banking and Insurance Regulatory Commission, China Securities Regulatory Commission, the State Administration of Foreign Exchange and the People's Government of Zhejiang Province jointly issued the *Opinions on Financial Support for Zhejiang's High-quality Development and Development of Common Prosperity Demonstration Area* (the "Opinions"), which became an important part of the "1+N" supporting policy system for the development of Zhejiang Demonstration Area. The Opinions generally require: Optimizing the allocation of financial resources to support high-quality economic development; improving cross-border financial services to promote the opening-up of high standards; innovating small and micro financial service models to help narrow the income gap; deepening rural financial reform to help promote coordinated development between urban and rural areas; improving financial services to promote equal access to public services; deepening green finance reform to drive ecological progress; improving the prevention and control of financial risks to hold the bottom line of financial security. The safeguard measures are carried out in nine aspects and a total of 31 measures are raised, describing a specific path of financial support for Zhejiang's high-quality development and construction of common prosperity demonstration area. The Opinions clarify requirements and key areas of financial support for building Zhejiang into a common prosperity demonstration area, require the national financial management department to strengthen communication and coordination with Zhejiang Province, and give priority to the relevant reform pilot tasks to Zhejiang, as well as guiding and supporting Zhejiang to take the lead in exploring and practicing. These will provide Zhejiang with strong support for building the Common Prosperity Demonstration Area, and will also accumulate experience and set a model for offering financial support in common prosperity and service in regional economic development, which allows Zhejiang to play an exemplary and leading role.

Ⅷ. Financial Derivatives Market Development Policies[①]

(Ⅰ) Effects of related major policies

1. Exchange-traded Financial Derivatives Market

(1) Announcing the List of Primary, General, and Reserve Market Makers for China Government Bond Futures

On January 25, 2022, the China Financial Futures Exchange (hereinafter referred to as "CFFEX") issued the *Circular on Releasing the List of Primary, General, and Reserve Market Makers for China Government Bond Futures,* approving eight securities companies, including China Merchants Securities Co., Ltd., as primary market makers; four securities companies, including Guotai Junan Securities Co., Ltd., as general market makers; and Ping'an Securities Co., Ltd. as reserve market maker for China government bond (CGB) futures. As the CGB futures market develops steadily, CGB futures play an increasingly important role in completing the treasury yield curves that reflect the relationship between market supply and demand and serving the high-quality development of the capital market, particularly the bond market. Against the backdrop, announcing the list can help further improve the operation of the CGB futures market, facilitate medium- to long-term investments in CGB futures, and promote the tiered structure and refined management of market makers for CGB futures.

(2) Improving the reporting of trading information on equity index options contracts

On July 18, 2022, the CFFEX released the *Notice on the Reporting of Trading Information on Equity Index Options Contracts.* According to the *Notice*, a client with ten (10) or more order submissions per second in a single equity index options contract is required to report relevant information to the Exchange through its carrying futures-company member. Orders of the same client shall be aggregated across different futures-company members. Cancellation of orders resulting automatically from FOK/FAK orders shall be included in the count of order submissions. Orders resulting from market-making shall be excluded. Improving the reporting of trading information on equity index options contracts can help regulate the trading of equity index options contracts, maintain orderly market operations, and protect market participants' legitimate rights and interests.

(3) Issuing the *Notice on the Management of Hedging Transactions*

On July 18, 2022, the CFFEX issued the *Notice on the Management of Hedging Activities.* According to the *Notice*, non-futures-company members or clients conducting hedging transactions within the granted quota shall conform to the hedging plan, in which the investment plan and asset size shall be specified. Any change in the hedging plan shall be reported to the CFFEX promptly. The *Notice* can help maximize the risk management functions of financial futures, promote the

---

① Authors: Wang Qinhuai, General Manager, Research Department of the CFETS, Senior Researcher, Program for China's Financial Policy Report (research group).

standardized development of the market, and strengthen the management of hedging transactions.

(4) Issuing the *Notice on Participation of Qualified Foreign Institutional Investors and RMB Qualified Foreign Institutional Investors in Equity Index Options Trading*

On September 2, 2022, the CFFEX issued the *Notice on Participation of Qualified Foreign Institutional Investors and RMB Qualified Foreign Institutional Investors in Equity Index Options Trading* (hereinafter referred to as "the Notice"). According to the *Notice*, Qualified Foreign Investors shall comply with the applicable laws, administrative regulations, and ministry-level rules of the State as well as the business rules and notices of the CFFEX. Qualified Foreign Investors may trade equity index options for hedging purposes only. Issuing the *Notice* is to put in place relevant regulations, including the *Administrative Measures for Securities and Futures Investment Made in China by Qualified Foreign Institutional Investors and RMB Qualified Foreign Institutional Investors* and the *Announcement on the Participation of Qualified Foreign Institutional Investors and RMB Qualified Foreign Institutional Investors in Financial Derivative Trading.*

2. Over-the-Counter (OTC) Financial Derivative Market

(1) Supporting members of the interbank RMB/FX market within the same financial institution group to conduct transactions through the negotiation-based trading function

The China Foreign Exchange Trade System (hereinafter referred to as "the CFETS") announced to support members of the interbank RMB/FX market within the same financial institution group to conduct transactions through the negotiation-based trading function from March 28, 2022. Members of the interbank RMB/FX market affiliated with the same financial institution group (hereinafter referred to as "members") can enter into foreign exchange transactions through the negotiation-based transaction function, including RMB/FX spot, forward, swap, currency swap, and option transactions. Among them, batch uploading and negotiation-based transaction interfaces are supported for RMB/FX spot, forward, and swap transactions. Supporting members of the interbank RMB/FX market within the same financial institution group to conduct transactions through the negotiation-based trading function is conducive to meeting market demand and improving transaction efficiency.

(2) Exempting micro, small, and medium-sized enterprises (MSMEs) from the transaction fees for foreign exchange derivative trading in the interbank foreign exchange market

For the purposes of implementing the relevant requirements of Article 18 of the *Notice of Effectively Providing Financial Services for COVID-19 Prevention and Control and Economic and Social Development* (23 Financial Measures) issued by the People's Bank of China and the State Administration of Foreign Exchange, further supporting the development of the real economy, and reducing enterprises hedging costs, after undergoing the recordation formalities with the State Administration of Foreign Exchange, the CFETS issued a notice on April 27, 2022, announcing that it would give greater preferences in transaction fees for foreign exchange derivative trading in the interbank foreign exchange market to MSMEs by changing one-half reduction into a full-amount exemption. Transaction types applicable to the preference include RMB and foreign currency derivatives such as forwards, swaps, currency swaps, and options. The exemption preference came into effect on January 1, 2022, with a temporary exemption period of two years. Issuing the *Notice* is conducive to continuously reducing market costs and giving full play to the role of interbank markets in supporting the development of the real economy.

(3) Adding options products in interbank foreign exchange markets

In order to implement the *Notice of Relevant Measures for Further Encouraging the Foreign Exchange Market to Serve the Real Economy* and meet the risk management needs of the foreign exchange market, with the consent of the State Administration of Foreign Exchange, the CFETS announced to add options products in interbank foreign exchange markets from June 13, 2022. According to the announcement, ordinary American options and their portfolio products and Asian options were added to the interbank RMB foreign exchange market; ordinary American options and their portfolio products, Asian options, European barrier options, and European digital options were added to the interbank foreign currency pair market. Adding options products in interbank foreign exchange markets can help meet the diversified trading needs of market entities, help market participants manage the foreign exchange risk exposure more flexibly, and thus better serve the real economy.

(4) Launching the agency trading function in the foreign exchange trading system

On July 25, 2022, the CFETS launched the agency trading function in the foreign exchange trading system. This function is applicable to members of the interbank foreign exchange market (agencies) acting as agents for overseas central banks and similar institutions (principals) to carry out transactions. It supports RMB/FX spot, forward, and swap transactions. Launching the agency trading function in the foreign exchange trading system is conducive to meeting market demand and making agency trading more convenient.

(5) Launching the optimized functions on the next-generation local currency trading platform, such as pledge-style repos, credit lending, and derivatives

On September 17, 2022, the next-generation local currency trading platform in the interbank market of the CFETS added the replacement and value query of pledge bonds for pledge-style repo transactions, optimized X-Repo click transaction and currency assistant trading helpers, and added custom derivative element modules and other functions. These changes are conducive to further improving the functions of the trading system, increasing trading efficiency, and optimizing market services.

(6) Releasing the FX swap curves

The CFETS officially released the FX swap curves on September 9, 2022. FX swap curves are calculated from the market data of the foreign exchange trading system. Currency pairs include EUR.USD, USD.JPY, USD.HKD, GBP.USD, and AUD.USD, and key period points include ON, TN, SN, 1W, 2W, 3W, 1M, 2M, 3M, 4M, 5M, 6M, 9M, and 1Y. Releasing FX swap curves is conducive to meeting the valuation needs of market players for the foreign exchange swaps market and enriching the product offerings of foreign exchange swaps curves.

(7) Trial operation of the Transaction Performance Analysis service in interbank foreign exchange markets

On November 16, 2022, the CFETS started the trial operation of the Transaction Performance

Analysis (TPA) service in interbank foreign exchange markets. The TPA service provides nine indicators to support a participating institution in conducting multi-dimensional analyses on each transaction of it or the traders designated by it. Specifically, the nine indicators are as follows: change trends of a single transaction, market timing ability, trend trading ability, intraday relative performance score, slippage analysis, price guidance, market-making participation, RFQ response time for market making, and comprehensive evaluation. The trial operation of the TPA service for transactions in interbank foreign exchange markets can help meet market demands and improve service quality.

(8) Notice of Issuing the Operational Guidelines for Bond Trading and Circulation of the National Interbank Funding Center

On November 24, 2022, the CFETS revised the original *Guidelines for Bond Trading and Circulation of the National Interbank Funding Center,* adding factor change situations and operational processes during the duration of a bond and issuing the *Operational Guidelines for Bond Trading and Circulation of the National Interbank Funding Center*. Issuing the *Operational Guidelines for Bond Trading and Circulation of the National Interbank Funding Center* is conducive to implementing the relevant regulations of the People's Bank of China and further improving bond trading and circulation and factor change processes during the duration of a bond.

(9) Releasing the CFETS Carbon Emission Reduction Facility Supporting Area Select Credit Bond Index and the CFETS ESG High Grade Credit Bond Index

On December 13, 2022, the CFETS officially released the CFETS Carbon Emission Reduction Facility Supporting Area Select Credit Bond Index and the CFETS ESG High Grade Credit Bond Index. Specifically, the sample bonds of the CFETS Carbon Emission Reduction Facility Supporting Area Select Credit Bond Index are made up of bonds that have been approved for trading on interbank bond markets and meet the sample screening conditions, and change every month. The base day of the Index is December 31, 2021, and the basis point value is 100. The sample bonds of the CFETS ESG High Grade Credit Bond Index are made up of the bonds that have been approved for trading on interbank bond markets, meet the sample screening conditions, and change every month. The base day of the Index is December 31, 2018, and the basis point value is 100. Releasing the CFETS Carbon Emission Reduction Facility Supporting Area Select Credit Bond Index and the CFETS ESG High Grade Credit Bond Index is conducive to further implementing the national strategic plan of "peaking carbon dioxide emissions by 2030 and achieving carbon neutrality by 2060", supporting the green and low-carbon economic transformation, and guiding funds to the supporting areas of the carbon emission reduction facility. At the same time, the release is also conducive to implementing the ESG investment concepts, contributing to the innovative development of national green finance, and enriching the performance comparison benchmarks and investment targets of investors in related fields.

(II) Outlook for the Development of Financial Derivatives Market

First, serving the real economy should be adhered to in promoting the sustainable development of the derivatives market. Both the lessons from the international financial crises and the development experience from the domestic derivatives market prove that the financial derivatives market, which shifts its focus from the real economy to the virtual economy and pays too much attention to financial speculation will be unsustainable. The overarching principle for the development of the financial derivatives market is to give full play to its risk diversification and management functions, form a benign interaction with the real economy, and promote the prosperity of emerging industries and pillar industries in the real economy.

Second, taking multiple measures to reduce the cost of risk aversion and continuously strengthening the concept of "risk neutrality" of enterprises. The cost of risk aversion is an important factor for enterprises to decide whether to carry out hedging. Specifically, it includes price cost, time cost, operating cost, and others. Firstly, the derivatives market should develop an innovative multi-level trading mechanism, enrich diversified market entities, and promote improving the price discovery function. Secondly, the derivatives market should further optimize the hedging operation process of enterprises, improve the timeliness, flexibility, and convenience of the process of handling derivatives, and make risk aversion services more accessible and time-saving. Thirdly, multiple measures should be taken to guide enterprises to establish the concept of "exchange rate risk neutrality".

Third, improving the supporting support for financial infrastructure. At present, the financial infrastructure framework of the derivatives market has been established. Infrastructure providers should continue to take meeting market demand as the orientation and serving the real economy as the focus to establish unimpeded links of derivatives trading, post-trading processing, and others, improve the full life cycle services of financial derivatives, strengthen front-line market monitoring and analysis, constantly improve the early warning system for market risks, promote the healthy development of the derivatives market, and continuously optimize market functions.

Appendix

Relevant Policies, Regulations and Announcements on the Financial Derivatives Market in 2022

Date	Main Content	Promulgating Authority
January 4	Notice of Issuing the *Guidelines for Trial Market Makers in the Interbank Foreign Exchange Market*	CFETS
January 25	CFFEX Announces the List of Primary, General, and Reserve Market Makers for China Government Bond Futures	CFFEX
March 22	Notice on Improving the Reference Data Interface Service of the Local Currency Trading System in Advance	NIFC
March 28	Notice on Supporting Members of the Interbank RMB/FX Market within the Same Financial Institution Group to Conduct Transactions through the Negotiation-based Trading Function	CFETS
April 27	Notice on Exempting Micro, Small, and Medium-sized Enterprises (MSMEs) from the Transaction Fees for Foreign Exchange Derivative Trading in the Interbank Foreign Exchange Market	CFETS

Continued

Date	Main Content	Promulgating Authority
May 26	Notice on Adding Options Products in Interbank Foreign Exchange Markets	CFETS
July 25	Notice on Launching the Agency Trading Function in the Foreign Exchange Trading System	CFETS
July 18	Notice on the Listing and Trading of CSI 1000 Index Futures and Options Contracts	CFFEX
July 18	Notice on the Reporting of Trading Information on Equity Index Options Contracts	CFFEX
July 18	Notice on Trading Limits for Equity Index Futures and Options Contracts	CFFEX
July 18	Notice on the Management of Hedging Activities	CFFEX
July 18	Notice on Information Disclosure Standards for Futures and Options Products	CFFEX
July 18	Notice on the Issuance of CSI 1000 Index Futures and Options Contracts and Related Business Rules	CFFEX
July 18	Notice on the Listing Benchmark Price of the First Batch of CSI 1000 Index Futures and Options Contracts	CFFEX
September 2	Notice on Participation of Qualified Foreign Institutional Investors and RMB Qualified Foreign Institutional Investors in Equity Index Options Trading	CFETS
September 8	Notice of the China Foreign Exchange Trade System on Issuing the FX Swap Curves	CFETS
September 16	Notice of the National Interbank Funding Center on Launching the Optimized Functions on the Next-generation Local Currency Trading Platform Such as Pledge-style Repos, Credit Lending, and Derivatives	NIFC
November 11	Notice of the Trial Operation of the Transaction Performance Analysis Service in Interbank Foreign Exchange Markets	CFETS
November 15	Notice of the National Interbank Funding Center on Updating the Interbank Deposit Function and Launching the Deposit Certificate Roadshow iDeal Function on the Local Currency Trading Platform	NIFC
November 24	Notice of Issuing the Operational Guidelines for Bond Trading and Circulation of the National Interbank Funding Center	NIFC
December 8	Notice of Issuing the Rules for Emergency Response Services for Local Currency Trading of the National Interbank Funding Center	NIFC
December 13	Notice of Releasing the CFETS Carbon Emission Reduction Facility Supporting Area Select Credit Bond Index and the CFETS ESG High Grade Credit Bond Index	NIFC
December 14	Notice on the Matters Concerning the Listing and Trading of SSE 50 Index Options Contracts	CFFEX
December 23	Notice on Halving the Delivery and Exercise (Performance of Contracts) Fees in 2023	CFFEX

Source: Compiled by the research group.

Article 11

The Enactment of the *Futures and Derivatives Law* Will Contribute to the Long–term Development of the Market①

I. Legislative Background

On April 20, 2022, the 34th session of the Standing Committee of the 13th National People's Congress of China voted to adopt the *Futures and Derivatives Law of the People's Republic of China* (hereinafter referred to as the "Futures and Derivatives Law"), which shall come into effect on August 1, 2022. The purpose is to regulate the trading of futures and derivatives, protect the legitimate rights and interests of all parties, maintain market order and the public interest, prompt the futures market and the derivatives market to serve the national economy, prevent and defuse financial risks, and maintain national economic security. The legislation of the *Futures and Derivatives Law* can be traced back to the mid-1990s, lasting nearly three decades since its initial launch. It is another important legislative achievement of Chinese legislators in the financial field after the legislation was completed successively in the fields of banking, securities, trusts, insurance, and funds. It is also a milestone in the legal building of the futures and derivatives market.

II. Content Introduction

The *Futures and Derivatives Law* mainly consists of general provisions, trading of futures and derivatives, clearing and settlement of futures, futures traders, futures operators, futures trading venues, futures clearing agencies, futures service providers, futures industry associations, supervision and administration, cross-border transactions and regulatory collaboration, legal liability and bylaws, totaling 155 articles in 13 chapters. The following is an introduction to the highlights and important details of the law.

First, international experiences are drawn upon to unify the application of laws. The *Futures and Derivatives Law* defines trading in futures and derivatives. While focusing on regulating the legal relationship in the futures market, the law incorporates derivatives trading into the scope of legal regulation, accommodating the legal needs for developing the derivatives market. In the legislative process, legislators fully adopted the consensus reached by the G20 in the aftermath of the global financial crisis on strengthening the regulation of derivatives, drew on the experience of mature international markets, and provided in the *Futures and Derivatives Law* such fundamental systems for derivatives trading as single master agreement, termination of netting, and trade reporting repository, solving the problems of previous practices in the international financial field contradicting China's existing *Civil Code* and *Enterprise Bankruptcy Law*, and further clearing the institutional obstacles that hindered the development of China's derivatives market.

The second is to pursue institutional innovation to regulate participating agencies.

① Author: Shi Guanglong, Research Fellow, Program for China's Financial Policy Report (research group).

Legislators have summarized and refined the experience of the Chinese futures market since its establishment, finalized the futures regulatory system with Chinese characteristics such as margin monitoring and the real-name account system at the legal level through the *Futures and Derivatives Law*, and also recognized the legitimacy of trading, clearing and settlement practices that have worked well in the Chinese futures market. In addition, the *Futures and Derivatives Law* features innovative arrangements in terms of the listing mechanism of futures products, the scope of business of futures firms, and margin diversification, providing institutional space for market development in the future. For the filing management of information technology service agencies, the *Futures and Derivatives Law* dictates further regulation on the conduct of futures service agencies such as accounting firms, law firms, asset appraisal agencies, futures margin depositories, delivery depots, and information technology service agencies. It stipulates that futures service agencies shall exercise due diligence in verifying and validating the authenticity, accuracy, and completeness of the content of the documents on which professional audit reports, legal opinions, etc., are based.

The third is to safeguard financial security and intensify risk prevention and control. It is an important legislative goal of futures law to prevent and defuse financial risks and maintain national financial security. Firstly, the *Futures and Derivatives Law* provides for a real name account system for futures trading, mandatory reporting obligations for program trading, and risk control systems such as position limits, same-day debt-free settlement, and mandatory liquidation. Secondly, the *Futures and Derivatives Law* clarifies the special status of trade settlement agencies in risk prevention and control by stipulating the legal status of central counter parties of futures settlement agencies, providing a centralized performance guarantee for futures trading. Finally, the *Futures and Derivatives Law* requires futures trading agencies to perform front-line supervisory duties, conduct real-time monitoring and risk surveillance of futures trading, and take emergency measures, either alone or in conjunction with futures clearing agencies, in the event of abnormal conditions.

The fourth is to build an institutional system to protect investments. The *Futures and Derivatives Law* contains a dedicated chapter to protect futures traders and establish a system of trader protection. Specifically, futures traders are classified as general and professional traders based on property status, financial asset status, trading knowledge and experience, expertise, etc. On this basis, the *Futures and Derivatives Law* provides stronger protection for ordinary traders. In a dispute between an ordinary trader and a futures institution, the latter shall prove that its conduct is in accordance with the laws, administrative regulations, and provisions of the futures regulatory authority under the State Council and that there is no case of misleading or fraud. If the futures institution cannot prove it, it shall bear the corresponding liability for compensation. Since then, the reverse onus has been established, which can better protect ordinary traders and better achieve the goal of fairness, justice, and openness in futures and derivatives trading, and is of great significance to the long-term sound development of the market.

The fifth is to uphold the rule of law and open wider to the outside world. Based on the salient international nature of futures and derivatives trading, the *Futures and Derivatives Law* provides for a dedicated regime to fill the gap in the legal regime for overseas-related futures trading while following the principle of the rule of law. Firstly, the *Futures and Derivatives Law* stipulates a long-arm jurisdiction provision, which can be applied if futures and derivatives trading and related activities outside of China disrupt the market order in China and harm the legitimate rights and interests of domestic traders. Secondly, the *Futures and Derivatives Law* provides for cross-border regulatory cooperation but reiterates that national laws and regulations and the principle of reciprocity and mutual benefit should be followed, without revealing state secrets or harming national interests or the public interest. Finally, the *Futures and Derivatives Law* provides for cross-border transactions in a dedicated chapter. Domestic traders engaging in overseas futures trading should entrust domestic futures operators with qualifications for overseas futures brokerage business. Foreign institutions, on their own or through domestic institutions, should get approved by the regulatory authorities to engage in marketing, promotion, and solicitation activities in the futures market in China.

III. Commentary

The enactment and implementation of the *Futures and Derivatives Law* have shored up a long-standing legal weak link in the field of futures and derivatives in China, not only validating some of the effective systems and practices that have been developed over time in the futures and derivatives markets in China at the legal level but also introducing innovations in many areas of the system. In this way, it provides a strong institutional guarantee for protecting the rights and interests of traders, gives full play to the functions of the futures and derivatives markets, and better serves the real economy.

IX. Development Policies for the Commodity Futures Market①

(I) Summary of 2022 Commodity Futures Market

1. Stable futures market enabling stronger international competitiveness

In 2022, the domestic futures markets witnessed a turn volume of 6.768 billion worth RMB 534.9 trillion, which respectively decreased by 9.93% and 7.96% YOY. Still, the commodity futures market remained steady, though its turnover decreased from last year's level. With 83.848 billion lots traded in the global futures market, the domestic futures markets accounted for 8.07% of the total global volume, down about 4 percentage points from its 12% share in 2021. However, the domestic volume of commodity futures and options reached 6.616 billion, amounting to 72.3% of the global one (9.153 billion) in total, 2.5 percentage points up from its 69.8% share in 2021. The domestic

① Author: Gan Zhengzai, Deputy General Manager, Guoyuan Futures Co., Ltd., Senior Researcher, Program for China's Financial Policy Report (research group).

futures and options of agricultural products, metal, and energy ranked 16th, 14th, and 5th among the top 20 on the respective global turnover rankings.

2. More new varieties improving the system

In 2022, the domestic futures market launched 16 new types, 2 of futures and 14 of options. They include: re-bar and silver options of the Shanghai Futures Exchange (SHFE); rapeseed and peanuts options of the Zhengzhou Commodity Exchange (ZCE); No. 1 soybean, No. 2 soybean and soybean oil options of the Dalian Commodity Exchange (DCE); industrial silicon futures and options of the Guangzhou Futures Exchange (GFEX). By the end of 2022, the variety of commodity futures and options in the market had been 93, covering 65 futures and 28 options.

3. Futures companies with more capital but less income

By the end of 2022, the total assets of domestic futures companies had been about RMB 1.7 trillion with a net asset of RMB 184.165 billion, a year-on-year increase of 23.06% and 14.07% respectively. With the increasing capital, futures companies obtained dropping revenues. Their brokerage revenue was RMB 23.375 billion, down by 25.79% YOY; their transaction and consultation revenue was RMB 115 million, down by 34.66% YOY; their capital management revenue was RMB 995 million, down by 18.04% YOY; their risk management revenue was RMB 241.381 billion, down by 8.17% YOY.

(II) Main Development Policies for the 2022 Commodity Futures Market

1. Serving the real economy and national strategies

The "No. 1 Central Document" for 2022, or *Opinions of the Central Committee of the Communist Party of China and the State Council on Comprehensively Promoting the Key Work of Rural Revitalization in 2022*, proposed to optimize the pattern of "Insurance + Futures" on January 4, 2022. It's the seventh year since 2016 for the No.1 central document to mention the combination of insurance and futures. This indicates that China has highly recognized this pattern in guaranteeing farmer income, promoting the healthy development of rural industry, and boosting rural revitalization. On January 13, the *14th Five-Year Plan for the Construction of Modern Circulation System* issued by the National Development and Reform Commission (NDRC) stipulated that innovative products like shipping index futures should be launched and futures products covering chemical products, metal materials, and others should be expanded. Besides, we should improve laws and regulations over futures and actively explore the futures and spot markets linkages. On January 21, China Futures Association (CFA) released the *Initiative to Comprehensively Promote Rural Revitalization and Common Prosperity Through the Futures Industry*, focusing on the goal of rural revitalization and facilitating the progress of common prosperity. On March 25, the *Opinions of the Central Committee of the Communist Party of China and the State Council on Accelerating the Construction of a Unified Domestic Market* stated that we should speed up the digital transformation and intelligent upgrading of commodity markets and encourage the building of the comprehensive trading platform of commodities. We will accelerate the construction of futures and spot markets of bulk commodities and ameliorate trading rules in this regard at the same time. Moreover, we need to build a unified national energy market. After guaranteeing a reliable supply of energy, we'll take well-ordered steps to construct a national energy market in line with the goals of carbon peaking and neutrality. After planning the work from an overall perspective and deploying it optimally, we'll improve the future products system of oil and gas, regulate the establishment of related trading centers, and optimize the layout of major infrastructure such as trading venues and delivery depots. On May 17, the Opinions on Promoting the Stability and Quality Improvement of Foreign Trade issued by the General Office of the State Council required to study and promote the issuance of sea freight rate and sea transport capacity futures on the SHFE and the DCE. On May 20, the *Notice by the China Securities Regulatory Commission (CSRC) on Further Leveraging the Functions of the Capital Market to Support Regions and Industries Severely Affected by the COVID-19 Pandemic in Accelerating Their Recovery and Development* contained 23 viable measures, including leveraging the market and hedging functions of futures to help the pandemic -stricken regions and industries with risk management of enterprises. We should also enhance the activities to maintain old customers and attract new ones, based on which we will gradually add asphalt, low-sulfur fuel oil, and other energy and chemical products to the "price-maintaining list of futures".

2. Local governments supporting the development of commodity exchanges

On January 29, the People's Government of Guangdong Province issued the *Measures for Promoting Reform and Innovation on Trade and Investment Facilitation in China (Guangdong) Pilot Free Trade Zone*, which included 27 concrete measures in 15 aspects. For financial innovation, we should create a futures industrial chain by building the GFEX at a high standard and improving the policies on controlling the bonded delivery of futures. Building the GFEX at a high standard means we should strengthen the cooperation between GFEX and Hong Kong Exchanges and Clearing Limited (HKEX) and Shenzhen Stock Exchange, attract international investors, and establish important platforms for high-quality development, Guangdong-Hong Kong-Macao Greater Bay Area (GBA), and the Belt and Road Initiative. We should continue enriching the commodity futures and promote the research and launch of special futures in line with the development demand of Guangdong Pilot Free Trade Zones. Improving the policies on controlling the bonded delivery of futures means allowing all futures exchanges to report the commodities participating in bonded delivery and the designated delivery warehouses to the General Administration of Customs of the People's Republic of China. We should also allow the bonded surveillance zones in Guangdong Free Trade Zones to conduct futures bonded delivery. The commodities of bonded delivery should go through legal inspections, during which they are collectively inspected at the entrance and pass the customs clearance group by group according to the third-party results on quality and weight at the exit. In addition, we should expand the bonded delivery of futures via the GFEX to embark on this business in the areas of agricultural products, metal, and other bulk commodities. We should put forward the joint pilots about spot and futures between Qianhai Mercantile Exchange (QME) and HKEX as well as futures exchanges in the Chinese Mainland, support QME in cross-border trading of natural gas, and extend its business to agricultural bulk commodities and green and low-carbon products.

On July 19, Guangdong Financial Supervisory Authority issued the *Implementation Plan for Optimizing Joint Futures and Spot Markets to Promote High-quality Development of the Real Economy*, which focuses on a) growing the trading market system that coordinates the futures market with the spot one, b) establishing a comprehensive futures industrial chain, c) upgrading the advantageous industries of Guangdong, d) lifting the price influence of major bulk commodities, e) facilitating the high-quality economic development in Guangdong. To this end, we should build a complete infrastructure system for the futures market, boost the trading market development of bulk commodities, drive the combination of futures and spot business, and create a sound eco-environment for the futures market, while providing guarantee measures from the perspectives of enhancing the organization and policies as well as strengthening international communication and cooperation.

On December 2, Guangdong Provincial Development and Reform Commission issued the *14th Five-Year Plan for the Construction of Modern Circulation System for Guangdong*, saying that with the special advantageous industries in Guangdong, we should promote the transformation and upgrading of the existing bulk commodity exchanges and establish a trading platform of bulk commodities integrating trading, financing, information, storage, logistics, and quality testing. We should support the GFEX in researching and promoting creative products such as carbon emissions rights, electricity, and commodity index futures. The trading pilots of marine carbon sinks in the China Emissions Exchange should also be encouraged. We should optimize the joint futures and spot markets by cultivating the bulk commodity traders of both the spot and futures and encouraging qualified spot enterprises to apply to set up a bulk commodity delivery warehouse and carry out bonded delivery business. With a focus on grain, steel, coal and other priorities, we should back the establishment of trading centers and industrial clusters of bulk commodities in Guangzhou, Zhuhai, and Zhanjiang. We should also support Guangdong South China Grain Trading Center in steadily enlarging its trading scope and encourage Shenzhen to establish an offshore spot trading platform for agricultural products.

On March 11, the People's Government of Liaoning Province published the *Plan for Further Deepening the Reform and Opening-up of China (Liaoning) Pilot Free Trade Zone*, which states that via the DCE, we should promote the R&D and launch of shipping futures and explore the trading of the dry bulk freight index and other derivatives. It's necessary to take a faster pace in attracting international traders to join in the futures transaction. The policies on controlling the bonded delivery of futures should be improved. The bonded delivery warehouses for bulk produce futures should be constructed.

On April 11, the People's Government of Henan Province published the *Opinions on Supporting the Zhengzhou Commodity Exchange in Advantage Reengineering*, saying that stronger policy support, more talent, optimal development environment are necessary to establish the ZCE into a world-class derivative exchange and bulk commodity pricing center with financial and industrial resources so as to improve the capability and effects of serving the real economy on all fronts. On July 11, the Zhengzhou Municipal People's Government printed and distributed the *Implementation Opinions on Supporting the High-quality Development of the Futures Industry*

Through Comprehensively Conducting the Strategy of "Futures+", pointing out that we should follow the "futures+" strategy to transform the ZCE into a globally influential futures pricing center and futures price hedging center with a raft of futures institutions. Therefore, we can constantly enhance the effects of developing the economy in the empowerment regions and comprehensively lift the economic ability and level of serving the real economy there.

On October 17, Shanghai Municipal People's Government issued the *Implementation Opinions on Promoting the Stability and Quality Improvement of Foreign Trade in Shanghai* to encourage foreign trade enterprises to properly use shipping derivatives to manage the risk of fluctuating prices, support the launch of containerized freight rate index futures and embark on the freight rate index futures and options in the areas of dry products and oil tankers. We should also support the establishment of integrated delivery warehouses of spot and future bulk commodities and extend this business step by step.

3. Introducing the *Futures and Derivative Law*

On April 20, the 34th session of the 13th Standing Committee of the National People's Congress voted to pass the *Futures and Derivative Law of the People's Republic of China*. The Law shall enter into force on August 1, 2022. Based on the particular conditions of futures and derivative markets, it put the sound order of the futures market first and that of the derivative market second by fully applying the two markets to boost the national economy. Thus we enshrined the proven rules into laws, reinforced the fruits of reform and opening up, and proactively took major institutional reforms with an accurate understanding of the market development trend to leave adequate space for achieving institution-based, innovation-oriented market development. The Law has 13 chapters and 155 articles including the basic systems of futures trading, settlement and delivery, the protection mechanism of futures traders, the supervision of futures operating and service institutions, the operation of futures trading venues and futures settlement institutions, the surveillance and management over the futures market, and legal liabilities in this regard. The Law prioritizes facilitating the high-quality development of the real economy and makes institutional arrangements on leveraging the functions of the futures market: First, urge the nation to support the sound development of the futures market and give full play to the market in regulating prices, managing risks and allocating resources. Second, encourage entity enterprises to use the futures market to carry out risk management activities like hedging transactions and provide a clear exemption from warehouse limits for such an activity. Third, specify special measures for promoting the produce futures market and its derivative market to lead the domestic production and operation in this regard. Fourth, establish the market-oriented mechanism for a variety of futures entering the market with clearly stipulated requirements and optimal procedures to enrich the futures and optimize the product structure. Fifth, extend the business of futures companies by increasing the futures market-making trade and derivative transactions to strengthen their business capacity and risk management capability and better serve them thanks to more legal space. The *Futures and Derivative Law* effectively fill the blank of the building of the rule of law in the capital market, which represents that the pillars of the law-based capital market are basically constructed, a milestone in building the rule of law in the futures market.

4. Officially running the Guangzhou Futures Exchange

On December 2, the CSRC released a notice allowing the GFEX to start trading industrial silicon futures and options. This is the first trading product of the Exchange after its opening ceremony and is also the first new energy metal-based business in China. On December 22-23, the industrial silicon futures and options consecutively entered the market, symbolizing the official running of China's fourth commodity futures exchange. Since its inception, the GFEX has aimed to serve the real economy and green development, abided by innovative, market-oriented, and international development positioning. It has actively yet stably pushed forward the business preparation and product launch. The industrial silicon is mainly used to produce polycrystalline and organic silicon, one of the green and low-carbon types. China is the largest producer, consumer, and exporter of industrial silicon across the globe. Thus developing industrial silicon futures and options is of positive meaning for China to optimize the related price formation mechanism, improve the risk management capability of market entities, and boost its low-carbon development.

5. Stricter supervision over futures markets for steady supplies and stable prices

The year 2022 witnessed new highs of global inflation for years and growing imported inflation pressure. The related departments were thus determined to implement the policy and deployment of the CPC Central Committee and the State Council to effectively and powerfully conduct the work of ensuring supplies and stabilizing prices of commodities with a priority on food and energy. On January 20, the Ministry of Industry and Information Technology (MIIT), the NDRC, and the Ministry of Ecology and Environment (MEE) co-published the *Guiding Opinions on Promoting the High-quality Development of the Iron and Steel Industry*, saying that new steel capacity should be forbidden while steel-making through electric stoves should be promoted in an orderly manner to increase the guarantee capability of resources. Besides, we should improve the building of the iron ore futures market, enhance related surveillance and optimize the pricing mechanism in this regard. On February 8, the ZCE delivered a notice, saying that for the settlement since February 11, the deposit standard for the thermal coal futures 2205 contract is adjusted to be 50%. On February 24, the NDRC issued the *Notice on Further Improving the Coal Market Price Formation Mechanism*, which will take joint measures to link supply and demand, store the throughput, regulate imports and exports, and coordinate transport with parties concerned to make the coal price reasonable. On March 3, the DCE said that since the trading time of March 8, it would adjust the handling fee standard of some contracts on liquefied petroleum gas, iron ore, coking coal, and coke. Among them, the standard for iron ore in the contract period has doubled its handling fee. On April 29, the NDRC and another three departments issued the *Notice on Completing Key Tasks of Cost Reduction in 2022*, saying that we should stabilize the supply and price of important raw materials and preliminary products. We should maintain a stable supply and steady price of energy and important raw materials to ensure normal electricity for households and enterprises. We should reinforce the guarantee capability of producing resources by accelerating the prospection and exploitation of oil, gas, and minerals to ensure the supply of preliminary products. We should match the production and demand of raw materials to facilitate the smooth collaboration of the whole industrial chain. Also, we should further strengthen the market supervision of bulk commodities and improve the related early-warning price monitoring. On May 9, the Office of the Leading Group of the State Council for Promoting the Development of SMEs published the *Notice on Issuing Several Measures for Intensifying the Efforts to Ease and Solve the Difficulties of Micro, Small and Medium-Sized Enterprises*. The document urged people to stabilize the supply and price of the raw materials of bulk commodities and use storage and other means to regulate the balance between demand and supply to promote stable prices in the market. We should also intensify the spot and futures market supervision of bulk commodities to strictly crack down on actions against laws or regulations like the collusion of price hikes and price gouging. By doing so, we can maintain the price order in the market.

(Ⅲ) Outlook for 2023 Commodity Futures Market Policies

1. Optimal supporting systems of the *Futures and Derivative Law of the People's Republic of China*

The legislation of the *Futures and Derivative Law of the People's Republic of China* has been completed, but we should optimize the supporting regulations after its release. Under the principle of adoption and adjustment at the same time, the CSRC has systematically cleared the related systems. On August 12, 2022, the CSRC published the *Decision on Amending and Repealing Some Rules of Securities and Futures* and the *Decision to Amend and Repeal Certain Securities and Futures Regulatory Documents*. It decided to adjust some articles of the eight regulations and 14 normative documents and abolish one regulation and one normative document. As for 2023, the commission is actively sorting out the supporting systems of the *Futures and Derivative Law* containing the measures for supervision and administration over futures companies, risk management of futures, and measures for business management over the corporate derivatives trading to implement well the Law.

2. Faster expansion of new futures

In 2023, all exchanges should strictly echo to the national strategies and industrial development demand. They should continue to launch all types of futures and options, gradually increase the coverage scope of futures products and the coverage rate of those on the market, and constantly improve the system of futures and options to adapt to the development of the real economy. The ZCE will orderly promote the R&D and launch of PX, PET bottle flake, caustic soda, propylene, chicken, and BPI futures. The DCE is oriented by the industrial demand for risk management and the steady supplies and stable prices of preliminary products to speed up product innovation and shorten the period of renewable iron and steel, container transport capacity, and other futures coming into the market. The SHFE is guided by dual carbon goals and green development philosophy to build a high-quality product system, constantly optimize the variety sequence, and accelerate the step of natural gas, refined oil, electricity and other energy products to enter the market. The GFEX will enhance its R&D of stored futures for strategic purposes to explore new channels to the outside world, produce new futures for the market, constantly add new products to the exchanges, serve the self-reliance of new energy enterprises and other hi-tech companies, and facilitate development featuring green and low-carbon transition.

3. Greater opening-up of futures markets

Till now, we have introduced foreign futures traders of 23 types. The policy measures for QFII and RQFII participating in domestic futures and options trading have been implemented. The Futures and Derivative Law has provided legal support for the "bringing in" and "going global" of the futures market. The prices of copper and PTA have set a pricing benchmark for global spot trading. The overall open pattern of the futures market has been basically formed. The futures market as a crucial platform for market-oriented resource allocation will continue to open to the outside in 2023 under the guidance of related institutions and constantly improve the price influence of bulk commodities.

Appendix

Major Policies for China's Commodity Futures Market in 2022

Date	Policy Name	Issuer (s)
January 13	14th Five-Year Plan for the Construction of Modern Circulation System	NDRC
January 20	Guiding Opinions on Promoting the High-quality Development of the Iron and Steel Industry	MIIT, NDRC, MEE
January 21	Initiative to Comprehensively Promote Rural Revitalization and Common Prosperity Through the Futures Industry	CFA
January 29	Measures for Promoting Reform and Innovation on Trade and Investment Facilitation in China (Guangdong) Pilot Free Trade Zone	People's Government of Guangdong Province
February 8	Notice on the Adjustment of Deposit Standards for the 2205 Contract of Thermal Coal Futures	ZCE
February 24	Notice on Further Improving the Coal Market Price Formation Mechanism	NDRC
March 3	Notice on the Adjustment of Contact Handling Fee Standards of Related Varieties	DCE
March 11	Plan for Further Deepening the Reform and Opening-up of China (Liaoning) Pilot Free Trade Zone	People's Government of Liaoning Province
March 25	Opinions on Accelerating the Construction of a Unified Domestic Market	CPC Central Committee, State Council
April 11	Opinions on Supporting the Zhengzhou Commodity Exchange in Advantage Reengineering	People's Government of Henan Province
April 20	Futures and Derivative Law of the People's Republic of China	Standing Committee of the National People's Congress
April 29	Notice on Completing Key Tasks of Cost Reduction in 2022	NDRC, MIIT, MOF, PBC

Continued

Date	Policy Name	Issuer (s)
May 9	Notice on Issuing Several Measures for Intensifying the Efforts to Ease and Solve the Difficulties of Micro, Small and Medium-Sized Enterprises	Office of the Leading Group of the State Council for Promoting the Development of SMEs
May 17	Opinions on Promoting the Stability and Quality Improvement of Foreign Trade	State Council
May 20	Notice on Further Leveraging the Functions of the Capital Market to Support Regions and Industries Severely Affected by the COVID-19 Pandemic in Accelerating Their Recovery and Development	CSRC
August 12	Decision on Amending and Repealing Some Rules of Securities and Futures, Decision to Amend and Repeal Certain Securities and Futures Regulatory Documents	CSRC
October 17	Implementation Opinions on Promoting the Stability and Quality Improvement of Foreign Trade in Shanghai	Shanghai Municipal People's Government
December 2	14th Five-Year Plan for the Construction of Modern Circulation System for Guangdong	Guangdong Provincial Development and Reform Commission

Article 12

Carry Through New Development Concept to Build the National Financial Management Center at a High Level①

In May 2022, the Beijing Municipal Financial Services Leading Group released the *Beijing Financial Sector Development Plan during the '14th Five-Year Plan' Period* (hereinafter referred to as "the Plan"), which clearly defines the general idea, development goals, functional layout, main tasks and safeguard measures for the development of Beijing's financial sector during the "14th Five-Year Plan" period, comprehensively enduring the high-quality development of the capital's financial sector.

The Plan was prepared by the Beijing Municipal Bureau of Local Financial Regulation and Supervision, in which 55 major tasks in ten areas were proposed: First, to strengthen the financial function of the capital and build a national financial management center at a high level; second, to optimize the capital's financial organization system and build a modern financial industry with global competitiveness; third, to serve the New Third Board reform and improve the multi-level financial market system; fourth, to leverage the comprehensive advantage of "finance +

① Authors: Zhang Chen, Principal Investigator of Macroeconomics and Financial Risk, China Cinda Asset Management Co., Ltd, Research Fellow, Program for China's Financial Policy Report (research group); Xu Jinzhi, Master's Student of Finance, School of Finance, Nankai University.

technology + data" for building a financial technology innovation center; fifth, to strengthen inclusive financial services for people's livelihood and promote the common prosperity of urban and rural residents; sixth, to deepen the structural reform of the financial supply side and build a precise and efficient financial ecological service system; seventh, to accelerate the green financial reform and build a green financial center; eighth, to promote the financial "Two Zones" and create a new highland of two-way opening for the financial sector; ninth, to improve the financial regulatory system and build a best financial security city of its kind; tenth, to enhance the capital's financial soft power and create an internationally enabling environment for financial business. The base period for those tasks is 2020, with the implementation period from 2021 to 2025, and looking ahead to 2035.

By reviewing the achievements of the capital's financial sector in terms of management mechanism and market system construction during the "13th Five-Year Plan" period, combined with the new tasks and requirements in the current situation, the Plan puts forward the goals of significantly enhancing Beijing as the national financial management center, improving financial services for ensuring the capital's high-quality development, promoting the level of financial two-way opening, continuously dynamizing financial reform and innovation, and significantly developing the financial governance system and governance capacity by the end of the "14th Five-Year Plan" period. The Plan expects that in 2025, the added value of Beijing's financial sector will reach about RMB 1 trillion, the number of domestic and foreign listed companies will reach about 1,000, and the non-performing rate of financial institutions will continue to be lower than the national average.

The Plan reinforces Beijing's strategic positioning as a national financial management center, highlighting the capital's function of serving national financial decision-making and financial sector management. In terms of system construction, the keynote of financial reform and opening up will remain unchanged, with efforts being made to improve the multi-level financial market system, promoting the innovation and development of various licensed institutions, and actively carrying out cross-border financial exchanges and cooperation. Whereas for the implementation, the requirements of high-quality development shall be fulfilled, with inclusive financial services improved, financial supply-side reform deepened and green financial reform initiated. To seize the new opportunities in the new situation, it is proposed to fully leverage the comprehensive advantage of "finance + technology + data" for building a modern digital financial system, harnessing technology to build the financial infrastructure.

The Plan looks forward to 2035, when Beijing will have an internationally enabling environment for financial business, and the financial institutions will have a better organizational system; the financial technology continues to improve; green finance helps to achieve carbon peaks and carbon neutrality, becoming a new driving engine for the high-quality development of the financial sector; the financial sector will greatly contribute to building Beijing as a world-class livable city and promoting the synergistic development of Beijing, Tianjin, and Hebei; the comprehensive competitiveness of Beijing as the national financial management center is significantly enhanced, with the modern financial sector matching a big country's capital fully developed. Beijing will become a central node with significance in the global network of financial center cities and play an important role in global financial governance.

The "14th Five-Year Plan" period is the first five-year period when China starts the new journey toward building a comprehensive socialist modern country and meeting the second centenary goal of building China into a great modern socialist country in all respects. As the first pillar industry of Beijing's economy, the capital's financial industry shoulders the important historical mission of enhancing the country's core financial competitiveness, maintaining national financial security, and promoting national financial reform and opening-up. Overall, the Plan clarifies the ideas, layout, and focus of the high-quality development of Beijing's financial sector during the "14th Five-Year Plan" period, and provides important guidelines for the further improvement of the capital's financial work.

X. Policies on Foreign Exchange Market Development

(I) Policy Effects

On May 11, 2022, the State Administration of Foreign Exchange (SAFE) issued the *Administrative Penalty Measures of the State Administration of Foreign Exchange* to regulate the administrative penalties of the SAFE and its branches, ensure and supervise the performance of its duties in accordance with the law, and protect the legitimate interests of citizens, legal persons, and other organizations.

On May 12, the SAFE issued the *Notice on Relevant Measures to Further Promote The Foreign Exchange Market to Serve the Real Economy*, pointing out that financial institutions should continue to strengthen their ability to serve the real economy's exchange rate risk management, enrich their foreign exchange market products for customers, support China Foreign Exchange Trade System and Interbank Market Clearing House Co., Ltd. in improving the service level of the foreign exchange market, expand the scope of cooperation in handling RMB-foreign exchange derivatives, and support the banks' own foreign exchange risk management.

On May 24, the Ministry of Commerce, the People's Bank of China (PBC), and the SAFE issued the *Notice on Supporting Foreign Economic and Trade Enterprises to Improve their Exchange Rate Risk Management Ability*, to further support foreign trade enterprises to improve their exchange rate risk management capability and promote the steady operation of foreign trade enterprises.

On May 27, the PBC, the China Securities Regulatory Commission (CSRC), and the SAFE issued the *Matters Related to Further Facilitating Overseas Institutional Investors to Invest in China's Bond Market* to further facilitate foreign institutional investors' investment in China's bond market by laws and regulations.

On May 30, the SAFE issued the *Notice on Supporting New- and High-Tech and "Specialized, Refined, Differentiated, and Innovative" Enterprises to Carry Out Pilot Cross-Border Financing*

Facilitation to implement the State Council's package of policies and measures to stabilize the economy and the spirit of the Notice on Strengthening Financial Services for COVID-19 Containment and Socio-Economic Development issued by the PBC and the SAFE, and support the high-quality development of the real economy.

On July 1, the Service Group for Enterprise Exchange Rate Risk Management of the SAFE issued the *Guidelines for Enterprise Exchange Rate Risk Management* to help enterprises in the real economy enhance their awareness and capability of exchange rate risk prevention, as well as fully understand and scientifically manage exchange rate risks.

On July 26, the SAFE issued the *Notice on Issuing the Detailed Implementing Rules for the Balance-of-Payments Statistical Declarations through Banks* to regulate the balance of payments statistics declaration through domestic banks.

On October 25, in order to further improve the macro-prudential management of full-caliber cross-border financing, expand the sources of cross-border funds for enterprises and financial institutions, and guide them to optimize the structure of assets and liabilities, the PBC and the SAFE decided to increase the macro-prudential adjustment parameter for cross-border financing of enterprises and financial institutions from 1 to 1.25.

On November 10, the PBC and the SAFE issued the *Notice on Issuing the Rules on Funds Invested by Overseas Institutional Investors in China's Bond Market to Invest in the Bond Market of China* to support and regulate foreign institutional investors' investment in China's bond market.

On November 11, the PBC, the National Development and Reform Commission (NDRC), the Ministry of Science and Technology (MOST), the Ministry of Industry and Information Technology (MIIT), the Ministry of Finance (MOF), the China Banking and Insurance Regulatory Commission (CBIRC), the CSRC, and the SAFE issued the *Notice on the Issuance of the Overall Plan for the Construction of Pilot Zones for Sci-Tech Innovation Finance Reform in Shanghai, Nanjing, Hangzhou, Hefei and Jiaxing* to promote the reform of financing for scientific and technological innovation in Shanghai, Nanjing, Hangzhou, Hefei, and Jiaxing, and increase financial support for innovation.

On November 23, the PBC and the SAFE issued the *Notice on Matters Related to the Management of Funds Used by Overseas Institutions to Issue Bonds in China* to regulate the fund management for bonds issued by overseas institutions in China.

(II) Outlook on Foreign Exchange Market Development

For 2023, foreign exchange administration will follow the guidance of Xi Jinping Thought on Socialism with Chinese Characteristics for a New Era, and will fully implement the guiding principles from the 20th CPC National Congress and the Central Economic Work Conference, as well as uphold and strengthen the centralized and unified leadership of the CPC Central Committee over financial work. Striving to make progress while maintaining stability, the SAFE will uphold fundamental principles and break new ground, fully implement the new development philosophy, and speed up the establishment of a new development pattern. In accordance with the requirements of "Six Better Coordination", the SAFE will deepen reform and opening-up in the foreign exchange sector to promote high-quality development, guard against risks of external shocks and maintain a safe bottom line, and ensure the safety, liquidity, value appreciation of foreign exchange reserve assets, so as to provide strong support for a sound start in building a modern socialist country in all respects.

The key tasks of foreign exchange management in 2023 include the following five aspects. First, the SAFE will make further efforts to exercise full and strict governance over the Party. To be specific, the SAFE will have a profound understanding of the decisions of the CPC on Comrade Xi Jinping's core position on the Party Central Committee and in the Party as a whole and the guiding role of Xi Jinping Thought on Socialism with Chinese Characteristics for a New Era, resolutely follow up on the decisions and the arrangements of the CPC Central Committee, continue to consolidate the results, and increase the effectiveness of the CPC Central Committee's inspection and rectification efforts, strictly comply with the central Party leadership's eight-point decision on improving working behavior, and keep up our efforts to tackle the Four Malfeasances (i.e. favoring form over substance, bureaucratism, hedonism, and extravagance). Furthermore, the SAFE will strengthen the building of grassroots Party organizations and a team of senior staff who are loyal, clean, responsible, and professional. Second, the SAFE will deepen reform and opening-up in the field of foreign exchange administration. Specifically, the SAFE will steadily push for the high-level opening-up of the capital account, and maximize the pilot capital pool service integrating domestic and foreign currency management for multinational corporations. the SAFE will increase the coverage of policies on foreign exchange receipt and payment method for trade to high-quality enterprises, encourage the innovative and standardized development of new forms and models of trade. the SAFE will improve upon the exchange rate hedging services for micro, small and medium-sized enterprises, and explore for more diverse application scenarios of cross-border financial service platforms. Moreover, the SAFE will innovate and optimize foreign exchange management policies to better serve China's major regional development strategies. Third, the SAFE will guard against the risks of cross-border capital flow. the SAFE shall improve upon the monitoring and analysis of the foreign exchange situation, enhance macro-prudential management and guidance of expectations, and enrich the macro-prudential policy toolbox. At the same time, the SAFE will improve the micro-supervision of the foreign exchange market, and accelerate the establishment of an authenticity management mechanism featuring "substantial truth, diversified methods, due diligence, as well as safety and high efficiency". The SAFE will also improve upon the off-site capacity building, and crack down on illegal foreign exchange activities. Fourth, the SAFE will improve the management of foreign exchange reserves. Specifically, the SAFE will promote capacity building in terms of professional investment, scientific and technological operation and management, and market-oriented institutional governance, in order to ensure the safety and liquidity of foreign exchange reserve assets while maintaining and increasing their value. Fifth, the SAFE will consolidate the backbone of foreign exchange administration. Notably, the SAFE will reinforce the construction of the rule of law in the foreign exchange market and develop a high performing statistical system for the balance of payments, further promote the "digital foreign exchange administration" and "safe foreign exchange administration", and upgrade the level of foreign exchange research.

Appendix

Major Policies for China's Foreign Exchange Market in 2022

Date	Issuing Unit(s)	Policy Name
May 11	SAFE	Administrative Penalty Measures of the State Administration of Foreign Exchange
May 12	SAFE	Notice on Relevant Measures to Further Promote The Foreign Exchange Market to Serve the Real Economy
May 24	MOFCOM, PBC, SAFE	Notice on Supporting Foreign Economic and Trade Enterprises to Improve their Exchange Rate Risk Management Ability
May 27	PBC, CSRC, SAFE	Matters Related to Further Facilitating Overseas Institutional Investors to Invest in China's Bond Market
March 30	SAFE	Notice on Supporting New- and High-Tech and "Professional, Sophisticated, Special and Innovative" Enterprises to Carry Out Pilot Cross-Border Financing Facilitation
July 1	Service Group for Enterprise Exchange Rate Risk Management of the SAFE	Guidelines for Enterprise Exchange Rate Risk Management
July 26	SAFE	Notice on Issuing the *Detailed Implementing Rules for the Balance-of-Payments Statistical Declarations through Banks*
October 25	PBC, SAFE	The PBC and the SAFE increased the macro-prudential adjustment parameters for cross-border financing
November 10	PBC, SAFE	Notice on Issuing the *Rules on Funds Invested by Overseas Institutional Investors in China's Bond Market*
November 11	PBC, NDRC, MOST, MIIT, MOF, CBIRC, CSRC, SAFE	Overall Plan for the Construction of Pilot Zones for Sci-Tech Innovation Finance Reform in Shanghai, Nanjing, Hangzhou, Hefei and Jiaxing
November 23	PBC, SAFE	Notice on Matters Related to the Management of Funds Used by Overseas Institutions to Issue Bonds in China

Article 13

Hong Kong's Status as the International Financial Center is Rock-solid①

Over the years, despite the challenges brought by multiple fluctuations in the financial and economic cycles, Hong Kong's status as the international financial center has remained stable thanks to the support of the central government's policies.

Hong Kong's position as the global foreign exchange transaction center has been reconfirmed by the results of the latest triennial foreign exchange and derivatives market turnover

① Author: Yu Yalian, Deputy General Manager, Private Banking Department, Bank of China Jiangsu Branch, Research Fellow, Program for China's Financial Policy Report (research group).

survey conducted by the Bank for International Settlements in April 2022. In spite of being in the midst of a new wave of COVID-19 outbreak, Hong Kong still ranked third and fourth in the world in terms of foreign exchange (FX) derivatives turnover and FX turnover respectively, the same as in 2019. At present, Hong Kong is still the first choice for the Asian headquarters of most overseas financial institutions. More than 70% of the world's top 100 banks operate in Hong Kong. In 2021, the scale of Hong Kong's asset management industry reached HKD 35.55 trillion, of which more than half was funded by non-Hong Kong investors, and the scale of private wealth management business reached HKD 10.58 trillion, making Hong Kong the largest international fund management center in Asia.

Meanwhile, Hong Kong is also the world's largest offshore RMB trading market as well as the global offshore RMB clearing center and fund center. As of January 2023, the offshore RMB deposits in Hong Kong recorded RMB 830 billion, accounting for more than 60% of the global offshore RMB. 70% of the offshore RMB payment and settlement was completed in Hong Kong. The Hong Kong Monetary Authority ("HKMA") has always been the largest currency swap counterparty of the People's Bank of China ("PBC"). In 2022, HKMA signed a standing swap agreement with PBC to increase the swap size from RMB 500 billion to RMB 800 billion, providing sufficient liquidity insurance for offshore RMB transactions in Hong Kong. The RMB Hong Kong Interbank Offered Rate launched by the Hong Kong Treasury Markets Association has also become one of the benchmark pricing rates in the offshore RMB market. In addition, the PBC has started to issue central bank bills in Hong Kong regularly, providing a pricing basis for a well-established offshore RMB yield curve. As a bridgehead connecting China's domestic and overseas financial markets, Hong Kong plays an important role in promoting RMB internationalization.

With the continuous promotion of high-level financial opening-up policies in recent years, Hong Kong has also played an important role in the two-way opening-up of China's capital accounts. At present, domestic enterprises account for more than half of the companies listed in Hong Kong and over 70% of the total market value of Hong Kong stocks. More than 80% of the global offshore RMB bonds are issued in Hong Kong. Hong Kong strongly supports high-quality domestic enterprises in overseas financing. The smooth operation of interconnection mechanisms such as Shanghai Stock Connect, Hong Kong Stock Connect, Southbound Bond Connect, Northbound Bond Connect, and Cross-Border Financial Management Connect provides a stable channel for long-term overseas funds to participate in the domestic financial market, while expanding the space for domestic investors to allocate financial assets globally. The interconnection mechanism effectively promotes the two-way flow of capital, contributing greatly to the integration of China's financial market with the international financial market.

The stable status of Hong Kong as the international financial center is in line with the needs of China's opening-up policy. The "14th Five-Year" Plan also explicitly calls for continued support for Hong Kong to enhance its status as the international financial center and strengthen its function as a global offshore RMB hub. In the future, Hong Kong will continue to function as a firewall and testing ground in the process of opening up China's financial market, actively promote the coordinated development of domestic and overseas capital markets, vigorously develop the offshore RMB business, and contribute to the formation of a high-level and multi-layered opening-up pattern in China and the internationalization of the RMB.

XI. Development Policies for the Gold Market in 2022①

In 2022, under the influence of the conflict between Russia and Ukraine and the rate hikes of the Federal Reserve (Fed), gold, as a typical safe-haven asset, became the focus of asset allocation. In this context, China's gold market insisted on improving its trading system, constantly enhancing the level of opening up to the outside world, increasing its inclusiveness to foreign investors, and accelerating its internationalization process.

(I) Overview of the Gold Market

At the beginning of 2022, the international spot gold price opened at USD 1,828.61/t oz. With the outbreak of the Russia-Ukraine conflict, the international spot gold price rose to the year's peak — USD 2,070.42/t oz. on March 8, driven by the dual factors of risk aversion and inflation expectation. In March, the Fed began to gradually raise interest rates in order to curb the US's rising inflation figures, and amid tightening expectations, gold price embarked on a new round of decline, hitting as low as USD 1,614/t oz. on September 28. In October, when expectations about Fed's faster rate hikes were still strong, London Gold Fix showed a weak trend following strong momentum. In early November, as the US Non-farm Payrolls in October released a weaker signal of the labor market and the October CPI decrease amplitude exceeded expectation, a trend of inflation falling from peak gradually became clear. Then, expectations about a slowdown of the Fed's rate hikes increased sharply. Consequently, the US dollar index and the US Treasury yield continuously dropped, and the gold price rose all the way to beyond USD 1,800/t oz. At the end of 2022, the international spot gold price closed at USD 1,822.79/t oz., with a decrease of USD 6.45/t oz. or 0.35% from the end of 2021.

The opening price of the AU9999 contract of Shanghai Gold Exchange (SGE) at the beginning of 2022 was RMB 373/g, the highest price throughout 2022 was RMB 418/g, the lowest price was RMB 275.05/g, with an amplitude of 51.97%, and the closing price was RMB 410.49/g, up by 9.8% YOY.

In 2022, the cumulative transaction amount of all gold varieties of SGE reached RMB 15.18 trillion (bilateral), up by 16.04% YoY, and the cumulative transaction volume 38,800 tons (bilateral), up by 11.31% YOY. The cumulative transaction amount of all gold varieties of the Shanghai Futures

① Author: Zhou Haibo, Research Fellow, Policy Research Institute, Guotai Junan Securities; Research Fellow, Program for China's Financial Policy Report (research group).

Exchange (SHFE) was RMB 30.72 trillion (bilateral), down by 10.14% YOY, and the transaction volume 86,300 tons (bilateral), down by 11.09% YOY.

(II) Analysis of Major Gold Market Development Policies in 2022

1. Continue to open up and improve China's foreign trade system

On January 13, 2022, the National Development and Reform Commission issued the *14th Five-Year Plan for the Construction of Modern Circulation System*. This is the first five-year plan in the field of modern circulation. It offers a strategic layout and systematic planning for the construction of a modern circulation system, and puts forward a series of operable and practical key tasks, which is of pioneering significance to unimpeded economic circulation. According to the plan, China will cultivate large multinational traders with strong resource integration ability and wide business network coverage, enhance large-scale centralized procurement of imported bulk commodities, and improve the domestic development driving force and international price influence of centralized procurement. China will launch innovative products such as shipping index futures, and support the expansion of futures products in chemical products and metal material fields. Besides, China will improve laws and regulations over futures and actively explore the futures and spot markets linkages. China will further open up commodity futures to the outside world, explore diversified ways of opening up such as authorization of settlement prices, and attract the active participation of overseas entity enterprises and investment institutions. The improvement of the market-oriented resource allocation ability will further perfect the trading platforms of China's gold market, promote the high-speed circulation of the gold market, attract more foreign investors to participate in China's gold market, and enhance the influence of China's gold market.

On May 17, The General Office of the State Council issued the *Opinions on Promoting the Stability and Quality Improvement of Foreign Trade*. The Opinions puts forward 13 policies and measures from four aspects: ensuring the stability of production and circulation in foreign trade, increasing fiscal, tax and financial support for foreign trade enterprises, further helping foreign trade enterprises grasp orders and expand market, and stabilizing the industrial chain and supply chain of foreign trade. The Opinions requires strengthening the function of maritime logistics to stabilize foreign trade. It is imperative to study and promote the issuance of sea freight rates and sea transport capacity futures on the SHFE and the Dalian Commodity Exchange (DCE). The release of the Opinions will boost the internationalization of SHFE and DCE, and ensure gold commodity trading and gold futures trading in China.

In addition to improving infrastructure, local governments are also trying to build regional international trade platforms, using local financial characteristics to propel trade development and improve China's gold trading system. On May 20, the Beijing Municipal Bureau of Local Financial Regulation and Supervision, together with the Operations Office of the People's Bank of China (PBC), Beijing Office of the China Banking and Insurance Regulatory Commission (CBIRC), and Beijing Office of the China Securities Regulatory Commission (CSRC), issued the *Opinions on Promoting the Building of a Global Wealth Management Center in Beijing*, which aims to accelerate the construction of a global wealth management center, promote higher-level financial opening up and cooperation, and empower the high-quality development of the capital's financial industry. The Opinions proposes supporting foreign institutions to expand their development space; Supporting foreign financial institutions to actively introduce advanced international experience in asset management, investment management, pension management, and risk management, participate in the capital's financial reform and innovation, and enrich the capital's financial products and services. supporting foreign-funded insurance and asset management companies to engage in the entrusted management of overseas investment of insurance capital; supporting foreign-funded institutions to obtain more business qualifications and get deeply involved in the domestic financial market by carrying out stocks, bonds, foreign exchange, funds, gold market and inter-bank market transactions; and allowing more participants to join the transactions of China's gold market, which is conducive to amplifying China's voice in the pricing of the global gold market.

In order to explore new models of international cooperation in the gold market and unblock the circulation of domestic and foreign markets on the gold industry chain, China's gold market constantly improves all kinds of infrastructure and enhances the cross-border market service capacity of China's gold entity enterprises through business innovation.

2. Enrich product types and improve the infrastructure of China's gold market

On February 7,2022, the SHFE passed the *Trading Rules of Shanghai Futures Exchange (Revised Version)*, which offers more detailed regulations on the use of on-site trading and remote trading seats. Later on July 22, the SHFE revised the *SHFE Gold Futures Delivery Rules (Trial)*, offering more detailed provisions on the warehousing and ex-warehousing stages of gold futures delivery, so as to better ensure the order of futures trading.

In March, Ping'an Shanghai Gold Transactional and Open Securities Investment Fund (fund code: 159832), Dacheng Shanghai Gold Transactional and Open Securities Investment Fund (fund code: 159833) and Southern Shanghai Gold Transactional and Open Securities Investment Fund (fund code: 159834) were launched. Meanwhile, the purchase and redemption of spot gold firm offer contracts were opened. On September 15, the SGE issued the *Detailed Rules for Performance-Guarantee Price Asking Trading of Shanghai Gold Exchange* and launched the performance guarantee inquiry business on September 22, in order to effectively improve the infrastructure function of gold, accurately serve market entities, and earnestly fulfill its QCCP (qualifying central counterparty) responsibilities. The listed contract of the performance guarantee inquiry business is CAu99.99, and the corresponding delivery variety Au99.99. The self-operated seats of market institutions with the transaction intention to participate in the performance guarantee inquiry business can apply to participate in the performance guarantee inquiry business according to the relevant business regulations.

On November 16, in order to promote the steady development of the gold market, give play to the function of lease business to serve gold industry chain entity enterprises, and maintain the legitimate rights and interests of all parties, the SGE formulated the *Rules for Physical Lease Business of SGE*, which began to be piloted on December 19, 2022, and formally come into force on January

9, 2023, to ensure a smooth business transition. This business can become a tool for industrial enterprises to broaden financing channels, reduce financing costs and enrich risk management.

The SGE and the SHFE, as the important financial infrastructure of China, will continue to plan as a whole epidemic prevention and control and operation security, ensure the market's stable operation and orderly internal operation, and continuously provide the society with stable and orderly gold trading pricing, settlement, delivery storage and transportation, risk management and other financial services, to better support the development of the real economy.

3. Improve the risk prevention and control system and ensure the orderly operation of the gold market

On March 9, 2022, the SGE announced that, in view of the sharp fluctuations in gold and silver prices, the SGE would increase the margin ratio and limit up or down for deferred contracts from the next day on. On June 27, the SGE issued the *Implementation Measures for Members of the Shanghai Gold Exchange on Anti-Money Laundering and Counter-Terrorist Financing (2022 Revision)*, offering regulations on the anti-money laundering work of SGE member institutions and branches, and emphasizing the necessity to strengthen customer identification and safeguard the legitimacy of the sources of funds of customers. According to the Measures, it is necessary to identify suspicious transactions timely and establish monitoring standards for suspicious transactions; the member institutions should properly preserve customers' identity data and transaction records; SGE should fully train on and publicize anti-money laundering rules among its member units to enhance the anti-money laundering awareness of the whole gold market; and SGE member institutions should incorporate the implementation of anti-money laundering work into their audit, inspection or evaluation scope. On the same day, the SGE also issued the *Self-Discipline Guidelines for Members of the Shanghai Gold Exchange on Anti-Money Laundering, Counter-Terrorist Financing and Anti-Tax Evasion (2022 Revision)*, advocating its members to establish anti-money laundering awareness and actively cooperate with SGE's membership identification work.

The SGE firmly establishes an overall national security concept, strengthens its bottom-line thinking, standardizes international high-level regulatory standards by the regulatory requirements of the PBC, prioritizes preventing all kinds of risks, and resolutely safeguards overall economic and financial stability. On the one hand, the SGE continuously improved its comprehensive risk management system, employed quantitative risk analysis to improve the informatization level of the risk control system, and strengthened the monitoring of market transactions and capital use, to prevent systemic risks. On the other hand, the SGE established a comprehensive risk management framework, and gave full play to the role of risk control and management system, to strictly manage transaction settlement risks.

4. Reduce fees to lower investors' transaction costs

On June 27, 2022, the SGE decided to exempt one-year membership fees and seat fees for non-financial member institutions to support the members in fighting against COVID-19 and serve the development of the industry. On September 22, the SGE decided to adjust contract transaction service charge rates for physical delivery inquiry swaps iPAu99.99, iPAu99.95, and iPAu100g within two months (excluded) from October 1 to December 31, 2022, for international members to get involved in its international board, to reduce the inquiry transaction costs of the international board, improve the full-term product mix on the market, promote the balanced development of the market and improve market liquidity.

On December 22, 2022, SGE issued the *Notice on the Exemption of Storage Fees, Load-in Fees, Load-out Fees, and Other Fees for International Members and Customers in 2023*. In order to encourage international members and international customers to participate in the transaction and delivery of international board and reduce costs for international members and international customers, SGE decided to continue the exemption of storage fees, load-in/load-out fees, physical handling fees, and other service fees for international members and customers. Later on December 23, the SGE issued the *Notice on Transaction Fee Rates Adjustment in 2023*. In order to reduce the transaction costs of investors, implement the purpose of serving industry, market and members, and ensure the sustainable and healthy development of the market, the SGE lowered the transaction service fees of Shanghai Gold, Chinese Gold Panda coins, and other varieties, promoting the development of China's entity enterprises.

The transaction, delivery, and margin use costs for industry enterprises to invest in gold varieties dropped after implementing the fee reduction policy. This is conducive to improving the efficiency of entity enterprises using the gold market for risk management, is significant to building a high-quality market ecology, and fully embodies the fundamental purpose of the gold market to actively serve the real economy.

(III) Policy Evaluation and Outlook

Reviewing the relevant policies of the gold market in 2022, we can summarize the following three characteristics:

The first is serving the RMB internationalization strategy and enhancing the opening up level of China's gold market. The "Gold International Board" (GIB) launched in the Shanghai Free Trade Zone in 2014 opened China's gold market to overseas investors. With the extensive participation of global investors, the trading scale of GIB has been on the increase. It surged from RMB 45 billion or so in 2014 to RMB 3.07 trillion in 2021. International members have also risen from 40 in 2014 to 101 in 2022. The GIB has provided a trading and investment market for offshore RMB, expanded the backflow channels of RMB, realized the effective integration of offshore and onshore RMB within the special account system, enhanced the diversity and attractiveness of RMB assets, and strengthened the reserve and investment functions of RMB. In 2022, various central and local opening-up policies improved China's opening-up in different ways, attracted domestic and foreign investors, and enhanced the influence and voice of China's gold market in the world.

The second is adhering to innovative development and better empowering economic and social development. China's gold market already has a multi-element trading product system, and internationally influential gold pricing benchmarks and gold market standards. In 2022, the policies related to China's gold market realized innovation on myriad products, enriched and perfected the relevant provisions of market trading, greatly improved the "soft power" of China's gold market, actively promoted the gold market to transform from a single financial factor market to cross-market integrated development, enhanced China's financial market system and financial market efficiency, and guaranteed the steady development of the gold market.

The third is giving priority to risk prevention and strengthening risk prevention and control of the gold market. China's gold market, represented by SGE and SHFE, prioritized risk prevention, resolutely ensured the steady operation of the market, maintained economic and financial stability, and firmly ensured that no systemic risks occurred. By means of improving IT application in risk control system and strengthening monitoring over market transactions and capital use, a comprehensive risk management system was gradually established, and the risk monitoring, assessment and disposal capacity continuously improved, providing an effective guarantee for the sustainable and healthy development of China's gold market and the stability of the financial market.

Looking into 2023, the gold price may present an upward trend after a downward one considering slowing rate hikes of the Fed, aggravating concerns about a recession of the US economy, falling US dollar index and treasury yield from peaks, subsequent abating pressure of Fed's monetary policy on the gold price, and an increasingly prominent trend of global central banks systematically increasing their gold reserves. China's gold market will continue to implement a market-oriented and international development strategy. First, China will enrich gold varieties and improve the allocation efficiency of spot gold, to better serve the real economy with financial products. Second, the GIB will be further opened up. The GIB application scenarios will be innovated and expanded to empower the internationalization of RMB, better service "the Belt and Road" initiative, and co-build a sustainable global ecosystem of the gold industry. Third, China's gold standard system will be further perfected to amplify its international influence and voice.

Appendix

Major Development Policies of China's Gold Market in 2022

Date	Policy Name	Issuer (s)
January 13	14th Five-Year Plan for the Construction of Modern Circulation System	NDRC
February 7	Trading Rules of Shanghai Futures Exchange (Revised Version)	SHFE
March 9	Notice on Continuing to Strengthen Market Risk Control of Deferred Contracts	SGE
March 11	Notice on the Southern Shanghai Gold Transactional and Open Securities Investment Fund Opening Spot Gold Firm Offer Contract Purchase and Redemption	SGE
March 15	Notice on Ping'an Shanghai Gold Transactional and Open Securities Investment Fund Opening Spot Gold Firm Offer Contract Purchase and Redemption	SGE

Continued

Date	Policy Name	Issuer (s)
March 24	Notice on Dacheng Shanghai Gold Transactional and Open Securities Investment Fund Opening Spot Gold Firm Offer Contract Purchase and Redemption	SGE
May 17	Opinions on Promoting the Stability and Quality Improvement of Foreign Trade	State Council
May 20	Opinions on Promoting the Building of a Global Wealth Management Center in Beijing	Beijing Municipal Bureau of Local Financial Regulation and Supervision,Operations Office of the PBC,Beijing Office of the CBIRC,Beijing Office of the CSRC
June 27	Notice on Exemption of Annual Membership Fees and Trading Seat Fees for Non-Financial Institution Members in 2022	SGE
June 27	Implementation Measures for Members of the Shanghai Gold Exchange on Anti-Money Laundering and Counter-Terrorist Financing (2022 Revision)	SGE
June 27	Self-Discipline Guidelines for Members of the Shanghai Gold Exchange on Anti-Money Laundering, Counter-Terrorist Financing and Anti-Tax Evasion (2022 Revision)	SGE
July 22	SHFE Gold Futures Delivery Rules (Trial)	SHFE
September 15	Detailed Rules for Performance-Guarantee Price Asking Trading of Shanghai Gold Exchange	SGE
September 15	Supplementary Provisions for Performance-Guarantee Price Asking Spot, Forward, and Swap Contracts of Shanghai Gold Exchange	SGE
September 22	Notice of Price Asking Swap Trade (tenor within 2M (not included))Transaction Fee Rate Adjustment For International Members	SGE
September 23	Notice on Contract Performance of SGE Members	SGE
November 16	Rules for Physical Lease Business of SGE	SGE
December 22	Notice on the Exemption of Storage Fees, Load-in Fees, Load-out Fees, and Other Fees for International Members and Customers in 2023	SGE
December 23	Notice on Transaction Fee Rates Adjustment in 2023	SGE

Article 14

E-CNY Pilot Regions Continue to Extend with Its Application Scenarios being Expanded Steadily[①]

In 2022, Digital RMB (e-CNY) continued to expand its pilot cities, and its application scenarios were implemented faster, gradually integrating it into people's lives.

In that year, cities that piloted the use of e-CNY expanded twice. On March 31, 2022, the People's Bank of China ("PBC") held a symposium on the R&D of the e-CNY pilot program, proposing an orderly expansion of the scope. In addition to the existing pilot regions, Tianjin, Chongqing, Guangzhou of Guangdong Province, Fuzhou and Xiamen of Fujian Province, and six cities in Zhejiang Province that will host the 19th Asian Games Hangzhou 2022 are selected as new pilot regions. After completing the scenario pilot of the Beijing 2022 Olympic and Paralympic Winter Games, Beijing and Zhangjiakou of Hebei Province will also be promoted to pilot regions. Shenzhen, Suzhou, Xiong'an, and Chengdu are the earliest pilot regions. Later in December 2022, their pilot scope was expanded throughout the provinces where they are located (Guangdong Province, Jiangsu Province, Hebei Province, and Sichuan Province). In addition, Jinan in Shandong Province, Nanning and Fangchenggang in Guangxi Zhuang Autonomous Region, and Kunming and Xishuangbanna Dai Autonomous Prefecture in Yunnan Province were also selected as pilot regions. After two rounds of expansion, the e-CNY pilot regions have been extended from the former "10+1" regions to 26 regions in 17 provinces and municipalities in China.

At the same time, the application scenarios of e-CNY have been more diversified. For now, such replicable and promotable application modes, online and offline, have covered wholesale, retail, cantering, culture, tourism, education, medical services, public services, and many other fields. Based on the data of the PBC, up to August 31, 2022, the cumulative number of transactions in 15 provinces (municipalities) reached 360 million, with a transaction amount of RMB 100.04 billion. Over 5.6 million shops and retailers have allowed e-CNY payments. Commercial banks and IT companies are competing to pilot application scenarios, thus, providing more customized choices and more convenient experience for their clients. Besides, distributing e-CNY coupons and red packets in pilot regions is a major way to stimulate consumption and revitalize the economy after the pandemic. According to partial statistics, in 2022, governments in pilot regions held 30 activities using e-CNY red packets to promote consumption, combat the virus, and advocate low-carbon transportation. Moreover, businesses carried out market-based promotion activities, boosting the compensation of social consumption and the release of potential. In terms of cross-border application, in September 2022, the "Multiple Central Bank

① Author: Yu Yue, Trader, Global Market Department, Industrial and Commercial Bank of China (ICBC), Research Fellow, Program for China's Financial Policy Report (research group).

Digital Currency Bridge" project ("m-CBDC Bridge"), which was jointly established by the Bank for International Settlements, Hong Kong Monetary Authority, Central Bank of Thailand, the PBC Digital Currency Research Institute, and Central Bank of the United Arab Emirates (CBUAE), finished the first real trial on transaction pilot project based on four digital currencies of the Central Banks. Relying on m-CBDC Bridge, 20 commercial banks in 4 different regions helped their clients to accomplish cross-border remittances and foreign currency exchanges 164 times, valuing over RMB 150 million. E-CNY is technically qualified for cross-border transactions. As more pilot regions are developed and as the application scenarios of e-CNY are expanded more steadily, the data of e-CNY has been included in M0 (cash in circulation) in financial statistics since December 2022.

The increase of pilot regions helps testify to the feasibility and reliability of e-CNY in a more extensive range. With the booming of e-CNY application scenarios, related technologies, products, and innovative patterns continue to spring up. Upstream and downstream industries of e-CNY are generating the combined effect, producing new business modes and formats to better support local economic and social development.

Major Financial Regulatory Policies

I. Major Financial Regulatory Policies of the People's Bank of China (PBC)①

(I) Overview of Major Financial Regulatory Policies of PBC in 2022

The first category is about providing great financial support for the key areas to stabilize the economy. The PBC introduced 23 measures to ensure financial support for epidemic prevention and control and economic and social development. Credit supply and replenishment of investment capital funds in key infrastructure areas were supported. The proportion of incentive funds for inclusive small and micro loan support instruments was increased. Carbon emission reduction support instruments and special central bank lending for the clean and efficient use of coals were implemented in parallel. Special central bank lending for science and technology innovation, equipment renovation/upgrading, transportation and logistics, and inclusive pension were set up. The financial sector was pushed to support the rural revitalization and manufacturing power strategies in an all-around way. Every effort was made to maintain the sound operation of the real estate market.

The second category is about intensifying the overall planning and coordination of financial work. The Office of the Financial Stability and Development Committee of the State Council (FSDC) was requested to better fulfill its duties, and every effort was made to set major issues and supervise and implement the agreed matters of the Commission. Supervision and accountability were strengthened to inform some provinces (municipalities), banks, and regulators of risks. Local governments were urged to set up financial risk resolution committees led by provincial government leaders.

The third category is about the prevention and resolution of financial risks. Progress was made in risk handling of small and medium-sized banks in highly risky areas. The financial business of large platform enterprises was rationally rectified. A financial stability guarantee fund was established.

The fourth category is about further improving the macro-prudential policy framework and governance mechanism. The monitoring, assessment, and early warning of systemic risks were constantly improved. The list of systemically important banks for 2022 was released. The establishment of three financial holding companies was approved.

The fifth category is about further deepening financial reform and opening-up. The

① Author: Zhu Xiaochuan, Financial Law Research Association of Shanghai Law Society. The content is taken from the website of the People's Bank of China, and does not represent the opinions of any unit.

environmental information disclosure and carbon accounting standard system for financial institutions was perfected, and climate risk pressure tests were organized. Renminbi internationalization was continuously deepened. The reform in key areas of foreign exchange was advanced.

The sixth category is about deepening international financial cooperation. The PBC joined the Renminbi liquidity schedule of the Bank for International Settlements (BIS), and pushed the rise of the Renminbi's weight in the Special Drawing Rights (SDR) currency basket to 12.28%.

The seventh category is about improving financial services and financial management. Significant progress was made in financial legislation and comprehensive financial statistics. Payment supervision, fintech regulation, and management of monetary gold and silver services were strengthened. The pilot programs of digital RMB (e-CNY) ran steadily. New achievements were made in constructing the state treasury and the credit information system, anti-money laundering, protection of financial consumption rights and interests, financial research, and counselor work.

(II) Evaluation of the Major Regulatory Policies of PBC in 2022

Since the start of 2022, in the face of a complex, variable international economic and financial situation, repeated shocks brought by the domestic COVID-19 outbreak, and new economic downward pressure, the PBC adhered to Xi Jinping Thought on Socialism with Chinese Characteristics for a New Era as the guidelines, earnestly implemented the decisions and deployment of the CPC Central Committee and the State Council, and took proactive measures to overcome difficulties under the overall command of the FSDC. The PBC further implemented its prudent monetary policy, firmly stabilized the macroeconomic situation, effectively prevented and resolved financial risks, vigorously deepened financial reform and opening up, and continuously enhanced the service level of financial management. In a word, new effects were achieved in all aspects.

(III) Outlook on PBC's Regulatory Policy in 2023

In 2023, the PBC will adhere to Xi Jinping Thought on Socialism with Chinese Characteristics for a New Era as a guide, fully implement the resolutions of the 20th National Congress of the CPC and the Central Economic Work Conference, earnestly perform the duties of Office of the FSDC, construct a modern central bank system, boost market confidence, work hard particularly on growth, employment and price stabilization, push the overall recovery of the economy, realize the reasonable improvement of quality and quantity, effectively prevent and defuse major financial risks, and continue to deepen financial reform and opening up, to provide powerful financial support for the all-round construction of a modern socialist country.

First, the PBC will increase financial support for the domestic demand-supply system. The recovery and expansion of consumption, and the development of key infrastructure projects and major projects will be supported. Financial institutions will be guided to further solve the financing problems of micro and small enterprises. The 16 financial measures will be implemented to support the steady and sound development of the real estate market.

Second, the PBC will push the prevention and resolution of financial risks. The Office of the FSDC will be allowed to further play its leading role. The management system for the financial stability guarantee fund will be perfected.

Third, the PBC will continuously improve the macro-prudential management system, The macro-prudential pressure test mechanism will be optimized, the supervision over systemically important banks intensified, and the monitoring over financial holding companies strengthened.

Fourth, the PBC will deepen international financial cooperation and opening-up. The leadership work of G20's sustainable finance will be carefully carried out. Institutional opening-up in rules, regulations, management, standards, and other aspects will steadily expand. RMB internationalization will be pushed forward in an orderly manner.

Fifth, the PBC will continuously deepen the financial reform. The overall regulatory framework for financial infrastructure will be improved, the normalized supervision over the financial business of platform enterprises reinforced, and the reform and opening up in the field of foreign exchange further deepened.

Sixth, the PBC will comprehensively upgrade financial services and management. Financial legislation will be advanced, financial statistics and research work earnestly carried out, the quality and efficiency of payment supervision enhanced, the application and management of fintech deepened, RMB cash management reinforced. the trials of e-CNY pushed in an orderly manner, the informatization level of the state treasury improved, the construction of credit information system strengthened in an all-around way, anti-money laundering regulation firmly carried out, and the protection of financial consumer rights and interests intensified.

Appendix

PBC's Major Regulatory Policies in 2022

Release Date	Policy Name	Issuer (s)
January 19	Measures for the Administration of Customer Due Diligence and Preservation of Customer Identity Materials and Transaction Records by Financial Institutions	PBC, CBIRC, CSRC
January 24	Guidelines on the High-Quality Implementation of Regional Comprehensive Economic Partnership (RCEP)	MOFCOM, NDRC, MIIT, PBC, GACC, SAMR
January 26	Three-Year Action Plan for Combating Money Laundering Crimes (2022-2024)	PBC, MPS, NSC, SPC, SPP, MSS, GACA, STA, CBIRC, CSRC, SAFE
January 30	Notice on the Exclusion of Loans for Affordable Rental Housing from Real Estate Loan Concentration Management	PBC, CBIRC
January 30	Measures for the Administration of Bond Lending in the Interbank Bond Market	PBC
February 8	The 14th Five-Year Plan for Financial Standardization	PBC, SAMR, CBIRC, CSRC
March 4	Notice on Strengthening Financial Services for New Urban Residents	CBIRC, PBC

Continued

Release Date	Policy Name	Issuer (s)
March 10	Opinions on Financial Support for Zhejiang's High-quality Development and Development of Common Prosperity Demonstration Area	PBC, CBIRC, CSRC, SAFE, People's Government of Zhejiang Province
March 30	Opinions on Financial Support for Comprehensively Advancing Key Work about Rural Revitalization in 2022	PBC
April 18	Notice on Strengthening Financial Services for COVID-19 Containment and Socio-Economic Development	PBC, SAFE
April 26	Notice on Relevant Issues Concerning the Issuance of Non-capital TLAC Bonds by Global Systemically Important Banks	PBC, CBIRC
May 12	Notice on the "Joint Action" to Promote the Collaborative Innovation of Large, Medium-Sized and Small Enterprises (2022-2025)	MIIT, NDRC, MOST, MOF, MOHRSS, PBC, SASAC, SAMR, CBIRC, CNIPA, ACFIC
May 15	Notice on Relevant Matters Regarding Adjusting the Differentiated Housing Credit Policy	PBC, CBIRC
May 20	Notice on the Implementation of Phased Support Policies for Housing Provident Fund	MHURD, MOF, PBC
May 24	Notice on Supporting Foreign Economic and Trade Enterprises to Improve their Exchange Rate Risk Management Ability	MOC, PBC, SAFE
May 26	Notice on Promoting the Establishment of Long-Term Mechanisms for Boosting Financial Sector's Confidence, Willingness, Capability, and Expertise in Lending to Micro and Small Businesses	PBC
May 27	Announcement on Issues Concerning Further Facilitating Investment in the Chinese Bond Market by Overseas Institutional Investors	PBC, CSRC, SAFE
May 31	Notice on Issuing the Administrative Measures for the Interest Subsidies for Loans for Ethnic Trade and the Production of Goods Specially Needed by Ethnic Groups	MOF, NEAC, PBC
June 16	Notice on Supporting Cross-Border RMB Settlement for New Business Forms of Foreign Trade	PBC
July 21	Notice on Financial Support for the Recovery of the Cultural and Tourism Industries	PBC, MCT
August 10	Notice on Issues Concerning the Issuance of Undated Capital Bonds by Insurance Companies	PBC, CBIRC
August 19	Notice on the Issuance of the Overall Plan for the Construction of the Chongqing Green Finance Reform and Innovation Pilot Zone	PBC, NDRC, MOF, MEE, CBIRC, CSRC
September 20	Guiding Opinions on Promoting the Healthy Development of Movable Property and Rights Financing Business	CBIRC, PBC

Continued

Release Date	Policy Name	Issuer (s)
September 28	The Overall Plan for the Inclusive Finance Reform Pilot Zone in Tongchuan, Shaanxi Province	PBC, CBIRC, NDRC, MIIT, MOF, MARA, CSRC, NRRA
September 28	Overall Plan for the Inclusive Finance Serving Rural Revitalization Reform Pilot Zone in Lishui, Zhejiang Province	PBC, CBIRC, NDRC, MOF, MARA, CSRC, NRRA
September 28	Overall Plan for the Inclusive Finance Serving Rural Revitalization Reform Pilot Zone in Chengdu, Sichuan Province	PBC, CBIRC, NDRC, MOF, MARA, CSRC, NRRA
November 8	Notice of PBC, CBIRC, MOF, NDRC, MIIT and SAMR on Further Increasing the Support for Deferred Repayment of Loan Principal and Interest by Micro and Small Businesses	PBC, CBIRC, MOF, NDRC, MIIT, SAMR
November 10	Notice on Issuing the Rules on Funds Invested by Overseas Institutional Investors in China's Bond Market	PBC, SAFE
November 11	Revised Rules on Acceptance, Discount and Rediscount of Commercial Bills	PBC, CBIRC
November 11	Notice on the Issuance of the Overall Plan for the Construction of Pilot Zones for Sci-Tech Innovation Finance Reform in Shanghai, Nanjing, Hangzhou, Hefei and Jiaxing	PBC, NDRC, MOST, MIIT, MOF, CBIRC, CSRC and SAFE
November 12	Notice on Commercial Banks Issuing Letters of Guarantee for Accessing Escrowed Pre-sale Funds	General Office of the CBIRC, General Office of the MHURD, General Office of the PBC
November 14	Guidelines on Strengthening the Construction of Household Waste Incineration Facilities in County-Level Areas	NDRC, MHURD, MEE, MOF, PBC
November 23	Notice on Providing Financial Support for the Stable and Healthy Development of the Real Estate Market	PBC, CBIRC

Source: Official Website of the People's Bank of China, etc. The release dates shall be subject to the dates signed on the documents; If there is no signed date, the dates when the documents were published on the official websites shall prevail.

Article 15

Continuously Unleashing the Effectiveness of LPR Reform to Further Benefit the Real Economy①

As the market-oriented interest rate reform proceeds, a market-oriented mechanism for interest rate formation and transmission is getting refined. The People's Bank of China (PBC)

① Author: Liu Lina, General Manager, Asset and Liability Management Department, Postal Savings Bank of China, Senior Researcher, Program for China's Financial Policy Report (research group).

regulates the banking system's liquidity through monetary policy tools. Each month, it conducts medium-term lending facility (MLF) operations and makes timely adjustments to the reserve requirement ratio of financial institutions to release signals of policy interest rate regulation to the market, guiding the market benchmark interest rate to follow the policy interest rate and transmitting it to deposit and loan rates through the banking system, and forming an interest rate transmission mechanism of "policy interest rate (MLF rate) and reserve policy → market benchmark interest rate (Loan prime rate (LPR) and Treasury bond rate) → deposit and loan rates". In promoting the market-oriented operation of loan and deposit interest rates, LPR's regulation mechanism, formation mechanism, and transmission mechanism have improved gradually, and its role as an internal and external pricing benchmark for commercial banks has been enhanced, making it the main reference benchmark for setting loan interest rates, and loan interest rates have become significantly more market-oriented. Meanwhile, establishing a market-based adjustment mechanism for deposit rates has opened up a channel for banks to reasonably adjust their deposit rates in line with changes in market interest rates, which is conducive to stabilizing the cost of bank liabilities. The synergy of market-oriented deposit and loan interest rates enables a smoother interest rate transmission mechanism.

Under this mechanism, the PBC took a series of policies to regulate the supply and demand of funds and resource allocation in 2022, such as cutting the required reserve ratio (RRR) and interest rate. It lowered the RRR for financial institutions by 0.25 percentage points on April 25 and December 5 (excluding financial institutions that have implemented a 5% RRR). Throughout the year, it lowered the bid-winning interest rate of open market operation (OMO) and MLF both by 0.2 percentage points, guiding the LPR downward, with three LPR cuts on January 20, May 20, and August 22, and 0.15 and 0.35 percentage points for 1-year and 5-year+ LPR, respectively. In April, the PBC directed the interest rate self-regulatory mechanism to establish a market-based adjustment mechanism for deposit interest rates, urging banks to reasonably adjust the level of deposit interest rates by referring to the bond market rate represented by the 10-year Treasury yield and the loan market rate represented by the 1-year LPR.

The policy has yielded significant results in bringing down the cost of financing for the real economy. First, the two cuts to the RRR released funds of about RMB 1.03 trillion[①], increasing long-term stable sources of funds for financial institutions, saving about RMB 11.6 billion in funding costs for commercial banks, and providing room to guide the reduction of LPR and enhancing the ability of finance for serving the real economy. Second, the interest rate cuts brought out LPR's guiding role, pushing down the cost of corporate financing and personal consumer credit. Corporate loan interest rates fell from a peak of 5.60% in 2018 to 3.97% in

---

① Source of data on funds released by the cuts to the RRR: *China Monetary Policy Report Q4 2022*, http://www.pbc.gov.cn/zhengcehuobisi/125207/125227/125957/4584071/4804390/index.html.

December 2022, and individual housing loan interest rates fell from 5.75% to 4.26%[①], significantly reducing the cost of corporate financing and residential consumer credit and continuously stimulating financing demand in the real economy. Third, the Industrial and Commercial Bank of China, the Agricultural Bank of China, the Bank of China, the China Construction Bank, the Bank of Communications, the Postal Savings Bank of China, other state-owned banks, and most of the joint-stock banks have lowered their interest rates for time deposits and certificates of deposit with maturity over one year in late April, and some local legal entities have also made corresponding cuts. In the last week of April (April 25-May 1), the weighted average interest rate on new deposits incurred by financial institutions nationwide was 2.37%, down 10 basis points from the previous week. [②]In September, major banks took the initiative to lower their nominal deposit rates and the maximum of their internal pricing authorization in line with changes in market interest rates, and other banks followed suit, many of which adjusted their nominal deposit rates for the first time since October 2015, an initiative by banks to strengthen asset and liability management and stabilize liability costs, and an important step toward a market-based deposit rate.

Ⅱ. Main Regulatory Policies in China's Banking Sector[③]

(Ⅰ) Major Regulatory Policies in China's Banking Sector in 2022

1. Enhancing the quality and efficiency of financial services to fully support the real economy

(1) Fostering a sound financial environment for the recovery and expansion of consumption

In 2022, banking regulators kept improving financial services for new citizens and increasing financial support for consumption in key areas, so as to stimulate the vitality of key consumption areas. On March 4, the China Banking and Insurance Regulatory Commission (CBIRC) and the People's Bank of China (PBC) jointly issued the *Notice on Strengthening Financial Services for New Urban Residents* to strengthen financial support for key regions and industries, optimize financial services for housing and basic financial services, implement policies related to training and children's education for new citizens, improve health insurance services, increase pension coverage for new citizens, and improve the availability and accessibility of financial services for new citizens. On May 6, the CBIRC issued the *Guidance on Banking and Insurance Industries Supporting Urban Construction and Governance*, which covers such aspects as supporting the improvement of urban functions and ecological restoration, helping cities to go green and smart, serving the real economy,

---

① Source of data on interest rates for corporate loans and personal housing loans: *China Monetary Policy Report Q4 2022*, http://www.pbc.gov.cn/zhengcehuobisi/125207/125227/125957/4584071/4804390/index.html.

② Source of data on newly incurred deposit rates: *China Monetary Policy Report Q1 2022*, http://www.pbc.gov.cn/zhengcehuobisi/125207/125227/125957/4584071/4547221/index.html.

③ Author: Zhou Jinfei, Senior Analyst, Strategic Development and Implementation Department, SPD Bank.

building on the comparative advantages of cities, serving micro and small enterprises (MSEs), special industries, new citizens, urban-rural integration and technological innovation, etc., so as to allocate financial resources more efficiently to key areas and weak links to build cities of the people and boost the momentum of urban development. On June 10, the CBIRC issued the *Circular for the Banking and Insurance Industries to Strengthen Financial Services for New Urban Residents*, which encourages banking institutions to optimize their products and services based on local realities, take advantage of IT, data and channels, reduce the cost of financial services for new citizens through reasonable fee reductions and lower loan interest rates, and continuously improve the quality of financial services for new citizens.

(2) Meeting the need for credit funding in key areas

In 2022, banking regulators pushed for the effective implementation of policy-oriented development financial instruments and guided banking institutions to offer supporting funds in tandem to support the development of key areas. In terms of transportation, on April 15, the CBIRC issued the *Notice on Providing Financial Support to Ensure Smooth Freight Logistics*, proposing specific requirements for banking institutions to support smooth freight logistics and promote the sound development of financial services, covering eight areas: improving mindset, increasing financial support, helping key groups, enhancing service efficiency, innovating guarantee methods, increasing insurance coverage, ensuring fund safety, and strengthening supervision and implementation. On the same day, the CBIRC, together with the Ministry of Transport, issued the *Opinions on Banking and Insurance Industries Supporting High-quality Development of Highway Transportation*, focusing on market-based financing support for road transport, optimizing the investment and financing environment for road transport, and making the financing for road construction more market-oriented and sustainable. In terms of green finance, on June 1, the CBIRC issued the *Notice on Issuing the Green Finance Guidelines for Banking and Insurance Sectors*, requiring banking institutions to thoroughly implement the new development concept, promote green finance at a strategic level, increase support for green, low-carbon, and circular economy, prevent environmental, social and governance risks, improve their own environmental, social and governance performance, and promote the comprehensive green transformation of economy and society. Regarding the manufacturing industry, on July 4, the CBIRC issued the *Notice on Further Promoting Financial Services for the High-Quality Development of the Manufacturing Industry*, emphasizing that banking institutions should focus on key areas such as advanced manufacturing, strategic emerging industries, and the transformation and upgrading of conventional industries, increase financial support, develop innovative financial products and services, target weak links in the manufacturing industry, make good use of existing financial support policies, and surrender benefits to manufacturing enterprises in a reasonable manner.

(3) Strengthening financial services for private MSEs and other weak links

In 2022, the CBIRC made solid efforts to promote the financial policy of relieving the difficulties of enterprises and guided banking institutions to increase their support for private enterprises and other weak links. With regard to rural revitalization, on April 2, the CBIRC issued the *Notice on Banking and Insurance Industries Serving the Key Work of Promoting Rural Revitalization in 2022*, proposing specific work measures around promoting rural revitalization in a comprehensive manner with financial services, ensuring stable growth of agriculture-related financial investment, optimizing institutional mechanisms for agriculture-related financial supply, focusing on key areas of serving rural revitalization, and strengthening the building of rural financial environment, so as to continuously improve the quality and efficiency of financial services. Regarding micro, small, and medium-sized enterprises, on April 6, the CBIRC issued the *Notice on Further Strengthening Financial Support for Micro and Small Enterprises in 2022*, which seeks to continuously improve the financial supply for MSEs, strengthen financial support for MSEs in key areas and weak links, consolidate the professional mechanism for serving MSEs, and push for the sharing of credit information to facilitate financing for MSEs. On May 12, the Ministry of Finance, the PBC, and eight other authorities jointly issued the *Notice on Carrying out the "Hand-in-Hand Action" to Promote Collaborative Innovation by Small, Medium and Large-Sized Enterprises (2022-2025)*, which aims to promote the comprehensive integration of the innovation chain, industrial chain, supply chain, data chain, capital chain, service chain and talent chain of small, medium and large enterprises, and strive to build an ecosystem where small, medium and large enterprises are mutually dependent and mutually reinforcing. As for industries in difficulty, on June 2, the CBIRC issued the *Notice on Further Improving Financial Services for Industries and Enterprises in Difficulty Due to the Epidemic*, which proposes work requirements for further improving financial services for enterprises in industries temporarily affected by the pandemic from several fronts, such as increasing credit support, arranging for successive financing, appropriately increasing tolerance for non-performing loans, continuously improving service efficiency, developing innovative credit service models, and improving assessment and incentive mechanisms.

(4) Supporting the stable development of the real estate market

In 2022, banking regulators upheld the principle that "houses are for living in, not for speculation", guiding banking institutions to stabilize credit placement in the real estate sector and proactively promoting the work of "ensuring the delivery of houses and stabilizing people's livelihood". On February 16, the CBIRC and the Ministry of Housing and Urban-Rural Development (MHURD) jointly issued the *Guiding Opinions on Banking and Insurance Institutions Supporting the Development of Government-Subsidized Rental Housing*, which calls for the provision of targeted financial products and services for the financing of affordable rental housing, the establishment of an internal mechanism to support the development of affordable rental housing, and greater support for the construction and operation of affordable rental housing while guarding against risks. On May 15, the CBIRC, together with the PBC, issued the *Notice on Relevant Matters Regarding Adjusting the Differentiated Housing Credit Policy*, to fully implement the long-term real estate mechanism and support localities to improve their real estate policies based on local realities and promote the stable and sound development of the real estate market. On November 12, the CBIRC, the MHURD, and the PBC jointly issued the *Notice on Commercial Banks Issuing Letters of Guarantee for Accessing Escrowed Pre-sale Funds*, which proposes that commercial banks can make independent decisions under market-oriented and rule-of-law principles and on the basis of a full assessment of real estate enterprises' credit risks, financial status, and reputation risks, etc., and carry out letters of guarantee to withdraw pre-sale proceeds under supervision with high-quality real estate enterprises, to promote the stable and sound development of the real estate market.

2. Strengthening the protection of the legitimate rights and interests of financial consumers and guiding banking institutions to operate in a standardized and sound manner

(1) Enhancing the protection of the legitimate rights and interests of financial consumers

In 2022, banking regulators continued to regard the protection of banking consumers' rights and interests as their core business and important responsibility, focusing on improving institutional mechanisms and actively carrying out consumer education and risk alerts. On January 15, the CBIRC issued the *Guidance on Regulating Market-based Pricing of Banking Services*, proposing to ensure the full implementation of institutions' main responsibilities, standardize pricing requirements and calibration mechanisms, enhance the management of service outsourcing institutions and partners, encourage financial institutions to benefit enterprises and the public, as well as five regulatory red lines, to improve people's financial consumption experience. On February 18, the CBIRC's Office of Inter-Ministerial Joint Conference on Disposal of Illegal Fund Raising issued the *Risk Reminder on Preventing Illegal Fund-raising in the Name of "Metaverse"*, which gives risk alerts on fabricating false metaverse investment projects, fraud under the flag of metaverse blockchain games, malicious speculation on metaverse real estate and disguised, illegal profit-making in metaverse virtual coins. On December 26, the CBIRC issued the *Rules on Protection of Consumer Rights and Interests by Banking and Insurance Institutions*, which clarifies the main responsibility of banking institutions in protecting the legitimate rights and interests of consumers, requires banking institutions to establish sound mechanisms for the review of consumer rights and interests, consumer suitability management, control of partner institutions, internal assessment, etc., constructs a comprehensive consumer rights and interests protection system, and regulates the business practices of banking institutions, so as to protect the eight basic rights of consumers, such as the right to be informed and the right to make their own choices.

(2) Guiding the standardized and sound development of banking businesses

In 2022, banking regulators continued to guide banking institutions to carry out their businesses in a prudent manner and regulate their business operations. On January 10, the CBIRC issued the *Rules on Related-Party Transactions of Banking and Insurance Institutions*, which mainly covers differentiated supervision based on consistent regulatory standards, strengthening the administration of affiliated transactions in key areas such as off-balance sheet, asset management and interbank, clarifying the general principles and administrative responsibilities, enriching regulatory measures, so as to continuously improve the administration of affiliated transactions of banking institutions in China. On July 7, the CBIRC and the PBC jointly issued the *Notice on Further Promoting the Standard and Healthy Development of Credit Card Business*, which aims to strengthen the management of credit card business, strictly regulate the practice of card issuance and marketing, strictly manage credit and risk control, strictly control the flow of funds, comprehensively strengthen the standardized administration of credit card installment business, strictly administer partner institutions, enhance the protection of consumers' legitimate rights and interests, and reinforce the supervision and administration of credit card business, in a way to boost the high-quality development of the credit card industry and make it better support rational consumption. On July 12, the CBIRC issued the *Notice on Strengthening the Management of Internet Loan Business of Commercial Banks and Improving the Quality and Efficiency of Financial Services*, which further clarifies the requirements of loan management and independent risk control of commercial banks from the perspectives of fulfilling the main responsibility of loan management, strengthening information and data management, improving loan fund management, regulating the management of cooperative businesses and strengthening the protection of consumers' rights and interests. On November 11, the CBIRC and the PBC jointly revised and released the *Revised Rules on Acceptance, Discount and Rediscount of Commercial Bills*, which revised the management system of acceptance, discount and rediscount of commercial bills by clarifying the nature and classification of the relevant bills, emphasizing the true transaction relationship, strengthening the information disclosure and credit restraint mechanism, and enhancing risk control, with a view to regulating the business of acceptance, discount and rediscount of commercial bills and promoting the sound development of the bills market. On December 29, the CBIRC issued the *Notice on Soliciting Public Opinions on the Rules on Custody Business of Commercial Banks (for Consultation)*, which clarifies the concepts and basic principles related to the custody business of commercial banks, the basic requirements that commercial banks should meet continuously in conducting custody business, the scope of custody business and custody responsibilities, sets out the management requirements for custody business, and stipulates arrangements for supervisory measures, regulatory penalties, data reporting, and self-regulatory management.

3. Deepening banking reform and promoting high-quality development of the banking industry

(1) Guiding banks and other financial institutions to carry out pension finance business in a steady manner

In 2022, banking regulators made active efforts to support and encourage banks and other financial institutions to carry out pension finance business by law and to provide customers with pension financial planning, fund management, risk protection, and other services. On January 30, the CBIRC issued the *Notice on Piloting Pension Wealth Management Products by BlackRock CCB Wealth Management*, which clarifies the territory, duration and scale of BlackRock CCB's participation in the pilot program of pension wealth management products, plus the business specifications and regulatory requirements during the pilot phase, to ensure the safe and sound operation of the pilot products. On February 21, the CBIRC issued the *Notice on Expanding the Scope of Pilot Pension Finance Products*, to improve the pilot, increase the supply of pension wealth management products, expand the pilot scope of pension wealth management products to "ten locations and ten institutions", and regulate the business of wealth management companies, wealth management product solutions, and regulatory requirements, so as to provide higher-quality and more convenient commercial pension financial services to the people. On April 28, the CBIRC issued the *Notice on Regulating and Promoting the Development of Commercial Pension Finance Business*, which supports and encourages banking institutions to develop commercial pension finance-related businesses, and sets out the basic standards and principles for banking institutions to carry out commercial pension finance businesses, plus basic requirements for organization and implementation, management mechanisms, and fee policies, so as to meet the people's growing demands for pension coverage. On July 15, the CBIRC and the PBC jointly issued the *Notice on Launching the Specific Retirement Savings Pilot Scheme*, which makes it clear that four leading banks, namely, the Industrial and Commercial Bank of China, the Agricultural Bank of China, the Bank of China, and China Construction Bank, will launch the pilot program of specific old-age savings in Hefei, Guangzhou, Chengdu, Xi'an, and Qingdao, and requires pilot banks to do a good job in product design, internal control, risk management, and consumer protection, to ensure the sound operation of the business. On November 17, the CBIRC issued the *Notice on Releasing the Interim Rules on Personal Pension Business of Commercial Banks and Wealth Management Companies*, which clarifies the relevant definitions, functions of industry platforms and regulatory bodies of the personal pension business, sets out specific requirements for personal pension fund accounts and personal pension products, and stipulates the types of personal pension wealth management products and the requirements that participating institutions such as wealth management companies should meet.

(2) Encouraging financial innovation and transformation of banks

In 2022, banking regulators worked to accelerate the banking industry's digital transformation and encouraged banking institutions to reinvent their financial services to boost the economy. In terms of transformation, on January 10, the CBIRC issued the *Guidance on Digital Transformation of Banking and Insurance Sectors*, which centers on the digital transformation of business operation and management, data capacity-building, and technology capacity-building, with a view to comprehensively promoting the digital transformation of the banking industry and promoting high-quality financial development. On April 7, the National Development and Reform Commission and the CBIRC jointly issued the *Notice on Strengthening the Application of Credit Information Sharing and Promoting the Construction of a Financing Credit Service Platform Network*, which aims to accelerate the building of a nationwide integrated financing credit service platform network by establishing a sound financing credit service platform network, accelerating the collection and sharing of credit information related to enterprises, improving the quality of the financing credit service platform, and effectively strengthening information security and the protection of the rights and interests of entities. In terms of financial innovation, on August 5, the CBIRC and the Ministry of Commerce jointly issued the *Notice on Launching the Pilot Program of Providing Financial Services Relating to Railway Transport Documents to Better Support the Development of Cross-border Trade*, which seeks to steadily promote the pilot program of financial services related to railroad transport documents and boost the development of cross-border trade by enhancing banking services, promoting the application of science and technology, ensuring effective cargo control, strengthening risk prevention and control, improving management mechanisms, and deepening coordination among all parties.

4. Establishing sound banking rules and regulations to improve the effectiveness of financial supervision

(1) Establishing sound banking-related rules and regulations

In 2022, banking regulators continued to improve the relevant rules and regulations of the banking industry to ensure institutional guarantees for the high-quality development of the banking industry. On May 19, the CBIRC issued the *Announcement on Soliciting Public Opinions on the Rules on Regulatory Statistics of Banking and Insurance Sectors (Exposure Draft)*, which regulates the requirements for centralized management, data quality responsibility, data security protection, docking data governance, and emphasis on data value realization, in order to improve the quality and efficiency of regulatory statistics. On July 29, the CBIRC issued the *Announcement on Soliciting Public Opinions on the Rules on Corporate Group Finance Companies (Exposure Draft)*, which focuses on market access, business scope, regulatory indicators, and corporate governance, proposing to adjust access standards and expand openness to the outside world, optimize business scope and implement hierarchical supervision, set additional regulatory indicators and strengthen risk control, strengthen corporate governance and shareholder equity supervision, so as to promote high-quality development of the industry. On August 22, the CBIRC issued the *Rules on Internal Control of Wealth Management Companies*, which requires wealth management companies to establish comprehensive, balanced, compatible, and prudent internal control management mechanisms and organizational structures, strengthen account management for wealth management business, improve the hierarchical authorization mechanism for investment decision-making, improve the whole process management system for transactions, implement all-round management of key personnel in important positions, and strengthen the management of related transactions and risk isolation, so as to protect the legitimate rights and interests of investors. On September 2, the CBIRC announced the *Decision on Amending Some Administrative Licensing Rules*, with the amendments including reducing the scope of approval for the qualification of bank executives, optimizing the relevant qualification conditions, optimizing the scope and mechanism of approval for the issuance of bonds by banks, and amending some articles based on the principle of consistency between China and foreign countries, further optimizing the work procedures for market access in the banking industry. On November 17, the CBIRC and three other authorities jointly issued the *Notice on Standardizing the Use of "Bank" in Names*, which clearly specifies the scope of the use of the word "bank", the meaning of the name, rectification, publicity and education, and reference to applicable circumstances, further regulating the use of the word "bank".

(2) Improving capital and risk management practices in the banking industry

In 2022, banking regulators continued to regulate capital and risk management in the banking industry and improve the capacity of the banking industry to prevent and resolve risks, to promote the sound operation of the banking industry. On April 26, the PBC and the CBIRC jointly issued the *Notice on Relevant Issues Concerning the Issuance of Non-capital TLAC Bonds by Global Systemically Important Banks*, which clarifies the definition, nature, regulatory scope, and compliance requirements for issuers of non-capital bonds for total loss-absorbing capacity, in order to enhance the total loss-absorbing capacity of Chinese banks of global systemic importance. On May 13, the CBIRC issued the *Notice on Issuance of the Implementation Rules on Expected Credit Loss Approach of Commercial Banks*, which clarifies the governance mechanism for the implementation of the expected credit loss method, solidifies the foundation for the implementation of the method, standardizes the implementation process of the method, and strengthens the supervision of the method, in order to improve the risk prevention and resolution capability of commercial banks. On June 17, the CBIRC issued the *Notice on Issuing the Provisional Rules on the Capital Management of Financial Asset Investment Companies*, which focuses on five aspects: capital supervision requirements, measurement methods of risk-weighted assets, the scope of supervision of consolidated capital, capital management requirements and responsibilities of regulators, with a view to further strengthening the supervision of financial asset investment companies and promoting their sustainable and sound operation. On November 28, the CBIRC issued the *Notice on the Issuance of Risk Management of Off-Balance Sheet Business of Commercial Banks*, which expands the definition of off-balance sheet business, adds new types of off-balance sheet business, builds a comprehensive and unified off-balance sheet business management and risk control system, rationalizes the risk nature, legal relationship and corresponding management requirements of various types of off-balance sheet business, and emphasizes that commercial banks shall establish a sound off-balance sheet business risk management system and strengthen off-balance sheet business risk management in accordance with the principles of full management coverage, classified and risk-based management. On December 9, the CBIRC issued the *Announcement on Soliciting Public Opinions on the Rules on Country Risk Management of Banking Institutions (Exposure Draft)*, which clarifies the unified standard on the measurement caliber of country risk exposure, improves the scope and ratio of country risk provisioning, and revises and improves the division of responsibilities for country risk management of banking institutions, the restrictive requirements related to country risk transfer, the identification of country risk level of international organizations or institutions, and the text.

(3) Continuously optimizing the manner of banking supervision

In 2022, banking regulators formulated or revised a number of regulatory systems and measures and continued to optimize the regulatory approach and improve the capacity and performance of law-based supervision. On March 28, the CBIRC issued the *Notice on Issuing the Implementation Plan for the Building of the Rule of Law in the Banking and Insurance Industry*, which aims to effectively address salient problems in the rule of law in the banking industry by enhancing the awareness of the rule of law, optimizing regulatory functions, improving the legal system, upgrading the effectiveness of law enforcement, resolving conflicts and disputes, strengthening the supervision of authority, and improving the promotion and guarantee mechanism. On May 26, the CBIRC and the Discipline Inspection and Supervision Office of the CPC Central Commission for Discipline Inspection and the National Supervisory Commission at the CBIRC jointly issued the *Notice on Issuing the Guiding Opinions on Further Promoting the Construction of Incorruptible Financial Culture in the CBIRC System (Trial)*, which highlights the comprehensive cultivation of the system's incorruptible financial culture ecosystem, strengthening the concept of incorruptible regulatory culture, promoting the clean practice of banking institutions, and deepening the publicity and research of incorruptible financial culture, with a view to providing ideological guidance and spiritual drive to promote the high-quality development of the banking industry. On November 11, 2022, the CBIRC issued the *Notice of Soliciting Public Opinions on the Law of the People's Republic of China on Banking Regulation and Supervision (Revised Draft for Consultation)*. According to the *Notice*, the main revised content include strengthening shareholder supervision, increasing regulatory authorization for third-party institutions in the banking industry and adding extraterritorial application clauses; improving compulsory regulatory measures, establishing an early intervention mechanism, and optimizing takeover and market exit mechanisms; improving prudential supervision rules, strengthening supervision, and raising costs for violations of laws. On November 17, 2022, the CBIRC issued the *Rules on Supervisory Assessment of Corporate Governance of Banking and Insurance Companies*. According to the *Rules*, in principle, the supervisory assessment shall be conducted for the banking institutions at least once a year. However, the assessment frequency can be appropriately reduced for institutions whose assessment results are Grade B (good) or above. Meanwhile, the *Rules* requires the further adding of key indicators such as the Party leadership, shareholder equity, related-party transactions, nomination and performance of duties of directors, supervisors and executives, etc. On top of these, the *Rules* optimizes the weight of indicators, streamlines the number of indicators, and improves the early warning system of corporate governance risks. On November 30, 2022, the CBIRC issued the *Provisional Measures on Comprehensive Supervisory Rating of Foreign Bank Branches*. The *Measures* generally standardizes the supervisory rating of foreign bank branches, and provides for the basic definition, scope of application, main principles, elements and basic procedures of the rating and application of rating results of foreign bank branches, so as to strengthen classified regulation and promote the steady operation of foreign bank branches.

(II) Effects of Regulatory Policies in China's Banking Sector in 2022

1. Strengthening the credit support of banking institutions and improving the quality and efficiency of financial services to the real economy

In 2022, under the requirements that "the pandemic must be prevented, the economy must be stabilized, and development must be safe", the banking regulators thoroughly implemented a package of policies and follow-up measures formulated by the State Council to stabilize the economy, guided banking institutions to increase support and continuously improved the quality and efficiency of serving the real economy. In the year, Renminbi loans increased by RMB 21.3 trillion, and newly added investments in bonds by banking and insurance institutions exceeded RMB 11 trillion. Meanwhile, the banking regulators constantly strengthened their support for key fields and weak links in the national economy. The outstanding balance of loans to the manufacturing industry increased by 20.8% compared with the beginning of the year, that to the high-tech industry rose by 26.5%, and that to the strategic emerging industries grew by 46.6%. The outstanding balance of green loans went up by 35.7%, the outstanding balance of inclusive loans to MSEs increased by 23.6%, and the outstanding balance of agriculture-related loans grew by 13.7%.

2. Addressing financial risks in an orderly manner and making important progress in the critical battle to prevent and resolve financial risks

In 2022, the banking regulators made positive efforts to forestall risks in key fields, promote the disposal of non-performing loans, and advance the real estate market to develop steadily. First, the financial leverage ratio has dropped significantly, and the trend of financial assets diverting from the real economy and blindly expanding has been reversed. Second, the credit risk has been effectively mitigated. The disposed non-performing assets in the banking sector amounted to about RMB 15 trillion in this period, exceeding the total disposal amount in previous years. Third, the unchecked growth of shadow banking has been fundamentally curbed. The size of "quasi-credit" high-risk shadow banking has dropped by nearly RMB 30 trillion compared with the historical peak. Fourth, the long-term mechanism of housing-related financial management has been continuously improved, the risks of leading housing enterprises have been properly handled, and the momentum of housing bubbles has been substantially reversed. Fifth, some large and medium-sized enterprises have achieved remarkable results in resolving debt risks and major progress has been made in the reform and risk resolution of small and medium-sized banking institutions.

3. Continuing to deepen the reform and high-level opening-up of the banking industry

In 2022, the banking regulators made great progress in this aspect. Specifically, the modern financial enterprise system was improved, the three-year action plan for corporate governance was completed, and important steps were taken in the reform of rural credit cooperatives, with the opening of the Zhejiang Rural Commercial United Bank Co., Ltd., and the implementation of the reorganization plan of the Liaoning Rural Credit Cooperatives, a fund for ensuring financial stability was established with the cooperation of different parties, and industry protection funds effectively performed the role of risk resolution platforms, and new pension products were steadily introduced. At the same time, higher-standard opening-up was pursued, equal attention was paid to "bringing in" and "going global", the institutional opening-up in rules, regulations, management, standards, and other fields was expanded steadily, the level of financial services serving the Belt and Road cooperation was improved, foreign financial institutions with the sound operation, excellent qualifications and professional characteristics were actively introduced, and a number of industry-leading China-foreign and wholly foreign-owned financial institutions obtained regulatory approval for the preparatory establishment or business commencement.

4. Improving law-based regulation capacity and level and strengthening anti-corruption efforts in the regulatory system

In 2022, the banking regulators put in place the rule of law in an all-around manner and improved its law-based regulation capacity effectively. Throughout the year, 35 regulatory systems were formulated or revised, the shift of more regulatory resources from prior approvals to process and follow-up supervision was promoted, the efforts to streamline administration and delegate power were further intensified, and the market access rules were further improved. Meanwhile, administrative law enforcement strengthened continuously. In the year, the CBIRC and its local offices imposed 4,620 and 7,561 punishments on banking and insurance institutions as well as responsible persons respectively, with fines and confiscation totaling RMB 2,899 million; a special rectification campaign was launched for non-compliant charges for enterprises in the banking sector, with the refund amount of RMB 575 million. Thus, the disciplinary role of punishments was brought into full play. At the same time, anti-corruption efforts were further strengthened in the regulatory system to resolutely punish and effectively prevent corruption with more powerful measures, investigate and punish cases of serious violations of relevant disciplines and the law, constantly improve conduct, give full play to the role of disciplinary inspections, and realize the full coverage of the disciplinary inspections of the Party Committee of the CBIRC.

(III) Outlook on Regulatory Policies in China's Banking Sector in 2023

2023 is the first year to fully implement the spirit of the 20th CPC National Congress and is of great significance to ensure sound regulation and supervision of the banking industry. The banking regulators will adhere to the general principle of pursuing progress while ensuring stability, fully and faithfully implement the new development philosophy on all fronts, accelerate the establishment of a new development pattern, continue to improve the quality and efficiency of the financial sector serving the real economy, focus on stabilizing growth, employment and prices, effectively prevent and resolve major financial risks, and deepen the reform and opening-up of the banking sector so as to contribute to a good start in building a modern socialist country in all respects.

1. Supporting the overall improvement of economic operation and promoting the normal cycle of finance and the property market

In 2023, the banking regulators will fully support the overall improvement of economic operation, put the support of recovery and expansion of consumption high on the agenda, ensure the financing of investment, assist the social field in moving faster to shore up weaknesses, continuously optimize financial services for foreign trade, vigorously develop inclusive finance, and comprehensively advance rural revitalization. Meanwhile, the banking regulators will strive to promote the normal cycle of finance and the property market, uphold that housing is for living in, not for speculation, implement the "16 financial measures", carry out differentiated credit policies for different urban areas, and facilitate the smooth transition of the property sector to a new development model.

2. Advancing the reform and risk resolution of small and medium-sized banks and responding to the rebound of credit risk

In 2023, the banking regulators will speed up the reform and risk resolution of small and medium-sized banks, actively yet prudently advance the risk resolution of urban commercial banks and rural credit cooperatives, steadily push forward the reform and restructuring of village and township banks, and encourage multi-channel capital replenishment of small and medium-sized banks. Meanwhile, the banking regulators will effectively respond to the rebound of credit risk, urge banking institutions to accurately classify assets and reinforce the disposal of non-performing assets, and actively cooperate to resolve local governments' debt risks.

3. Propelling financial institutions to focus on the transformation and development of their main businesses and constantly expanding the higher-standard opening-up of the financial sector

In 2023, the banking regulators will actively propel financial institutions such as trust companies to focus on the transformation and development of their main businesses, guide trust companies to grow their core businesses, continue to dismantle "quasi-credit" shadow banking, and accelerate the reform of financial asset management companies. Meanwhile, the banking regulators will constantly expand the higher-standard opening-up of the financial sector, steadily expand the institutional opening-up of the banking industry, continue to improve the level of financial services serving the Belt and Road cooperation, and actively participate in international financial governance.

4. Strengthening the governance system of financial institutions and continuously enhancing regulatory effectiveness

In 2023, according to the requirements of the *Plan on Reforming Party and State Institutions*, a national financial regulatory administration will be set up and replace the existing CBIRC to strengthen institutional supervision, behavior supervision, functional supervision, look-through supervision, and continuous supervision and take overall responsibility for the protection of the rights and interests of financial consumers. Meanwhile, the reform of local financial regulatory mechanisms will be deepened to establish local financial regulatory mechanisms with local agencies of the central financial management departments playing the leading role and optimize the setting and staffing of these local agencies as a whole. In the meanwhile, the banking regulators will continue to strengthen the governance system of financial institutions, promote the in-depth integration of Party leadership and corporate governance, push ahead with the look-through review of shareholder qualifications and the look-through supervision over shareholder conduct, study and build a differentiated corporate governance supervision system in line with the characteristics of small and medium-sized financial institutions, give play to the financial talent pool and promote the selection and strengthening of the leadership of small and medium-sized banking institutions, as well as step up efforts to protect investors. Moreover, the banking regulators will also continuously enhance regulatory effectiveness, improve the rule of law of the financial sector, the whole-process prudential regulation, and the level of digital and intelligent supervision, and regulate all kinds of financial activities according to law.

Appendix

Major Regulatory Policies in China's Banking Sector in 2022

Date	Policy Name	Issuer (s)
January 10	Rules on Related-Party Transactions of Banking and Insurance Institutions	CBIRC
January 10	Guidance on Digital Transformation of Banking and Insurance Sectors	CBIRC
January 15	Guidance on Regulating Market-based Pricing of Banking Services	CBIRC
January 30	Notice on Piloting Pension Wealth Management Products by BlackRock CCB Wealth Management	CBIRC
February 16	Guiding Opinions on Banking and Insurance Institutions Supporting the Development of Government-Subsidized Rental Housing	CBIRC, MHURD
February 18	Risk Reminder on Preventing Illegal Fund-raising in the Name of "Metaverse"	Office of Inter-Ministerial Joint Conference on Disposal of Illegal Fund Raising under the CBIRC
February 21	Notice of the General Office of the China Banking and Insurance Regulatory Commission on Expanding the Scope of Pilot Pension Finance Products	CBIRC
March 4	Notice on Strengthening Financial Services for New Urban Residents	CBIRC, PBC
March 28	Notice of Issuing the Implementation Plan for the Building of the Rule of Law in the Banking and Insurance Industry	CBIRC
April 2	Notice on Banking and Insurance Industries Serving the Key Work of Promoting Rural Revitalization in 2022	CBIRC
April 6	Notice on Further Strengthening Financial Support for Micro and Small Enterprises in 2022	CBIRC
April 7	Notice on Strengthening the Application of Credit Information Sharing and Promoting the Construction of a Financing Credit Service Platform Network	NDRC, CBIRC
April 15	Notice on Providing Financial Support to Ensure Smooth Freight Logistics	CBIRC
April 15	Opinions on Banking and Insurance Industries Supporting High-quality Development of Highway Transportation	CBIRC, MOT
April 26	Notice on Relevant Issues Concerning the Issuance of Non-capital TLAC Bonds by Global Systemically Important Banks	PBC, CBIRC
April 28	Notice on Regulating and Promoting the Development of Commercial Pension Finance Business	CBIRC
May 6	Guidance on Banking and Insurance Industries Supporting Urban Construction and Governance	CBIRC

Continued

Date	Policy Name	Issuer (s)
May 12	Notice of Carrying out the "Hand-in-Hand Action" to Promote the Collaborative Innovation by Small, Medium and Large-Sized Enterprises (2022-2025)	MIIT, NDRC, MOST, MOF, MOHRSS, PBC, SASAC, SAMR, CBIRC, CNIPA, ACFIC
May 13	Notice on Issuance of the Implementation Rules on Expected Credit Loss Approach of Commercial Banks	CBIRC
May 15	Notice on Relevant Matters Regarding Adjusting the Differentiated Housing Credit Policy	PBC, CBIRC
May 19	Announcement on Soliciting Public Opinions on the Rules on Regulatory Statistics of Banking and Insurance Sectors (Exposure Draft)	CBIRC
May 26	Notice on Issuing the Guiding Opinions on Further Promoting the Construction of Incorruptible Financial Culture in the CBIRC System (Trial)	CBIRC, the Discipline Inspection and Supervision Office of the CPC Central Commission for Discipline Inspection and the National Supervisory Commission at the CBIRC
June 1	Notice on Issuing the Green Finance Guidelines for Banking and Insurance Sectors	CBIRC
June 2	Notice on Further Improving Financial Services for Industries and Enterprises in Difficulty due to the Epidemic	CBIRC
June 10	Circular for the Banking and Insurance Industries to Strengthen Financial Services for New Urban Residents	CBIRC
June 17	Notice on Issuing the Provisional Rules on the Capital Management of Financial Asset Investment Companies	CBIRC
July 4	Notice on Further Promoting Financial Services for the High-Quality Development of the Manufacturing Industry	CBIRC
July 7	Notice on Further Promoting the Standard and Healthy Development of Credit Card Business	CBIRC, PBC
July 12	Notice on Strengthening the Management of Internet Loan Business of Commercial Banks and Improving the Quality and Efficiency of Financial Services	CBIRC
July 15	Notice on Launching the Specific Retirement Savings Pilot Scheme	General Office of the CBIRC, General Office of the PBC
July 29	Announcement on Soliciting Public Opinions on the Rules on Corporate Group Finance Companies (Exposure Draft)	CBIRC
August 5	Notice on Launching the Pilot Program of Providing Financial Services Relating to Railway Transport Documents to Better Support the Development of Cross-border Trade	General Office of the CBIRC, General Office of the MOFCOM
August 22	Rules on Internal Control of Wealth Management Companies	CBIRC

Continued

Date	Policy Name	Issuer (s)
September 2	Decision on Amending Some Administrative Licensing Rules	CBIRC
November 11	Notice of Soliciting Public Opinions on the Law of the People's Republic of China on Banking Regulation and Supervision (Revised Draft for Consultation)	CBIRC
November 11	Revised Rules on Acceptance, Discount and Rediscount of Commercial Bills	CBIRC, PBC
November 12	Notice on Commercial Banks Issuing Letters of Guarantee for Accessing Escrowed Pre-sale Funds	CBIRC, MHURD, PBC
November 17	Notice on Releasing the Interim Rules on Personal Pension Business of Commercial Banks and Wealth Management Companies	CBIRC
November 17	Rules on Supervisory Assessment of Corporate Governance of Banking and Insurance Companies	CBIRC
November 17	Notice on Standardizing the Use of "Bank" in Names	CBIRC, CAC, MIIT, SAMR
November 28	Rules on Risk Management of Off-balance-sheet Business of Commercial Banks	CBIRC
November 30	Provisional Measures on Comprehensive Supervisory Rating of Foreign Bank Branches	CBIRC
December 9	Announcement on Soliciting Public Opinions on the Rules on Country Risk Management of Banking Institutions (Exposure Draft)	CBIRC
December 26	Rules on Protection of Consumer Rights and Interests by Banking and Insurance Institutions	CBIRC
December 29	Notice on Soliciting Public Opinions on the Rules on Custody Business of Commercial Banks (Exposure Draft)	CBIRC

Article 16

Apply Financial Policy Toolbox City-specifically to Guarantee House Delivery and Stabilize People's Livelihood①

On July 28, 2022, the Political Bureau of the Central Committee of the Communist Party of China (CPC) convened a meeting over stabilizing the real estate market, emphasizing adherence to the principle that "houses are for living in, not for speculation" and using city-specific policies to support the rigid housing demand and demand for housing improvement, so as to ensure the house delivery and stabilize people's livelihood. Following the guidance of the meeting, local

① Author: Guo Jingpu, Executive General Manager of Guolian Securities Research Institute, Research Fellow, Program for China's Financial Policy Report (research group).

governments have introduced measures to fulfill their responsibilities, among which relevant policies in the financial sector have played a vital role in preventing risks and the worst-case scenarios, as well as promoting the stable development of the real estate market.

The real estate market, with its large scale, long industrial chain, and wide impact, has a profound influence on the financial market and financial institutions. Some local governments have used bailout funds as an enabler to mitigate temporary liquidity risk and overdue delivery projects for quality companies. In early August, Zhengzhou first established China's first local bailout fund. *Zhengzhou Real Estate Bailout Fund Establishment and Operation Plan* shows that the fund is led by the local government and the scale is RMB 10 billion. Billions of bailout funds have also been set up in places like Hubei, Nanning, and Shaoxing. The fund is to bail enterprises out, increase the acquisition and disposal of non-performing assets in the region, and "ensure house delivery, people's livelihood and stability".

In 2022, the real estate industry achieved a total of RMB 845.7 billion of non-bank financing, down 51% year-on-year, and the scale of financing for private real estate enterprises fell by 66%; the total amount of all financing channels fell year-on-year, with overseas bonds and trusts falling by more than 80% and credit bonds becoming the main source of financing. To deal with the difficulties in financing faced by real estate enterprises, especially quality private ones, the Ministry of Housing and Urban-Rural Development, the Ministry of Finance, and the People's Bank of China have jointly introduced measures since late August to improve the policy toolbox for supporting the delivery of sold yet overdue residential projects with delivery difficulties by means of a special loan from policy banks.

In September, the Office of the Leading Group of Zhengzhou Resettlement Housing and Problematic Houses Resolution issued the *Notice of A Comprehensive Audit on the Proposed Projects Using Special Loan to Guarantee House Delivery*. The total number of declared projects applying for the special loan was 95 by September 12, and Zhengzhou issued the first batch of a special loan of RMB 5 billion on September 17. By November, Henan Province had approved RMB 26.2 billion of supporting financing for problematic houses and guaranteed house delivery projects. The special loan in Henan Province to guarantee house delivery continues to be issued in 2023, among which 27 projects in Luoyang have set up special teams to guarantee house delivery. Luoyang is the first in the province to introduce a number of policies like the *Measures for the Administration of Special Loans to Guarantee House Delivery in Luoyang*, and the *Implementation Plan of Financing to Guarantee House Delivery in Luoyang*. It has also established a four-level allocation audit system to ensure that all special loans from the state are used for the follow-up construction and delivery. It is expected that Luoyang will complete the "guaranteed delivery" of 12,591 suites by the end of March 2023, and 15,500 by the end of July.

On the other hand, local governments in Zhengzhou and Xi'an have carried out work to mobilize real estate companies for self-help since the meeting. On September 16, Xi'an Housing and Urban-Rural Development Bureau organized a mobilization meeting for the delivery of some delayed housing projects. It's expected that more than 5,800 properties of 11 projects in Xi'an would be delivered successively from September to October. On November 11, Director of Xi'an Housing and Urban-Rural Development Bureau, briefed on the progress of "guaranteeing house delivery": 30 projects had been completed or partially completed and more than 32,000 properties had been delivered; the delivery of overdue projects achieved phased results beyond expectation.

Besides the self-help of, bailout and stabilization for real estate enterprises, reasonable financing needs of involved companies and material supply enterprises are also supported. The "20 Measures to Stabilize Growth" issued by the People's Government of Hunan explicitly support the reasonable financing needs of real estate projects, including those companies involved and material supply companies; implement the extension policy of stock financing such as real estate development loans and trust loans to alleviate company's pressure of short-term debt repayment; make good use of policy tools such as special loans and loan support schemes to guarantee house delivery, and encourage financial institutions to increase supporting financing.

The demand for the development of the real estate market at the meeting of the Political Bureau of the CPC Central Committee was made when preventing worst-case scenarios on all fronts was concerned, and stabilizing the real estate market is essential for the safeguard. The real estate market's stability involves not only the development of real estate enterprises and industrial chains, but also the security and happiness of the extensive home buyers. Stabilizing the real estate market is crucial in guarding against systemic financial risks, and the financial policies introduced around the country so far in 2022 have effectively supported the steady progress for ensuring house delivery and people's livelihood, as well as promoting the stable and healthy development of the real estate market.

III. Major Regulatory Policies for China's Securities Industry①

(I) Main content of regulatory policies for the securities industry in 2022

1. Promote the deep reform of the capital market with a comprehensive registration system

(1) Promote various reforms of the registration system and contribute to the formation of a sound market ecology

In December 2021, the Central Economic Work Conference clearly required "fully implementing the registration-based initial public offering (IPO) system" when assigning capital market reform tasks. At the beginning of 2022, the China Securities Regulatory Commission (CSRC) stressed at a systematic working meeting that China would deepen the reform of the capital

① Author: Jiang Jianrong, Vice Director and Chief Strategic Research Fellow, Shenyin & Wanguo Securities, Head, Strategic Clients Department, Shenwan Hongyuan Securities, Senior Researcher, Program for China's Financial Policy Report (research group).

market primarily through comprehensively implementing the registration-based IPO system in 2022. The 2022 Government Work Report clearly states that "China will achieve full implementation of the registration-based IPO system, and promote the steady and sound development of the capital market". In 2022, around the reform of the registration system, the regulatory agencies issued a series of policies to promote the formation of a sound market ecology conducive to the comprehensive implementation of the registration system.

The registration system reform requirements with information disclosure at the core shall be implemented. Prospectuses are the main carriers of information disclosure in the stock issuance stage under the registration system, the basic basis for investors to make a value judgment and investment decisions, and the most core and important legal documents in the process of the public offering. During the trials of the registration system reform, the information disclosure quality of prospectuses got improved. However, there were still problems such as low readability, poor relevance to investment decisions and poor pertinacity of information disclosure. On January 28, the CSRC issued the *Guiding Opinions on Improving the Quality of Information Disclosure in Prospectuses under the Registration System*, which puts forward specific measures: first, urging issuers and intermediaries to be responsible and prepare high-quality prospectuses; second, giving full play to the roles of administrative supervision, self-regulation, and market constraint mechanism to enhance the quality of information disclosure in prospectuses; third, strengthening accountability to ensure the earnest implementation of all measures to improve the quality of information disclosure in prospectuses. The above-mentioned document tries to improve the quality of information disclosure in prospectuses through a heap of measures so that ordinary investors are willing to read and able to understand prospectuses, and intermediaries can reduce repetitive labor and perform their duties. It is an important initiative to improve all shareholders' sense of gains from the registration system reform, protect the legitimate rights and interests of small and medium-sized investors, and provide a stronger law guarantee for the comprehensive registration-based IPO system.

The clean supervision over intermediary institutions and their employees engaged in securities issuance-related activities under the registration system was intensified. The reform of the registration-based IPO system is a "cow nose" project to comprehensively deepen the capital market reform. Properly grasping the relationship between implementing the registration system and strengthening the integrity risk prevention is a key factor determining the success of the registration system reform. With the promotion of the registration system reform and the rapid development of the market, the roles of securities companies, accounting firms, law firms, and other intermediaries have become increasingly prominent. The surging business volume is accompanied by integrity risk. On May 31, the CSRC issued the *Opinions on Strengthening the Regulation of Professional Integrity of Intermediaries under the Registration-Based IPO System*, which incorporates securities firms, accounting firms, law firms, and other intermediary agencies and their businesses related to securities issues into the scope of regulation, realizes the full coverage of business entities and business types, puts forward comprehensive requirements for the organizational leadership, internal control, financial management and personnel management aspects of integrity risk control work for securities companies, and further strengthens the supervision function of internal mechanisms. The above-mentioned document further strengthens clean supervision over all kinds of intermediaries, promotes the punishment of financial corruption and control of financial risks as a whole, puts forward standard requirements for the main risk points, urges intermediaries to strictly perform their duties and keep clean, honest and self-disciplined, and eliminates integrity risks, thus purifying the capital market ecology and providing a strong guarantee for the registration system reform.

The reform of the registration system for corporate bonds was deepened. In order to implement the regulations of the Securities Law on the registration system for publicly issued corporate bonds, and further promote the healthy development of the exchanges' corporate bond markets, the Shanghai Stock Exchange (SSE) and the Shenzhen Stock Exchange (SZSE) synchronously issued on April 22 the *Rules for Issuance and Listing Review of Corporate Bonds*, the *Rules for Listing of Corporate Bonds* (2022 Revision), the *Rules for Listing of Non-publicly Offered Corporate Bonds* (2022 Revision), the *Measures for Investor Suitability Management on the Bond Market* (2022 Revision) and the *Guideline No. 3 for the Application of the Rules of Reviewing the Issuance and Listing of Corporate Bonds of Shanghai Stock Exchange – Key Items of Reviewing* (2022 Revision), which improve the rule system that covers the issuance review, issuance underwriting, listing, trading operation and investor protection of the bond market. The *Rules for Issuance and Listing Review of Corporate Bonds* separates the review rules for the public issue of corporate bonds from the original *Rules for Listing of Corporate Bonds* to form independent issuance review rules. It standardizes review links, including application and acceptance, review content, review procedures, suspension and termination matters, and self-discipline management. It establishes a concise and clear rule system cored by issuance review rules, dominated by a review of key concerned matters, and supplemented by the preparation of prospectuses. On November 8, the CSRC issued the *Guidelines on Deepening the Reform of the Corporate Bond Registration System* (Exposure Draft), which puts forward 12 measures of four aspects: optimizing the audit and registration mechanism of corporate bonds, clarifying issuers' and intermediaries' responsibilities, strengthening duration management, and cracking down on illegal bond activities by law. The document highlights, while drawing lessons from the "three principles" of the registration-based IPO system reform (Respecting the basic connotations of the registration system, drawing on global best practices, and reflecting Chinese characteristics and stage of development), the characteristics of the bond market, strengthens solvency-focused information disclosure requirements, and requires disclosing important information that may affect the solvency of the issuer in concise and understandable language in the principle of "essence outweighs form".

(2) Implement Science and Technology Innovation Board market (SSE STAR Market) making business, and continuously optimize securities trading system

The stock market making business of the SSE STAR Market was officially launched to explore the trading system reform in other segments of the capital market. Introducing a market maker mechanism into the SSE STAR Market is one of the important measures to continuously improve the basic system of the capital market and promote the construction of STAR Market. The pilot run of the market maker mechanism in STAR Market is conducive to the accumulation of experience and steady progress. On May 13, CSRC issued the Provisions on the Pilot Program of Securities Companies' Business of Market Making Transactions in STAR Market Stocks, which mainly includes market maker's access conditions and procedures, internal control, risk monitoring and regulatory enforcement. The regulation normalizes the stock market making business on STAR Market, improves the STAR Market trading system, and enhances stock liquidity and market resilience on STAR Market. On July 15, the SSE issued the *SSE Detailed Rules for Implementation of Market-making Trading of Stocks on the STAR Market* and the *SSE Guidelines for Securities Trading No. 8: Market-making of Stocks on the STAR Market*. The main contents of the two documents include the definitions of market-making service application and termination, market maker's rights and obligations, and market maker supervision and management, offering more detailed trading and regulatory arrangements for the STAR Market market-making business. So far, the number of market makers on STAR Market has expanded to 14, including Shenwan Hongyuan Securities, Huatai Securities, China Galaxy Securities, China Securities, Orient Securities, Caitong Securities, Guosen Securities, Sinolink Securities, CITIC Securities, Guotai Junan Securities, China Merchants Securities, Soochow Securities, Industrial Securities, and Zheshang Securities. The introduction of market makers can not only improve the liquidity of stocks and reduce the volatility of stock prices, but also lay a foundation for introducing the market maker system into other segments.

The introduction of market makers on the basis of competitive price transactions to form a mixed trading system by the Beijing Stock Exchange (BSE) can help narrow the bid-ask spread, reduce the transaction costs of investors, and improve market liquidity and stability. In order to establish an institutional system better adapted to the innovative development of small and medium-sized enterprises (SMEs) and further improve the trading function of the secondary market, the BSE introduced the market maker system by borrowing sophisticated market experience at home and abroad. The BSE drafted the *Detailed Rules for the Business of Market Making Transactions in Stocks on the Beijing Stock Exchange* (Exposure Draft) and the *Guidelines on the Business of Market Making Transactions in Stocks on the Beijing Stock Exchange* (Exposure Draft) on November 18, and officially released them on January 19, 2023. The two documents specify the process, rights & obligations, and supervision & management for securities companies to carry out stock market-making business in BSE, and clarify rules for application and termination, market maker's rights and obligations, and market maker supervision and management. The market-making business of the BSE adopts the mixed system of competitive price transactions and market-making in a single securities trading. The international securities market has accumulated rich practical experience in the relevant market-making trading mode. The introduction of market makers on the basis of competitive price transactions to form a mixed trading system by the BSE can help increase the depth of market orders, improve market stability, narrow the bid-ask spread, reduce the transaction costs of investors, introduce incremental capital, improve market liquidity, and serve the high-quality capacity expansion of the market. On February 20, 2023, the BSE officially launched its stock market-making business. In the first attempt, altogether 13 brokers: Sinolink Securities, CITIC

Securities, Essence Securities, Soochow Securities, China Galaxy Securities, Guotai Junan Securities, Industrial Securities, China Securities, Shenwan Hongyuan Securities, Guosen Securities, Caitong Securities, Huatai Securities, and China Merchants Securities participated in market making, involving 36 underlying stocks.

To standardize bond trading behavior, the SSE and the SZSE gradually formed a "1 + 3" new bond trading rules system. On January 27, the SSE and the SZSE respectively formally issued the *Rules for Bond Trading* and three supporting guidelines on trader management, general pledge-style repo of bonds, and bond market-making, further deepening the reform of the bond trading system, improving the secondary market liquidity, regulating the behavior of bond trading, and promoting the sustained and healthy development of the bond market. Their *Rules for Bond Trading* were separated from the exchanges' trading rules to form the basic institutional provisions for bond trading and the general guidelines for formulating specific business rules. They optimize the expression of rules and the bond trading mechanism, improve the bond trader system, and establish the market maker mechanism. The SSE formally established a relatively independent and perfect bond trading system and trading rule system. The SZSE initially established a hierarchical bond trading system framework of "rule-direction-guide", further clarified the optimized arrangements of the bond trading mechanism, and completed the technical system transformation of the bond market.

(3) Constantly improve the delisting system and greatly enhance the delisting efficiency

The year 2022 is the second year to implement the new delisting rules, and the normalized delisting mechanism was continuously constructed and improved. In order to meet the requirements for the registration system reform and normalized delisting, further strengthen the regulation of delisted companies, form a benign ecology of "some in, some out", and promote the healthy and stable development of the capital market, the CSRC issued the *Guiding Opinions on Improving Regulation over Delisted Companies* on April 29. The document strengthens the cohesion of delisting procedures, optimizes the continued supervision system for delisted companies, improves the risk prevention mechanism, perfects the supervision system for delisted companies, optimizes the plugged points and risk points in practice, and advances the formation of a set of systems in line with the characteristics of delisted companies and the function positioning of the delisting module. This is an important part of efforts to improve the delisting mechanism, and plays an important role in ensuring the smooth implementation of the delisting system, protecting the basic rights of investors, and preventing market risks. With the deepening of the registration system reform and the further improvement of the normalized delisting mechanism, the delisting situation is sounder, the delisting efficiency has been greatly improved, and the number of delisted companies shows a trend of rapid increase. In 2022, a total of 42 companies were forced to be delisted, setting a new record for the annual delisting quantity of A shares. Among them, 40 companies triggered the mandatory delisting index of the finance category, accounting for more than 90%; one company triggered the mandatory delisting index of the major violation category; and one company triggered the mandatory delisting index of the trading category.

Bankruptcy reorganization is also one of the important channels for listed companies to withdraw. The *Opinions of the State Council for Further Improving the Quality of Listed Companies* proposes unblocking diversified exit channels for listed companies, including voluntary delisting, merger and reorganization, and bankruptcy reorganization. In recent years, the number of bankruptcy reorganization cases has been on the increase, and some cases attracted wide attention from the market. On March 31, the SSE and the SZSE respectively issued the *Guidelines on the Self-Regulation for Listed Companies —Restructuring and Other Matters*, primarily standardizing the reorganization, reconciliation and bankruptcy liquidation matters of listed companies, controlling shareholders, and other interested parties, to ensure the good order of bankruptcy matters and achieve the institutional effect. In terms of specific specifications, the two documents reinforce information disclosure requirements to make the whole process of bankruptcy transparent and help interested parties timely obtain information. They clarify the requirements for equity adjustment and introduction of reorganization investors, facilitate the voting of investor group meetings, and fully protect the interests of small and medium investors. They give full play to the role of intermediary agencies, and require financial consultants and law firms to express opinions on relevant pricing, ex-rights, and relevant meeting procedures to improve compliance and transparency. They also raise requirements for insider trading prevention, suspension and resumption management, and implementing bankruptcy matters. The *Guidelines on the Self-Regulation for Listed Companies — Restructuring and Other Matters* adheres to a market-oriented and law-based direction, standardizes the information disclosure of bankruptcy reorganization-related matters, improves the risk mitigation and exit mechanism of listed companies, protects the interests of investors, maintains a normative and transparent market environment, and promotes the construction of a some-enter-and-some-exit market ecology.

2. Promote a hierarchical market reform and reinforce links among markets

(1) The BSE improved its board transfer rules and promoted the smooth development of the SSE STAR Market and the SZSE ChiNext Board (ChiNext)

Unblocking the board transfer mechanism and forming a staggered, functionally complementary, and organically connected multi-layer market system is of great significance to increasing the proportion of direct financing and supporting the growth of high-quality small and medium-sized enterprises. Based on the different demands for financing and scale at different stages of enterprise development, enterprises are allowed to transfer between different boards, which is not only beneficial to enterprises, but also forms parallel competitive relationships among exchanges. On January 7, the CSRC issued the *Guiding Opinions of the China Securities Regulatory Commission on the Listing Transfers of Companies Listed on the Beijing Stock Exchange* to strengthen the organic links among multi-level capital markets, make various markets function better, stimulate market vitality, and provide differentiated and convenient services for enterprises at different stages of development. This revision mainly includes four aspects: first, the basis for the formulation was adjusted, abolishing the *Decision of the State Council on Issues Concerning the National Equities Exchange and Quotations* (NEEQ, known as the New Third Board); second, names were changed,

"NEEQ Co., Ltd." and "select tier company" changed into "BSE" and "BSE listed company" respectively, and "board transfer listing" changed into "board transfer"; third, the calculation of listing time was made clear. BSE-listed companies that apply for board transfer must have been listed on BSE for one year or above. The time of listing on the original select tier and the time of listing on BSE should be both counted; fourth, share sale restrictions were specified. The share sale restriction period after a board transfer of a BSE-listed company was clarified. In principle, the sale restriction times on the original select tier and the BSE can be deducted.

Matters concerning board transfer (to STAR Market and ChiNext) audit and listing of listed companies on the BSE are also standardized. On March 4, the SSE and the SZSE respectively released the *Measures for the Listing Transfer of Companies Quoted on the Beijing Stock Exchange to the Shanghai Stock Exchange STAR Market (for Trial Implementation)* and the *Measures of Shenzhen Stock Exchange for the Listing Transfer of Companies Quoted on the Beijing Stock Exchange to the ChiNext (for Trial Implementation)*, which specifies that companies that have been listed on the BSE for above one year may be transferred to the STAR Market and the ChiNext upon the premise of meeting basic requirements for the total amount of share capital, the number of shareholders, public shareholding ratio, transaction volume, and market value. A company applying for a transfer to the STAR Market must have been consecutively listed in BSE for over a year. If an applicant company was listed on the original select tier of the NEEQ before being listed in BSE, the listing time on the original select tier and the listing time in the BSE should both be counted. A company that applies for transfer to ChiNext must have been listed on the BSE for more than one year; for applicants that have been listed on the BSE for more than two years, the continuous supervision period equals the remaining time of the year of starting to be listed on ChiNext plus a whole fiscal year thereafter. When calculating the listing time in the BSE, the time of listing on the original select tier should be included. The referential opening price on the first day of a company transferred to ChiNext should be the closing price on the last trading day before the company applied to the BSE for board transfer. On the same day, the BSE issued the *Guidelines for the Ongoing Supervision of Companies Listed on the Beijing Stock Exchange No. 7 — Listing Transfer* to normalize behaviors related to board transfer of companies listed on the BSE, including information disclosure, suspension and resumption of stocks, and termination of listing.

(2) Steady progress was made in the connectivity among bond markets, and the integrated development of the bond markets accelerated

The connectivity between the interbank market and the exchange market is expected to abate the split between the issuance and transaction facing the current bond market. China's bond market has been perennially bothered by the split, whose disadvantages are increasingly prominent. In recent years, regulators have continuously advanced the unification of the bond market by promulgating many reform measures. On January 20, the SSE, the SZSE, the National Interbank Funding Center, Shanghai Clearing House, and China Securities Depository and Clearing Corporation Limited (CSDC) jointly issued the Interim Measures for Connectivity Business Between the Interbank Bond Market and the Exchange Bond Market, which brings investors the convenience to buy and sell tradable bonds in the two markets through connecting the related infrastructure institutions of the two markets by creating the "Connect Exchange Market" and "Connect Interbank Market" mechanisms. The document covers principles stipulation, general rules, specific arrangements, monitoring and supervision, clarifies the overall arrangement and key points of the mechanism, provides formulation basis and institutional space for secondary rules, and standardizes the interconnection business between the interbank bond market and the exchange bond market.

3. Enrich the product system and improve the ability to serve the real economy

(1) The publicly offered REITs system was gradually improved, propelling the capitalization and securitization of the real economy

Since releasing the *Notice of the Work Related to Promoting the Pilot Program of Real Estate Investment Trusts (REITs) in the Infrastructure Field* in 2020, the CSRC has deeply promoted the pilot work of publicly offered REITs to further form a virtuous cycle of investment and financing. Promoting the healthy development of infrastructure REITs is an important deployment made in the 14th Five-Year Plan. It is of great significance for effectively liquidizing remnant assets, innovating the investment and financing mechanism, broadening the equity financing channels, and enhancing the ability of the capital market to serve the real economy. On March 18, the CSRC issued the *Further Promote the Pilot Program of Publicly Offered REITs to Further Promote the Virtuous Circle of Investment and Financing*, which studies and formulates the rules for expanding infrastructure REITs placement, and advances the pilot work of REITs for affordable rental housing. On May 31, the SSE and the SZSE respectively issued the *Guidelines for the Application of the Rules for the Publicly Offered Infrastructure Real Estate Investment Trusts (REITs) – New Acquisition of Infrastructure Projects (for Trial Implementation)*, further deepening the pilot work of infrastructure REITs public offering, standardizing new purchase of infrastructure projects, extended offering and other behaviors about infrastructure REITs, promoting the long-term healthy development of infrastructure REITs market, and protecting the legitimate rights and interests of investors. On July 15, the SSE and the SZSE respectively issued the *Guidelines for the Application of the Rules for the Publicly Offered Infrastructure Real Estate Investment Trusts (REITs) – Government-subsidized Rental Housing (for Trial Implementation)*, which implements decisions and arrangements of the CPC Central Committee and the State Council on speeding up the development of affordable rental housing and further liquidizing remnant assets and expanding effective investment, specification for affordable rental housing pilot infrastructure of real estate investment trust fund related work. By the end of 2022, China had a total of 25 publicly offered infrastructure REITs approved. The asset types are diverse, including park infrastructure, ecological and environmental protection, energy infrastructure, transportation infrastructure, warehousing logistics, and affordable rental housing. Many other products are toward the listing. Basic assets will expand to new energy, water conservancy, new infrastructure, and other fields.

(2) Enrich ETF varieties and perfect the risk management system of the capital market

New ETF option varieties were added, the on-site derivative instrument system got perfected, and investors' investment tools and hedging means enriched. Since the launch of the ETF option pilot program in 2015, the varieties of ETF options have been expanded to 6, and the scope of the underlying options has also been greatly expanded. In 2022, SSE newly added CSI 500ETF options, and SZSE newly added CSI 500ETF options, ChiNext ETF options and SZSE 100ETF options. Among them, the ChiNext ETF option is ChiNext's first on-site standardized derivative, and also the first risk management tool dedicated to stocks of innovative growth category. It boasts differentiated positioning and strong complementarity from the existing ETF options, which is conducive to further enriching the multi-level capital market product system, perfecting the market stability mechanism, promoting the development of the ETF market, attracting more mid- and long-term funds into the market, and better meeting the diversified risk management demands of the market.

(3) Bond varieties with Chinese characteristics continue to develop to support the economic transformation towards high-quality development

Special bonds support the development of specific fields, expand direct financing channels for enterprises and projects, and promote the high-quality development of the bond market. In 2022, the SSE and the SZSE respectively issued application guidelines on the issuance audit rules for scientific and technological innovation corporate bonds, specific varieties of corporate bonds, and green corporate bonds, to make corporate bonds further serve national innovation-driven development strategy and "carbon dioxide peaking and carbon neutrality" strategy, promote industrial transformation and upgrading of the real economy, and provide greater financing support for the epidemic prevention and control and low-carbon transformation fields.

4. Comprehensively promote institutional opening-up and enhance international competitiveness

(1) The Shanghai-Shenzhen-Hong Kong Stock Connect mechanism was continuously deepened to promote the interconnectivity of markets in and beyond the mainland

The Shanghai-Shenzhen-Hong Kong Stock Connect mechanism was further perfected. Since its inception, the Shanghai-Shenzhen-Hong Kong Stock Connect mechanism has run smoothly, positively expanding the capital market's two-way opening, introducing long-term overseas funds, and increasing channels for mainland residents to invest beyond the mainland. On June 10, the CSRC issued the *Decision to Amend the Several Provisions on the Mainland-Hong Kong Mutual Stock Market Access Mechanism*, which plans financial opening and security as a whole, strengthens the supervision of cross-border securities activities by law, protects the legitimate rights and interests of mainland investors, stabilizes the market expectations, maintains the smooth operation of Shanghai-Shenzhen-Hong Kong Stock Connect, regulates the return-trip transaction behavior of mainland investors, and strictly regulates so-called "false foreign capital". On June 24, the CSRC issued the *Announcement on the Arrangements for Including Exchange-Traded Funds in the Mainland-Hong Kong Mutual Market Access Mechanism*, to further deepen the trading connectivity mechanism between the mainland and the Hong Kong stock market and promote the common development of the capital markets of the two places. On the same day, the SSE and the SZSE respectively issued the *Measures of the Shanghai Stock Exchange for the Implementation of the Shanghai-Hong*

Kong Stock Connect Business (2022 Revision) and the *Measures of the Shenzhen Stock Exchange for the Implementation of Shenzhen-Hong Kong Stock Connect* (2022 Revision) to further optimize the connectivity mechanism, enrich investment targets and standardize trading behaviors. On December 19, the CSRC and the Securities and Futures Commission of Hong Kong jointly announced that the exchanges of the mainland and Hong Kong are allowed to further expand the scope of stock connectivity.

The connectivity between domestic stock exchanges and overseas stock exchanges was increased. Since the *Provisions on the Supervision and Administration of Depository Receipts under the Stock Connect Scheme between Shanghai Stock Exchange and London Stock Exchange* (for trial implementation) was released, four SSE-listed companies have launched global depository receipts on the London Stock Exchange, raising a total of USD 5.84 billion, playing an important role in broadening the two-way financing channels and supporting the stable and healthy development of the real economy. On February 11, the CSRC issued the *Provisions on the Supervision and Administration of Depository Receipts under the Stock Connect Scheme between Domestic and Overseas Stock Exchanges*, which perfects regulations by expanding the scope of application, increasing Chinese depositary receipt (CDR) financing arrangements, and optimizing continuous supervision. On March 25, the SSE and the SZSE issued the *Interim Measures for the Listing and Trading of Depository Receipts under the Stock Connect Scheme between Domestic and Overseas Stock Exchanges*, which standardizes the issue, trading, cross-border conversion, and information disclosure of connectivity depository receipts between domestic stock exchanges and overseas stock exchanges, further promotes the institutional opening-up of the capital market, maintains market order, protects the legitimate rights and interests of investors, and deepens connectivity between domestic and overseas markets.

(2) Further facilitate investment for foreign investors and improve the attractiveness of the domestic capital market to foreign capital

The investment behavior of foreign institutional investors in the domestic market was facilitated and regulated. In June 2022, the SSE and the SZSE respectively issued the *Implementing Rules for the Bond Trading, Registration and Settlement Business for Overseas Foreign Institutional Investors with the CSDC*, to improve the opening up level of the bond market, and further facilitate and regulate the behavior of foreign institutional investors allowed to enter the interbank bond market and directly invest in the exchanges' bond markets. On September 9, the CSRC issued the *Provisions on the Domestic Securities Trading, Registration, and Clearing Businesses of Qualified Foreign Institutional Investors and RMB Qualified Foreign Institutional Investors*, which requires earnestly carrying out securities trading, registration, and settlement work about qualified foreign institutional investors and qualified Renminbi foreign institutional investors, and clarifies the responsibilities and obligations of qualified foreign investors and their commissioned trustees and securities companies in trading, registration, and settlement.

The high-level opening-up of the bond market was advanced as a whole. On May 27, the PBC, the CSRC, and the State Administration of Foreign Exchange jointly issued the *Announcement on*

Issues Concerning Investment in China's Bond Market by Overseas Institutional Investors, advancing the opening up of the interbank and exchange bond markets synchronously, making it clear that "foreign institutional investors allowed to enter the interbank bond market may invest in the exchange bond market directly or through connectivity approaches", and further simplifying the procedures for foreign institutional investors to invest in China's bond market.

(3) Steadily promote the opening up of the futures market and accelerate the deployment of open varieties

The opening-up of the futures market was deepened. On September 2, Shanghai Futures Exchange (SHFE) and its subsidiary Shanghai International Energy Exchange, Zhengzhou Commodity Exchange, Dalian Commodity Exchange, and China Financial Futures Exchange simultaneously announced that qualified foreign institutional investors (QFII) and RMB qualified foreign institutional investors (RQFII) can participate in the trading of 41 varieties of futures/options, including gold, silver, low sulfur fuel oil, methanol, sugar, bean pulp, soybean oil and other commodity futures and copper, aluminum, zinc, methanol, sugar and other stock index options. On December 26, Dalian Commodity Exchange's No.1 Soybean, No.2 Soybean, Bean Pulp and Soybean Oil futures and options were officially opened to overseas traders, which was the first time that a domestic futures exchange opened its full spectrum of products to overseas traders.

5. Improve relevant systems around the high-quality development of listed companies

To further implement the "building system, no intervention, zero tolerance" work requirement of the Financial Stability and Development Committee of the State Council and meet the actual needs of regulation, the CSRC organized the work to integrate the regulatory system for listed companies, and promoted the perfection of basic systems to form a reasonable and coordinated regulatory system with scientific paradigms and a clear hierarchy.

In terms of the articles of incorporation, the *Guidelines on the Bylaws of Listed Companies (2022 Revision)* issued by the CSRC mainly solves three problems: First, the generally recognized practices in reality are summarized and processed into rules, such as the principle requirements on the party construction work; second, rules scattered in other documents are absorbed, such as the contents of the *Provisions on Strengthening the Protection of the Rights and Interests of the General Public Shareholders*; third, relevant expressions are adjusted according to its revised superior laws/regulations such as the *Securities Law of the People's Republic of China*.

In terms of cash dividends, the *Regulatory Guidelines for Listed Companies No. 3 — Distribution of Cash Dividends of Listed Companies* (2022 Revision) issued by the CSRC introduces rules on cash dividend ratio calculation, increases the provision of "the proportion of cash dividends in the profit distribution equals cash dividend on shares divided by the sum of the cash dividend on shares and stock dividend", and introduces disclosure requirements for profit distribution policy in the refinancing schemes of listed companies.

In terms of share repurchase, the *Rules for Repurchase of Shares by Listed Companies* issued by CSRC according to the modification about share repurchases in the *Company Law of the People's Republic of China* raises specific requirements for repurchase criteria, methods, implementation period, repurchase procedures information disclosure and other important aspects , as well as "repurchasing shares by centralized competitive price transaction" and "repurchasing shares by offer".

In terms of spin-off rules, the *Rules for the Spin-off of Listed Companies (For Trial Implementation)*, which integrates the *Provisions on the Pilot Program of Listed Companies' Spin-off of Subsidiaries for Domestic Listing* and the *Circular on Several Issues Concerning the Standardization on Overseas Listing of Subordinated Enterprises of Domestically-Listed Companies*, offers specific regulations on spin-off conditions, spin-off procedures, information disclosure, and audits by intermediaries, and standardizes the behavior of listed companies spinning off their subsidiaries for independent listing at home and abroad.

In terms of suspension and resumption, the CSRC issued the *Rules for the Suspension and Resumption of Trading of Stocks of Listed Companies*, which clearly bans listed companies from abusing suspension or resumption to damage investors' legitimate rights and interests, deletes the disclosure requirement when exchanges reject listed companies' applications for suspension or resumption, promotes the normative management and quality improvement of listed companies, makes sure that suspension and resumption information disclosure of listed companies timely and fair, maintains the trading order, protects the legitimate rights and interests of small and medium-sized investors, and boosts the stable and sound development of the capital market.

In terms of general meetings of shareholders, the *Rules for the General Assemblies of Shareholders of Listed Companies* (2022 Revision) issued by the CSRC implements the newly added restrictions over shareholders' exercising of voting power when purchasing shares in the revised *Securities Law*, and absorbs relevant contents in the *Provisions on Strengthening the Protection of the Rights and Interests of the General Public Shareholders*, to regulate the behavior of listed companies and guarantee that shareholders' meetings exercise powers in accordance with the law.

In terms of independent directors, the *Rules for the Independent Directors of Listed Companies* issued by the CSRC is developed from the *Guidelines for Introducing Independent Directors to the Board of Directors of Listed Companies*, and absorbs provisions on independent directors in the *Provisions on Strengthening the Protection of the Rights and Interests of the General Public Shareholders*, giving full play to the role of independent directors in the governance of listed companies and urging independent directors of listed companies to perform duties.

In terms of on-site inspection, the *Rules for On-site Inspection of Listed Companies* issued by the CSRC improves the definition of on-site inspection, simplifies the types of on-site inspection, clarifies the exchange no-site inspection system, and perfects partial inspection requirements, to strengthen the supervision and management of listed companies and interested parties, protect the legitimate rights and interests of investors and maintain the order of the securities market.

6. Continuously increase legal supply and improve the market legal system

As the *Futures and Derivatives Law* was formally implemented, China's futures market developed steadily through serving entities. In 2021, the *Futures and Derivatives Law* (second review draft) was released, which officially renames "Futures Law" "Futures and Derivatives Law", granting derivatives a legal status, further recognizing the role of derivatives in serving the real economy, and expanding the scope of the credit trading market. On August 1, 2022, the *Futures and Derivatives Law of the People's Republic of China* officially came into effect. The law consists of 13 chapters or 155 articles, mainly specifying the basic system of futures trading, settlement and delivery, the futures traders protection system, the supervision of futures operating institutions and futures service institutions, the operation of futures trading venues and futures settlement institutions, the supervision and management of futures market, and legal responsibilities. The *Futures and Derivatives Law* is based on the actual situation of the market, particularly regulates the futures market as well as the derivatives market, clearly stipulates that the state supports the healthy development of the futures market, gives full play to the functions of the market in price discovery, risk management, and resource allocation, and encourages entity enterprises to engage in risk management activities such as hedging on the futures market.

(II) The effects of the securities regulatory policies in 2022

1. The A-share IPO fundraising amount reached a record high

STAR Market and ChiNext became the main forces of IPO. In 2022, 424 listed companies were newly added to the A-share market (Guandian Defense Technology Co., Ltd., Taixiang Industry Limited Liability Company, and Highbroad belong to the board transfer category, and China Longyuan Power Group Corporation Limited belongs to the absorption/merger category. The four enterprises are not included in the statistics), and the total IPO amount was RMB 586.9 billion, down by 19% and up by 8% respectively YOY. Among them, 70 were newly added to Main Board (16.51%), with an IPO amount of RMB 138.7 billion (23.64%); 148 to ChiNext (34.91%), with an IPO amount of RMB 179.6 billion (30.61%); 123 to STAR Market (29.01%), with an IPO amount of RMB 252 billion (42.94%); 83 to BSE (19.57%), with an IPO amount of RMB 16.5 billion (2.81%). Totally 354 companies were listed under the registration system (STAR Market, ChiNext, and BSE), accounting for 83.49% of the newly listed companies in the year, with a total IPO amount of RMB 448.1 billion, accounting for 76.36%.

2. The capacity of the stock market continued to expand, with the total number of A-share listed companies exceeding 5,000

By the end of 2022, the total number of listed companies had reached 5,066, with a total market value of RMB 85 trillion, respectively increasing 8.15% and decreasing 12.06% YOY. Among them, 1,232 were listed on STAR Market, 501 on ChiNext, and 162 on BSE, with a total market value of RMB 11.30 trillion, RMB 6.13 trillion, and RMB 211 billion, respectively.

3. The size of the bond market grew steadily

In 2022, RMB 61.9 trillion worth of bonds were issued in the bond market, basically unchanged YOY. Among them, RMB 56.0 trillion of bonds were issued in the interbank bond market, up by 5.4% YOY, and RMB 5.8 trillion in the exchange market. In 2022, RMB 9.6 trillion in treasury bonds, RMB 7.4 trillion in local government bonds, RMB 9.8 trillion in financial bonds, RMB 13.8 trillion in corporate credit bonds, RMB 334.54 billion in credit asset-backed securities, and RMB 20.5 trillion in negotiable certificates of deposit (NCDs) were issued. By the end of December 2022, the trust balance of the bond market was RMB 144.8 trillion, a YOY increase of RMB 11.3 trillion, of which the trust balance of the interbank bond market was RMB 125.3 trillion, and the trust balance of the exchange market was RMB 19.5 trillion. The trust balance of over-the-counter bonds of commercial banks was RMB 41.61 billion.

4. The futures market ran smoothly

The trading volume fell somewhat compared with the previous year, but continued the overall large volume since 2020. In 2022, the transaction volume of the domestic futures market reached 6,768 million lots (unilateral, the same below) or RMB 534.9 trillion, down by 9.93% and 7.96% YOY respectively. Among them, the transaction volume of domestic commodity futures and options was 6,616 million lots, accounting for 72.3% of the transaction volume of global commodity futures and options (9,153 million lots), up by 2.5% on the basis of 69.8% in the same period in 2021.

5. The strict supervision atmosphere in the capital market was further consolidated, and the market ecology was further purified

In 2022, the inspection department of the CSRC severely cracked down on all kinds of illegal securities and futures activities. It handled 603 cases throughout the year, including 136 major cases, and transferred 123 suspected criminal cases or clues to public security organs, with the case handling ratio up to 90%. In terms of insider trading, the trend of the frequent occurrence of cases was curbed, and 170 relevant cases were handled throughout the year, down by 15% YOY. In terms of market manipulation, the total number of cases decreased, with 78 relevant cases handled throughout the year, down by 30% YOY. Illegal cases still occurred regarding financial fraud, and the violation methods were hidden and complex. In the year, 203 illegal cases of information disclosure were handled, of which 94 cases involved financial fraud, accounting for 46%.

(III) Outlook of securities regulatory policies in 2023

The 20th National Congress of the CPC clearly required perfecting the functions of the capital market and increasing the proportion of direct financing. The Central Economic Work Conference at the end of 2022 pointed out that in 2023, China should firmly advance the Chinese path to modernization, adhere to the general tone of seeking progress in stability, and comprehensively deepen reform and opening-up. In 2023, the capital market reform will also follow the general tone. It will, on top of preventing and defusing major financial risks, fully support the expansion of domestic demand, build a modern industrial system, and promote high-level economic opening up. The reform will be carried out from five aspects.

1. Implement the comprehensive registration system and promote major changes in the market

The capital market has ushered in an era of comprehensive registration system. The investment-end reform of the capital market has been gradually promoted through financing-end reform, forming a virtuous cycle of investment and financing. Since 2019, China's capital market has gone through three stages: the pilot registration system for the newly established STAR Market, the ChiNext registration system reform, and the pilot registration system for the newly established BSE. In 2023, the main board began to implement the registration system, marking the start of a comprehensive registration system stage.

First of all, the reform of the registration system will advance the function perfection of the financing end. Since the implementation of the registration system, the social financing structure has been improved, and the proportion of direct financing increased; the financing subjects are diversified. SMEs, emerging industry enterprises, unprofitable and less profitable enterprises, and enterprises in start-up stages are facilitated to obtain equity financing in secondary markets; and the capital market can provide better innovation-focused and green financing services for entity enterprises.

Secondly, the financing-end reform will promote the reform of the market products. The registration system has boosted the large-scale expansion of basic assets in the capital market, greatly improving the quality of basic assets from the perspectives of increment and stock, vigorously developing asset management products and financial derivatives market, and increasing the financial products, hybrid products and featured products matching long-term investment and value investment.

Finally, the change of basic assets and market ecology will propel the investment-end reform of the capital market. First, the abundance of financial products will bolster the enthusiasm of residents to invest in the capital market, and support the flow of residents' idle funds to the capital market; second, the reform of financial products will promote the reform of financial service, and residents gradually invest in the capital market through professional investment agencies; third, as the registration system is accompanied by the expansion of medium- and long-term products, the wealth effect of the capital market will be enhanced, and the channels for investors to obtain long-term and stable returns increase.

2. Increase the proportion of direct financing and improve the financing function of market

The BSE will continue to expand with high quality. The past more than one year of development has laid a considerable foundation for the further high-quality development of the BSE. In 2023, with the further connectivity between the BSE and the NEEQ, and the regional equity market, the exchange's further expansion is worth looking forward to. Since the deepening of reform, the NEEQ has become more attractive. The enthusiasm of enterprises to realize listing on BSE via the NEEQ ran high. The establishment of "professional, sophisticated, special and new" special boards in regional equity markets will directly push a number of qualified enterprises toward the BSE. Apart from the growth of enterprise quantity, the types of enterprises will also be diversified. Life science and other sci-tech enterprises may get listed on the BSE faster.

The market's financing function is expected to further improve. In addition to the incremental effect brought by the comprehensive registration system, the financing function of the stock capital market will be further improved. Its new carrier will be a new round of actions to improve the quality of listed companies. In particular, state-owned enterprises will increase the use of the capital market, create and generate value through the capital market, and enhance the financing ability in the capital market. On the one hand, professional institutions and investors will increase their attention to state-owned enterprises. Financial advisory agencies will actively help state-owned listed companies improve their corporate governance levels. Securities companies will increase the frequency, depth, and coverage of investigations on state-owned listed companies. Institutional investors of publicly offered funds will increase product innovation. Market-related indexes and financial derivatives may usher in expansion. On the other hand, state-owned listed companies will pay more attention to information disclosure and value marketing, properly maintain investor relations, improve their valuation levels, more actively use the capital market for capital operation, and enhance their intrinsic value.

3. Deepen the reform of investment ecology and improve investment functions

The trial of the private pension business will be accelerated to provide stable and long-term funds for the capital market. The trial of the private pension business was implemented in 2022, and several changes may occur in the pilot capital markets in 2023. First, pension-related products are expected to expand. Asset management entities such as publicly offered funds and bank wealth management are expected to launch more private pension products and other old-age security-themed products. Second, residents are expected to increase investment in the capital market. Under the policy orientation that "housing is for living in, not for speculation" and an expected decline trend of the real estate market, more residents will increase investment in the capital market, and fully enjoy the tax incentives for private pension beneficiaries. The trials of tax incentives for pension products may be gradually intensified in wider regions. Third, the pension insurance structure will be gradually optimized. With the implementation of private pension trials, the structure of the three pension pillars of China may be optimized, and the third pillar may usher in accelerated development.

The business model of investment advisories will be deeply explored, and the trials of investment advisories may be extended to the field of privately-offered funds. The investment advisory pilot for public offering business has been deepened since 2019. The business scale has continuously expanded, and indicators like customer income, holding period, and reinvestment rate performed well. Many agencies have improved the wealth management service system for individual investors through public offering investment advisory business, with comprehensive capabilities including sales channels, investment advisory assessment and research services continuously improving. However, the pilot agencies generally reported that the current public offering investment advisory trials still have problems like insufficient allocation-type customers, limited investment strategies, and a service mode partly dependent on the fund of funds (FoF). In 2023, the investment advisory business is expected to further transform towards the origin of wealth management, and the scope of the investment advisory trials may be extended to privately-offered funds.

4. Increase the supply of financial products and improve the transaction function of market

Basic financial products, featured financial products and cross-border financial products are expected to accelerate their development. In terms of basic financial products, exchange financial derivatives may further expand; the basic asset coverage of equity derivatives may extend to SSE STAR Market 50 Index, SZSE Component Index 100, and other broad-based indexes; the coverage of medium and small board wide-based indexes may be extended on the basis of covering big broad wide-based indexes; interest rate derivatives may increase the varieties of interest rate swap options and collar options; credit derivatives may further develop on the basis of the CDS indexes newly created in recent years. In terms of featured financial products, customized financial products may be launched in 2023 for hot topics such as rural revitalization, scientific and technological innovation, the "professional, sophisticated, special and Innovative" program, and green finance; integrated financial service solutions will be offered to core industrial chain and supply chain enterprises and upstream and downstream enterprises; and more asset allocation solutions will be offered to market investors. In terms of cross-border products, the launch of cross-border capital market structured innovative products in recent years successfully unblocked access to low-cost overseas funds, and propelled the investment of overseas capital in the domestic capital market. In 2023, the financial industry is expected to increase the development of cross-border structured products, promote domestic and foreign capital connectivity, and strengthen cooperation to achieve global asset allocation.

The trading mechanism reform will highlight the capital market's transaction function. On the one hand, the bull and bear power will develop in a more balanced way, and the convenience of securities margin trading will be improved. At the end of 2022, the balance of securities loans was only 6.2% of the balance of securities margin trading, and the annual securities loan transaction was less than 1% of the total transaction of A-shares, while the financing transaction reached about 7% of the total transaction of A-shares. In 2023, with the facilitation improvement of securities loans, the proportion of securities loans in market transactions is expected to increase, providing rich tools for diversified transactions in the market. On the other hand, the market-maker trading mechanism is expected to be promoted in more markets. The market maker system of the STAR Market has tried to seek a market maker system suitable for the capital market system with Chinese characteristics, China's structure of listed companies, the structure of investors, and trading structure. These attempts can provide experience for the trading system reform of other markets and cultivate more qualified market makers for other markets. In 2023, the secondary fund market-making reforms in regional equity markets are expected to usher in leapfrog development.

5. Strengthen opening-up and cooperation and make the market more attractive

China will strengthen economic and trade cooperation with countries participating in the Belt and Road Initiative and neighboring countries. The world is in a stage of profound changes unseen in a century, and opening up to neighboring countries will continue to dominate. At the end of 2022, China signed a package of economic and trade cooperation agreements with Saudi Arabia and other Arabian countries. In 2023, the capital market is expected to accelerate the two-way opening up with countries along the Belt and Road represented by Arabian countries. As a bridgehead for the opening up of the capital market, Shanghai is expected to make breakthroughs in making foreign-funded financial institutions stronger and promoting mutual recognition of professional qualifications for financial professionals in the Asia-Pacific region.

China's capital market will be made more inclusive and attractive. In the past, China's capital market's opening faced problems such as poor attraction to high-quality overseas assets. For example, red-chip enterprises seldom return, and the global depositary receipt (GDR) is only issued in a one-way manner. With the comprehensive implementation of the registration system in 2023, China's capital market's inclusiveness and asset quality are expected to improve further. First, as the overseas financing of China Concept Stock is obstructed, the return threshold for red-chip enterprises may be lowered. More red-chip SMEs in the growth period will be encouraged to return to STAR Market, ChiNext, and BSE by canceling the profitability standard and appropriately lowering the asset standard. Second, on top of the currently more than ten enterprises that issue GDRs in the UK and Switzerland, connectivity will be achieved with more European countries. More preferential policies will be introduced to encourage Chinese enterprises to issue GDRs overseas, and attract enterprises in the UK, Switzerland, and Germany to issue CDRs in China. Third, the attractiveness of the Chinese market will be enhanced by improving the quality of listed companies and the expectation of capital market policy reform, so as to bolster the confidence of foreign investors in China's capital market, and continuously attract foreign capital to invest in Chinese assets.

Article 17

Jointly Build a Regional Financial Center and Support the Coordinated Development of Regional Economy①

On December 14, 2022, the General Office of the Chongqing Municipal People's Government and the General Office of the People's Government of Sichuan Province jointly issued the *Detailed Joint Implementation Rules of Chengdu-Chongqing Region for Jointly Constructing the Western Financial Center* (hereinafter referred to as the "Joint Implementation Rules"), which were based on the development reality of this region. The Joint Implementation Rules, a guiding document to promote the joint construction of the western financial center, are designed to carry out the *Outline of the Construction Plan for the Chengdu-Chongqing Economic Circle* (hereinafter referred to as the "Outline") and the *Plan on the Chengdu-Chongqing Joint Construction of the Western Financial Center* (hereinafter referred to as the "Plan"). The Joint Implementation Rules follow the general principles of concerted planning and promotion, government-based guidance, policy sharing, market-oriented selection, optimal allocation, synergistic development, and mutual benefit and win-win cooperation.

The Joint Implementation Rules aim at building a western financial center based in the west, facing East Asia, Southeast Asia, and South Asia, and serving the BRI countries and regions.

① Authors: Xu Kefei, CEO of Bohai Securities, Senior Researcher, Program for China's Financial Policy Report (research group); Cui Jian, Deputy Director of Bohai Securities Research Institute, Research Fellow, Program for China's Financial Policy Report (research group).

The strategic goal is to basically complete the construction in 2025 and significantly enhance its international influence in 2035. 58 measures and 33 work items in 8 respects were proposed, including the construction of a financial institutional system, financial market system, financial service system, financial innovation system, open inland financial system, financial ecological system, interconnection and inter-working of financial infrastructure, and enhanced safeguard on the implementation of the Plan (hereinafter referred to as "6 systems, 1 infrastructure, and 1 safeguard").

Three features characterize the Joint Implementation Rules: First, it is committed to promoting the integrated innovation of the financial reform policy system. Based on the idea of systematic construction, we strive to make concerted efforts in all fields, reinforce strengths and improve shortages to strengthen weaknesses, and promote the formation of a regional financial center with a solid foundation, highlighted advantages, and distinctive characteristics. Following the "6 systems, 1 infrastructure, and 1 safeguard" framework of the Plan, we will systematically play the advantages of the Chengdu-Chongqing financial reform and realize the high-quality development of the Chengdu-Chongqing economy. Second, the main guideline is to support the high-quality development of the Chengdu-Chongqing region through financial services. A modern financial service system supporting high-quality development is promoted based on the geographical, industrial, resource, and ecological advantages of the Chengdu-Chongqing development. Diversified measures to carry out Chengdu-Chongqing development are proposed based on financial services for rural revitalization, green transition, foreign trade, local consumption, cultural tourism, the large-scale development of the western region in the new era, the joint construction of BRI and the Yangtze River, and the construction of new land-sea corridors in the west. The synergistic development of regional economy and finance on all fronts is promoted through them. Third, to emphasize the Chengdu-Chongqing joint building and sharing and integration. Adhering to the thinking and philosophy of concerted development, the focus is on highlighting the collaboration between Chengdu and Chongqing and jointly carrying out related projects.

General Secretary Xi Jinping pointed out that "Financial impetus and stability rely on a vital and stable economy," "and financial prosperity and strength rely on a prosperous and strong economy." These remarks profoundly revealed the dialectical and interdependent relationship between economy and finance and the essential requirements of finance serving the real economy. As an important tool for resource allocation and macro control, finance is an important force to promote economic and social development. Therefore, the construction of the western financial center has become a major task to foster the economic development of Chengdu-Chongqing region. Carrying out the Joint Implementation Rules is vital in the construction of the Chengdu-Chongqing economic zone, the realization of the coordinated and high-quality development of the western economy, and the promotion of the balanced development of the national economy.

Looking ahead, as relevant measures take effect, the financial resource allocation capacity and the influence of the Chengdu-Chongqing region will be significantly improved. The open inland financial service system featuring the "dual circulation" of domestic and overseas markets will be more complete, and the financial function to serve the Belt and Road Initiative will be sounder.

IV. Major Regulatory Policies in China's Insurance Industry①

(I) Analysis of major regulatory policies of China's insurance industry in 2022

Looking back on 2022, China's insurance industry worked to pursue progress in the regulatory work while ensuring stability, rising to the challenge, and seeking out new development opportunities in the face of the constantly changing COVID-19 containment situation. Over the year, China's regulatory policies on the insurance industry focused on the following two aspects. First, the supply-side reform of the insurance industry was promoted steadily and constantly to provide solid and strong support for stable economic operation after COVID-19 prevention and control became a new normal and also for economic recovery after China optimized its COVID-19 response measures. Second, the regulatory services and processes were further improved to realize a healthy balance between regulation and development while strictly controlling financial risks and actively promoting institutional improvements.

1. Continuing to deepen the supply-side reform of the insurance industry

Internally, China's regulatory agencies at all levels continued to promote the development directions with important social benefits of the insurance industry, including pension insurance, urban construction, green finance, and other aspects, so as to actively contribute to the development of the real economy while better meeting the diversified risk protection needs of all social subjects.

(1) Vigorously promoting the development of third pillar pension insurance. On February 15, 2022, the CBIRC issued the *Notice on Expanding the Exclusive Commercial Pension Insurance Pilot Programs*, deciding to expand the pilot programs of exclusive commercial pension insurance to cover the whole country from March 1, 2022, and allowing pension insurance companies to participate in addition to the original six insurers. The *Notice* is conducive to promoting the development of the third pillar of pension insurance, so as to better meet people's multi-tiered pension needs.

(2) Contributing to urban construction and governance. On May 6, 2022, the *Guidance on Banking and Insurance Industries Supporting Urban Construction and Governance* was issued. The *Guidance* encourages insurance institutions to strengthen cooperation with governments at all levels to develop customized commercial medical insurance services in line with the actual

① Author: Zhao Xianghuai, General Manager, Planning and Operation Management Department, Chief Analyst, Everbright Securities, Research Fellow, Program for China's Financial Policy Report (research group); Zheng Junyi, Chief Analyst of Non-bank Finance, Northeast Securities.

circumstances of cities; explores the enhancement of data sharing in the insurance industry with medical institutions, social security departments and others and provides accurate data support for insurance product design and claims settlement; continues to regulate the development of the third pillar pension insurance and encourages the development of financial products with strong elderly care functions; supports qualified insurance institutions to participate in the pilot programs of the insurance compensation mechanism for the first set of major technological equipment and the insurance compensation mechanism for the application of the first batch of new materials, and actively develops insurance products related to intellectual property rights; supports insurance funds and eligible insurance asset management products to invest in venture capital funds and equity investment funds for science and technology enterprises in accordance with laws and regulations.

(3) Supporting the financing of green finance and micro and small enterprises. On June 1, 2022, the CBIRC released the *Notice on Issuing the Green Finance Guidelines for Banking and Insurance Sectors*. The *Guidelines* requires the board of directors of banking and insurance institutions, who will be responsible for determining the green finance development strategy, to assume the principal responsibilities of green finance; requires banking and insurance institutions to establish a green finance organization and coordination mechanism, and encourages banking and insurance institutions to carry out innovation in the green finance system and mechanism under the premise of compliance with laws and regulations and controllable risks; encourages banking and insurance institutions to improve green finance management, adopt differentiated and convenient management measures, and optimize the ESG risk management of financing, online financing, and other businesses for micro and small enterprises.

(4) Strengthening financial support for new urban residents. On March 4, 2022, the CBIRC and the People's Bank of China jointly issued the *Notice on Strengthening Financial Services for New Urban Residents*, in which the definition of new urban residents is clarified, and insurance institutions are encouraged to strengthen financial support for regions and industries that cover more new urban residents. According to the *Notice*, insurance institutions are encouraged to expand the supply of financial products and services, so as to promote entrepreneurship and employment of new urban residents; insurance institutions are encouraged to enhance financial services for housing, in order to facilitate the supply of government-subsidized housing, support the healthy development of the rental housing market and meet the needs of new urban residents; insurance institutions are encouraged to implement relevant policies to assist in the training of new urban residents and the education of their children. Focusing on these aspects related to meeting the financial needs of new urban residents, the *Notice* points out a direction for the insurance industry and also puts forward higher requirements for insurance services provided by the insurance industry for new urban residents.

From the perspective of the dual circulation of domestic and international markets, the CBIRC and Shanghai Municipal People's Government jointly issued the *Work Plan for the Leading Area of Science and Technology Insurance Innovation in the Lin-gang Special Area of China (Shanghai) Pilot Free Trade Zone* on March 11, 2022, announcing to establish a leading area of science and technology insurance innovation in the Lin-gang Special Area of China (Shanghai) Pilot Free Trade Zone. The main contents are as follows: supporting insurance companies to provide cross-border income for operation and investment activities in order to explore ways of cross-border investment of insurance funds; encouraging multinational insurance companies to set up fund management centers and other institutions in Shanghai in order to absorb funds from multinational insurance companies worldwide; supporting insurance funds to participate deeply in enterprises and projects in industrial parks in compliance with the law in order to create a demonstration zone for cross-border asset management.

2. Optimizing regulatory services and improving regulatory processes

In order to further implement the reform requirements of the State Council to "streamline administration and delegate power, improve regulation, and upgrade services", consolidate regulatory resources, focus on risk supervision, and improve the quality and efficiency of supervision, the CBIRC issued the *Notice on Streamlining Regulatory Reporting of Insurance Fund Investment* on January 12, 2022. According to the *Notice*, certain regulatory reports shall be abolished or combined to further standardize the regulatory reporting of insurance fund investment. According to the *Notice*, regulatory reporting in the following aspects shall be streamlined: canceling the regulatory reporting of the reports already submitted through the regulatory information system, the internal investment management affairs of a company, and other matters, stressing the main responsibilities of institutions in operation and management, and improving the quality and efficiency of risk supervision; integrating different asset categories, combining investment reports on equity, real estate, financial products and others into quarterly reports on insurance fund investment, reducing decentralized and fragmented information, and improving the systematicness of reports; further standardizing the reporting behavior of regulatory reports, requiring insurance companies to submit regulatory reports in strict accordance with regulatory provisions, putting an end to delay, inaccuracy, omission and concealment in regulatory reporting, and effectively improving the quality of regulatory reporting. These main measures implemented by the CBIRC follow the requirements of the CPC Central Committee and the State Council to deepen the reform of "streamlining administration and delegating power, improving regulation, and upgrading services" were conducive to deepening the regulatory reform, giving full play to the advantages of information technology, focusing on the risk supervision of insurance fund investment, reducing the unnecessary burden in reporting for market entities, improving the quality and efficiency of supervision, and preventing related business risks. Next, the CBIRC will focus on key areas to further streamline regulatory reporting, continuously deepen reform, and guide the high-quality development of the industry.

On April 24, 2022, the CBIRC issued the *Notice on the Investment of Insurance Funds in Relevant Financial Products*. According to the *Notice*. first, the scope of financial products that insurance companies are allowed to invest in shall be broadened. Wealth management products, debt-to-equity swap plans and other products and services of wealth management companies shall be included in the scope of investable financial products, so as to further improve the allocation structure of insurance assets. Second, the external credit rating requirements for insurance funds to invest in credit asset-backed securities, asset-backed special plans and other products shall be canceled and institutions shall be guided to fulfill the primary responsibility of risk management. Third, the requirements for insurance funds investing in infrastructure investment plans, real estate investment plans, asset-backed plans and relevant products and services issued by insurance asset management companies shall be deleted.

On October 26, 2022, the CBIRC released the *Rules on the Insurance Security Fund.* The main contents are as follows: revising certain articles in the existing institutional framework that are ill-suited to risk prevention and high-quality development of the insurance industry, enhancing the scientific rationality of rates, improving the management system of insurance security fund, and further enhancing the efficiency of fundraising, use, and management. These policies of streamlining supervision in the insurance industry have further optimized regulatory processes while maintaining supervision intensity and controlling financial risks so that insurance enterprises can simplify processes and devote more energy to business development.

3. Proactively and steadily defusing systemic financial risks

Since 2018, in accordance with the guidelines of "maintaining overall stability, ensuring coordination, implementing category-based policies, and defusing risks through targeted effort" established by the CPC Central Committee, regulatory agencies at all levels, including the CBIRC, have remained determined in winning the battle of forestalling major financial risks. In the future, China's insurance industry will continue to actively and steadily forestall financial risks by cracking down on illegal financial activities and building a long-term mechanism for preventing and defusing financial risks in accordance with the guiding principles from the 5th National Financial Work Conference in 2022.

On January 10, 2022, the CBIRC issued the *Rules on Related-Party Transactions of Banking and Insurance Institutions* to unify the regulatory requirements governing related-party transactions, while also taking into account the characteristics of different types of institutions, and strive to achieve differentiated supervision based on the consistency of regulatory standards. According to the *Rules*, the number and scale of related-party transactions should be controlled, with emphasis put on preventing the risk of tunneling benefits to shareholders and their related parties; prohibitive restrictions should be set on misconducts such as tunneling benefits to related parties through complex transaction structures to strengthen the management of related-party transactions in key areas such as off-balance sheet, asset management and inter-bank business; the function of the related-party transaction control committee shall be strengthened and a cross-departmental related-party transaction management office should be established; measures to deal with the noncompliance of institutions, directors, supervisors and senior managers should be stipulated.

In order to regulate the entrusted investment of insurance funds, prevent investment management risks, and effectively ensure the safety of assets, the CBIRC released the *Notice of Issuing the Rules on Entrusted Investment of Insurance Funds* on May 9, 2022, further regulating the entrusted investment of insurance funds. According to the *Notice*, assets generated from the funds which insurance companies invest in by agent and the utilization thereof shall be independent from the inherent property of fiduciaries and trustees and other assets managed by them and relevant agencies may not take enforcement measures against the insurance funds; insurance companies shall strengthen asset and liability management and prudently formulate guidelines for entrusted investments in accordance with the liabilities characteristics, solvency and asset allocation needs of insurance funds; insurance companies shall regularly assess the fiduciaries' corporate governance, investment management capabilities, investment performance, service quality, etc., track and monitor the risk and compliance status of various types of entrusted investment accounts, and issue analysis reports regularly; insurance companies shall establish sound risk management and internal control mechanisms and risk monitoring and information management systems that meet the needs of business development; fiduciaries shall report regularly to the CBIRC on the management of the entrusted investments in accordance with the regulatory requirements and in the event of major cases, major risk events and other significant events affecting the safety of the assets invested in by agent, trustors shall immediately take effective measures to prevent the relevant risks and report them to the CBIRC in a timely manner.

On May 27, 2022, the CBIRC issued the *Notice on Strengthening Supervision of Related-Party Transactions in Insurance Institutions' Fund Investment*. The *Notice* requires the monitoring of the following institutions and behaviors: insurance institutions whose establishment is invested in by financial holding platforms with capital operation as the main business; insurance institutions whose establishment is invested in by industrial capital characterized by a high leverage ratio, a tight capital flow and radical expansion; insurance institutions with a high concentration of equity and irregular operation; insurance institutions with a high proportion of deposits in high-risk banks, a large amount of related-party transactions, a high proportion of related-party transactions in insurance fund investment or abnormal disclosure of related-party transaction information.

On August 10, 2022, the People's Bank of China and the CBIRC issued the *Notice on Issues Concerning the Issuance of Undated Capital Bonds by Insurance Companies*, making it clear that the undated capital bonds issued by insurance companies should contain write-down or conversion to equity clauses from September 9, 2022, and when triggering events happen, write-down or conversion to equity should be implemented for undated capital bonds. Specifically, the triggering events of write-down and conversion to equity of insurance companies include viability events and non-viability events; viability events refer to the core solvency adequacy ratio of insurance companies lower than 30%.

4. Steadily promoting the reform of the basic systems of the insurance business

(1) Comprehensively reforming business systems to improve regulatory quality and efficiency

On January 18, 2022, the *Provisional Rules on Off-site Supervision of Insurance Companies* was released officially. According to the *Provisional Rules*, off-site supervision should be led by institutional supervision and the collaboration among relevant supervisory departments in off-site supervision should be strengthened so that off-site supervision and other regulatory measures and areas can effectively form synergy; the off-site supervision system should consist of two aspects: work flow and mechanism as well as indicators and methods for supervisory assessment;

comprehensive supervision covering all the operation processes and links of insurance companies shall be implemented by combining quantitative and qualitative analysis.

On May 19, 2022, the CBIRC issued the *Rules on Protection of Consumer Rights and Interests by Banking and Insurance Institutions (Exposure Draft)* to manage and control consumers' personal information by grade and by classification throughout the process. According to the *Rules*, consumer rights and interests protection assessment shall be incorporated into the comprehensive performance assessment system of banking and insurance institutions, with a weighting of no less than 5% of the total score in principle; banking and insurance institutions shall not allow third-party partner institutions to establish a service point in their business branches or self-operated online platforms and promote or sell products and services to consumers in the name of them; banking and insurance institutions shall protect consumers' rights of choice and fair trade in the process of selling products or providing services to consumers; when providing financial products and services to consumers, banking and insurance institutions shall ensure that the products and services enjoy matching in risks and benefits, reasonable prices and correct measurement; financial literacy education and publicity shall adhere to the principle of public interest, and shall not replace financial literacy and consumer education with marketing and promotion practices; no transfer of personal information of consumers between different platforms shall be allowed; no unauthorized marketing activities shall be conducted for consumers by using trace data. On the same day, the CBIRC issued the *Rules on Regulatory Statistics of Banking and Insurance Sectors (Exposure Draft)*. The main contents are as follows: first, defining the responsibilities of the relevant department in charge of regulatory statistics; second, clarifying the responsibilities for data quality; third, emphasizing the protection of data security; fourth, meeting the requirements for data governance; fifth, attaching importance to the realization of data value.

On July 28, 2022, the CBIRC issued the *Rules on Insurance Asset Management Companies* to further clarify the definition, establishment and change, corporate governance, business rules, risk management, supervision and management of insurance asset management companies. According to the *Rules*, an insurance asset management company refers to a financial institution formed within the territory of the People's Republic of China with approval of the China Banking and Insurance Regulatory Commission (CBIRC) to carry out asset management business and other business permitted by the financial management department of the State Council for the purpose of long-term preservation and appreciation of assets by accepting the entrustment of insurance group companies, issuing insurance asset management products, and other means; an insurance asset management company shall meet the requirements for bylaws, shareholders, shareholding ratio, registered capital, corporate governance and internal control and risk management systems; an insurance asset management company shall not subsume the assets entrusted to it and the assets of the insurance asset management products under its management into its own property and liquidation property; the business scope of an insurance asset management company shall include insurance asset management products, asset-backed securitization, insurance private equity fund and other businesses in accordance with the provisions; an insurance asset management company shall establish an independent risk management department, establish a comprehensive risk management system and mechanism and constantly improve it, effectively carry out risk identification, assessment, measurement, monitoring, reporting and risk disposal, and prevent various business risks.

(2) Reforming product and business systems and optimizing the service level of insurance companies

On February 17, 2022, the *Rules on Underwriting and Claim Payment of Agriculture Insurance* was officially released, which applies to planting insurance, breeding insurance, and forest insurance. According to the *Rules*, insurance institutions shall not give or pledge to give insurance premium rebates, compensation returns or other benefits other than those agreed in the insurance contracts to insurance applicants or the insureds; insurance institutions shall, according to the characteristics and distribution of subject matters insured, examine subject matters by full inspection or proportional random inspection, and check the location, quantity and other aspects of subject matters insured; insurance institutions may obtain relevant information on subject matters insured from local departments or other relevant institutions to assist in verifying the authenticity of the information on insurance policies; insurance institutions shall publicize an announcement of insurance underwriting for the household-based list for not less than three days; insurance institutions shall reasonably set underwriting authority, specify the responsibilities and authority of underwriters, and implement a hierarchical management system for underwriting authorization; insurance institutions shall strengthen endorsement management and reasonably set the authority for policy endorsement and the endorsement shall be approved by a provincial branch office or the head office in a centralized manner; upon receipt of a case, insurance institutions shall conduct an investigation within 24 hours, and if it is difficult to conduct an investigation in time due to objective reasons, the person reporting the case shall be contacted to offer him or her an explanation.

On March 2, 2022, the CBIRC released the *Implementation Measures of the Rules on Reserve of Non-life Insurance Business of Insurance Companies* (YBJG [2022] No. 6). The main contents of the *Implementation Measures* are as follows. First, clarifying the principles and methodology of reserve assessment, and requiring insurance companies to use reasonable methods and assumptions for reserve assessment. Second, stipulating the internal control process of reserve assessment. When changes with significant impact arise in the reserve assessment of an insurance company, the treatment of risk margin and discounting in reserve assessment shall be regulated and the method of calculating risk margin shall not be altered at will once determined. Third, strengthening reserve management of insurance company branches. The reserve assessment by an insurance company on its branches shall objectively and fairly reflect the branches' operation without any discretionary adjustment. Fourth, regulating the retrospective analysis of reserves. When there are large deviations in the retrospective analysis results of insurance companies' reserves, specific rectification measures shall be put in place by the companies. Fifth, clarifying the content of the reserve assessment report, standardizing the specific information to be disclosed and the expression of actuarial opinions, and requiring insurance companies to fill in the regulatory returns for reserves. Sixth, improving the reserve assessment working draft system, standardizing the preparation, review and use of the working draft, and requiring insurance companies to keep working draft records for inspection.

On October 28, 2022, the CBIRC released the *Notice on Issuing the Rules on Multi-Level Response to Disasters and Accidents of Property and Casualty Insurance*. The document classifies the levels of disasters and accidents of property and casualty insurance and specifies the response subjects and measures for different levels of disasters and accidents. Specifically, according to the nature of the event, the degree of losses, the scope of impact, and other factors, disasters and accidents of property and casualty insurance are classified into three levels: extremely significant, significant and relatively significant, corresponding to level I, level II and level III responses, respectively. The CBIRC and its local offices are responsible for initiating the response in a coordinated way, carrying out the response, and terminating the response in due course.

On November 11, 2022, the *Rules on Information Disclosure of Life Insurance Products* was officially issued. According to the *Rules*, if an insurance company discloses product information at places other than its official website, the contents shall not conflict with those disclosed on the official website of the company; insurance companies selling life insurance products with a term of one year or more shall provide policyholders with product brochures in paper or electronic form as part of the sales process; product brochures shall be developed in accordance with regulatory requirements by taking into account the characteristics of the product; where an insurance company sells life insurance products through product assortment, the company shall provide separate product brochures corresponding to each life insurance product with a term of one year or more; if an insurance company decides to stop selling an insurance product, it shall disclose the name of the discontinued product, the time of discontinuation, the reasons for discontinuation, the follow-up service measures and other relevant information within 10 working days from the date of the decision to discontinue the sale.

On November 21, 2022, the CBIRC issued the *Notice on Matters Related to Personal Pension Business of Insurance Companies*. According to the *Notice*, an insurance company that meets the following conditions may conduct the private pension business: the owner's rights and interests at the end of the prior year are not less than RMB 5 billion and not less than 75% of the company's share capital (paid-up capital); its comprehensive solvency adequacy ratio is not lower than 150% and its core solvency adequacy ratio is not lower than 75% at the end of the prior year; its liability reserve coverage ratio at the end of the prior year is not less than 100%; its comprehensive risk rating in the most recent four quarters is not lower than Class B; it has not been given any major administrative punishment by any financial regulatory institution in the most recent three years; it has a sound information management system which is connected with the private pension information platform of banking and insurance industries and conducts information registration and interaction according to relevant requirements; other conditions as prescribed by the CBIRC.

(II) Outlook on Insurance Regulatory Policies in 2023

On May 11, 2022, the CBIRC issued the *Insurance Industry Standardization Plan for the"14th*

Five-Year Plan" Period. The main contents of the *Plan* are as follows: actively supporting the enhancement of agricultural insurance standards, expansion of agricultural insurance coverage, and increase of agricultural insurance products, dynamically conducting surveys and project plans on the demand for agricultural insurance standards, and standardizing the process of agricultural insurance services; strengthening research on standards in areas such as science and technology insurance and intellectual property insurance and promoting the interface between science and technology, patents and insurance; formulating standards for elements and classification of insurance asset management products and promoting the unification of standards for asset management businesses in various industries such as banking, securities and insurance; coordinating the establishment of statistical standards for insurance asset management and strengthening the standardization capacity of insurance asset management; developing standards for pension insurance products and services and promoting the development of diversified pension insurance products by insurance institutions to meet consumers' needs; supporting insurance institutions in providing health insurance products that cover the entire life cycle of the people and meet the needs of groups of different income levels; supporting insurance institutions in playing a role in assisting social governance in areas such as pollution control, production security, campus security, medical disputes, construction quality and public health emergencies and strengthening the linkage between standards in the insurance industry and those in related fields; developing catastrophe classification and catastrophe insurance product specification and coordinating the development of aggregate liability management standards for catastrophe risks and subject matters; coordinating the study of standards related to strengthening risk supervision in the insurance industry, promoting the development of basic data standards for risk supervision in the insurance industry and improving the supervision data system for the insurance industry; developing standards for the description of anti-fraud models, promoting the accumulation and sharing of information and data related to insurance frauds in the industry, enhancing the ability of the industry in fraud warning and response and studying the development directions of products, technologies and indicators covering the entire insurance industry such as a standard system for protecting insurance consumers' rights and interests throughout ex-ante, interim and ex-post links.

On January 13, 2023, the CBIRC convened the 2023 Work Conference. Under the guidance of Xi Jinping Thought on Socialism with Chinese Characteristics for a New Era, and with a view to thoroughly studying and implementing the guiding principles of the 20th CPC National Congress and the spirit of the Central Economic Work Conference, the 2023 Work Conference was held to review and summarize the work in the past, analyze the current situation, and map out the priorities for 2023. The Conference required efforts in the following aspects. First, fully supporting the overall improvement of economic operation. The CBIRC will ensure the financing of investment, assist the social field in moving faster to shore up weaknesses, continuously optimize financial services for foreign trade, vigorously develop inclusive finance, and comprehensively advance rural revitalization. Second, striving to promote the normal cycle of finance and the property market. The CBIRC will uphold that housing is for living in, not for speculation, implement the"16 financial measure", carry out differentiated credit policies, and facilitate the smooth transition of the property sector to a new development model. Third, speeding up small and medium-sized banks' reform and risk resolution. The CBIRC will steadily push forward the reform and restructuring of village and township banks, and encourage multi-channel capital replenishment of small and medium-sized banks. Fourth, facilitating the return of insurance companies to their roots and risk disposal in a coordinated manner. The CBIRC will resolutely rectify the vicious competition chaos, and study to introduce the regulatory rating and classified supervision system for insurance companies. Fifth, actively propelling non-bank financial institutions such as trust companies to focus on transforming and developing their main businesses. The CBIRC will guide trust companies to grow their core businesses and accelerate the reform of financial asset management companies. Sixth, effectively responding to the rebound of credit risk. The CBIRC will urge banking institutions to accurately classify assets and reinforce the disposal of non-performing assets, and actively cooperate to resolve local governments' debt risks. Seventh, strengthening the governance system of financial institutions. The CBIRC will push ahead with the look-through review of shareholder qualifications and look-through supervision over shareholder conduct and step up efforts to protect investors. Eighth, continuously enhancing regulatory effectiveness. The CBIRC will improve the whole-process prudential regulation and the level of digital and intelligent supervision. All kinds of financial activities will be regulated according to the law. Ninth, pursuing higher-standard opening-up. The CBIRC will steadily expand the institutional opening-up of the banking and insurance industries, continue to improve the level of financial services serving the Belt and Road cooperation, and actively participate in international financial governance.

Appendix

Major Regulatory Policies of China's Insurance Industry in 2022

Date	Policy Name	Issuer (s)
January 10	Rules on Related-Party Transactions of Banking and Insurance Institutions	CBIRC
January 12	Notice on Streamlining Regulatory Reporting of Insurance Fund Investment	CBIRC
January 18	Provisional Rules on Off-site Supervision of Insurance Companies	CBIRC
January 28	Announcement on Soliciting Public Opinions on the Rules on the Insurance Security Fund (Exposure Draft)	CBIRC
February 15	Notice on Expanding the Exclusive Commercial Pension Insurance Pilot Programs	CBIRC
February 17	Notice of the CBIRC on Issuing the Rules on Underwriting and Claim Payment of Agriculture Insurance	CBIRC
March 2	Rules on Reserve of Non-life Insurance Business of Insurance Companies	CBIRC

Continued

Date	Policy Name	Issuer (s)
March 4	Notice on Strengthening Financial Services for New Urban Residents	CBIRC, PBC
March 11	Notice of Issuing the Work Plan for the Leading Area of Science and Technology Insurance Innovation in the Lin-gang Special Area of China (Shanghai) Pilot Free Trade Zone	CBIRC, Shanghai Municipal People's Government
April 24	Notice on the Investment of Insurance Funds in Relevant Financial Products	CBIRC
May 6	Guidance on Banking and Insurance Industries Supporting Urban Construction and Governance	CBIRC
May 9	Notice of Issuing the Rules on Entrusted Investment of Insurance Funds	CBIRC
May 11	Notice of Issuing the Insurance Industry Standardization Plan for the"14th Five-Year Plan" Period	CBIRC
May 19	Announcement on Soliciting Public Opinions on the Rules on Protection of Consumer Rights and Interests by Banking and Insurance Institutions (for Consultation)	CBIRC
May 19	Announcement on Soliciting Public Opinions on the Rules on Regulatory Statistics of Banking and Insurance Sectors (Exposure Draft)	CBIRC
May 27	Notice on Strengthening Supervision of Related-Party Transactions in Insurance Institutions' Fund Investment	CBIRC
June 1	Notice on Issuing the Green Finance Guidelines for Banking and Insurance Sectors	CBIRC
July 28	Rules on Insurance Asset Management Companies	CBIRC
August 10	Notice on Issues Concerning the Issuance of Undated Capital Bonds by Insurance Companies	PBC, CBIRC
October 26	Rules on the Insurance Security Fund	CBIRC, MOF, PBC
October 28	Notice on Issuing the Rules on Multi-Level Response to Disasters and Accidents of Property and Casualty Insurance	CBIRC
November 11	Rules on Information Disclosure of Life Insurance Products	CBIRC
November 17	Notice on Releasing the Interim Rules on Personal Pension Business of Commercial Banks and Wealth Management Companies	CBIRC
November 21	Notice on Matters Related to Personal Pension Business of Insurance Companies	CBIRC

Article 18

Fintech Development Leads the Industry's Digital Transformation and Improves Services and Regulatory Efficiency[①]

On December 29, 2021, the *Fintech Development Plan (2022-2025)* (hereafter referred to as the "Plan") issued by the People's Bank of China (the PBC) made a comprehensive and systematic top-level design for the fintech development in the next four years. It provided action guidelines for building a fintech system with Chinese characteristics in the new era.

The background of the Plan's release is as follows. In recent years, fintech-related policies are frequently issued in China, and our financial technology (fintech) continues to progress. The *Outline of the 14th Five-Year Plan for National Economic and Social Development and the Long-Range Objectives Through the Year 2035 of the People's Republic of China (PRC)* has further assured the requirements of developing fintech, namely "to develop fintech while maintaining stability and accelerate the digital transformation of financial institutions. To strengthen the supervision on applying technology and the risk assessment on financial innovations, and to explore and establish mechanisms of innovative product correction and suspension." Under such circumstances, the PBC has released a new fintech development plan for banking and insurance, securities, futures, non-banking payment, and other industries.

Guided by the Xi Jinping Thought on Socialism with Chinese Characteristics for a New Era, the Plan accurately grasps the phase of new development and further practices the new development philosophy. The Plan lays the foundation to deepen the application of financial data elements, aims at supporting the structural reform of the financial supply side, and makes it the mainstay to accelerate the digital transformation of financial organizations. Through this, in line with international standards, it blazed a trail of finance digitalization with Chinese characteristics and accelerated the adaptation to the development of the digital economy of the modern financial system, thus, making financial contributions to the construction of a new development paradigm.

The Plan specifies four major development principles, including digital drive, people-centered intelligence, green and low-carbon development, and fairness and inclusiveness. Six development goals are also specified, including the deeper digital transformation of the financial industry, the fuller release of the potential of data elements, more significant improvement in the quality and efficiency of financial services, a more complete fintech governance system, deeper application of core technologies, and a more advanced digital infrastructure construction.

The Plan proposed major targets in eight respects. First, to strengthen the governance of fintech. Second, to enhance data capacity on all fronts. Third, to build green and highly available data centers. Fourth, to deepen the financial application of digital technology and improve

① Author: Li Ziran, Deputy General Manager of CFFEX Data Technology Co., Ltd.. Yu Peiyan and Sun Siwei from CFFEX Data Technology Co., Ltd. provide related materials and advice.

the systems and mechanism of applying sci-tech fruits with equal emphasis on security and efficiency. Fifth, to improve the safety and efficiency of the fintech innovation system. Sixth, to deepen the smart financial services and build multi-functional service channels. Seventh, to accelerate the application of supervisory technologies, strengthen digital regulatory capacity, implement penetrating supervision on fintech innovation, and build a solid firewall against risks of finance and technology. Eighth, to train fintech professionals, continue to promote the construction of the system of standards and rules, and reinforce the implementation of laws and regulations.

The Plan is important to serve the new development paradigm and further develop domestic fintech. The world is going through changes that have been unseen in a century, and a new round of technological revolution and industrial reform is evolving. Under such circumstances, China has entered a new phase of development, where data is becoming a new factor of production, digital technology has become a new driver of development, and the wave of the digital economy has become unstoppable. Fintech, as a technology-driven financial innovation, is of significance in promoting the financial sector's digital transformation, releasing the potential of financial data elements, and enhancing the efficiency of finance in serving the real economy in the new development paradigm. The Plan continues to uphold the spirit of grasping both development and supervision. It points out the direction for the development of fintech, including to consolidate the digital foundation, strengthen the leadership of technological innovation, activate dynamics of digital businesses, and practice digital finance beneficial for all. In addition, it also emphasizes fintech regulation, such as improving the technological governance system and enhancing deliberate supervision of innovation. Therefore, it is of guiding significance in promoting fintech's application on both financial business innovation and financial supervision.

Following the release of the Plan, a number of related or supporting fintech policies and guidelines have been issued successively. For instance, on December 30, 2021, the China Banking and Insurance Regulatory Commission (CBIRC) issued the *Rules on Information Technology Outsourcing Risks of Banking and Insurance Institutions* to further strengthen the supervision of information technology outsourcing risks of banking and insurance institutions. On January 10, 2022, the CBIRC issued the *Guidance on Digital Transformation of Banking and Insurance Industries* to confirm the digital transformation goals of the banking and insurance institutions. On March 24, the PBC held a teleconference on gold and silver as currencies and their security work, pointing out that in 2022, it is necessary to solidly promote to pilot the research and development of digital RMB and better plan the transformation of gold and silver as currencies. On October 9, the PBC officially issued the *Guideline on Ethics of Science and Technology in the Financial Sector*. The Guideline put forward the values and codes of conduct needed to carry out scientific and technological activities in the financial sector.

Guided by the policy, many fintech innovation fruits were yielded at a faster pace around the nation in 2022. For instance, the "e-CNY Xi'an Tong" WeChat applet was launched on July 29 for a trial run. Its exploitation was led by the Xi'an Branch of the PBC and the Bureau of Financial

Work in Xi'an, with the support of the Industrial and Commercial Bank of China, the Agricultural Bank of China, the Bank of China, the China Construction Bank, the Bank of Communications, the Postal Savings Bank of China, China Merchants Bank, and Bank of Xi'an. As the first official information platform for e-CNY in China, this applet can release official information, promote and popularize knowledge, integrate business resources, share information on sales and discounts, and disseminate innovative characteristics. It plays an active role in building the local digital RMB ecosystem and solving problems of imbalanced information among multiple parties.

In addition, the development of fintech in the capital market in 2022 was progressing steadily. On the one hand, securities companies, fund companies, futures companies, administrative institutions of private investment funds, and other intermediary institutions should be operated according to the requirements of the Plan. On the other hand, the supervision of the science and technology applied to the capital market and the digital transformation of related industries should be done in accordance with the requirements of the *Scientific and Technological Development of Securities and Futures during the 14th Five-year Plan Period*. The construction of the intelligent supervision platform of the China Securities Regulatory Commission, the database of institutions and infrastructure of the industry, the big data warehouse of supervision, and other platforms are promoted steadily.